全国商业职业教育教学指导委员会推荐教材

工业和信息化高职高专“十三五”规划教材
高等职业教育财经类**名师精品**规划教材

BASIC ACCOUNTING AND PRACTICE

基础会计与实务（附微课视频 第3版）

程淮中 李群 主编
赵燕 李永丽 副主编

人民邮电出版社
北京

图书在版编目（CIP）数据

基础会计与实务：附微课视频 / 程淮中，李群主编
. -- 3版. -- 北京：人民邮电出版社，2019.2
高等职业教育财经类名师精品规划教材
ISBN 978-7-115-50233-9

Ⅰ. ①基… Ⅱ. ①程… ②李… Ⅲ. ①会计学－高等
职业教育－教材 Ⅳ. ①F230

中国版本图书馆CIP数据核字(2018)第270008号

内 容 提 要

本书按照高职高专“双证就业”的要求，在总结近几年国家和省示范性高职院校会计专业教学改革的基础上编写而成。

全书分 10 个项目，包括：了解企业、会计工作组织与会计职业；描述会计、会计目标和会计方法；划分会计要素，建立会计等式；开设会计账户，运用借贷记账法；确认与计量企业基本的经济业务；填制与审核会计凭证；设置与登记会计账簿；遵循内控制度，开展财产清查；编制和报送会计报表；组织和应用财务处理程序。

本书可作为普通高等院校（应用型本科、高职高专）、成人高校、民办高校财经类专业的通用教材，也可作为社会会计从业者的业务参考用书。

◆ 主　　编　程淮中　李　群
副 主 编　赵　燕　李永丽
责任编辑　李育民
责任印制　焦志炜
◆ 人民邮电出版社出版发行　　北京市丰台区成寿寺路 11 号
邮编　100164　　电子邮件　315@ptpress.com.cn
网址　http://www.ptpress.com.cn
三河市君旺印务有限公司印刷
◆ 开本：787×1092　1/16
印张：20.75　　2019 年 2 月第 3 版
字数：522 千字　　2019 年 2 月河北第 1 次印刷

定价：56.00 元

读者服务热线：(010)81055256　印装质量热线：(010)81055316
反盗版热线：(010)81055315
广告经营许可证：京东工商广登字 20170147 号

编委会

前言

随着大数据、“互联网 +”时代的到来，翻转式学习、混合式学习、合作学习、微课、慕课、SPOC、智慧课堂等已经深深影响着教育领域，未来的教材是什么样子？这是摆在每一位高职教育工作者面前亟待解决的非常重要的课题。

会计是一种国际通用的商业语言。“基础会计与实务”作为会计入门课程，应该对学习会计的重要性，以及如何记账、算账和报账，如何让学生了解并掌握会计的基础知识、基本技能和职业素养，进行详细阐释并举例说明，从而使学生顺利走上会计岗位、了解会计职责、掌握会计流程，并全心投入到其已选择的职业（无论这些职业属于会计领域还是其他相关领域）。尽管上述问题看似简单，但对初学者来说，如何在基础会计相关知识的广度和深度上进行合理把握，则是一个颇费脑筋的问题，因为它关系到学生能否尽快入门，并影响到学生对于后续会计课程的学习兴趣。

《基础会计与实务（第 2 版）》是全国商业职业教育教学指导委员会精心打造并重点推荐的财经类名师精品教材，自 2016 年出版发行以来，承蒙读者的厚爱，取得了较好的教学效果。财政部下发《会计改革与发展“十三五”规划纲要》《会计人员继续教育规定》和《会计档案管理办法》等文件后，与会计相关的政策和税法都发生了新的变化，同时也考虑到近几年来会计专业教学改革实践，并结合部分读者的反馈意见，我们对《基础会计与实务（第 2 版）》一书进行了内容更新和全面修订。

本书有以下几个方面的特点。

（1）内容选取与时俱进，系统地吸收了财政部下发的新文件，着重体现会计工作的政策性、时效性和规范性。

（2）版面设计图文并茂，强化交互学习效果。学习一个项目后，可以通过一道或一组测试题，检验学习效果。

（3）书中案例均为新的会计案例，并进一步丰富了教学资源，配套推送数字化课程资源包。

全书参考总教学时数为 82 学时，建议采用理实一体化教学模式。各项目的学时分配见下表。

项　目	名　称	学 时 数
项目一	了解企业、会计工作组织与会计职业	6
项目二	描述会计、会计目标和会计方法	4
项目三	划分会计要素，建立会计等式	8
项目四	开设会计账户，运用借贷记账法	8
项目五	确认与计量企业基本的经济业务	20
项目六	填制与审核会计凭证	6
项目七	设置与登记会计账簿	8
项目八	遵循内控制度，开展财产清查	8
项目九	编制和报送会计报表	6
项目十	组织和应用财务处理程序	8
总计		82

本书修订工作由江苏财经职业技术学院程淮中教授总体策划，并和李群教授共同担任主编，赵燕和李永丽任副主编，江苏中烟工业有限责任公司胡权高级会计师、瑞华会计师事务所李云彬副所长和淮安禧联华会计师事务所王松所长参与了本书的修订工作。

由于编者水平有限，加之财经法规变化很快，书中纰漏与不足在所难免，敬请广大读者批评指正，来信请至 chz3260001@sina.com。

编者

2018 年 11 月

目 录

项目一 了解企业、会计工作组织与会计职业

学习目标

1. 根据项目和任务的需要查阅有关资料
2. 了解企业、企业组织和企业基本业务流程
3. 明确会计工作组织的内容
4. 理解并掌握会计人员的职业道德
5. 认知会计职业的分类及其发展趋势
6. 具有敬业精神、团队合作精神和良好的职业道德修养

项目导航

当今社会，企业可谓随处可见。历史上最早出现的是工业企业。手工作坊是工厂企业的萌芽。现代企业已经从传统的工业领域迅速扩展到商业、建筑、金融、采掘、运输、邮电等各个领域。企业不仅有相应的组织形式和基本业务流程，而且要建立科学的会计工作组织，设置会计机构，配备一定数量的会计人员。作为一名会计人员必须遵守财经纪律，讲求职业道德。会计职业包括单位会计和公共会计。经济越发展，会计越重要。会计职业已日益成为人们羡慕的职业。

本项目主要讲述企业的概念、组织形式和基本业务流程，较为系统地介绍会计工作组织、会计机构的设置、会计人员的配备、会计人员的继续教育以及作为会计人员应具备的职业道德，初步认知会计职业及其未来发展趋势。

学习时，读者要仔细体会企业基本业务流程与会计工作之间的关系，理解会计工作是每个企业必不可少的工作。读者还应掌握现代会计人员应具备的基本素质和会计人员必须接受继续教育的情况。读者作为在校会计专业大学生还应学会规划自己的会计人生。

任务一　了解企业和企业的基本业务流程

任务描述

企业是从事生产、流通、服务等经济活动的经济组织。企业的组织形式可以按不同的标准进行分类。工业企业是最具典型性的一个门类，也称为制造业，是国民经济的基础产业，其发达程度体现了一个国家的科学技术和社会生产力发展水平。不同类型和规模的企业，其组织机构和基本业务流程各不相同。了解企业、企业组织和企业基本业务流程，是今后学习会计并从事会计工作的基础。

知识准备

一、企业的概念

企业（Enterprise）是社会的基本经济细胞，也是现代社会中普遍存在的最具活力、最为复杂的组织。由于企业的复杂性及观察企业的视角不同，对企业的概念表述也是众说纷纭。从一般意义上讲，企业是指从事生产、流通、服务等经济活动，以生产或服务满足社会需要，实行自主经营、独立核算、承担风险、依法设立的一种营利性的经济组织。

《财富》公布2018年世界500强企业榜单前十名

排名	公司名称（中英文）	营业收入（百万美元）	利润（百万美元）	国家
1	沃尔玛（WALMART）	500 343	9 862	美国
2	国家电网公司（STATE GRID）	348 903.1	9 533.4	中国
3	中国石油化工集团公司（SINOPEC GROUP）	326 953	1 537.8	中国
4	中国石油天然气集团公司（CHINA NATIONAL PETROLEUM）	326 007.6	-690.5	中国
5	荷兰皇家壳牌石油公司（ROYAL DUTCH SHELL）	311 870	12 977	荷兰
6	丰田汽车公司（TOYOTA MOTOR）	265 172	22 510.1	日本
7	大众公司（VOLKSWAGEN）	260 028.4	13 107.3	德国
8	英国石油公司（BP）	244 582	3 389	英国
9	埃克森美孚（EXXON MOBIL）	244 363	19 710	美国
10	伯克希尔-哈撒韦公司（BERKSHIRE HATHAWAY）	242 137	44 940	美国

作为区别于其他社会组织的企业，应具备以下一些特征。

（1）依法设立，即企业要按照国家法律规定的条件和程序设立。

（2）具有开展经营活动的相应场所。

（3）从事的是商品经营或者营利性服务的经济活动。

（4）进行自主经营、独立核算，并具有法人地位。

提示　企业法人表现为企业是依法设立的、能够独立享有法定权利和承担法定义务的经济组织。

（5）生产经营活动的目的是获取利润。

请注意　在市场经济条件下，企业之间通过市场交易和竞争，实现企业的优胜劣汰。

二、企业组织形式的类型

企业组织形式按不同的标准可分为不同的类型。

1. 按照国民经济行业分类标准划分

企业按照国民经济行业分类标准可分为制造企业、商品流通企业和服务企业等。

（1）制造企业（Manufacturing Enterprise） 指生产物资产品的企业，也称为生产企业。制造业是指原材料经过物理变化或化学变化后成为新的产品，不论是动力机械制造，还是手工制作；也不论产品是批发销售，还是零售，均视为制造。

（2）商品流通企业（Merhandising Business） 指独立于生产领域之外，处于流通领域中的企业，商场和超市等是最典型的商品流通企业。它们从事物质产品等的传递业务，将物质产品由生产者转移到消费者手中，是社会再生产过程中的重要部门。

动脑筋

从事物流运输业务的公司属于商品流通企业吗？

（3）服务企业（Service Business） 指为企业、政府、事业单位和居民提供各种服务的企业。它们不生产物质产品，但为生产企业和流通企业提供资金、保险和技术服务，为行政事业单位和居民提供生活、餐饮、娱乐和旅游等服务。

2. 按照财产的组织形式和所承担的法律责任划分

企业按照财产的组织形式和所承担的法律责任可分为独资企业、合伙企业和公司。

（1）独资企业（Sole Proprietorship） 指由业主个人出资兴办，由业主直接所有和经营的企业，包括私营企业和个体工商户。业主享有企业的全部经营所得，同时对企业的债务负有无限责任。这种企业在法律上称为自然人企业，不具有法人资格，是最古老和简单的企业形式。

（2）合伙企业（Partnership Enterprice） 指由两个或两个以上的个人或法人共同出资、合伙经营的企业。合伙人分享企业所得，共担风险，并对合伙企业债务承担无限连带责任。合伙企业可以由部分合伙人经营，其他合伙人仅出资并共负盈亏；也可以由所有合伙人共同经营。

提示

一般来说，合伙企业规模较小，合伙人数较少。而合伙人个人信誉有明显重要性的企业，如会计师事务所、律师事务所、诊疗所等，常采取这种组织形式。

（3）公司（Firm） 指以资本联合为基础设立的一种企业组织形式，是所有权与经营权分离的企业形式。公司的股东以其出资额或股份享受权利，承担义务。股东享有参与管理的权利和享受股利的权利，同时以其出资额或股份向公司债务承担有限责任。通常，公司分为有限责任公司和股份有限公司两种。

① 有限责任公司（Company of Limited Liability）是指由两个以上股东共同出资，每个股东以其认缴的出资额对公司行为承担有限责任，公司以其全部资产对其债务承担责任的企业法人。这种公司不对外公开发行股票，股东的出资额由股东协商确定。股东之间并不要求等额，可以有多有少。股东交付股本金后，公司出具股权证书，作为股东在公司中所拥有的权益凭证，这种凭证不同于股票，不能自由流通，须在其他股东同意的条件下才能转让，并要优先转让给公司原有的股东。

② 股份有限公司（Company Limited by Shares）是指注册资本由等额股份构成，并通过发行股票（或股权证）筹集资本，公司以其全部资产对公司债务承担有限责任的企业法人。在交易所上市的股份有限公司，其股票可在社会上公开发行，并可以自由转让，但不能退股。股东不论大小，只以其认购的股份对公司承担责任。一旦公司破产或解散进行清盘，公司债权人只能对公司的资产提出还债要求，而无权直接向股东讨债。

企业名称

企业名称一般由四个部分构成：行政区域＋字号＋行业特征＋组织形式。

（1）行政区域：企业名称中行政区域是指县级以上（包括县级）的行政区域名，但是除全国性的企业，或者是经国务院批准的大型企业，或者是历史悠久的老字号外，一般不能用“中国”作行政区域。

（2）字号：违背社会公德，或者是公众熟知的县级以上的行政区域名（公众不熟知的县级以上行政区域名，且有其他含义的除外）等不合法律规定的词不能作字号。

（3）行业特征：使用例如“汽车制造”“房地产开发”和“文化传播”等表示行业的词。

如果企业规模较大，业务范围涉及多个行业，则可以省略行业特征这部分。

（4）组织形式：

① 如果是公司制企业，股份有限公司的组织形式就是“股份有限公司”，有限责任公司的组织形式就是“有限责任公司”或者是“有限公司”。

② 如果是非公司制企业，组织形式只能是“厂、中心、店、所”，绝不能出现“公司”或“股份有限”或“有限责任”等字样。

如果企业规模较大，业务范围涉及多个行业或地区，则可以不用行政区域，组织形式可以用“集团”。

由于制造业生产企业是最具典型性的一个行业，是国民经济的基础产业，所以本书企业或公司均指制造业生产企业。

三、工业企业的组织机构及基本业务流程

企业的生产类型不同，其组织机构和基本业务流程也不同。下面简要介绍公司制企业的组织机构和基本业务流程，如图1-1和图1-2所示。

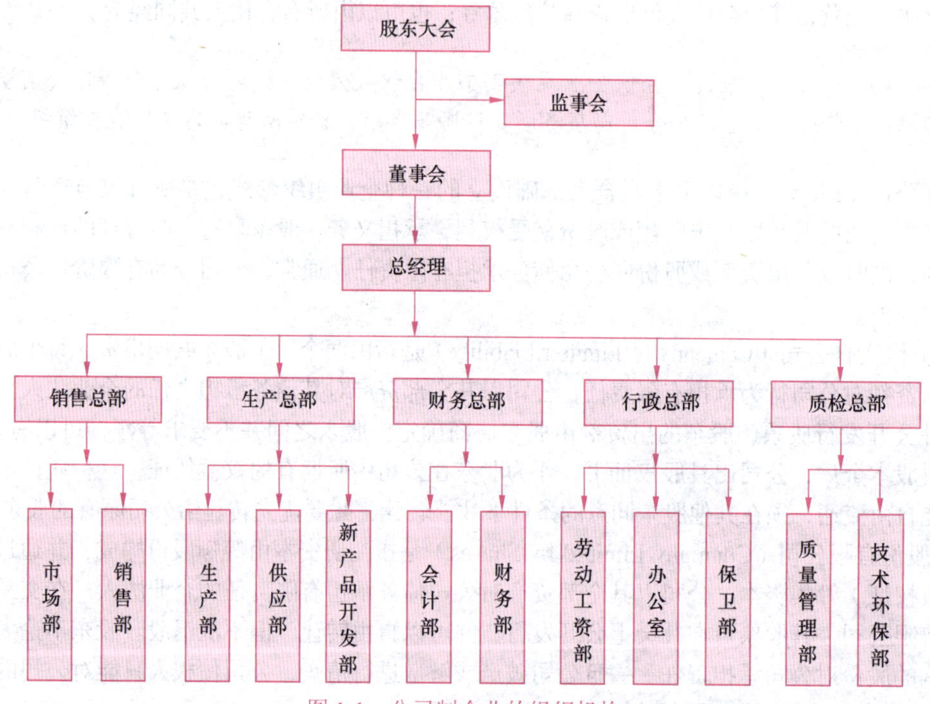

图1-1　公司制企业的组织机构

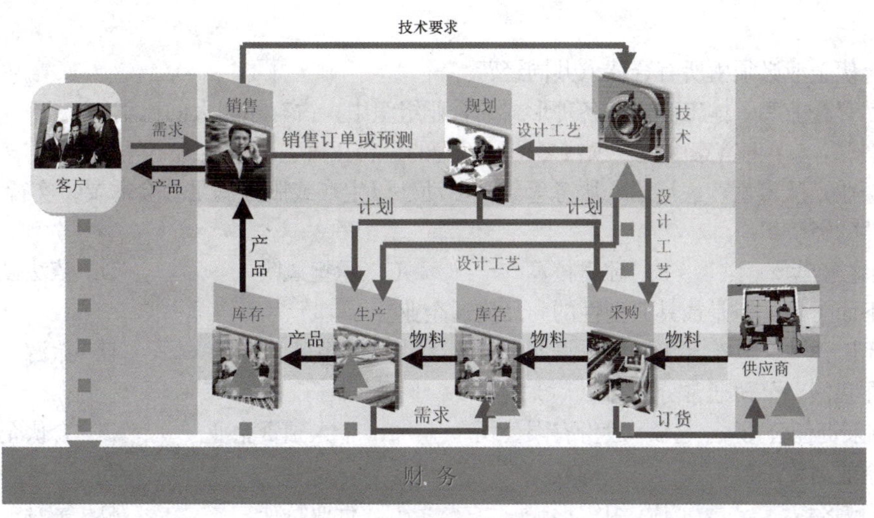

图 1-2　企业基本业务流程

典型任务举例

1．资料

根据教学计划安排，老师组织学生到江苏恒通机械厂进行实地参观，开展认知企业实习。

2．要求

了解恒通机械厂的组织和基本业务流程。

3．工作过程

步骤 1：将全班同学分成四个小组，每组推选一名同学担任组长，在老师指导下制定认知企业方案。

步骤 2：了解企业的组织。

江苏恒通机械厂位于淮安市深圳路 26 号（邮编：223003，电话：0517-85368368），占地面积为 120 000 平方米，注册资本为 1 000 万元，主要生产甲、乙两种型号的机床，简称甲产品和乙产品。该企业被主管税务机关核准为一般纳税人，税务登记证号：310704005230152。开户银行：中国建设银行淮安市分行天津路分理处。账号：1290019980110485257。

江苏恒通机械厂为非公司制企业，企业在总经理室的领导下，设有办公室、工会、人事科、财务科、供应科、生产科、技术检验科、销售科等科室。企业设有两个基本生产车间：一车间和二车间，其中一车间耗用 A、B 材料，生产甲产品；二车间耗用 A、B 材料，生产乙产品。两个生产车间及管理部门一般耗用 C 材料。

步骤 3：认知企业的基本业务流程。

甲产品的流程：来料检查——→入库——→第一生产车间——→投料——→生产——→部门检查——→组装——→成品检查——→甲产品入库——→出货。

乙产品的流程：来料检查——→入库——→第二生产车间——→投料——→生产——→部门检查——→组装——→成品检查——→乙产品入库——→出货。

职业能力训练

1．判断题（正确的在括号内打“√”，错误的打“×”）

（1）获取利润是企业的基本特征。（　　）

（2）不同类型的企业有着不同的组织，但其基本业务流程大致相同。（　　）

（3）制造业是国民经济的基础产业，其发达程度体现了一个国家的科学技术和社会生产力发展

水平。（ ）

（4）合伙企业必须由所有合伙人共同经营。（ ）

（5）私营企业和个体工商户在各种形式的企业组织中，占有相当大的比重。（ ）

2．选择题（下列答案中有一项或多项是正确的，将正确答案前英文字母填入括号内）

（1）企业是从事生产、流通、服务等经济活动，以生产或服务满足社会需要，实行（ ）的一种营利性的经济组织。

A．自主经营 B．独立核算 C．承担风险 D．依法设立

（2）下面（ ）是最具典型性的商品流通企业。

A．超市 B．娱乐场所 C．商场 D．旅游

（3）在我国，公司通常分为（ ）。

A．有限责任公司 B．股份有限公司 C．个人独资企业 D．合伙企业

（4）企业名称一般由（ ）构成。

A．行政区域 B．组织形式 C．行业特征 D．字号

（5）企业按照财产的组织形式和所承担的法律责任，可分为（ ）。

A．制造企业 B．独资企业 C．合伙企业 D．公司

3．任务实训

［实训目的］了解企业、企业组织和基本业务流程。

［实地调研］选择一两家紧密型校外实训基地，组织全班同学实地参观并座谈，了解企业的性质、企业的组织及其基本业务流程。

［实训要求］将全班同学分成四个小组，每组推选一名同学担任组长，在老师指导下制定了解企业、企业组织和基本业务流程工作方案并组织实施。参观结束后，安排1～2名同学做典型发言。最后，老师对各小组工作方案实施结果进行点评，并给予相应的学业成绩评定。

任务二 确立会计工作组织

任务描述

会计工作既是一项综合性、政策性很强的管理工作，也是一项严密细致的工作。企业必须建立会计工作组织，设立会计机构，配备专职会计人员。从事会计工作的人员应具有会计从业资格证书。理解会计机构的设置、岗位责任制和会计工作的组织形式，明确会计人员的任免和对职业道德与继续教育的基本要求，培养良好的职业道德修养。

知识准备

一、会计工作组织的意义

会计工作组织（Organization of Accounting Work）是指企业对会计机构的设置、会计人员的配备、会计制度的制定与执行、会计方法的实施与改进、会计档案的管理、进行会计工作与其他经济管理工作间的协调等各项工作所做的统筹安排，形成一个高效运行的会计工作体系。

科学、合理、有效地组织会计工作，是完成会计目标的前提和重要保证，对充分发挥会计在经济管理中的作用具有重要意义。具体表现为如下几个方面。

（1）有利于保证会计工作的质量，提高会计工作的效率。

（2）有利于协调会计工作与其他经济管理工作的关系，提高企业整体管理水平。

（3）有利于完善企业单位的内部经济责任制。

（4）有利于维护各项财经法规和财经纪律的贯彻执行，保护相关者的经济利益。

二、会计机构的设置和会计工作的组织形式

1．会计机构的设置

会计机构（Accounting Department）是指单位内部设置的组织和办理会计事务的职能部门。合理地设置会计机构，是保证会计工作的正常进行、充分发挥会计职能作用的重要条件。

我国《会计法》第七条规定，国务院财政部门主管全国的会计工作。县级以上地方各级人民政府的财政部门管理本行政区域内的会计工作。《会计法》第三十六条规定，各单位应当根据会计业务的需要，设置会计机构，或者在有关机构中设置会计人员并指定会计主管人员；不具备设置条件的，应当委托经批准设立从事会计代理记账业务的中介机构代理记账。一个单位是否需要设置会计机构，一般取决于单位规模的大小、经济业务和财务收支的繁简，以及经营管理体制的要求。

代理记账是指从事代理记账业务的社会中介机构（如会计咨询公司等）接受委托人的委托办理会计业务。委托人是指委托代理记账机构办理会计业务的单位。

企业无论规模大小均可不设置会计机构，而将会计业务全部委托代理记账机构记账，这种做法正确吗？为什么？

2．会计机构的岗位责任制

会计机构的岗位责任制是指在会计机构内部按照会计工作的内容和会计人员的配备情况，将会计机构的工作划分为若干个职能岗位，按岗位规定职责并进行考核的责任制度。企业应建立会计机构的岗位责任制，使每一项会计工作都有专人负责，每一位会计人员都有明确的职责，做到以责定权、权责明确、严格考核、有奖有惩。企业建立健全会计机构的岗位责任制，对于加强会计管理，提高工作质量与工作效率，保证会计工作的有序进行，具有重要的意义。

会计人员实行定岗定编，是建立会计机构岗位责任制的基础。会计人员的工作岗位一般可分为：会计机构负责人或者会计主管人员；出纳；财产物资核算；工资核算；成本费用核算；财务成果核算；资金核算；往来结算；总账报表；稽核；会计档案管理等。开展会计电算化和管理会计的单位，可以根据需要设置相应的工作岗位，也可以与其他工作岗位相结合。这些岗位可以一人一岗、一人多岗或一岗多人，各单位可以根据各岗位业务量的情况来确定。但出纳人员不得兼任稽核、会计档案保管和收入、费用及债权债务账目的登记工作。对于规模大、业务量多的单位，会计机构内部可以按经济业务的类别设置若干职能组，并为每组配备会计人员，分别主管会计工作的一个方面，如综合财务组、财务结算组、资金会计组、成本会计组、收入利润会计组、资产会计组等。会计岗位设置以后，各岗位会计人员应当有计划地进行轮岗。

商场（超市）收银员、医院门诊收费员、药品库房记账员所从事的工作均不属于会计岗位。单位内部审计工作也不属于会计岗位。会计档案管理岗位在会计档案正式移交之前，属于会计岗位；正式移交之后，不再属于会计岗位。

小贴士

我国《会计基础工作规范》规定，会计机构内部应当建立稽核制度和内部牵制制度。稽核，即稽查与复核。会计稽核是在会计机构内部，对于本机构在会计流程中的会计凭证、会计账簿、会计报表及其他会计资料，进行自我检查或者审核的一项工作，是对会计信息的再确认、再监督的过程。建立会计机构内部稽核制度，目的在于防止会计核算工作上的差错和有关人员的舞弊。内部牵制制度是指凡是涉及款项和财物收付、结算及登记的任何一项工作，必须由两人或两人以上分工办理，以起到相互制约作用的一种工作制度。实行内部牵制制度，主要是为了加强会计人员之间的相互制约、相互监督、相互核对，提高会计工作质量，防止会计事务处理中发生的失误和差错，以及经济活动中营私舞弊行为的发生。

3．会计工作的组织形式

企业单位或其内部机构按其核算关系的性质不同，一般分为独立核算单位和非独立核算单位。

（1）独立核算单位（Independent Accounting Unit） 指具有一定数额的资本金，有独立经营的自主权，能单独编制计划，单独计算盈亏，单独在银行开户并经工商行政管理部门注册登记的法人单位或非法人单位。独立核算单位会计工作的组织形式，一般分集中核算和非集中核算两种。

① 集中核算又称集中核算制（Centralized Accounting），是指整个单位的会计工作主要集中在会计部门进行的核算组织形式。在该组织形式下，单位内部的其他部门和下属单位只对其发生的经济业务填制原始凭证，定期将原始凭证整理汇总，送交会计部门。会计部门根据审核后的原始凭证填制记账凭证，登记账簿，编制会计报表。集中核算的优点是：可以减少核算环节，简化核算手续，精简会计人员，便于实行核算工作的现代化，有利于全面、及时地掌握单位的财务状况和经营成果。缺点是：不便于下属单位加强经营管理工作，不利于单位内部经济责任制的贯彻落实。因此，集中核算一般适用于小型企事业单位。

② 非集中核算又称分散核算制（Non-centralized Accounting），是指将会计工作分散在单位内部所属单位、部门进行的核算组织形式。在非集中核算形式下，内部所属单位整理有关本部门业务的原始凭证，进行明细核算，上报有关会计报表；单位会计机构进行总分类核算，编制单位会计报表。该组织形式层次多，手续复杂，核算工作量大，不利于会计人员的合理分工，核算成本较高，但便于内部单位利用会计资料加强经营管理，有利于经济责任制的贯彻落实。因此，非集中核算一般适用于大中型企事业单位。

集中核算与非集中核算是相对的，而不是绝对的。在实际工作中，企业可分别采用集中核算或非集中核算两种形式。但无论采用哪种形式，企业对外的现金、银行存款往来、物资购销、债权债务的结算都由会计部门集中办理。

（2）非独立核算单位（Non-independent Accounting Unit） 又称为内部独立核算单位，是指具有一定的经营管理权，计算盈亏，对内报送会计报表，但不具有独立的资本金，不单独在银行开户并通过工商行政管理部门注册登记的企业或事业法人所属的部门或下属单位。

三、会计人员的配备

会计人员（Accounting Personnel）是指直接从事会计工作的人员，包括单位财务会计负责人、会计机构负责人和具体从事会计业务的工作人员。建立健全会计机构，配备相应的会计人员，是各单位做好会计工作，充分发挥会计职能作用的重要保证。

1．会计专业技术资格

会计专业技术资格考试实行全国统一组织、统一考试时间、统一考试大纲、统一考试命题、统一合格标准的考试制度。会计专业技术资格考试采用无纸化考试方式，原则上每年举行一次。

报名参加初级资格考试的人员，应具备下列条件。

（1）坚持原则，具备良好的职业道德品质。

（2）认真执行《中华人民共和国会计法》和国家统一的会计制度、有关财经法律、法规、规章制度，无严重违反财经纪律的行为。

（3）履行岗位职责，热爱本职工作。

（4）具备国家教育部门认可的高中毕业以上学历。

（5）符合上述条件的在校生。

报名参加中级资格考试的人员，应具备下列条件。

（1）基本条件。① 坚持原则，具备良好的职业道德品质；② 认真执行《中华人民共和国会计法》和国家统一的会计制度以及有关财经法律、法规、规章制度，无严重违反财经纪律的行为；③ 履行岗位职责，热爱本职工作。

（2）具体条件。除具备基本条件，还应具备下列条件之一：① 取得大学专科学历，从事会计工作满 5 年；② 取得大学本科学历，从事会计工作满 4 年；③ 取得双学士学位或研究生班毕业，从事会计工作满 2 年；④ 取得硕士学位，从事会计工作满 1 年；⑤ 取得博士学位；⑥ 通过全国统一考试，取得经济、统计、审计专业技术中级资格。

小贴士

我国目前的会计专业技术资格分为初级资格、中级资格和高级资格 3 个级别。初级和中级会计资格的取得实行全国统一考试制度；高级会计师资格实行考试与评审相结合制度。初级资格的考试科目分初级会计实务和经济法基础 2 门，参加初级资格考试的人员必须在一个考试年度内通过全部科目的考试。中级资格的考试科目为中级会计实务、财务管理和经济法 3 门，会计专业中级资格考试以两年为 1 个周期，参加中级资格考试的人员必须在两个考试年度内通过全部科目的考试。部分科目合格后，由当地考试管理机构核发成绩通知单。

2. 总会计师的设置

总会计师（Accountant General）是组织领导本单位财务管理、成本管理、预算管理、会计核算和会计监督等方面的工作，参与本单位重要经济问题分析和决策的单位行政领导人员。总会计师协助单位主要行政领导人工作，直接对单位主要行政领导人负责。

提示

总会计师不是一种专业技术职务，也不同于会计机构负责人或会计主管人员，而是一种处于单位高层领导地位的行政职务。总会计师必须由取得会计师专业技术资格的会计人员担任，其任职资格、任免程序、职责权限依照《总会计师条例》的规定执行。

我国《会计法》第三十六条第二款规定“国有的和国有资产占控股地位或者主导地位的大、中型企业必须设置总会计师”。该条规定目的在于通过总会计师的设置，完善法人治理结构，发挥会计的职能作用，加强企业的财务管理，保护所有者权益。

提示

国有大、中型企业以外的其他单位可以根据业务需要，视情况自行决定是否设置总会计师。凡设置总会计师的单位不能再设置与总会计师职责重叠的副职。

3. 会计人员的任免

（1）国家机关、国有企业、事业单位任用会计人员应当实行回避制度。单位负责人的直系亲属不得担任本单位的会计机构负责人和会计主管人员，会计机构负责人和会计主管人员的直系亲属不得在本单位会计机构中担任出纳工作。

提示 直系亲属包括夫妻关系、直系血亲关系、三代以内旁系血亲以及近姻亲关系。

（2）企业的总会计师由本单位主要行政领导人提名，政府主管部门任命或者聘任；免职或者解聘程序与任命或者聘任程序相同。

（3）会计人员的任用、晋升、调动、奖惩，应当事先征求总会计师的意见；会计机构负责人或者会计主管人员的人选，应当由总会计师进行业务考核，依照有关规定审批。

四、会计人员的职业道德

会计人员在会计工作中应当遵守职业道德，树立良好的职业品格、严谨的工作作风，严守工作纪律，努力提高工作效率和工作质量。

会计职业道德（Accounting Professional Ethies）是指会计人员处理职业活动中各种关系的行为准则，是职业道德在会计职业行为和会计职业活动中的具体体现。会计人员职业道德主要包括爱岗敬业、诚实守信、廉洁自律、客观公正、坚持准则、提高技能、参与管理和强化服务。

1. 爱岗敬业

爱岗敬业是会计职业道德的基础。爱岗就是会计人员热爱自己的本职工作；敬业就是以强烈的事业心、责任感，从事会计工作。爱岗和敬业互为前提，相辅相成。“爱岗”是“敬业”的基石，“敬业”是“爱岗”的升华。

2. 诚实守信

诚实守信是做人的基本准则。诚实就是指言行跟内心思想一致，不弄虚作假、不欺上瞒下，做老实人，说老实话，办老实事；守信就是遵守自己所作出的承诺，讲信用，重信用，信守诺言，保守秘密。诚实与守信具有内在的因果联系，一般来说，诚实即为守信，守信就是诚实。有诚无信，道德品质得不到推广和延伸；有信无诚，“信”就失去了根基，“德”就失去了依托。诚实必须守信。

提示 中国现代会计之父潘序伦先生认为，“诚信”是会计职业道德的重要内容。他终身倡导：“信以立志，信以守身，信以处事，信以待人，勿忘‘立信’，当必有成”，并将其作为立信会计学校的校训。为突显并倡导会计职业的诚信，潘序伦先生一生的实业，皆冠之以“立信”，如立信会计事务所、立信会计学校、立信会计出版社等。

3. 廉洁自律

廉洁自律是会计职业道德的前提。廉洁就是不贪污钱财，不收受贿赂，保持清白；自律就是自律主体按照一定的标准，自己约束自己、自己控制自己的言行和思想的过程。会计人员的廉洁是会计职业道德自律的基础，而自律是廉洁的保证。自律性不强就很难做到廉洁，不廉洁就谈不上自律。俗话说，“吃了人家的嘴软，拿了人家的手短”。会计人员必须既廉洁又自律，二者不可偏废。

4. 客观公正

客观公正是会计职业道德所追求的理想目标。客观就是按事物的本来面目去进行反映，不掺杂个人的主观意愿，也不为他人意见所左右。公正就是平等、公平、正直，没有偏失。客观是公正的基础，公正是客观的反映。要达到公正，仅仅做到客观是不够的。公正不仅仅单指诚实、真实、可靠，还包括在真实、可靠中做出公正选择。这种选择尽管是建立在客观的基础之上，还需要在主观上做出公平合理的选择。是否公平、合理，既取决于客观的选择标准，也取决于选择者的道德品质和职业态度。

5. 坚持准则

坚持准则是会计职业道德的核心。这里所说的“准则”不仅指会计准则，而且包括会计法律、

法规、国家统一的会计制度，以及与会计工作相关的法律制度。会计人员在进行核算和监督的过程中，只有坚持准则，才能以准则作为自己的行动指南，在发生道德冲突时，应坚持准则，以维护国家利益、社会公众利益和正常的经济秩序。注册会计师在进行审计业务时，应严格按照独立审计准则的有关要求和国家统一会计制度的规定，出具客观公正的审计报告。

6. 提高技能

会计工作是一项专业性和技术性很强的工作，从业人员必须“具备一定的会计专业知识和技能”，才能胜任会计工作。作为一名会计工作者，必须不断地提高职业技能，这既是会计人员的义务，也是在职业活动中做到客观公正、坚持准则的基础，是参与管理的前提。会计职业技能主要包括会计理论水平、会计实务操作能力、职业判断能力、自动更新知识能力、提供会计信息能力、沟通交流能力以及职业经验等。

7. 参与管理

参与管理就是要求会计人员积极主动地向单位领导反映本单位的财务、经营状况及存在的问题，主动提出合理化建议，积极地参与市场调研和预测，参与决策方案的制定和选择，参与决策的执行、检查和监督，为领导的经营管理和决策活动，当好助手和参谋。如果没有会计人员的积极参与，企业的经营管理如同“盲人摸象”，决策就可能出现失误。会计人员，特别是会计部门的负责人，必须强化自己参与管理、当好参谋的角色意识和责任意识。

8. 强化服务

强化服务就是要求会计人员不仅要有热情、耐心、诚恳的工作态度，待人平等礼貌，而且遇到问题要以商量的口吻，充分尊重服务对象和其他部门的意见。会计人员应做到大事讲原则，小事讲风格，沟通讲策略，用语讲准确，建议看场合。这是因为会计工作虽不是“窗口”行业，但其工作涉及面广，又往往需要服务对象和其他部门的协作及配合，而且会计工作的政策性又很强，在工作交往和处理业务过程中，容易同其他部门及服务对象发生利益冲突或意见分歧。

提示 强化服务的结果，就是奉献社会。任何职业的利益和职业劳动者个人的利益都必须服从社会的利益和国家的利益。如果说爱岗敬业是职业道德的出发点，那么，强化服务和奉献社会就是职业道德的归宿。

请注意 财政部门、业务主管部门和各单位应当定期检查会计人员遵守职业道德的情况，并作为会计人员晋升、晋级、聘任专业职务、表彰奖励的重要考核依据。会计人员违反职业道德的，由所在单位进行处罚；情节严重的，由会计从业资格证书发证机关吊销其会计从业资格证书。

小贴士 1980 年 7 月，国际会计师联合会职业道德委员会拟订并经国际会计师联合会理事会批准，公布了《国际会计职业道德准则》，该准则规定了正直、客观、独立、保密、技术标准、业务能力、道德自律等七个方面的会计职业道德内容。

五、会计专业技术人员的继续教育

1. 会计专业技术人员继续教育的对象

会计专业技术人员继续教育的对象是国家机关、企业、事业单位以及社会团体等组织具有会计专业技术资格的人员，或不具有会计专业技术资格但从事会计工作的人员。

具有会计专业技术资格的人员应当自取得会计专业技术资格的次年开始参加继续教育，并在规

定时间内取得规定学分。不具有会计专业技术资格但从事会计工作的人员应当自从事会计工作的次年开始参加继续教育，并在规定时间内取得规定学分。

2. 会计专业技术人员继续教育的内容

会计专业技术人员继续教育应当紧密结合经济社会和会计行业发展要求，以能力建设为核心，突出针对性、实用性，兼顾系统性、前瞻性，为经济社会和会计行业发展提供人才保证和智力支持。会计专业技术人员继续教育内容包括公需科目和专业科目。其中公需科目包括专业技术人员应当普遍掌握的法律法规、政策理论、职业道德、技术信息等基本知识；专业科目包括会计专业技术人员从事会计工作应当掌握的财务会计、管理会计、财务管理、内部控制与风险管理、会计信息化、会计职业道德、财税金融、会计法律法规等相关专业知识。

3. 会计专业技术人员继续教育的形式

会计专业技术人员继续教育的形式有以下几种。

（1）参加县级以上地方人民政府财政部门、人力资源社会保障部门，新疆生产建设兵团财政局、人力资源社会保障局，中共中央直属机关事务管理局，国家机关事务管理局（以下统称继续教育管理部门）组织的会计专业技术人员继续教育培训、高端会计人才培训、全国会计专业技术资格考试等会计相关考试、会计类专业会议等。

（2）参加会计继续教育机构或用人单位组织的会计专业技术人员继续教育培训。

（3）参加国家教育行政主管部门承认的中专以上（含中专）会计类专业学历（学位）教育；承担继续教育管理部门或行业组织（团体）的会计类研究课题，或在有国内统一刊号（CN）的经济、管理类报刊上发表会计类论文；公开出版会计类书籍；参加注册会计师、资产评估师、税务师等继续教育培训。

（4）继续教育管理部门认可的其他形式。

4. 会计专业技术人员继续教育的学分管理

会计专业技术人员参加继续教育实行学分制管理，每年参加继续教育取得的学分不少于90学分。其中，专业科目一般不少于总学分的三分之二。会计专业技术人员参加继续教育取得的学分，在全国范围内当年度有效，不得结转以后年度。其学分计量标准如下。

（1）参加全国会计专业技术资格考试等会计相关考试，每通过一科考试或被录取的，折算为90学分。

（2）参加会计类专业会议，每天折算为10学分。

（3）参加国家教育行政主管部门承认的中专以上会计类专业学历（学位）教育，通过当年度一门学习课程考试或考核的，折算为90学分。

（4）独立承担继续教育管理部门或行业组织（团体）的会计类研究课题，课题结项的，每项研究课题折算为90学分；与他人合作完成的，每项研究课题的课题主持人折算为90学分，其他参与人每人折算为60学分。

（5）独立在有国内统一刊号（CN）的经济、管理类报刊上发表会计类论文的，每篇论文折算为30学分；与他人合作发表的，每篇论文的第一作者折算为30学分，其他作者每人折算为10学分。

（6）独立公开出版会计类书籍的，每本会计类书籍折算为90学分；与他人合作出版的，每本会计类书籍的第一作者折算为90学分，其他作者每人折算为60学分。

（7）参加其他形式的继续教育，学分计量标准由各省、自治区、直辖市、计划单列市财政厅（局）、新疆生产建设兵团财政局会同本地区人力资源社会保障部门、中央主管单位制定。

典型任务举例

1. 资料

苏淮公司是一家国有大型控股企业。2018年12月，苏淮公司所在地财政局在对其进行会计检查时，发现下列事项。

（1）2018 年 3 月，公司董事长李文龙主持召开董事会会议，因为总会计师与董事长在会计工作上意见不合，会议决定由总经理主管财会工作，总会计师配合其工作。

（2）2018 年 5 月，公司会计科负责存货明细账登记工作的会计高源因病请长假。由于会计科长出差在外，主管财会工作的总经理指定出纳员张丽丽兼管高源的工作，并指示张丽丽与高源办理了会计工作交接手续。

（3）2018 年 7 月，公司出纳员张丽丽通过同学关系，收回北方公司欠款 10 万元。该欠款属于已被注销的坏账，董事长李文龙指示张丽丽将该笔收入在公司会计账册之外另行登记保管，以备业务招待用。

（4）2018 年 10 月，会计科长退休。经总经理提议，公司董事会决定聘任自参加工作以来一直从事文秘工作的公司办公室副主任王浩为会计科科长。

（5）2018 年 12 月，针对公司产品滞销、年度经营亏损已成定局的情况，董事长李文龙指使会计科科长王浩和会计徐一兵在会计报表上做一些“技术处理”，确保“实现”年初定下的盈利目标。王浩与徐一兵遵照办理。

（6）2018 年 12 月，公司采购员叶桐出差借款 7 000 元，填写借条时误写为 9 000 元，所以采用了划线更正法更正并由会计科长王浩签字后入账，并将此借条单独保管。

（7）公司会计科长王浩，因公司业务需要出差中断会计继续教育，2018 年继续教育学分为 60 学分。

2. 要求

根据上述情况和现行会计法律、法规及规章的有关规定，回答下列问题。

（1）公司董事会决定由总经理主管财会工作是否符合规定？简要说明理由。

（2）公司总经理指定出纳员张丽丽兼管高源的会计工作是否符合规定？简要说明理由。

（3）公司董事长李文龙指示出纳张丽丽将已被注销的坏账收入 10 万元，在公司会计账册之外另行登记保管，是否符合规定？为什么？如不符合规定，财政部门应如何处理？

（4）公司董事会决定聘任办公室副主任王浩为会计科科长是否符合规定？简要说明理由。

（5）公司董事长李文龙指使会计科科长王浩、会计徐一兵在会计报表上做一些“技术处理”，使公司由亏损变为盈利的行为属于何种违法行为？应承担哪些法律责任？

（6）公司对采购员叶桐出差借条的处理是否正确？为什么？

（7）公司会计科长王浩的会计继续教育时间符合规定吗？为什么？

3. 工作过程

步骤 1：学习我国现行会计法律、法规及规章的有关规定。

步骤 2：对照有关规定，分别对上述例举事项进行职业判断。

（1）不符合。《会计法》规定，国有大中型企业及国有资产占控股地位或者主导地位的大中型企业必须设置总会计师；总会计师是单位行政领导成员，协助单位负责人工作，直接对单位负责人负责。设置总会计师的单位，在单位行政领导成员中，不能再设置与总会计师职责重叠的行政副职。总会计师是单位会计工作的负责人，苏淮公司应由总会计师主管会计工作，不应由总经理主管会计工作。

（2）符合。《会计法》和《会计内部控制规范——基本规范》均规定，出纳人员不得兼任稽核会计档案保管和收入、支出、费用、债权债务账目的登记工作。该公司指定出纳员张丽丽兼任存货明细账登记工作，不违背内部控制制度不相容职务（岗位）相互分离的要求。

（3）不符合。《会计法》规定，各单位发生的经济业务事项应当在依法设置的会计账簿上统一登记和核算，不得违反《会计法》和国家统一的会计制度的规定，私设会计账簿登记和核算。

根据会计法规定，私设会计账簿的，由县级以上人民政府财政部门责令限期改正，可以对单位并处 3 000 元以上 50 000 元以下的罚款；对直接负责的主管人员和其他直接责任人员，可以处

以2 000元以上20 000以下的罚款；对会计人员，情节严重的，五年内不得从事会计工作。

（4）不符合。有关会计法律制度规定，担任会计机构负责人的，应当具备会计师以上专业技术职务资格或者有从事会计工作3年以上的经历。

（5）属于授意、指使、强令会计机构、会计人员伪造、变造会计凭证、会计账簿、编制虚假财务会计报告的行为。

根据《会计法》规定，对于授意、指使、强令会计机构、会计人员及其他人员伪造、变造会计凭证、会计账簿或编制虚假财务会计报告的董事长李文龙构成犯罪的依法追究刑事责任；尚不构成犯罪的，可以处5 000元以上50 000元以下的罚款；属于国家工作人员的，还应当给予行政处分。

（6）不正确。原始凭证金额有错误的，不得在原始凭证上更正，应当由出具单位重开。职工因公外出借款凭据，必须附在记账凭证之后。

（7）王浩继续教育时间不符合规定。根据2018年5月《会计专业技术人员继续教育规定》，会计专业技术人员每年参加继续教育实行学分制管理，每年参加继续教育取得的学分不得少于90学分，王浩只有60学分。

职业能力训练

1．判断题（正确的在括号内打“√”，错误的打“×”）

（1）我国会计人员实行定岗定编，会计岗位可以一人一岗或一岗多人，不得设置一人多岗，这主要是为了执行内部牵制制度。（　　）

（2）独立核算单位会计工作的组织形式，一般有集中核算和非集中核算两种，前者适用于小型企事业单位，后者适用于大中型企事业单位。（　　）

（3）企事业单位任用会计人员应当实行回避原则，会计主管人员的直系亲属不得在本单位会计机构中担任出纳工作。（　　）

（4）会计人员违反职业道德且情节严重的，五年内不得从事会计工作。（　　）

（5）总会计师是单位会计机构的负责人，协助单位主要领导人工作，直接对单位主要行政领导人负责。（　　）

2．选择题（下列答案中有一项或多项是正确的，将正确答案前英文字母填入括号内）

（1）一个单位是否需要设置会计机构，一般取决于（　　）。

A. 单位领导人意愿　　B. 单位规模的大小

C. 经济业务和财务收支的繁简　　D. 经营管理的体制

（2）“常在河边走，就是不湿鞋”这句话体现的会计职业道德要求是（　　）。

A. 诚实守信　　B. 廉洁自律　　C. 坚持准则　　D. 提高技能

（3）会计专业技术人员继续教育的内容包括（　　）。

A. 考试科目　　B. 考查科目　　C. 公需科目　　D. 专业科目

（4）会计专业技术人员每年参加继续教育取得的学分应不少于（　　）学分。

A. 30　　B. 60　　C. 90　　D. 120

（5）独立在有国内统一刊号（CN）的经济、管理类报刊上发表会计类论文的，每篇论文折算为（　　）学分。

A. 30　　B. 60　　C. 90　　D. 120

3．任务实训

［实训目的］掌握会计职业道德的基本内容。

［实训资料］这是2018年10月28日发生在西康公司会计科的一幕。

西康公司离休干部老井，拿着一叠发票走进财务科："张会计你好，最近我到医院看了几次病，花了不少钱，现在家里又等着钱花，你能给我报销吗？"张会计："我现在很忙，没有时间，而且现在规定很多，我也弄不清楚您的医药费能报销多少，等我有空时再说吧。"老井点点头："好好，那我先走了，我等你通知，谢谢。"

老井刚走，公司王副经理走了进来："小张，昨天我给小孩买了台计算机，你给我想办法处理一下。"张会计："行行行，你把发票放这儿，我帮你作办公用品报销，钱先拿去。"

王副经理刚走，电话铃响了，张会计拿起电话："喂，原来是老同学呀，有什么事吗……哦！你想了解一下我们单位最近开发的新产品的成本、定价情况，还要把有关资料带出来给你瞧瞧？哎呀，公司规定资料不准带出，特别是机密资料，我这么做有困难。但考虑到我们的关系，这样吧，我变通一下，你得要请我吃饭哦，怎么样？好，就这样，晚上浪漫咖啡厅见。"

［实训要求］根据上述情境，请分析张会计的言行违背了哪些会计职业道德要求，并说明理由。

任务三　认识会计职业

任务描述

当今社会，会计、医生和律师是人们所向往的三大职业。会计职业既是传承历史的职业，又是与时俱进的职业。会计职业的发展是伴随着社会经济的发展而发展的。不同的会计岗位，其工作职责是不同的。理解会计职业的含义，掌握会计职业的分类，了解会计职业的发展趋势。

知识准备

一、会计职业的含义与特点

会计职业（Accounting Profession）一般是指会计从业人员所从事的职业。会计职业由来已久，是一个传统的职业，历史上标志着会计开始作为一种专门职业而存在，可追溯至1854年苏格兰爱丁堡会计师公会的成立。会计职业的发展是伴随着社会经济的发展而发展的，目前已日趋国际化，国际会计准则的颁布便是一个很好的例证。

会计职业有三大特点：一是会计职业令人向往，职业生涯发展空间大。会计是充满机遇的职业，造就出无数成功人士。据美国《福布斯》杂志前不久统计，世界500强企业中的首席执行官中，约有25%以上的教育背景是会计专业，有35%是从首席财务官（Chief Financial Officer）升任的。二是会计职业具有很大的责任和风险。会计是一门国际通用的"商业语言"，它不仅要对管理层负责，还要对所有利益相关者负责。发生在世纪之交的"9·11"事件，没有打垮美国的经济，而"安然""世通"等国际财务丑闻却重击美国经济，使其一蹶不振，这还可从随后爆发的"金融风波"中略见一斑。三是会计职业实行"门槛"准入制。会计人员需持证上岗，且要终身学习，不断提高自身的综合素质。

二、会计职业的分类

按照会计岗位工作目标和作用的不同，会计职业可划分为两类：单位会计和公共会计。

1．单位会计职业

单位会计职业（Company Accounting Profession）是指企业、事业、政府机关、社会团体等单位的会计，其主要工作任务是会计核算、会计监督、财务管理等。

不同性质单位的会计岗位设置是不完全相同的。《会计基础工作规范》第十一条规定："会计工作岗位一般可分为：会计机构负责人或者会计主管人员，出纳，财产物资核算，工资核算，成本费用核算，财务成果核算，资金核算，往来核算，总账报表，稽核，档案管理等"。

（1）会计机构负责人工作岗位。负责组织领导本单位财务会计工作；组织制订并贯彻本单位的各项财务会计制度；组织编制本单位的财务成本计划、单位预算，并检查其执行情况；组织编制财务会计报表和有关报告；组织财会人员学习政治理论和业务知识；负责对财会人员的工作考核，参与会计人员的任免和调动等。

（2）出纳工作岗位。负责办理现金收付和银行结算业务；登记现金和银行存款日记账；保管库存现金和各种有价证券；保管有关印章、空白收据和空白支票。

（3）财产物资核算工作岗位。按财务会计有关法规的要求，会同有关部门制订本企业材料物资核算与管理办法；负责审查材料物资供应计划和供货合同，并监督其执行情况。会同有关部门制订和落实储备资金定额，办理材料物资的划款和报销业务，计算确定材料物资采购成本。严格审查核对材料物资入库、出库凭证，进行材料物资明细核算，参与库存材料、物资的清查盘点工作。对于固定资产的核算，负责审核、办理有关固定资产的购建、调拨、内部转移、盘盈、盘亏、报废等会计手续，配合固定资产的管理部门和使用部门建立固定资产管理制度。进行固定资产的明细核算，参与固定资产清查，按规定正确计算提取固定资产折旧，以真实地体现固定资产价值。制订固定资产重置、修理计划，指导和监督有关部门管好、用好固定资产。

（4）工资核算工作岗位。负责计算职工的各种工资薪酬，办理职工的工资结算，并进行有关的明细核算，分析工资总额计划的执行情况，负责工资分配的核算。

（5）成本费用核算工作岗位。负责编制成本、费用计划，并将其指标分解落实到有关责任单位和个人。会同有关部门拟订成本费用管理与核算办法，建立健全各项原始记录和定额资料，遵守国家的成本开支范围和开支标准，正确地归集和分配费用，计算产品成本、登记费用成本明细账，并编制有关的会计报表，分析成本计划的执行情况。

（6）财务成果核算工作岗位。负责编制收入、利润计划并组织实施。随时掌握销售状况，预测销售前景，及时督促销售部门完成销售计划，组织好销售货款的回收工作，正确计算并及时解缴有关税费。负责收入、应收款和利润的明细核算，编制有关收入、利润方面的会计报表，并对其进行分析和利用。

（7）资金核算工作岗位。负责资金的筹集、使用、调度和核算。随时了解和掌握资金市场的动态，为企业筹集生产经营所需资金并满足需要，同时应合理安排调度使用资金。负责资金筹集和企业各项投资的明细分类核算。

（8）往来结算工作岗位。负责办理应收、应付款项的往来结算业务，对于各种应收、应付、暂收、暂付等往来款项，要随时清理结算，应收的抓紧催收，应付的及时偿付，暂收、暂付款项要督促清算；负责备用金的管理和核算，负责其他应收款、应付款和备用金的明细核算；管理其他应收应付款项的凭证、账册和资料等。

（9）总账报表工作岗位。负责总账的登记与核对，并与有关的日记账和明细账相核对，依据账簿记录编制有关会计报表和报表附注等相关内容，负责财务状况和经营成果的综合分析，搜集、整理各方面经济信息以便进行财务预测，制订或参与制订财务计划，参与企业的生产经营决策等。

（10）稽核工作岗位。负责确立稽核工作的组织形式和具体分工，明确稽核工作的职责、权限，审核会计凭证和复核会计账簿、报表。

（11）档案管理工作岗位。负责制定会计档案的立卷、归档、保管、查阅和销毁等管理制度，保证会计档案的妥善保管、有序存放、方便查阅，严防毁损、散失和泄密。

上述会计工作岗位的设置并不是固定模式，各企业单位可以根据自身的需要合并或重新分设。开展会计电算化的单位，可以根据需要设置相应的工作岗位，也可以与其他工作岗位相结合。

随着会计在促进社会经济发展中的重要性日益凸显，许多人把未来能从事会计职业作为一种职业生涯发展规划。目前社会上诸多的会计行业证书令人眼花缭乱，往往让人难以抉择。不同证书的适用对象各不相同。2017 年搜狐教育网站调查了比较知名的财会类资格考试，具体结果列于表 1-1 中。

表 1-1　财会类资格考试知名度指数排名

国外资格	知名度指数	国际资格排名
ACCA/ 英国特许会计师	81.88%	1
CIA/ 国际注册内部审计师	71.83%	2
AICPA/ 美国注册会计师	55.57%	3
CGA/ 加拿大注册会计师	54.12%	4
CFA/ 注册金融分析师	53.47%	5
CIMA/ 英国特许管理会计师	51.37%	6
CMA/ 美国管理会计师	47.63%	7
AIA/ 英国国际会计师	42.16%	8
ASCPA/ 澳大利亚注册会计师	41.85%	9
CISA/ 国际注册信息系统审计师	40.34%	10
IFA/ 英国财务会计师	37.53%	11
CDFA/ 特许公认会计师公会中文财会资格证书	30.66%	12
NIA/ 澳大利亚国际会计师	30.48%	13
国内资格	**知名度指数**	**国际资格排名**
注册会计师 /CPA	86.12%	1
会计职称考试（中级）	85.61%	2
会计职称考试（初级）	85.11%	3
会计职称考试（高级）	78.13%	4
资产评估师	70.47%	5
房地产估价师	68.36%	6
造价工程师	61.38%	7
审计专业资格考试（中级）	55.98%	8
审计专业资格考试（初级）	51.55%	9

2．公共会计职业

公共会计职业（Public Accounting Profession）是指为社会各界服务的会计，即社会会计。从事公共会计的人员主要是指注册会计师。执行会计业务的注册会计师，受企业等当事人的委托，对该单位的会计凭证、账簿、会计报表等进行检查。上述的检查一般是为了鉴定企业的财务报表是否恰当、真实地反映其财务状况、经营成果和现金流量，也有为了其他特定目的如审查舞弊行为等。注册会计师在服务社会、国企改革、促进资本市场发展等方面发挥了重要的审计监督和专业服务作用。

在我国从事注册会计师职业，必须取得注册会计师考试全科合格证，并在会计师事务所从事审计工作两年以上，申请注册取得职业资格，才能独立承担审计业务。未取得职业资格的，作为注册会计师的助理人员。

注册会计师全国统一考试分为专业阶段考试和综合阶段考试两个层次。其中：报名参加注册会计师专业阶段考试的人员，应具备下列条件：①具有完全民事行为能力；②具有高等专科以上学校毕业学历，或者具有会计或者相关专业中级以上技术职称。

报名参加注册会计师综合阶段考试的人员，应具备下列条件：①具有完全民事行为能力；②已取得注册会计师全国统一考试专业阶段考试合格证。

有下列情形之一的人员，不得报名参加注册会计师全国统一考试：①因被吊销注册会计师证书，自处罚决定之日起至申请报名之日止不满5年者；②以前年度参加注册会计师全国统一考试因违规而受到禁考处理期限未满者。

注册会计师全国统一考试专业阶段考试科目：会计、审计、财务成本管理、公司战略与风险管理、经济法、税法。专业阶段考试报名人员可以同时报考六个科目，也可以选择报考部分科目。注册会计师全国统一考试综合阶段考试科目：职业能力综合测试（试卷一、试卷二）。

提示

1981年1月1日，“上海会计师事务所”宣告成立，成为新中国第一家由财政部批准独立承办注册会计师业务的会计师事务所。我国《注册会计师法》规定，具有高等专科以上学历，或者具有会计或相关专业中级以上技术职称的人，可以报名参加注册会计师全国统一考试。目前，在国际上最具影响力的会计师事务所主要有普华永道（PWC）、毕马威（KPMG）、德勤（DTT）和安永（EY）。

三、会计职业的发展趋势

（1）管理会计将成为会计管理的重要手段。

（2）管理理论的发展迫使会计职业做出变革。

小贴士

美国管理会计师协会（IMA）资助进行的一项关于会计职业的现在和未来的调查研究显示，今后数年内重要的会计职业活动有：客户和产品获利能力、流程改善、业绩评价、长期战略计划、计算机系统及其操作、成本会计系统、合并购售和剥离、项目会计、职业教育、内部咨询、财务和经济活动分析、质量系统及其控制等。

（3）会计职业的国际化趋势日益明显。

（4）会计职业安全和自我保护意识逐渐增强。

（5）从事会计职业所需要的知识基础与技术能力进一步拓宽。

“没有金钢钻，别揽瓷器活”。一名职业会计师的胜任能力标准，不仅应包括会计领域先进的专业技术知识，还应涵盖商业方面综合扎实的知识基础，以及全球商业环境的应用知识等。除此之外，还应该具备将不同商业与会计学科的概念融会贯通的能力、领导技巧、对复杂的经济业务交易进行分析并与他人沟通的能力，同时还应该具有较强的职业操守。

（6）会计职业是社会最受人尊敬的职业之一。

会计职业是一把“双刃剑”。会计从业者从事会计职业既受到别人的尊敬，也对从业者提出更高的要求。特别是当人类社会步入21世纪后，伴随着“蓝田股份”神话的破灭和“安然公司”的轰然倒塌，人们对会计职业者的负面报道，常见于各种刊物和新闻媒介。有鉴于此，正如普华永道全球总裁 Samuel A.Dipiazzd 所言，目前会计师应该时刻做到：把道德放在最高位置；无论作为审计者、税务咨询或是首席财务执行官，会计师都应当代表高质量和诚信；由于会计职业是组成市场的关键部分，因此必须保持洞察力和独立性。

职业能力训练

1．判断题（正确的在括号内打“√”，错误的打“×”）

（1）会计职业既是古老的职业，又是新兴的职业，它是随着社会经济的发展而发展的。（　　）

（2）按照会计岗位工作目标和作用的不同，会计职业一般分为私人会计和公共会计。（　　）

（3）不管单位性质如何，会计岗位设置是相同的，但会计岗位上配备会计人员的数量是有所不同的。（　　）

（4）会计工作岗位的设置并不是固定模式，企业可以根据自身的需要合并或重新分设。（　　）

（5）由于会计职业具有很大的责任和风险，因此会计人员要学会保护自己并增强职业安全意识。（　　）

2．选择题（下列答案中有一项或多项是正确的，将正确答案前英文字母填入括号内）

（1）下列属于会计职业特点的有（　　）。

A. 令人向往，未来职业生涯发展空间大　　B. 具有很大的责任和风险

C. 实行“门槛”准入制　　D. 是一个新兴的职业

（2）1981年1月1日，（　　）宣告成立，成为我国第一家由财政部批准独立承办注册会计师业务的会计师事务所。

A. 北京会计师事务所　　B. 上海会计师事务所

C. 上海立信会计师事务所　　D. 德勤会计师事务所

（3）下面属于注册会计师考试科目的有（　　）。

A. 会计和审计　　B. 财务成本管理

C. 经济法和税法　　D. 公司战略与风险管理

（4）据中国会计视野网站调查，下列会计资格考试知名度指数从高到低的顺序是（　　）。

A. 会计从业资格考试→注册会计师→注册税务师→会计职称考试

B. 注册会计师→会计从业资格考试→会计职称考试→注册税务师

C. 注册会计师→会计职称考试→注册税务师→会计从业资格考试

D. 会计职称考试→会计从业资格考试→注册会计师→注册税务师

（5）未来会计职业发展的基本趋势是（　　）。

A. 会计职业的国际化趋势日益明显　　B. 管理会计将成为会计管理的重要手段

C. 会计职业是社会最受人尊敬的职业之一

D. 从事会计职业所需要的知识基础与技术能力进一步拓宽

3. 任务实训

[实训目的]设计会计职业生涯规划。

[实训组织]将全班同学分成四个小组，走进一家校外实训基地，听取市级以上先进会计工作者讲解其个人的成长经历。返校后，以小组为单位展开讨论并自由发言。

[实训要求]根据所了解的情况，设计个人未来职业生涯发展规划。

项目小结

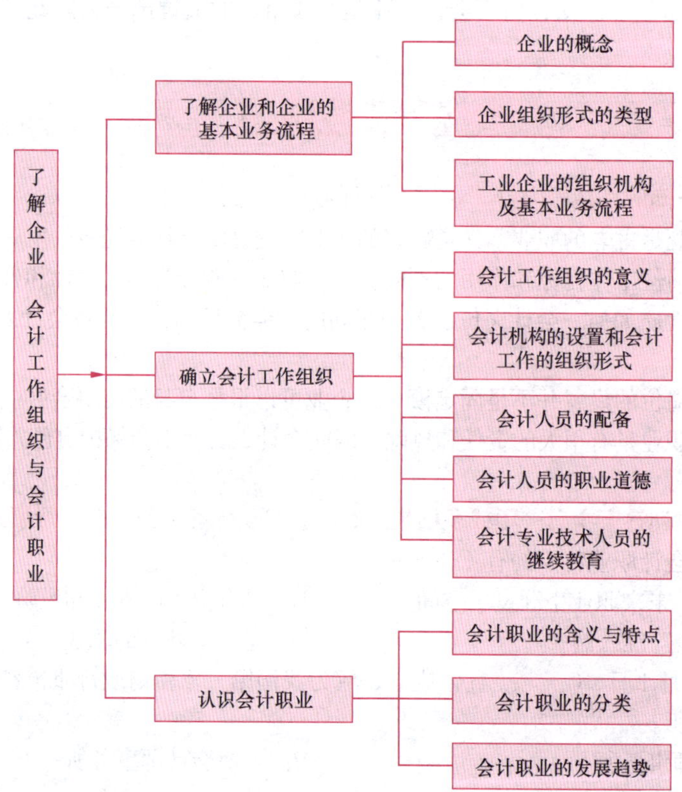

案例分析与讨论

“安然”唱起悲歌，会计路在何方？

1985年7月，美国休斯敦天然气公司与奥马哈的安然天然气公司合并，成立了后来的安然石油天然气公司。15年以后，该公司成为美国、一度也是全球的头号能源交易商，其市值曾高达700亿美元、年收入达1 000亿美元。2000年12月28日，安然公司的股票价格达到84.87美元（有资料说是90.75美元）。2001年初，被美国《财富》杂志连续4年评为美国“最具创新精神的公司”。美国创造了“安然”，“安然”创造了现代神话。谁知美梦苦短，一瞬间“安然”大厦轰然倒地：2001

年10月16日,“安然”公布其第三季度亏损6.38亿美元；11月“安然”向美国证券交易委员会承认，自1997年以来，共虚报利润5.86亿美元；当月29日，“安然”股价一天之内猛跌超过75%，创下纽约股票交易所和纳斯达克市场有史以来单日下跌之最；次日，“安然”股票暴跌至每股0.26美元，成为名副其实的垃圾股，其股价缩水近350倍！两天后，即12月2日，“安然”向纽约破产法院申请破产保护，其申请文件中开列的资产总额468亿美元，“安然”又创了两个之最——美国（或许也是世界）有史以来最大宗的破产申请纪录；最快的破产速度。人们不禁要问：“安然”到底做了什么？调查结果主要表现在：一是“安然”在财务报表上隐瞒并矫饰公司的真实财务状况；二是“安然”利用错综复杂的关联方交易虚构利润，利用现行财务规则漏洞“不进入资产负债表”隐藏债务，以及回避法律和规则对其提出的信息披露要求；三是夸大公司业绩并向投资者隐瞒公司业务等违法手段来误导投资者。而世界“五大”会计师公司之一的安达信公司又为其提供了不实的审计报告，从而使“安然”神话套上了“皇帝的新衣”。

要求：请分析“安然”轰然倒塌的原因是什么？会计人员专业水平能否取代职业道德？有了一套完整的会计准则，政府还需要监管吗？

阅读篇目

[1] 全国人大常委会颁布的《中华人民共和国会计法》

[2] 国务院颁布的《总会计师条例》

[3] 财政部发布的《会计基础工作规范》

[4] 财政部 人力资源社会保障部发布的《会计专业技术人员继续教育规定》

项目考核标准

考核项目	考 核 内 容	分值	考核要求及评分标准	得分
职业能力训练	判断题	10	判断正确并能说明理由	
	选择题	10	选择正确并能说明理由	
项目实训	了解企业、企业组织和基本业务流程	20	积极参与调研，符合要求	
	掌握会计职业道德的基本内容	20	分析思路清晰，符合要求	
	设计会计职业生涯规划	10	能初步描述个人职业生涯发展规划	
案 例	案例分析与讨论	15	积极参与讨论，分析思路清晰，所得结论正确	
职业素养	敬业精神	5	具有严谨的工作态度	
	团队合作精神	5	团队协作、沟通能力强	
	职业道德修养	5	有良好的价值观，讲究职业道德	
合计		100	实际总得分	

考核时间：　　　　　　　　　　　　　　　　教师签字：

项目二 描述会计、会计目标和会计方法

学习目标

1. 根据项目、任务的需要查阅有关资料
2. 了解中、西方会计的产生和发展历史
3. 认知会计的概念和基本特点
4. 理解会计的基本职能、一般对象和目标
5. 明确会计基本假设
6. 了解会计核算的方法
7. 具有敬业精神、团队合作精神和良好的职业道德修养

项目导航

经济越发展，会计越重要。会计是社会生产发展到一定阶段的产物，先后经历了古代会计、近代会计和现代会计的历史变革。现代会计是一项管理工作，具有核算和监督两大基本职能。各单位资金运动构成了会计的一般对象。会计要对企业发生的各种经济活动有效地进行核算和监督，就必须对会计领域中的一些未知因素做出合理的假设，于是就产生了会计假设。为了实现会计目标，完成会计任务，会计人员必须采用一系列专门的核算方法。

本项目主要讲述会计的产生和发展，会计的概念和基本特点，会计的对象和目标，会计基本假设和会计核算的基础，会计核算的基本方法等。

学习时，要运用历史发展观来理解会计的本质是一项管理活动，会计的一般对象是资金运动，会计的具体目标是提供会计信息使用者所需要的会计信息，会计基本假设是会计确认、计量、记录和报告的前提条件，会计核算是一个完整的方法体系。

任务一　认知会计和会计目标

任务描述

会计是人类社会发展到一定历史阶段的产物，先后经历了古代会计、近代会计和现代会计。了解中西方会计的产生和发展历史，认知会计的概念和基本特点，理解会计的基本职能、一般对象、目标、基本假设和会计核算的基础。

知识准备

一、会计的概念和基本特点

1．会计的产生和发展

会计（Accounting）的产生和发展是随着人们的生产实践和管理上的需要而产生和发展的。

人类要生存，社会要发展，就要进行物质资料的生产。生产活动是人类最基本的实践活动，是决定其他一切活动的基础。人类通过生产活动，一方面创造物质财富，取得一定的劳动成果；另一方面要发生劳动耗费，包括人力、物力的耗费。在生产活动中，人们总是想以尽可能少的劳动耗费创造尽可能多的劳动成果。为达到此目的，人们一方面要不断改进生产技术，另一方面，就有必要采用一定的方法对劳动耗费以及所取得的劳动成果进行观察、计量、记录和计算，于是，会计就产生了。

提示　会计诞生在何时、发源于何地，至今尚很难确切地加以指明。但会计的萌芽一定源于人类认知了数字之后。

最初的会计只是生产职能的附带部分，是同其他计算活动混合在一起的，在生产时间之外附带地把收、支记载下来，并没有专职人员来从事会计工作。当社会生产发展到一定阶段，生产过程趋于复杂，出现了大量的剩余产品，人类需要进一步控制和总结生产活动时，会计的重要性就越来越大，会计才逐渐从生产职能中分离出来，成为一种具有独立职能的管理活动。据马克思考证，在原始的规模小的印度公社已经有了一个记账员，登记农业项目，登记和记录与此有关的一切事项。

（1）我国会计的产生和发展

“自有天下之经济，便必有天下之会计。经济世界有多大，会计世界也便会有多大”。原始社会末期，我国就出现了“结绳记事”“刻契记数”等简单的计量和记录行为。“会计”一词最早出现于西周时期。西周王朝设置“司书”“司会”等官职，来掌管国家和地方的钱粮赋税，进行月计岁会。这是我国会计发展史上的重大进步。西周的《周礼·天官》中有“月计岁会”的说法，还有“参互、月要、岁会”记载，分别相当于现在的旬报、月报和年报。秦始皇统一中国后，社会生产力的发展进一步促进了会计的发展，先后出现了早期会计账簿的雏形——“籍书”或称“簿书”，用“入、出”作为记账符号来反映各种经济收入和支出事项。“入－出＝余”的基本结算公式在秦代得到普遍运用。西汉王朝制定了《上计律》，赋予了会计以法律权威，并创立了“上计簿”，确立了中式会计报

告的基本形态。魏晋南北朝时期，由于年复一年的战火，造成了社会经济的衰落，使得会计发展的步伐滞缓或停顿。隋朝建立后，在官制方面设立“度支”一部，通过记账、户籍制度把赋役征收制度与会计控制方法基本统一起来。唐宋时代是我国封建经济发展的繁荣时期，也是中式会计全面发展的辉煌时期。唐朝晚期已有“计册”制度，流水账和誊清账已初步形成，分别相似于现在的日记账和分类账。唐末宋初创立和运用了“四柱结算法”。所谓“四柱”是指旧管（相当于“期初结存”）、新收（相当于“本期收入”）、开除（相当于“本期支出”）、实在（相当于“期末结存”）四个部分。“四柱结算法”把一定时期内财物收支记录，通过“旧管＋新收－开除＝实在”这一平衡公式加以归纳。唐朝李吉甫所著的《元和国计簿》是我国最早的会计专辑。明朝制定了加强专库管理的“实物盘点制度”，并使用了“盘点清单”。传统意义上的“账房”会计组织形式就诞生于明朝民间。明末清初，社会经济发生变化，新的经营管理制度和新的会计核算方法应运而生。在“四柱结算法”的基础上又产生了“龙门账”，即把一定时期内全部账目分为“进”（相当于各项收入）、“缴”（相当于各项支出）、“存”（相当于各项资产）、“该”（相当于各项负债）四类，运用“进－缴＝存－该”的平衡公式计算盈亏，编制“进缴表”和“存该表”，分别相当于现代的“利润表”和“资产负债表”。清乾隆嘉庆年间，一种比较成熟的复式记账法——“四脚账”广为应用，即对每一笔账项既登记“来账”，又登记“去账”，反映同一账项的来龙去脉。清朝末年，中国沦为半封建半殖民地社会，由于西式簿记传入的影响，以新式银行业为先驱的民间会计，开始走上改良会计的道路，出现了《中式改良簿记》。民国时期，国民政府实施了相对统一的会计制度，新式会计人才取代了旧式账房先生。

据《孟子》记载：“孔子尝为委吏矣，曰：会计当而已矣”。孔子把会计工作的精髓归结于“当”字之上。“当”的含义是多方面的，主要有三点：一是对发生的经济收支事项要遵循财制，处理得当；二是对会计事项的计算、记录要正确；三是从统治者的角度来讲，要善于选择合格的、适当的会计人才。清代学者焦循曾对《孟子正义》中“会计”二字作如下解释：“零星算之为计，总合算之为会”。

中华人民共和国成立后，财政部先后多次制定统一的会计制度，指导全国的会计工作。1963年1月，国务院发布《会计人员职权试行条例》，第一次明确了会计人员的职责、权限、任免、奖惩等内容。1980年1月和9月，中国会计学会和中国成本研究会相继成立。1985年1月颁布了《中华人民共和国会计法》，该法为中华人民共和国会计工作的第一部根本大法。1993年、1999年和2017年分别对其进行了修订。1992年5月财政部与国家体改委联合颁发了《股份制企业会计制度》，较多地借鉴了国际会计惯例。同年11月，财政部发布了《企业会计准则》和《企业财务通则》，实现了改革会计核算制度和财务管理模式的重要转变。1998年经过修订，财政部又颁布了《股份有限公司会计制度》。为了规范企业财务会计报告，保证会计信息的真实完整，2000年6月国务院发布了《企业财务会计报告条例》。同年12月，财政部还颁布了有助于规范企业的会计核算工作、提高会计信息质量的新《企业会计制度》。世纪之交，随着世界经济一体化进程的加快，电子计算机技术的飞速发展，我国现代会计的发展和变革也越来越快。2006年2月，财政部发布了39项企业会计准则和48项注册会计师审计准则，自2007年1月1日起在上市公司范围内施行，到2008年底，所有大中型企业也执行新会计准则。以上行动标志着适应我国市场经济发展需求、与国际惯例趋同的企业会计准则体系和注册会计师审计体系的正式建立。为了规范企业会计行为，促进小企业可持续发展，2011 年财政部出台了《小企业会计准则》，自 2013 年 1 月 1 日起在小企业范围内施行。

2014 年—2017 年，为了适应社会主义市场经济发展需要，进一步规范会计计量的方法，财政部先后修订企业基本准则 1 项、修订企业具体准则 10 项，新发布企业具体准则 4 项，至此，我国《企业会计准则》有基本准则 1 项，具体准则 42 项。

小贴士

20 世纪中国十大会计名家：①中国第一位会计师谢霖（1885—1969）；②立信会计鼻祖、“中国会计之父”的潘序伦（1893—1985）；③替上海交易所设计会计制度的徐永祚（1891—1959）；④现代政府会计制度的设计者雍家源（1898—1975）；⑤敢于挑战洋会计师的奚玉书（1902—1982）；⑥最早介绍西方现代会计理论的赵锡禹（1901—1970）；⑦移植苏联国营会计方法的余肇池（1892—1968）；⑧主管全国会计事务首位官员安绍芸（1900—1976）；⑨自学成才的会计专家顾准（1915—1974）；⑩为中国会计准则绞尽脑汁的杨纪琬（1917—1999）。

（2）西方会计的产生和发展

在西方，随着自然经济、商品经济向市场经济过渡，从业主经营的手工作坊到合伙制的出现，从股份公司的兴起到跨国公司的涌现，会计始终与社会经济发展相适应，先后经历了从古代会计、近代会计到现代会计的历史变革。

① 古代会计（公元 15 世纪中叶以前）。由于生产力水平比较低，商品经济尚不发达，早先的会计仅仅是一种极其简单的计量和记录行为。随着自然经济占主导地位，生产活动以小生产为主，有了一定的简单商品生产，出现了剩余产品；同时，生产开始了社会化，直接的生产过程已经采取共同劳动的协作形式，不再是个体劳动。这时会计才逐渐从生产职能中分离出来，成为由当事人采用专门方法进行的一种核算活动。其主要特征是单式簿记。单式簿记对经济事项的发生，主要采取序时流水登记的方法，平时只登记货币资金的收付和债权债务业务。这一时期，会计由脱离生产的人担任，社会上只有少数人知晓会计原理，此时会计很不成熟，还不是一门独立的学科，其专门方法远未形成，它仅扮演着“账房管家”的角色。

② 近代会计（15 世纪中叶到 20 世纪四五十年代）。公元 15 世纪，伴随着意大利北部城市地区手工业的兴起和商业、银行业的繁荣，世界上最早的借贷复式簿记账册开始诞生。1494 年，意大利数学家卢卡·帕乔利出版了《算术、几何、比与比例概要》一书，是会计发展史上第一个里程碑，它标志着近代会计的开端。该书第一篇第十一卷“簿记论”，第一次系统地总结和介绍了以威尼斯复式簿记为主的借贷复式记账法，为借贷复式簿记在世界范围的传播奠定了基础。帕乔利之后的 300 年间，会计面临着一个相对稳定的商业资本主义背景，其主要职能是资产的记录和保管，借以防止因贪污盗窃而遭受损失。1581 年，威尼斯“会计学院”的建立，表明会计已作为一门学科在学校里传播。18—19 世纪英国爆发了工业革命，早期的成本计算会计应运而生。19 世纪中叶以后，股份公司在西方得到了广泛的发展，并成为企业组织的主要形式。在经营方式上，股东直接从事经营管理。此时会计服务的对象主要是公司内部管理。为了防止公司经营者的舞弊行为，保护投资者的权益，英国首先出现了以审查会计报表真实性为目标的独立审计。1854 年，英国苏格兰爱丁堡会计师公会的成立，是会计发展史上第二个里程碑，它标志着会计开始作为一种专门职业而存在。第一次世界大战以后，美国取代了英国的地位。1911 年泰罗的《科学管理原理》出版，产生了标准成本会计，是会计发展史上第三个里程碑。美国在经历了 1929—1933 年经济危机

卢卡·帕乔利（1445—1517）

后，开始着手制定会计准则，用以规范会计行为，于是形成了以提供对外财务信息为主要任务的财务会计。到这一时期，会计方法已经比较完善，会计科学也比较成熟。

近代会计同古代会计相比，其主要特点是：一方面，商品经济的发展，使得会计有可能充分地运用货币形式，作为计量、记录和报告的手段；另一方面，会计的记录采用了复式记账法，形成了一个严密的账户体系。

③ 现代会计（20世纪四五十年代以后）。1939年，美国第一份“公认会计准则”的“会计研究公报”的出现是现代会计的起点。20世纪50年代以来，跨国公司蓬勃兴起，直接导致国际会计的产生。1973年，国际会计准则委员会（IASC）成立，随即发布了一系列国际会计准则，引导各国会计逐步走向国际化。由于企业生产经营规模的扩大和市场竞争的加剧，企业管理得到了前所未有的重视，一方面为适应管理的需要，系统的成本计算、有组织的内部控制制度等相继形成，成本会计取得了长足的发展；另一方面企业管理对会计资料的迫切需要，促进了一个新的会计分支，即管理会计在原来成本会计基础上迅速成长，并从传统会计中分离出来，形成了一个与财务会计相对独立的领域。管理会计的产生，极大地丰富了会计的内容，是会计发展史上第四个里程碑。世纪之交，人类社会进入信息时代和知识经济时代，现代会计由手工簿记系统发展为电子数据处理系统（EDP会计）和网络系统。会计处理的电算化，是会计在记录和计算技术方面的重大革命，是会计发展史上第五个里程碑。它大大促进了会计信息的传递，有助于提高会计信息的使用效率，必将把会计工作带入一个崭新的变革时期。

现代会计的标志是财务会计与管理会计的分离和会计电算化的出现。

2006年2月，财政部发布了39项企业会计准则和48项注册会计师审计准则。中国会计走上了与国际会计趋同的道路，这是一种历史必然吗？

2. 会计的概念

早期的会计只是运用一些简单的计量、记录方法，1494年以后，会计才逐渐从其他学科中独立出来，真正开始划时代的飞跃。由于会计是随着社会经济环境的变化和管理上的要求而不断发展变化的，它的内涵和外延十分丰富，因此，虽然会计产生的历史相当悠久，但时至今日，人们对会计本质的认识仍众说纷纭，尚无一个完整和公认的定义。

认识会计的本质，其意义在于把握会计的发展方向。

我们认为，现代会计是指以货币为主要计量单位，采用一系列专门的方法和程序，对企业等经济组织的经济活动进行全面、连续、系统、综合的核算和监督，提供可靠、相关的信息，以满足信息使用者经济决策需要的一种管理活动。

小贴士

人们从不同角度和侧面对会计本质进行考察，形成了对会计本质的不同表述，具有代表性的观点有如下几种。①会计方法论。认为会计的本质是一种“管理方法”，具体表现为会计是一种记账、算账和报账的方法。②会计技术论。认为会计的本质是一种“技术”，是文字和数量相结合的应用技术。③会计工具论。认为会计的本质是一种“管理工具”，主要为管理提供资料，强调会计在社会经济活动中的核算作用。④会计艺术论。认为会计人员在进行会计工作时具有一定的艺术特性。⑤会计信息系统论。认为会计的本质是一个以提供财务信息为主的经济信息系统。⑥会计管理活动论。认为会计的本质是一项管理活动。⑦会计综合论。认为会计既是一个信息系统，又是一项管理活动。

3. 会计的基本特点

（1）以货币作为主要的计量单位。为了对企业等经济组织的经济活动过程进行计量和记录，会计通常要使用实物、劳动和货币三种计量单位。其中，实物计量单位（如千克、米、件等）可以为经济管理提供必需的实物量指标，但无法进行综合计量和记录；劳动计量单位（如工作日、工时等）可以为经济管理提供劳动消耗量指标，但现阶段同样不具有综合性；唯一具有综合性的就是货币计量单位（如元、角、分等），因为在商品经济条件下，货币是一切商品共同的等价形式，只有借助统一的货币，才可以将复杂的不同质的经济活动加以综合计量和记录，以取得各种总括的价值指标。对经济活动实施价值管理，是会计与其他经济管理活动最主要的区别。

提示　其他经济管理活动如生产经营管理等，也可以采用货币计量单位，但它只是众多计量单位中的一种，并不是主要计量单位。

（2）对经济活动进行全面、连续、系统和综合的核算和监督。全面是指对各种经济活动都要能反映其来龙去脉，不得遗漏；连续是指按照经济活动发生时间的顺序逐笔、逐日记录，不允许中断和间断；系统是指对各种经济活动的记录要采用一系列专门的方法，遵循一定的处理程序，分门别类并且科学有序地进行；综合是指以货币作为统一的计量单位。

（3）以合法凭证为依据。会计对任何一项经济活动的反映和记录，都必须以合法的凭证为依据。为了保证会计信息的可靠性，对于取得或填制的凭证，必须先审核，以保证其真实性，然后才能作为核算和监督的依据。因此，会计提供的信息具有可验证性。

（4）有一套完整的方法体系。会计在长期的发展过程中，形成了设置账户、复式记账、填制和审核凭证、登记账簿、编制会计报表等一个完整的方法体系，并通过这些方法的相互联系和配合，来核算和监督经济活动的全过程及结果，为企业的经营管理提供必要的会计信息。会计的这一特点，显示了会计核算具有很强的专业技术性，凸显了会计信息生成之流程的严密性，保证了信息的规范性和准确性。

二、会计的基本职能及一般对象

1. 会计的基本职能

会计职能（Function of Accounting）是指会计在经济管理活动中所具有的客观功能。马克思在《资本论》中曾指出："过程（商品生产过程）越是按社会的规模进行，越是失去纯粹个人的性质，作为对过程的控制和观念总结的簿记就越是必要"。(《马克思恩格斯全集》第 24 卷 1972 年版第 152 页）这里所说的"对过程的控制和观念总结的簿记"，就是指会计。我国《会计法》第五条将会计的基本职能确定为核算和监督，即进行会计核算和实行会计监督。

提示　会计职能的外在表现，就是人们通常所说的会计作用。

（1）会计核算职能，指会计以货币为主要计量单位，运用一系列专门方法，对特定单位的经济活动过程和结果进行连续、系统、全面、综合的确认、计量、记录和报告，为有关方面提供管理所需要的各种会计信息。

提示　会计核算是会计工作的基础，它是通过记账、算账和报账三个过程来体现的。记账就是把一个特定单位在一定时期内所发生的经济事项，运用一定的程序和方法，在会计凭证、会计账簿上进行记录和反映的过程。算账就是运用一定的程序和专门方法，对会计核算对象进行归类和计算的过程。报账是在记账和算账的基础上，通过会计报表的

形式，为会计信息使用者提供相关的会计信息。会计核算贯穿于会计活动的始终。以会计时间划分，会计核算包括事前核算、事中核算和事后核算。会计核算的要求：真实、准确、完整、及时。

（2）会计监督职能，指会计人员以国家财经政策、法规、制度及内部会计控制规范等为依据，对特定主体的经济活动的过程和结果从合理性、合法性及有效性等方面进行审查、评价和控制，以保证会计信息的真实性、完整性和有效性。

提示　会计监督是通过不同的主体来进行的。我国目前的会计监督是由单位内部会计监督、社会监督（注册会计师审计）和政府监督（包括财政、审计、税务等其他相关职能部门监督）三部分共同组成的。本书仅介绍单位内部会计监督。会计监督贯穿于会计活动的始终。以会计时间划分，会计监督包括事前监督、事中监督和事后监督。

（3）会计核算和会计监督的关系。二者不可分割、相辅相成。会计核算是会计监督的基础，只有正确地进行会计核算，会计监督才能有真实可靠的依据；会计监督是会计核算的保证，如果只有会计核算而不进行严格的监督，会计核算所提供的信息质量就不高，甚至会变得毫无意义。因此，会计核算和会计监督两个职能贯穿于会计工作的始终，只有将二者有机地结合起来，才能充分发挥会计在经济管理中的作用。

小贴士　会计的职能是随着会计的发展而发展的。在一定历史时期，会计职能与其所处时代的经济发展水平和经济管理要求是相适应的。现阶段，会计学界出现了会计多职能理论，其中具有代表性的观点是“会计六职能说”，即会计除具有传统的核算和监督职能外，还有预测、决策、分析和控制四项职能。

2. 会计的对象

微课：会计对象

（1）会计的一般对象。会计对象（Object of Accounting）是指会计核算和监督的内容。会计的对象存在于社会再生产过程之中。社会再生产过程分为生产、分配、交换和消费四个环节，它包括多种多样的经济活动，具体表现为价值运动和使用价值运动。因为使用价值没有统一的标准和计量尺度，不便于比较和汇总，而会计是以货币作为主要的计量单位，借助价值形式能达到会计确认、计量、记录和报告交易或事项的目的。所以会计所核算和监督的是社会再生产过程中的价值运动。这种价值运动是能用货币连续、系统、全面、综合表现的，也可叫资金运动，这就是会计的一般对象。

提示　资金是指社会再生产过程中财产物资的货币表现。

（2）制造业企业的资金运动。社会再生产过程中的资金运动，在不同的单位里，其表现方式是不完全相同的。由于制造业企业生产经营过程比较复杂又最为完整，下面以制造业企业为例，来阐述其资金运动的具体表现方式。

制造业企业资金运动的方式具体表现为资金进入企业、资金在生产经营过程中的循环与周转和资金退出企业。

① 资金进入企业。企业通过各种方式筹集资金，便形成了资金进入企业。其来源主要包括所有者的资金投入和债权人的资金投入，前者构成了企业的所有者权益，后者则形成了企业的负债。

② 资金在生产经营过程中的循环与周转。企业的生产经营过程包括供应、生产和销售等环节。在供应过程中，企业要用筹集到的货币资金去购买材料物资，企业资金由货币资金形态转化为储备资金（主要是指原材料等物资占用的资金）。进入生产过程后，生产部门领取和耗用各种材料物资，

这时储备资金又转变为生产资金（主要是指在产品、半成品等占用的资金）。产品生产完工后，生产资金又转化为成品资金（主要是指库存商品等占用的资金）。将库存商品出售后，成品资金又转化为货币资金。企业的资金，随着供、产、销三个过程的进行，从货币资金开始，依次转化为储备资金、生产资金、成品资金，最后又回到货币资金，这一转化过程叫做资金循环。资金周而复始的循环称为资金周转。资金的循环与周转就是各种资金形态在生产过程中的相继进行和并列存在的对立统一。

③ 资金退出企业。资金退出企业是指企业的资金不再参与生产经营过程中资金的循环与周转，而游离于企业资金运动之外，如上交税费、偿还各项债务、向投资者分配利润等。

制造业企业的资金运动如图 2-1 所示。

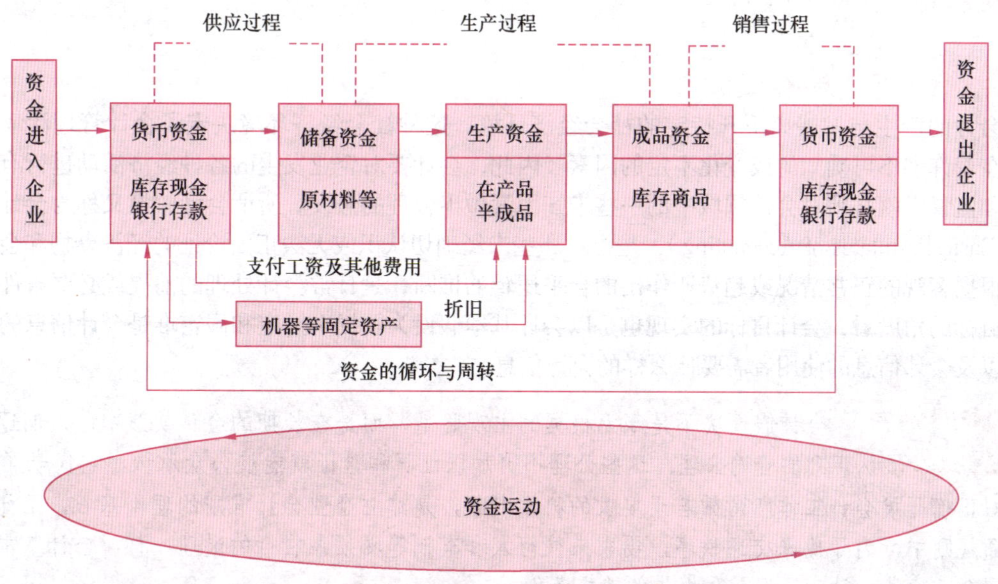

图 2-1 制造业企业的资金运动

三、会计目标

会计目标（Target of Accounting）是指会计工作所要达到的目的。会计的最终目标是提高企业的经济效益，具体目标是提供会计信息使用者所需要的会计信息。会计目标要反映受托责任的履行情况，明确向谁提供信息以及提供什么样的信息，以利于信息使用者进行经济决策。

现代会计目标主要包括以下两个方面的内容。

1. 向会计信息使用者提供对决策有用的信息

会计作为一项管理活动，要向会计信息使用者提供有助于其做出正确决策的数量化信息，包括企业的财务状况、经营成果和现金流量信息。例如，投资者进行投资决策需要大量可靠且相关的会计信息，而会计信息的提供又必须依赖于会计人员所从事的工作，这时，会计工作就必须以提供信息服务于决策为目标取向。如果会计人员提供的会计信息对会计信息使用者的决策没有帮助，那么会计工作就失去了意义。因此，向会计信息使用者提供决策有用的信息是会计工作的基本目标。

提示 会计信息使用者包括外部和内部两个方面。会计信息的外部使用者具体包括投资者、债权人、政府部门、社会公众。投资者包括现有的和潜在的投资者；债权人主要包括银行、非银行金融机构、企业债券购买人及其他提供信贷的单位和个人。会计信息的内部使用者主要是指企业内部管理者及企业职工。

2．反映企业管理层受托责任的履行情况

在现代企业中，企业所有权与经营权相分离，企业管理层接受委托人委托，代为经营管理企业及其各项资产，因而负有受托责任。由于委托人的所有者十分关注资本的保值和增值，需要定期了解企业管理层保管和使用资产的情况，决定是否需要调整投资政策，是否需要加强企业内部管理，是否需要更换管理层等。因此，会计的目标应能充分体现反映企业管理层受托责任的履行情况，以有助于委托人的所有者正确评价企业的经营管理责任和资源使用的有效性。

受托责任和决策有用并不是相互冲突的两个目标，彼此不能完全割裂，而是互相包容和促进的。

四、会计基本假设

会计的产生与发展离不开特定的社会经济环境，这种社会经济环境决定了会计管理活动中必然存在着许多不可确知的或变化不定的因素。因此，会计要对企业发生的各种经济活动进行有效的核算和监督，就必须对会计领域中的一些未知因素做出合理的假设。所谓会计假设又称为会计假定（The Basic Postulates of Accounting），是指对那些未经确切认识或无法正面论证的经济事物和会计现象，根据客观的正常情况或趋势所作出的合乎逻辑的推断，是日常会计处理的前提或必要条件。从会计目标的角度看，会计目标的实现也是以会计基本假设为前提来推定和假定谁是会计信息的使用者，以及会计信息的使用者需要什么样的会计信息。

提示

会计假设决不是毫无根据的主观臆造，而是在长期的会计实践中，人们逐渐认识到的普遍公理。这些公理不需加以证明和验证就能被公众承认，它代表了人们对正确开展会计工作所遵循若干要求的科学判断，是建立企业会计准则的理论基石。正如在交通规则中，为了确保交通秩序，要求来往行人和车辆等必须靠右行的道理一样，会计基本假设是会计确认、计量、记录和报告的前提条件。

根据我国颁布的《企业会计准则》，会计基本假设包括会计主体、持续经营、会计分期和货币计量四个假设。

1．会计主体假设——界定会计核算的空间范围

会计主体又称为会计个体（Accounting Entity），是指会计为其服务的特定单位或组织。会计主体规定了会计确认、计量、记录和报告的空间范围，明确了会计人员为谁核算、核算谁的经济业务。典型的会计主体是企业。在会计主体假设下，企业应当对其本身发生的交易或事项进行会计确认、计量、记录和报告，反映企业本身所从事的各项生产经营活动。企业的经营活动必须与企业的相关利益主体如投资者、债权人等以及其他企业的经营活动区分开来，这样才能使企业成为真正的市场竞争主体。会计核算工作中通常所讲的资产和负债的确认、收入的取得、费用的发生等，都是针对特定会计主体而言的。会计核算依据这一假设，才能真实、正确地反映企业本身的财务状况、经营成果和现金流量，以满足企业独立核算、自负盈亏的要求，并便于会计信息使用者根据会计信息做出正确的决策。可见，明确界定会计主体是开展会计确认、计量、记录和报告工作的重要前提。

A公司向B公司销售一批商品，货款已收到并存入银行。该经济业务发生后，A、B两公司应如何设定会计主体进行会计核算？

会计主体与法律主体并非同一概念。按照法律规定，法人是可用本身名义掌握财产、享受利益和履行各种法律上的有效行为。一般来说，法律主体必然是会计主体，但会计主体并不一定是法律主体。

任何在工商管理部门登记注册的企业，都是会计主体。作为会计主体，它必须能够控制主体所拥有的经济资源并对此负有法律责任。会计主体可以是独立法人，也可以是非法人单位（如合伙企业）；可以是一个企业，也可以是企业内部的某一单位或一个特定的部分（如企业的分公司、企业设立的销售部）；可以是单一企业，也可以是由几个企业组成的企业集团。例如，某基金管理公司管理了 6 只证券投资基金。对于该公司而言，公司既是法律主体，又是会计主体。而各只基金尽管不属于法律主体，但需要单独核算，并向基金持有人定期披露基金的财务状况和经营成果等，因此，每只基金也属于会计主体。

会计主体可以是以营利为目的的各种性质的企业，如公司、工厂等，也可以是非营利组织，如机关、学校、社会团体等。但会计主体由于以营利性的企业最为典型，会计业务也较全面，所以本书的会计主体均以企业为例。

2. 持续经营假设——界定会计核算的时间范围

持续经营（Going Concern）是指企业的生产经营活动将无限期地延续下去，在可以预见的未来，不会面临破产、清算和解散等而不复存在。持续经营假设，规定了会计核算的时间范围。会计核算只有以企业持续、正常的生产经营活动为前提，企业才能按照既定的用途使用现有的资产。企业的销货款在未来按期收回，企业所承担的债务能按事先承诺的条件去清偿。持续经营假设能解决有关财产计价、费用摊销和预提、收益确认等问题，使企业在会计信息的搜集和处理上所使用的会计处理方法保持稳定，企业的会计确认、计量、记录和报告才能真实可靠。

张军和王晨合伙开办了一家罗马婚庆公司，公司自成立以来经营发展状况良好，经济效益稳步提升。该公司使用一台进口摄像器材，其价值 120 000 元，使用年限 10 年，每月计提折旧 1 000 元。请问罗马婚庆公司对摄像器材计提折旧是以什么会计假设为前提的？如何理解？

企业持续经营假设与会计主体假设有着密切的联系。持续经营假设是在确定了企业是会计主体之后做出的规定。只有设定企业在可预见的未来能持续经营下去，才能进一步选择和确定会计核算的具体方法。

在市场经济环境下，任何企业都存在破产、清算的风险，企业不能持续经营的可能性总是存在的。企业应定期对其持续经营假设做出分析和判断。如果可以判断企业不会持续经营，就应当改变会计核算的方法，并在企业财务会计报告中做出相应披露。当然，企业一旦面临破产、清算或改组，必须通过一定的法律程序使破产或清算得以批准，在没有获得批准前，不得改变持续经营假设下的会计原则和方法。

3. 会计分期假设——界定会计结算账目和编制会计报表的时间范围

会计分期（Accounting Period）是指将一个企业持续经营的生产经营活动人为划分为若干连续的、长短相等的会计期间，以便分期结算账目和编制会计报表。会计分期假设是对持续经营假设的一个必要的补充。

企业的经营活动是连续不断进行的，在时间上具有不间断性。要对连续不断的经营活动过程进行确认、计量、记录和报告，从而提供有用的会计信息，满足企业内外会计信息使用者经营和投资决策的需要，会计首先必须解决企业经营活动从什么时候开始，又到什么时候终止，以便对其财务状况、经营成果和现金流量进行总括反映。显然，在实际工作中，等到企业歇业时一次性地核算盈亏，既是不允许的，也是行不通的。因此，就需要将企业持续经营的生产经营活动人为地划分为若干个期间，以便确认某个会计期间的收入、费用和利润，确认某个会计期末的资产、负债和所有者权益，定期编制会计报表。

企业的经营活动并不会因会计期间的划分而停止，会计期间的划分与企业的生命没有必然的联系。

在会计分期假设下，企业应当划分会计期间。根据我国《企业会计准则》的规定，会计期间分为年度、半年度、季度和月度。年度、半年度、季度和月度均按公历起讫日期确定。以每年1月1日至12月31日作为一个会计期间称为会计年度，它是最重要的会计期间；短于一个完整的会计年度的报告期间如半年度、季度和月度等，统称为会计中期。

会计年度可以与公历年度相同，也可以按照各国会计核算的不同要求以其他月份作为会计年度的起始，如“三月制”“六月制”和“九月制”等。中国、德国、西班牙、俄罗斯、朝鲜等采用历年制，即从公历1月1日到12月31日为一个会计年度；英国、丹麦、加拿大、日本、新加坡等采用“三月制”，即从4月1日到次年的3月31日为一个会计年度；瑞典、澳大利亚、埃及、苏丹等采用“六月制”，即从7月1日到次年的6月30日为一个会计年度；美国、泰国、斯里兰卡等采用“九月制”，即从10月1日到次年的9月30日为一个会计年度。此外，会计年度的起始还有其他类型的有：阿富汗从3月21日至次年3月20日；尼泊尔从7月16日至次年7月15日；土耳其从3月至次年2月；埃塞俄比亚从7月8日至次年7月7日；阿根廷从11月至次年10月等。

明确会计分期假设意义重大。因为有了会计分期假设，才产生了本期与前期、后期的差别，不同类型的会计主体才有了记账的基础，进而出现了应收、应付、折旧、递延、预提、摊销等会计处理方法。

4．货币计量假设——界定会计核算的统一度量手段

货币计量（Monetary Unit）是指企业在会计核算过程中采用货币作为统一的主要计量单位，确认计量和报告企业的生产经营活动。在会计的确认、计量、记录和报告过程中选择货币作为基础工具进行计量，是由货币本身的属性决定的。货币是商品一般等价物，是衡量一般商品价值的共同尺度，可作为价值尺度、流通手段、贮藏手段和支付手段。其他计量单位如重量、台、件等，都只能从一个侧面反映企业的生产经营情况，无法在量上进行汇总和比较，不便于会计计量和经营管理。

货币计量假设，规定了会计核算的统一计量尺度——货币，还包含两层含义。

（1）记账本位币（用于记账的货币）的选择。会计核算应以人民币作为记账本位币。业务收支以人民币以外的货币为主的企业，也可以选择人民币以外的一种货币即外币作为记账本位币，但编制的会计报表应当折算为人民币反映。在境外设立的中国企业向国内报送的会计报表，应当折算为人民币。这里的外币通常指本国货币以外的其他国家或地区的货币。

（2）币值稳定的假设，即在一般情况下会计核算应当按照币值稳定的原则进行。对于货币购买能力的波动可以不予考虑，否则，货币计量假设就不能成立。

人民币与外币折算的表示方法

人民币与外币折算有两种表示方法：一是直接标价法，例如1美元 = 6.972 7元人民币；二是间接标价法，例如1元人民币 = 0.143 4美元。

会计核算统一采用货币计量也存在缺陷，例如：企业经营战略、研发能力、市场竞争力等因素会对企业财务状况和经营成果产生重大影响，但这些因素往往

难以用货币来计量，而这些信息对于使用者决策又相当重要。为此，企业可以在会计报表中补充披露有关非财务信息来弥补上述缺陷。

提示 会计基本假设所包括的内容，具有相互依存、相互补充的关系。会计主体确立了会计核算的空间范围，持续经营与会计分期确立了会计核算的时间长度，而货币计量则为会计核算提供了必要手段。没有会计主体，就没有持续经营；没有持续经营，就不会有会计分期；没有货币计量，就不会有现代会计。

五、会计核算的基础

会计核算的基础，主要是针对会计人员在进行会计业务处理时，如何界定收入、费用的归属期间所作的基础规定。由于会计分期假设，出现了不同会计期间，产生了当期与前期、后期的差别。又因为收入和费用在发生时，经常会出现其相关的权责发生期与现款收付期分属于不同会计期间的情况，这时，会计人员就需要遵循统一的核算基础来合理判断收入和费用的归属期间，以便正确计算不同会计期间的经营成果即盈亏。

会计基础的确认和计量是针对利润表中收入和费用的确认和计量。

在会计实务中，对于收入和费用确认、计量、记录和报告的基础一般有权责发生制和收付实现制两种。我国《企业会计准则》规定，企业会计核算应当采用权责发生制作为会计确认、计量、记录和报告的基础。

1．权责发生制

权责发生制（Accrual Basis）是指凡是当期已经实现的收入和已经发生或应当负担的费用，不论款项是否收付，都应当作为当期的收入和费用处理；凡是不属于当期的收入和费用，即使款项已在当期收付，也不应当作为当期的收入和费用处理。在权责发生制基础下，应计入某一会计期间的收入和费用与款项的实际收付并不是一回事。例如，款项已经收到，但销售并未实现；或者款项已经支付，但并不是为本期生产经营活动而发生的。判别、甄定应该计入某一会计期间的收入和费用的经济业务，其标准是对企业经济资源和义务确实产生了影响，且这种影响是以权利和责任的发生与否为依据来加以判断的。如果权责关系发生于不同期间，就应运用应收、应付、预收、预付和待摊、预提等一系列会计处理方法，以便真实地反映某一会计期间的经营成果。

权责发生制主要是从时间上规定会计确认的基础，其核心是根据权责实际发生期来确认收入和费用。

2．收付实现制

收付实现制（Cash Basis）是指以收到或支付现金作为确认收入和费用的依据，即收到现金时确认收入，支出现金时确认费用。目前，我国行政单位采用收付实现制，事业单位除经营业务采用权责发生制外，其他大部分业务都采用收付实现制。

典型任务举例

1．资料

苏淮公司 2018 年 6 月发生的部分经济业务如表 2-1 白色部分所示。

表 2-1

业务内容	业务发生期	现款收付期	权责发生制下的收入、费用归属期	收付实现制下的收入、费用归属期
6月2日销售商品80 000元，款项于当月16日收到	6月	6月	6月	6月
6月8日销售商品120 000元，款项于7月8日收到	6月	7月	6月	7月
6月10日发生费用9 000元，款项于当日支付	6月	6月	6月	6月
6月17日发生费用3 000元，款项于7月5日支付	6月	7月	6月	7月
6月23日预收货款70 000元，商品于7月2日发出	7月	6月	7月	6月
6月29日预付7月份费用4 000元	7月	6月	7月	6月
权责发生制下的6月份盈亏计算	80 000＋120 000－9 000－3 000＝188 000（元）			
收付实现制下的6月份盈亏计算	80 000－9 000＋70 000－4 000＝137 000（元）			

2. 要求

请分别采用权责发生制和收付实现制确认其收入和费用的归属期，并计算苏淮公司2018年6月的盈亏。

3. 工作过程

步骤1：明确权责发生制和收付实现制两大会计核算的基础。

步骤2：认知苏淮公司2018年6月发生的部分经济业务内容、业务发生期和现款收付期。

步骤3：分别判断权责发生制和收付实现制下的收入、费用归属期，见表2-1灰色部分。

步骤4：根据步骤3的判断结果，分别计算苏淮公司2018年6月的盈亏，具体计算过程和结果见表2-1最后两行灰色部分。

从表2-1中可以看出，同样的经济业务，采用不同的记账基础，其收入与费用各不相同，盈亏计算的结果也不一样。

职业能力训练

1. 判断题（正确的在括号内打“√”，错误的打“×”）

（1）会计是随着人们的生产实践和管理上的需要而产生和发展的，先后经历了古代会计、近代会计和现代会计。（　　）

（2）中国第一位会计师是立信会计鼻祖潘序伦先生。（　　）

（3）唐末宋初创立和运用了“龙门账”，它所编制的“进缴表”和“存该表”，分别相当于现在的“利润表”和“资产负债表”。（　　）

（4）会计主体不同于法律主体。法律主体必然是会计主体，但会计主体不一定是法律主体。（　　）

（5）会计工作的唯一目标就是向会计信息使用者提供决策有用的信息。（　　）

2. 选择题（下列答案中有一项或多项是正确的，将正确答案前英文字母填入括号内）

（1）会计的基本假设包括（　　）。

A. 会计主体　　B. 会计分期　　C. 持续经营　　D. 货币计量

（2）制造业企业资金运动的具体表现方式为（　　）。

A. 资金进入企业　　B. 资金在生产经营过程中的周转

C. 资金在生产经营过程中的循环与周转　　D. 资金退出企业

（3）会计信息的外部使用者具体包括（　　）。

A. 投资者　　B. 债权人　　C. 政府部门　　D. 社会公众

（4）会计的基本职能是（　　）。

A. 核算　　B. 预测　　C. 控制　　D. 监督

（5）会计核算的基础一般有（　　）。

A. 权责发生制　　B. 财产盘存制　　C. 会计基本假设　　D. 现金收付制

3. 任务实训

[实训目的]掌握会计核算对象的确认方法。

[实训资料]北辰公司2018年12月发生下列部分经济业务。

（1）销售商品当即收回货款。

（2）与亨达公司签订一份购销合同计划。

（3）向希望小学捐款。

（4）经董事会商议，决定于2019年1月中旬购买一部分国债。

（5）公司李副经理出差归来报销差旅费。

（6）生产车间到仓库领用材料，用于生产A产品。

（7）购买一台设备，经安装调试，已投入使用。

（8）公司2019年费用预算顺利通过董事会决议。

（9）从当地人才市场引进一批研究生和大学生。

（10）董事会向生产和销售部门下达生产任务书。

[实训要求]根据会计核算对象的性质，确定上述经济业务中哪些属于会计核算的对象。

任务二　了解会计核算的方法

任务描述

会计方法主要是指会计人员从事会计工作所使用的各种科学技术方法。会计方法是用来核算和监督会计对象，履行会计工作职责的手段，是会计的重要组成部分。随着社会经济的发展，会计核算和监督的内容日趋复杂，会计职能不断拓展和延伸，会计的方法也在会计工作实践中不断改进和发展。根据会计职能的组成内容，会计的方法由会计核算方法、会计监督方法、会计预测方法、会计分析方法、会计决策方法和会计控制方法六个部分组成。这六个部分既有联系，又有相对的独立性，它们所应用的方法各不相同。了解并掌握会计核算的方法。

知识准备

一、会计方法的组成

会计方法（Accounting Method）是指从事会计工作所使用的各种科学技术方法，它是用来核算和监督会计对象，履行会计职能，实现会计目标的手段和措施。会计方法是人们在长期的会计工作实践中总结、创立的，并随着生产发展和管理活动的复杂化而逐渐地完善起来的。

会计方法一般包括会计核算、会计监督、会计预测、会计分析、会计决策、会计控制等具体方法。

1．会计核算

会计核算（Accounting Calculation）是会计方法中最基本、最主要的方法，是其他各种方法的基础。没有会计核算方法提供的基本信息，其他各种方法将无法继续。在社会再生产过程中，会产生大量的经济信息。将经济信息依照会计准则等规定进行确认、计量、记录、计算、分析、汇总、加工处理，就会形成各种会计信息。这个信息转换的过程就是会计核算。会计核算又包括一系列具体的核算方法。

2．会计监督

会计监督（Accounting Supervision）是指通过会计核算及会计分析所提供的资料，以检查企业的生产经营过程或单位的经济业务是否合理合法及会计资料是否完整正确。会计监督可通过核对、审阅、分析性复核等方法进行。

3．会计预测

会计预测（Accounting Prediction）是指在对企业生产经营过程或单位经济业务的过去和现在进行反映的基础上，预测企业生产经营过程或单位经济业务的未来。

4．会计分析

会计分析（Accounting Analysis）是指利用会计核算提供的信息资料，结合其他有关信息，对企业财务状况、经营成果和现金流量进行的分析研究。一般按以下程序进行：选定项目，明确对象；了解情况，收集资料；整理资料，分析研究；抓住关键，提出结论。常用的分析方法有指标对比法、因素分析法、比率分析法、趋势分析法等。

5．会计决策

会计决策（Accounting Decision）是指在会计预测的基础上，结合相关信息资料，按照预定的会计目标，从若干备选方案中选择最优方案的过程。在实际工作中，会计决策主要是针对完成资金、成本和利润指标最优化方案的选择过程。会计参与经营决策，选择经济效益较高的方案，是我国会计工作未来发展的总趋势。

6．会计控制

会计控制（Accounting Control）是指根据管理的目的和要求，通过会计工作对经济活动过程进行必要的干预，使之按照预定的轨道有序地进行。它一般包括政策与制度控制、预算与定额控制、管理与内部控制等。

会计方法的创立和发展，带有较大的技术性。一种会计方法是否被采用，不是取决于社会制度，而是取决于会计方法本身技术水平的高低，以及社会经济管理水平的高低和管理要求。

二、会计核算方法体系

会计核算方法（Calculating Method of Accounting）是指以货币为主要计量单位，对各单位已经发生的交易或事项进行全面、连续、系统、综合的确认、计量、记录和报告的一系列专门方法。主要包括设置账户、复式记账、填制和审核凭证、登记账簿、成本计算、财产清查和编制会计报表等七种专门方法。

会计核算方法贯穿本书学习内容的始终，是学习的重点内容，也是今后学习其他会计专业课程的前提和基础。

1．设置账户

设置账户是对会计对象的具体内容进行分类核算和监督的一种专门方法。会计对象的内容多种多样，为了对各项交易或事项进行系统的核算和监督，就必须按照交易或事项的内容、特点和经济管理的要求，分别设置账户，分类反映各会计要素的增减变化和结果，以便提供管理所需要的会计信息。设置账户对之后的填制凭证、登记账簿和编制会计报表等核算方法有着重要的意义。

2．复式记账

复式记账是记录交易或事项的一种专门方法。由于企业发生的交易或事项不是孤立的，都有来龙去脉。为了客观地反映交易或事项的发生及其完成所引起的变化，它要求对发生的每一笔交易或事项，都要以相等的金额在相互联系的两个或两个以上的账户中进行记录，通过账户的对应关系可以完整地反映交易或事项的全貌，便于检查账户记录的正确性。

3．填制和审核会计凭证

填制和审核会计凭证是保证会计记录真实可靠、合理、合法和对交易事项进行核算和监督的一种专门方法。在会计工作中，任何一笔需要记账的交易或事项都必须先取得或填制凭证，并由经办人员或有关单位签名盖章，而且会计部门和有关部门要对凭证进行认真审核，这是会计核算工作程序的第一个环节。只有经过审核无误的会计凭证，才能作为登记账簿的依据。填制和审核会计凭证可以保证提供会计信息的真实可靠。

4．登记账簿

账簿是会计账簿的简称，是由具有一定格式、相互联系的账页组成的，用来全面、连续、系统地记录交易或事项的簿籍。登记账簿就是以审核无误的会计凭证为依据，将发生的每笔交易或事项分门别类地登记到有关账户中的一种专门方法。登记账簿是会计信息加工的一项重要程序，它可以将分散的交易或事项进行系统的归类和汇总，同时通过定期结账、对账，为成本计算和编制会计报表提供完整而系统的会计资料。登记账簿是会计核算工作的中心环节。

5．成本计算

成本计算是企业按照一定的对象归集和分配生产经营过程中所发生的全部费用，从而计算确定各个对象的总成本和单位成本的一种专门方法。例如，供应过程要计算各种材料物资的采购成本；生产过程要计算各种产品的生产成本等。成本计算主要是满足企业加强内部管理和正确确定经营盈亏的需要，也是正确计量资产、负债和所有者权益，如实反映企业财务状况的要求。通过正确计算成本，可以反映企业生产经营过程中发生的各项费用支出情况，从而促使企业加强核算和监督，努力降低成本，不断提高经济效益。

6．财产清查

财产清查是通过盘点财产物资及债权、债务的核对，查明各项资产、负债和所有者权益实存数，以保证账实相符的一种专门方法。在实际工作中，由于某些主观或客观原因，往往会造成账面记录与实际情况不符。为了如实反映情况，加强财产物资管理，提高资金的使用效果，就必须定期或不定期地开展财产清查工作。如发现账实不符，应查明原因，明确责任，并及时调整账簿记录，使账实相符，保证会计核算资料的可靠性。通过财产清查，能完善企业财产物资的内部控制制度，保证财产物资的安全完整。

7．编制会计报表

会计报表是总括反映会计主体在某一特定日期财务状况和某一会计期间经营成果和现金流量的书面文件。它是根据账簿记录，遵循一定的编制要求，采用专门的方法编制而成的。编制会计报表，是提供会计信息的主要形式，是会计核算工作程序的最后一个环节。

提示 上述七种会计核算方法，彼此并不孤立，而是相互联系、密切配合的，它们构成了一个完整的会计核算方法体系。经济交易或事项发生后，经办人员要填制或取得原始凭证，经会计人员审核整理后，依会计科目设置账户，运用复式记账法，编制记账凭证，并据以登记账簿。对于生产经营过程中发生的各项费用，要进行成本计算。一定时期终了，通过财产清查，在保证账实相符的基础上，根据账簿记录编制会计报表。

在实际工作中，会计核算的各种方法并不是按固定顺序来运用的，它们之间往往交叉使用。例如，在填制和审核凭证时必须考虑到设置账户和复式记账的要求。设置账户和复式记账是会计核算方法的核心，它几乎贯穿于会计核算工作的全过程。

典型任务举例

1. 资料

“苏淮订单班”学生在苏淮公司王总会计师的引导下，实地参观了公司财务部门。王总会计师对照岗位和工作流程，系统介绍了会计核算的七种方法。之后王总会计师又组织学生和有关会计人员进行座谈和交流。

2. 要求

根据你对会计核算方法的认知，用简图归纳出各种会计核算方法之间的关系。

3. 工作过程

步骤1：结合王总会计师的介绍和实地参观，进一步加深对会计核算七种方法的理解。

步骤2：明确会计核算方法是一个完整的方法体系。

步骤3：总结并归纳出七种会计核算方法之间的关系，如图2-2所示。

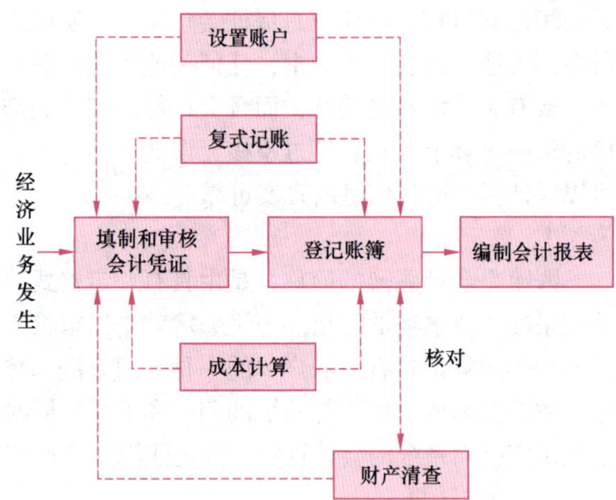

图2-2　七种会计核算方法之间的关系

职业能力训练

1. 判断题（正确的在括号内打“√”，错误的打“×”）

（1）随着社会经济的发展，会计方法会不断地改进和逐步完善起来。（　　）

（2）会计方法就是会计核算方法的简称。（　　）

（3）会计分析方法主要有指标对比法、因素分析法、比率分析法和趋势分析法等。（　　）

（4）设置账户是会计核算程序的第一个环节。（　　）

（5）编制会计报表是会计核算工作程序的最后一个环节。（　　）

2. 选择题（下列答案中有一项或多项是正确的，将正确答案前英文字母填入括号内）

（1）下列属于会计方法的有（　　）。

A. 会计核算　　B. 会计分析　　C. 审计监督　　D. 内部控制

（2）（　　）是最基本的会计方法。

A. 会计核算方法　　B. 会计分析方法　　C. 会计监督方法　　D. 会计决策方法

（3）（　　）是对会计对象的具体内容进行分类核算和监督的一种专门方法。

A. 设置账户　　B. 登记账簿　　C. 复式记账　　D. 成本计算

（4）（　　）是会计核算工作的中心环节。

A. 复式记账　　B. 登记账簿　　C. 成本计算　　D. 财产清查

（5）编制会计报表，是（　　）。

A. 提供会计信息的主要形式　　B. 会计核算方法之一

C. 会计核算工作程序的最后一个环节　　D. 会计方法之一

3. 任务实训

[实训目的]理解会计核算方法是一个完整的方法体系。

[实训方式]实地调研。

[实训要求]将全班同学分成四个小组，每组推选一名同学担任组长，在老师指导下制定参观某一企业会计部门的工作方案并组织实施。参观、调研结束，各组组长集中汇报调研心得，并绘制会计核算方法体系图。最后，老师对各小组工作方案实施结果进行点评，并给予相应的学业成绩评定。

项目小结

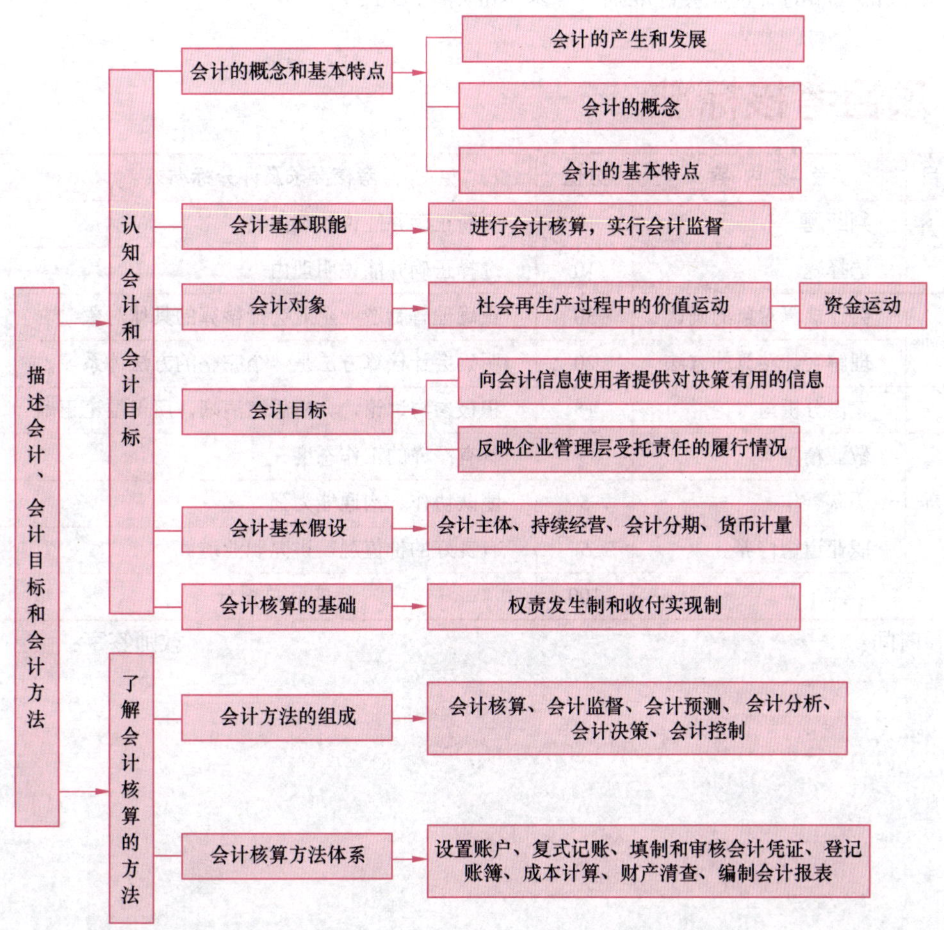

案例分析与讨论

金秋九月，从哈尔滨开往江苏淮安的火车上，来自黑龙江大庆市的陈丽云想到自己马上就要成为江苏财经职业技术学院的一名大学生，心里非常高兴。出发之前，她已通过网络查看了“江苏财经”会计专业50多年的办学历史，“江苏财经”目前拥有江苏省“六个”唯一：省级会计实训基地、省会计人才培养模式创新实验基地、省会计专业优秀教学团队、省教学名师、省教学成果一等奖和省会计、财务管理“双师”素质教师培训定点单位。坐在对面的一位阿姨看到她喜悦的样子，不禁问道："姑娘，去上大学呀？"陈丽云自豪地回答："是的。"阿姨又问："学什么呀？几年呀？"陈丽云回答："学会计，专科，3年。"阿姨吃惊地说："学3年呀，我当会计时，师傅只带着我学了1个月。会计工作太简单了，不就是点点钱、数数票子、报销差旅费、发放工资、支付水电费，哪需要学3年？"听了阿姨的话，陈丽云迷惑了：会计到底是什么呀？难道会计真的很简单。

要求：请你向陈丽云介绍一下你所了解的会计。

阅读篇目

[1] 全国人大常委会颁布的《中华人民共和国会计法》（2017）

[2] 财政部发布的《企业会计准则——基本准则》（2014）

项目考核标准

考核项目	考 核 内 容	分值	考核要求及评分标准	得分
职业能力训练	判断题	10	判断正确并能说明理由	
	选择题	10	选择正确并能说明理由	
项目实训	会计核算对象的确认	30	正确理解制造业企业会计核算的具体对象	
	理解会计核算的方法	20	明确会计核算方法是一个完整的方法体系	
案例	案例分析与讨论	15	积极参与讨论，分析思路清晰，所得结论正确	
职业素养	敬业精神	5	具有严谨的工作态度	
	团队合作	5	团队协作、沟通能力强	
	职业道德修养	5	有良好的价值观，讲究职业道德	
合计		100	实际总得分	

考核时间：　　　　　　　　　　　　　　　　　　　　　　教师签字：

项目三
划分会计要素，建立会计等式

学习目标

1. 根据项目、任务的需要查阅有关资料
2. 理解会计要素的概念及其特征
3. 认知会计要素的分类及内容
4. 掌握会计的基本等式
5. 掌握经济业务的类型及其对会计等式影响的一般规律
6. 具有敬业精神、团队合作精神和良好的职业道德修养

项目导航

明确会计的对象是掌握会计方法的前提。为了便于会计核算和监督，有必要对会计对象做进一步的分类，使会计对象更加具体化，由此产生了会计要素的概念。会计要素的分类是人的主观意识和客观要求相结合的产物，各个国家会形成不同的会计要素。会计要素之间存在着一定的内在联系，即会计等式的平衡关系。经济业务的发生所引起的资金运动具体表现为会计要素的增减变动，但企业无论发生哪一种经济业务，都不会破坏会计等式的平衡关系。

本项目主要讲述会计要素的概念、会计要素的分类及内容、会计等式的平衡关系、经济业务的类型及其对会计等式的影响。

学习时，要充分认识到会计要素分类的意义；深刻理解资产、负债、所有者权益、收入、费用和利润要素的概念、特征及内容；系统分析企业所发生的经济业务以及期末存在的各个项目与会计要素之间的隶属关系；全面掌握经济业务的九种类型及其对会计等式影响的一般规律。

任务一　划分会计要素

会计要素是与会计对象具有密切关系的概念，它是对会计对象的具体内容所做的最基本分类。合理划分会计要素，不仅有利于依据各要素的性质和特点分别制定确认、计量和报告的标准与方法，而且有利于为合理建立会计科目体系和会计报表体系提供依据和轮廓框架。理解会计要素的概念及其特征，认知会计要素的分类及具体内容。

知识准备

微课：会计要素

一、会计要素的概念

会计要素（Accounting Elements）是指对会计对象进行的基本分类，是会计核算对象的具体化。它是会计核算和监督的内容，主要解决会计向会计信息使用者提供哪些会计信息，以及如何提供这些信息的问题。从一般意义上说，会计的对象就是企业的资金运动，即能够用货币表现的各项经济业务。但这只是对会计对象的一般描述，比较抽象，而且无法从整体上把握会计核算和监督的内容。由于企业的经营活动多种多样，而每天发生的经济业务更是数不胜数。为了便于会计确认、计量、记录和报告，就要利用会计要素形式，使会计对象更加具体化，即经济业务的发生所引起的资金运动，又具体表现为会计要素的增减变动。只有通过会计要素及其增减变动的确认、计量、记录和报告，才能使会计对象和会计凭证、会计账簿、会计报表有机地联系起来，使会计信息更好地反映会计主体经营活动的过程和结果，以满足会计信息使用者的需要。

确立会计要素对于设置会计科目、登记账簿、编制会计报表，为会计信息使用者提供各种有用的会计信息具有重要的意义。

二、会计要素的分类及内容

我国《企业会计准则——基本准则》将会计要素划分为资产、负债、所有者权益、收入、费用和利润六大类，并规定了同国际会计准则趋同的确认、计量会计要素的一般原则。在这六大类会计要素中，前三项是表现资金运动的相对静止状况，属于反映企业在某一特定日期财务状况的静态会计要素；后三项是表现资金运动的显著变动状态，属于反映企业在一定时期内经营成果的动态会计要素。

特定日期与一定时期有何区别？

会计要素的分类是人的主观意识和客观要求相结合的产物。各个国家会形成不同的会计要素，如英国财务会计准则委员会（FASB）将会计要素划分为资产、负债、产权、业主投资、派给业主款、全面收益、收入、费用、利得和损失十项；国际会计准

则委员会（IASC）将会计要素划分为资产、负债、产权、收益和费用五项。但不管怎样分类，所有的会计要素要能涵盖全部经济业务，每个会计要素都有其特定的内容，会计要素之间在内容上应具有互斥性。

1．反映企业财务状况的会计要素

（1）资产

资产（Asset）是指由企业过去的交易或事项形成的、由企业拥有或者控制的、预期会给企业带来经济利益的资源。

交易是指以货币为媒介的商品或劳务的交换，如购买材料物资等；事项则是指没有实际发生货币交换的经济业务，如企业完工产品验收入库等。

一个企业从事生产经营活动，必须具备一定的物质资源。在市场经济条件下，这些必需的物质资源主要表现为货币资金、车间厂房、机器设备、各种原材料等，它们是企业从事生产经营活动的物质基础。

除了货币资金及具有实物形态的资产以外，资产还包括一些不具备实物形态的权利，如应收款项虽不具有实物形态，但可依法收回，仍应视作企业的一项资产。

① 作为企业的一项资产，应具有以下几个特征。

a. 资产是由过去的交易或事项形成的。资产必须是现实的而不是预期的资产，它是企业过去已经发生的交易或事项所产生的结果，包括购置、生产、建造、借入、接受捐赠、接受投资、销售等行为或其他交易或事项。预期在未来发生的交易或事项可能产生的结果，不属于现在的资产，不能确认为企业的资产，如准备购买的机器设备等。

b. 资产必须为企业所拥有或者控制。拥有是指法律意义上的拥有，即所有权全部转移，企业付清了资产全部的价款并取得所有权凭证。控制是指企业持有资产所有权的法定权利。这是因为所有权可以分割或共有，企业可能没有取得资产在法律上的所有权，但拥有使用该资产的法定权利。企业拥有资产，从而就能够从资源中获得经济利益。有些资源虽然不为企业所拥有，但能够被企业所控制，因而同样能够从该项资源中获取经济利益。如融资租入的固定资产，承租企业虽然没有拥有所有权，但对其拥有控制权，同样可以作为承租企业的资产来确认。

c. 资产预期会给企业带来经济利益。通过对资产的运用，可以满足企业生产经营活动的需要，从而为企业带来经济利益，这是资产的本质特征。如果某项物品预期不能为企业带来经济利益，就不应当确认为企业的资产。

企业原有的一台机器设备因为火灾而提前报废，企业能否还将该设备确认为资产？

一项资源在同时具备上述三个特征的前提下，并同时满足以下两项条件，才可确认为资产。

① 与该资源有关的经济利益很可能（概率超过 50%）流入企业。

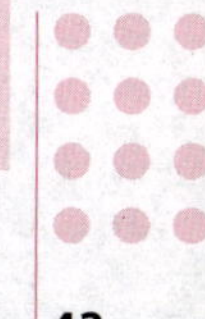

“可能性”的层次分类	
a. 基本确定	$95\% < x < 100\%$
b. 很可能	$50\% < x \leqslant 95\%$
c. 可能	$5\% < x \leqslant 50\%$
d. 极小可能	$0 < x \leqslant 5\%$

② 该资源的成本或者价值能够可靠地计量。

② 资产按其流动性不同，分为流动资产和非流动资产。

a. 流动资产是指预计在一个正常营业周期中变现、出售或耗用，或者主要为交易目的而持有的资产，主要包括货币资金、交易性金融资产、应收及预付款项、存货等。

提示 制造企业的一个正常营业周期是指从货币资金购买原材料到生产的产品销售出去，并转化为货币资金所需要的时间。

• 货币资金是指企业拥有的以货币形态存在的那部分资产，包括库存现金、银行存款和其他货币资金。其中，其他货币资金又包括外埠存款、银行汇票存款、银行本票存款、信用卡存款、信用证保证金存款和存出投资款等。

• 交易性金融资产是指企业为了近期内出售而持有的金融资产，如企业以赚取差价为目的从二级市场购入的各种股票、债券、基金等。

• 应收及预付款项是指企业在日常经营过程中发生的各种债权，包括应收票据、应收账款、预付账款和其他应收款等。

• 存货是指企业在日常活动中持有以备出售的产成品或商品、处在生产过程中的在产品、在生产过程或提供劳务的过程中耗用的材料和物料等，主要包括各类材料、包装物、低值易耗品、在产品、库存商品、委托代销商品等。

b. 非流动资产是指流动资产以外的资产，主要包括长期股权投资、固定资产、无形资产、其他资产等。

• 长期股权投资是指企业持有的对其子公司、合营企业及联营企业的权益性投资。

小贴士 企业能够对被投资单位实施控制的，被投资单位为本企业的子公司。控制是指有权决定一个企业的财务和经营政策，并能据以从该企业的经营活动中获取利益。企业与其他方对被投资单位实施共同控制的，被投资单位为本企业的合营企业。共同控制是指按照合同约定对某项经济活动所共有的控制，仅在与该项经济活动相关的重要财务和经营决策需要分享控制权的投资方一致同意时存在。企业能够对被投资单位施加重大影响的，被投资单位为本企业的联营企业。重大影响是指对一个企业的财务和经营政策有参与决策的权力，但并不能够控制或者与其他方一起共同控制这些政策的制定。

• 固定资产是指同时具有以下特征的有形资产：为生产商品、提供劳务、出租或经营而持有的；使用寿命超过一个会计年度，如房屋、建筑物、机器设备、大型交通运输工具等。

• 无形资产是指企业拥有或者控制的、没有实物形态的可辨认非货币性资产，主要包括专利权、非专利技术、商标权、土地使用权等。

• 其他资产是指除以上各项资产以外的资产，如长期待摊费用等。

请注意 一个企业所拥有或者控制的经济资源从其存在形态看是资产，但以其来源途径看则表现为负债和所有者权益。

提示　按流动性对资产进行分类，有助于掌握企业资产的变现能力，从而可以进一步分析企业的偿债能力和支付能力。一般来说，流动资产所占比重越大，说明企业资产的变现能力越强。流动资产中，货币资金、交易性金融资产比重越大，其短期支付能力也越强。

动脑筋　苏淮公司2018年12月18日购入一台全新的精密机床，以替换原有的旧机床。自新机床投入使用后，旧机床一直未再使用。目前，新机床已承担全部的生产任务。试问：以前的旧机床能否确认为现在江淮公司的固定资产？

（2）负债

负债（Liability）是指企业因过去的交易或者事项形成的、预期会导致经济利益流出企业的现时义务。

请注意　“现时义务”不等同于“未来承诺”。现时义务的履行通常关系到企业放弃含有经济利益的资产，以满足对方要求。

动脑筋　当下负债经营尤为盛行。“如果你欠银行10万元，你可能面临麻烦；但如果你欠银行1000万元，面临麻烦的可能是银行”。这句话说明了什么问题？

① 作为一项负债，应具有以下几个特征。

a. 负债是由过去的交易或者事项形成的，是企业当前承担的一项经济责任。如向银行借款会产生偿还借款、购买货物会产生应付款项等。凡是企业将来发生的交易或事项可能产生的义务，不应确认为负债。

b. 负债的清偿预期会导致经济利益流出企业。在大多数情况下，企业往往需要用资产或提供劳务的方式偿付债务。有时，企业可以通过承诺新的负债或转化为所有者权益来了结一项现有的负债。

c. 负债反映了债权人对企业资产的要求权。负债一般都有确切的债权人、到期值和到期日。

请注意　只要债权人、到期值和到期日可以合理地估计确定，即使在尚不知道具体债权人、到期值和到期日的情况下亦可确认负债。例如，大部分或有负债的债权人、到期值和到期日都无法确切地确定。或有负债是指过去的交易或事项形成的潜在义务，其存在须通过未来不确定事项的发生或不发生予以证实；或过去的交易或事项形成的现时义务，履行该义务不是很可能导致经济利益流出企业或该义务的金额不能可靠地计量。

小贴士　符合负债定义的义务，在同时具备上述三个特征的前提下，并同时满足以下两个条件时，才可确认为负债。

① 与该义务有关的经济利益很可能（概率超过50%）流出企业。

② 未来流出经济利益的金额能够可靠地计量。

② 负债按其流动性不同，分为流动负债和非流动负债。

a. 流动负债是指预计在一个正常营业周期中清偿或者主要为交易目的而持有的负债，主要包括短期借款、应付账款、预收账款、应付职工薪酬、应交税费、其他应付款等。

- 短期借款是指企业为维持正常生产经营周转而向银行或其他金融机构借入的期限在1年（含1年）以内的各种借款。
- 应付账款是指企业由于购买材料、商品或者接受劳务等而发生的债务。

- 预收账款是指销货单位按照合同或协议规定预先向购货单位或个人收取的货款或定金。
- 应付职工薪酬是指企业根据有关规定应付给职工的各种薪酬，主要包括短期薪酬、离职后福利、辞退福利和其他长期职工福利四方面的内容。
- 应交税费是指企业应缴纳的各种税费，如增值税、消费税等。
- 其他应付款是指企业除以上各项债务以外的负债，如应付租入包装物租金、存入保证金等。

b. 非流动负债是指流动负债以外的负债，主要包括长期借款、应付债券、长期应付款等。

- 长期借款是指企业向银行或其他金融机构借入的期限在1年（不含1年）以上的各种借款。
- 应付债券是指企业为筹集长期资金而对外发行债券所形成的一种负债。

小贴士

我国《证券法》规定，企业公开发行公司债券，应当符合下列条件：①股份有限公司的净资产不低于人民币3 000万元，有限责任公司的净资产不低于人民币6 000万元；②累计债券余额不超过公司净资产的40%；③最近三年平均可分配利润足以支付公司债券一年的利息；④筹集的资金投向符合国家产业政策；⑤债券的利率不超过国务院限定的利率水平；⑥国务院规定的其他条件。

- 长期应付款是指企业除长期借款、应付债券以外的其他一切长期应付款项。

提示

长期负债除具有负债的共同特征外，与流动负债相比，还具有债务金额大、偿还期限长、可以分期偿还等特点。

动脑筋

苏淮公司2018年发生以下几笔经济业务。

① 1月16日，向银行借入1年期的借款100万元，手续已全部办妥。

② 3月8日，向亨达公司购买一批原材料，价税款为170 800元，4月9日公司用银行存款支付该笔款项。

③ 7月28日，应向某工程支付工程款30万元，因公司资金紧张，该笔工程款至年底仍未支付。

④ 10月25日，北辰公司向法院起诉苏淮公司，要求赔偿10万元。有证据表明，北辰公司系非法索取。当地法院受理后直至年底仍未审理宣判。

⑤ 12月10日，公司制定2019年银行借款计划，准备在2019年第2季度向建设银行借款300万元。

截止到2018年12月31日，上述经济业务哪些属于苏淮公司的负债？哪些不属于？为什么？

（3）所有者权益

所有者权益（Owners' Equity）是指企业资产扣除负债后由所有者享有的剩余权益。公司的所有者权益又称为股东权益。所有者权益的来源包括所有者投入的资本、直接计入所有者权益的利得和损失、留存收益等。直接计入所有者权益的利得和损失，是指不应计入当期损益，会导致所有者权益发生增减变动的，与所有者投入资本或者向所有者分配利润无关的经济利益的流入或者流出。

① 所有者权益相对于负债而言，具有以下几个特点。

a. 所有者权益不像负债那样需要偿还，除非发生清算等情形。

b. 企业清算时，负债往往优先获得清偿，而所有者权益只有在清偿所有的负债之后才能获得返还。

c. 所有者权益能够分享利润，而负债则不能参与利润分配。若是带息债务，债务企业应向债权人支付固定的利息。

② 所有者权益包括实收资本、资本公积、其他综合收益、盈余公

积和未分配利润等。其中，盈余公积和未分配利润又合称为留存收益。

a. 实收资本是指投资者按照企业章程或合同、协议的约定实际投入企业的资本。

b. 资本公积是指企业收到投资者出资额超出其在注册资本（或股本）中所占份额的部分，以及其他资本公积等，包括资本溢价（或股本溢价）和其他资本公积。

利得是指由企业非日常活动所形成的，会导致所有者权益增加的，与所有者投入资本无关的经济利益的流入，如他人的赠予等。损失是指由企业非日常活动所发生的，会导致所有者权益减少的，与向所有者分配利润无关的经济利益的流出，如出售固定资产发生的净损失等。

c. 其他综合收益是指企业根据会计准则规定未在当期损益中确认的利得和损失。

d. 盈余公积是指企业按照有关规定从税后利润中提取的各种公积金，包括法定盈余公积和任意盈余公积。

e. 未分配利润是指企业留存于以后年度分配或待分配的利润。

2. 反映企业经营成果的会计要素

（1）收入

收入（Income）是指企业在日常活动中形成的，会导致所有者权益增加的，与所有者投入资本无关的经济利益的总流入。

收入主要包括销售商品收入、劳务收入、租金收入等，不包括为第三方或客户代收的款项。

① 收入具有以下几个特征。

a. 收入是在日常活动中形成的。日常活动是指企业为完成其经营目标所从事的经常性活动以及与之相关的其他活动。如制造企业生产并销售产品，商品流通企业采购并销售商品，服务企业提供劳务等经营活动。

企业取得罚款收入也能给企业带来经济利益，但由于不属于企业的日常活动，所以不属于收入的范畴，而是属于企业的利得。

b. 收入可能表现为企业资产的增加，如增加银行存款、应收账款等；也可能表现为企业负债的减少，如以商品或劳务抵偿债务；或者二者兼而有之，如商品销售的货款中部分收取现金，部分抵偿债务。

c. 收入能导致所有者权益的增加。这里所说的收入能增加所有者权益，仅指对收入本身的影响，而收入扣除与之相配比的费用后的净额，既可能增加所有者权益，也可能减少所有者权益。

d. 收入只包括本企业经济利益的流入，不包括为第三方或客户代收的款项。

e. 收入与所有者投入资本无关。所有者投入资本形成的经济利益的总流入不构成收入，而应确认为企业所有者权益的组成部分。

② 收入按企业经营业务的主次，分为主营业务收入和其他业务收入。

a. 主营业务收入是指企业为完成其经营目标所从事的经常性活动实现的收入。主营业务收入一般占企业总收入的比重较大，对企业的经济效益会产生较大影响。不同的行业其主营业务收入有所不同。如制造企业的主营业务收入主要包括销售商品、自制半成品、提供工业性劳务等取得的收入。

b. 其他业务收入是指企业为完成其经营目标所从事的与经常性活动相关的活动实现的收入。

其他业务收入属于企业日常活动中次要交易实现的收入，一般占企业总收入的比重较小，主要包括对外转让无形资产使用权收入、销售材料收入、出租包装物收入等。

请注意　会计上的收入并不一定与现金有关。例如，向客户预收的货款，企业的现金虽然增加，但企业因尚未提供商品或劳务，因此不能作为收入确认，而是相应地增加了一项负债。

（2）费用

费用（Expenses）是指企业在日常活动中发生的、会导致所有者权益减少的，与向所有者分配利润无关的经济利益的总流出。

提示　费用是收入的扣除项目。费用与收入相配比，两者的差额即为企业经营活动的经营成果。收入超过费用时称为盈利，反之为亏损。

① 费用具有以下几个特征。

a. 费用是在日常活动中发生的，如购买原材料、支付工人工资等发生的经济利益的流出。但有些偶发的交易或事项虽然也会导致经济利益的流出，但不属于企业的日常经营活动，所以不属于费用，而是属于企业的损失，如因违约支付罚款、对外捐赠、自然灾害净损失等。

b. 费用的发生可能表现为资产的减少，如生产产品耗用材料等；也可能表现为负债的增加，如负担长期借款利息等；也可能二者兼而有之，如发生某笔费用支付部分现金，同时承担部分债务等。

c. 费用最终会导致企业所有者权益的减少。一般而言，在费用一定的情况下，企业收入增长，会使利润增加，从而增加所有者权益；在收入一定的情况下，费用增加，会使利润减少或亏损增加，从而减少所有者权益。

d. 费用与向所有者分配利润无关。向所有者分配利润属于企业利润分配的内容，不构成企业的费用。

动脑筋　费用包括企业的所有支出吗？它与成本有着什么样的关系？

② 费用可以按照不同的标准进行分类。

a. 费用按其经济内容可分为外购材料、外购燃料、外购动力、工资薪酬、折旧费、利息支出、税费、其他费用等。

b. 费用按其经济用途可分为直接费用、制造费用和期间费用。

- 直接费用是指直接为生产产品而发生的各项费用，包括直接材料、直接人工和其他直接费用。
- 制造费用是指企业为生产产品和提供劳务而发生的各项间接费用，包括生产车间管理人员的工资薪酬、折旧费、水电费、保险费等。
- 期间费用是指企业在日常经营活动中发生的，应当计入当期损益的费用，包括销售费用、管理费用和财务费用。销售费用是指企业在销售商品和材料、提供劳务等日常经营活动中发生的各项费用以及专设销售机构的各项经费，如展览费、广告宣传费等。管理费用是指企业行政管理部门为组织和管理生产经营活动而发生的各项费用，如由企业统一负担的公司经费、业务招待费、咨询费等。财务费用是指企业为筹集生产经营资金等理财活动而发生的各项费用，如利息支出等。

提示　直接费用和制造费用构成制造成本法下产品的生产成本，期间费用不计入成本，而是直接计入当期损益。

动脑筋　下列经济事项属于成本还是费用？

① 生产工人的工资与公司管理部门人员的工资。

② 生产车间发生的水电费与公司行政楼发生的水电费。

③ 生产车间厂房设备的折旧费与公司行政楼的折旧费。

（3）利润

利润（Profit）是指企业在一定会计期间的经营成果，包括企业在一定会计期间内实现的收入减去费用后的净额、直接计入当期利润的利得和损失等。利润是企业生存和发展的基础，是企业扩大再生产的主要资金来源。它体现了投资者权益，是吸引所有者投资的动力和根源。企业实现的利润不仅是反映企业经营成果资金运动的动态形式的一个基本指标，而且是衡量、评价企业经营成果与管理效率的综合尺度。从理论上讲，企业在权责发生制前提下，通过配比原则的恰当运用，可以确定某一会计期间的利润。但在现实经济生活中，企业利润的高低，往往受主客观多种因素的影响，因而利润又具有不确定性。

企业利润是企业在生产经营过程中各种收入减去费用后的净额并加上各种利得和损失后的余额。不同的企业有着不同的利润构成。企业利润有营业利润、利润总额和净利润三种。营业利润是指企业在销售商品、提供劳务等日常活动中所产生的利润。营业利润加上营业外收入，减去营业外支出后的数额称为利润总额。营业外收入和营业外支出是指企业发生的与其生产经营无直接关系的各项收入和支出，如罚款净收入或支出等。利润总额减去所得税费用后的数额即为企业的净利润。所得税费用是指企业确认的应从当期利润总额中扣除的所得税费用。

提示　在会计要素中，资产、负债和所有者权益能够反映企业在某一时点的财务状况，属于静态要素，应该在资产负债表中予以列示，所以称为资产负债表要素。收入、费用和利润用来反映企业在某一期间的经营成果，属于动态要素，在利润表中列示，所以称为利润表要素。

典型任务举例

1. 资料

苏淮公司 2018 年 12 月末的部分经营业务，各项目数额如表 3-1 所示。

表 3-1

单位：元

项　目	金　额	项　目	金　额
存　货	580 000	应交税费	80 000
交易性金融资产	20 000	其他应付款	70 000
应收账款	90 000	实收资本	900 000
长期股权投资	100 000	资本公积	160 000
固定资产	2 160 000	盈余公积	250 000
无形资产	300 000	未分配利润	150 000
长期借款	600 000	主营业务收入	5 000 000
应付债券	100 000	主营业务成本	2 600 000

续表

项　　目	金　　额	项　　目	金　　额
长期应付款	200 000	管理费用	130 000
短期借款	150 000	财务费用	100 000
应付账款	390 000	销售费用	170 000
预收账款	40 000	利润总额	2 000 000
应付职工薪酬	160 000		

2．要求

指出表3-1中各个项目分别属于哪一类会计要素，并计算该公司资产总额、负债总额和所有者权益总额。

3．工作过程

步骤1：理解会计要素的概念，明确会计要素应包括的具体内容。

步骤2：根据会计要素的内涵，确定表3-1中各个项目分属的具体会计要素。

① 存货、交易性金融资产、应收账款、长期股权投资、固定资产、无形资产属于资产要素。

② 长期借款、应付债券、长期应付款、短期借款、应付账款、预收账款、应付职工薪酬、应交税费、其他应付款属于负债要素。

③ 实收资本、资本公积、盈余公积、未分配利润属于所有者权益要素。

④ 主营业务收入属于收入要素。

⑤ 主营业务成本、管理费用、财务费用、销售费用属于费用要素。

⑥ 利润总额属于利润要素。

苏淮公司12月31日资产总额 = 580 000 + 20 000 + 90 000 + 100 000 + 2 160 000 + 300 000 = 3 250 000（元）

负债总额 = 600 000 + 100 000 + 200 000 + 150 000 + 390 000 + 40 000 + 160 000 + 80 000 + 70 000 = 1 790 000（元）

所有者权益总额 = 900 000 + 160 000 + 250 000 + 150 000 = 1 460 000（元）

诚实守信，乃会计生命。2002年11月19日，时任国务院总理朱镕基同志在第16届世界会计师大会闭幕式上演讲时指出："在现代市场经济中，会计师的执业准则和职业道德极为重要。诚信是市场经济的基石，也是会计执业机构和会计人员安身立命之本。"

职业能力训练

1．判断题（正确的在括号内打"√"，错误的打"×"）

（1）反映企业财务状况的会计要素是收入、费用和利润。（　　）

（2）流动资产是指预计在一个正常营业周期中变现、出售或耗用的，或者主要为交易目的而持有的资产。（　　）

（3）从某种意义上讲，费用的发生会导致所有者权益减少，有时还会引起负债的增加。（　　）

（4）所有者权益的确认依赖于资产和负债的确认。（　　）

（5）收入是指企业在日常活动中形成的，会导致所有者权益增加的，与所有者投入资本无关的经济利益的总流入。（　　）

2．选择题（下列答案中有一项或多项是正确的，将正确答案前英文字母填入括号内）

（1）资产可以是（　　）。

A. 实物形态　B. 非实物形态　C. 货币形态　D. 非货币形态

（2）收入的实现会影响的会计要素是（　　）。

A. 负债　B. 利润　C. 资产　D. 费用

（3）长期待摊费用属于会计要素中的（　　）要素。

A. 资产　B. 负债　C. 所有者权益　D. 费用

（4）下列属于期间费用的是（　　）。

A. 管理费用　B. 财务费用　C. 销售费用　D. 制造费用

（5）所有者权益包括（　　）。

A. 银行借款　B. 实收资本　C. 资本公积　D. 未分配利润

3. 任务实训

[实训目的]掌握会计要素的确认及其分类。

[实训资料]苏淮公司 2019 年 1 月末部分项目数额如下。

（1）存放在财会部门的库存现金 800 元。

（2）投资者投入的资本 700 000 元。

（3）向银行借入的短期借款 24 000 元。

（4）应付赊购商品款 140 000 元。

（5）应收客户货款 60 000 元。

（6）存放在银行的存款 100 000 元。

（7）库存商品物资 80 000 元。

（8）机器设备价值 300 000 元。

（9）房屋及建筑物价值 400 000 元。

（10）上年度末尚未分配的利润 50 000 元。

（11）正在加工中的产品 20 200 元。

（12）应交税费 11 000 元。

[实训要求]指出上述各项目分别属于哪一类会计要素，并计算资产要素总额。

任务二　建立会计等式

微课：会计等式

任务描述

会计等式是运用数字平衡式描述各会计要素之间内在联系的数量关系的表达式，又称为会计恒等式。会计等式是整个会计循环工作和会计核算方法的理论基石。明确会计等式的平衡关系，掌握经济业务的类型及其对会计等式影响的一般规律。

知识准备

一、会计基本等式

任何一个会计主体，为了获得利润，都必须拥有一定数量的经济资源，才能进行生产经营活动。例如，制造企业必须拥有一定数量的劳动资料，如房屋、建筑物和机器设备等；拥有一定数量

的劳动对象，如各种各样的原材料；拥有一定数量的货币资金，如现金、银行存款等。这些为企业所拥有的经济资源在会计上总称为资产。企业的资产最初进入企业的来源不外乎两个方面：一是投资者投入的，二是债权人提供的。由于企业的全部资产是由投资者和债权人提供的，对资产的提供者来说，资产投入企业不是无偿的，所以他们对企业的全部资产享有一定的要求权，这种要求权在会计上称为“权益”。其中，由企业投资者提供的权益，称为“所有者权益”；由企业债权人提供的权益，称为“债权人权益”，又称为“负债”。有资产，就必定有权益，资产和权益是同一事物的两个不同方面，必须同时存在。有一定数额的资产，就必然有一定数额的权益；反之，有一定数额的权益，也必然有一定数额的资产。从数量关系上看，在任何一个时点上，资产总额必定等于权益总额。这种恒等关系，可用公式表示如下：

资产＝权益
　　＝债权人权益＋所有者权益
　　＝负债＋所有者权益

上述公式反映了资产、负债和所有者权益三个静态要素之间的关系，它是设置账户、复式记账、试算平衡和编制会计报表的理论依据。会计等式的这种平衡关系，可用一张简略的资产和权益平衡表来反映。如表3-2所示，该表系苏淮公司2018年12月1日资产和权益平衡表。

表 3-2　资产和权益平衡表

2018年12月1日　　单位：元

资　产	金　额	负债及所有者权益	金　额
库存现金	900	负债：	
银行存款	80 000	短期借款	80 000
应收账款	17 900	应付账款	20 000
原材料	240 000	预收账款	49 800
库存商品	38 000	应付利润	9 000
固定资产	982 000	长期借款	800 000
无形资产	270 000	小　计	958 800
		所有者权益：	
		实收资本	260 000
		资本公积	320 000
		盈余公积	90 000
		小　计	670 000
合　计	1 628 800	合　计	1 628 800

表3-2说明，苏淮公司12月1日拥有资产总额1 628 800元。这些资产是从不同渠道取得的：负债958 800元，其中短期借款80 000元，应付账款20 000元，预收账款49 800元，应付利润9 000元，长期借款800 000元；所有者权益670 000元，其中实收资本260 000元，资本公积320 000元，盈余公积90 000元。该公司从不同渠道取得或形成的这些资产又具体分布和占用在以下方面：库存现金900元，银行存款80 000元，应收账款17 900元，原材料240 000元，库存商品38 000元，固定资产982 000元，无形资产270 000元。可见，对于苏淮公司来说，在2018年12月1日这一特定的时点上，资产和权益总额都是1 628 800元，两者保持平衡关系。

负债和所有者权益虽然都是企业的权益，但并非是两种平等的权益，负债优先于所有者权益。如当企业由于某些原因解散清算时，其变现的资产首先应该用于偿还负债，清偿债务后余下的资产才能在企业所有者之间进行分配。

二、经济业务对会计等式的影响

经济业务（Bussiness Transaction）是指企业在生产经营过程中引起资产和权益变化的各项经济活动，也称为会计事项。经济业务的发生必然会引起资产、负债、所有者权益的增减变化，但无论其如何变化，都不会破坏会计等式的平衡关系。企业在经营过程中发生的业务虽然多种多样，但从其对资产和权益增减变化的影响来看，可概括为九种不同类型的经济业务。

（1）资产和负债要素同时增加，增加金额相等。

（2）资产和所有者权益要素同时增加，增加金额相等。

（3）资产和负债要素同时减少，减少金额相等。

（4）资产和所有者权益要素同时减少，减少金额相等。

（5）负债要素增加，所有者权益要素减少，增减金额相等。

（6）负债要素减少，所有者权益要素增加，增减金额相等。

（7）资产要素内部有关项目有增有减，增减金额相等。

（8）负债要素内部有关项目有增有减，增减金额相等。

（9）所有者权益要素内部有关项目有增有减，增减金额相等。

在九种不同类型的经济业务中，你能判断出哪几种类型的经济业务既不破坏会计等式的平衡关系，也不影响资产和权益要素的总额？哪几种类型的经济业务不破坏会计等式的平衡关系，但影响资产和权益要素的总额？

典型任务举例

1. 资料

接表 3-2，苏淮公司 2018 年 12 月发生如下部分经济业务。

① 1 日，收到南方公司投入资本 200 000 元，存入公司银行存款户。

② 7 日，公司用银行存款归还银行短期借款 50 000 元。

③ 11 日，公司收到北方公司前欠货款 12 000 元，当即存入银行。

④ 13 日，公司向银行借入短期借款 30 000 元，直接用于归还亨达公司的货款。

⑤ 18 日，公司购买不需要安装的机器设备一台，价税款 70 000 元暂未支付。

⑥ 25 日，经与宏达公司协商，同意将所欠宏达公司应付账款 10 000 元转作对本公司的投资。

⑦ 30 日，公司用资本公积 60 000 元转增资本。

⑧ 31 日，本公司董事会经决议，用盈余公积分配利润 50 000 元。

⑨ 31 日，本公司按法定程序减资 80 000 元，用银行存款予以支付。

2. 要求

分析上述经济业务发生后对会计等式的影响，并判断是否会破坏会计等式的平衡关系。

3. 工作过程

步骤 1：根据表 3-2，明确苏淮公司 2018 年 12 月 1 日资产和权益总额相等，会计等式成立。

步骤 2：逐笔分析苏淮公司 12 月份发生的经济业务对会计等式的影响。

① 1 日，这项业务的发生，一方面引起资产——银行存款增加 200 000 元，另一方面使所有者权益——实收资本也增加 200 000 元。由于资产总额和所有者权益总额同时增加 200 000 元，因此会计等式的平衡关系依然成立。经过这一变化，会计等式的平衡关系变为：

资产（1 628 800 + 200 000）= 负债（958 800）+ 所有者权益（670 000 +200 000）= 1 828 800（元）

② 7 日，这项业务的发生，一方面引起资产——银行存款减少 50 000 元，另一方面使负债——银行短期借款也减少 50 000 元。由于资产和负债总额同时减少 50 000 元，因此会计等式的平衡关系依然成立。经过这一变化，会计等式的平衡关系变为：

资产（1 828 800 － 50 000）= 负债（958 800 － 50 000）+ 所有者权益（870 000）= 1 778 800（元）

③ 11 日，这项业务的发生，一方面引起资产——银行存款增加 12 000 元，另一方面又同时引起资产——应收账款减少 12 000 元。由于资产内部两个项目一增一减，增减金额都是 12 000 元，因此会计等式的平衡关系依然成立。经过这一变化，会计等式的平衡关系变为：

资产（1 778 800 + 12 000 － 12 000）= 负债（908 800）+ 所有者权益（870 000）= 1 778 800（元）

④ 13 日，这项业务的发生，一方面引起负债——银行短期借款增加 30 000 元，另一方面又同时引起负债——应付账款减少 30 000 元。由于负债内部两个项目一增一减，增减金额都是 30 000 元，因此会计等式的平衡关系依然成立。经过这一变化，会计等式的平衡关系变为：

资产（1 778 800）= 负债（908 800 + 30 000 － 30 000）+ 所有者权益（870 000）= 1 778 800（元）

⑤ 18 日，这项业务的发生，一方面引起资产——固定资产增加 70 000 元，另一方面使负债——应付账款也增加 70 000 元。由于资产和负债总额同时等额增加 70 000 元，因此会计等式的平衡关系依然成立。经过这一变化，会计等式的平衡关系变为：

资产（1 778 800 + 70 000）= 负债（908 800 + 70 000）+ 所有者权益（870 000）= 1 848 800（元）

⑥ 25 日，这项业务的发生，一方面引起负债——应付账款减少 10 000 元，另一方面又引起所有者权益——实收资本增加 10 000 元。由于负债和所有者权益两个项目一增一减，增减金额都是 10 000 元，因此会计等式的平衡关系依然成立。经过这一变化，会计等式的平衡关系变为：

资产（1 848 800）= 负债（978 800 － 10 000）+ 所有者权益（870 000 + 10 000）= 1 848 800（元）

⑦ 30 日，这项业务的发生，一方面引起所有者权益——实收资本增加 60 000 元，另一方面又同时引起所有者权益——资本公积减少 60 000 元。由于所有者权益内部两个项目一增一减，增减金额都是 60 000 元，因此会计等式的平衡关系依然成立。经过这一变化，会计等式的平衡关系变为：

资产（1 848 800）= 负债（968 800）+ 所有者权益（880 000 + 50 000 － 50 000）= 1 848 800（元）

⑧ 31 日，这项业务的发生，一方面引起负债——应付利润增加 50 000 元，另一方面又引起所有者权益——盈余公积减少 50 000 元。由于负债和所有者权益两个项目一增一减，增减金额都是 50 000 元，因此会计等式的平衡关系依然成立。经过这一变化，会计等式的平衡关系变为：

资产（1 848 800）= 负债（968 800 + 50 000）+ 所有者权益（880 000 － 50 000）= 1 848 800（元）

⑨ 31 日，这项业务的发生，一方面引起资产——银行存款减少 80 000 元，另一方面使所有者权益——实收资本也减少 80 000 元。由于资产和所有者权益总额同时减少 80 000 元，因此会计等式的平衡关系依然成立。经过这一变化，会计等式的平衡关系变为：

资产（1 848 800 － 80 000）= 负债（1 018 800）+ 所有者权益（830 000 － 80 000）= 1 768 800（元）

提示

苏淮公司 2018 年 12 月发生的九笔经济业务，分属九种不同的类型。

步骤3：通过计算分析，我们可以看出：苏淮公司12月份无论发生哪一种类型的经济业务，都不会破坏会计等式的平衡关系。

步骤4：编制苏淮公司2018年12月31日资产和权益平衡表，如表3-3所示。

表 3-3 资产和权益平衡表

2018年12月31日 单位：元

资产	变化前金额	增加金额	减少金额	变化后金额	负债及所有者权益	变化前金额	增加金额	减少金额	变化后金额
库存现金	900			900	负债：				
银行存款	80 000	212 000①	130 000②	162 000	短期借款	80 000	30 000	50 000	60 000
应收账款	17 900		12 000	5 900	应付账款	20 000	70 000	40 000③	50 000
原材料	240 000			240 000	预收账款	49 800			49 800
库存商品	38 000			38 000	应付利润	9 000	50 000		59 000
固定资产	982 000	70 000		1 052 000	长期借款	800 000			800 000
无形资产	270 000			270 000	小 计	958 800			1 018 800
					所有者权益：				
					实收资本	260 000	270 000④	80 000	450 000
					资本公积	320 000		60 000	260 000
					盈余公积	90 000		50 000	40 000
					小 计	670 000			750 000
合 计	1 628 800	282 000	142 000	1 768 800	合 计	1 628 800	420 000	280 000	1 768 800

注：① 212 000 = 200 000 + 12 000； ② 130 000 = 50 000 + 80 000；
③ 40 000 = 30 000 + 10 000； ④ 270 000 = 200 000 + 10 000 + 60 000。

收入、费用和利润三个动态会计要素之间是否也存在着一定的数量关系？静态会计要素与动态会计要素之间有无联系？如果有，能否用公式加以表示？

职业能力训练

1. 判断题（正确的在括号内打"√"，错误的打"×"）

（1）罚款支出属于费用要素。（ ）

（2）会计上的收入并不一定与现金有关，即企业收到现金，并不意味着收入的增加。（ ）

（3）资产等于权益是反映企业资金运动的静态平衡关系，如考虑收入、费用等动态要素，则资产不一定等于权益。（ ）

（4）企业无论发生哪一种类型的经济业务，都不会破坏"资产 = 负债 + 所有者权益"这个会计等式。（ ）

（5）企业与供货单位签订了35万元的供货合同，因此就可认定企业的资产和负债同时增加了35万元。（ ）

2. 选择题（下列答案中有一项或多项是正确的，将正确答案前英文字母填入括号内）

（1）下列属于资产要素内容的是（ ）。

A. 银行存款 B. 实收资本 C. 应收账款 D. 预付账款

（2）企业资产总额为 120 000 元，负债总额为 50 000 元，则企业所有者权益总额为（　　）元。

A. 120 000　　B. 50 000　　C. 70 000　　D. 170 000

（3）下列会计等式表述正确的是（　　）。

A. 资产 = 权益　　B. 资产 = 负债 + 所有者权益

C. 收入 - 费用 = 利润　　D. 资产 = 负债 + 所有者权益 +（收入 - 费用）

（4）经济业务发生如涉及负债和所有者权益两个会计要素，则引起这两个要素（　　）。

A. 同时增加　　B. 同时减少　　C. 一增一减　　D. 不变动

（5）下列经济业务中，引起资产和负债同时减少的业务有（　　）。

A. 用银行存款偿还短期借款　　B. 用现金支付办公用品费

C. 收到投资者投入的资本　　D. 收到客户前欠货款

3. 任务实训

[实训目的] 分析经济业务对会计等式的影响。

[实训资料] 根据表 3-2，假设苏淮公司 2019 年 1 月发生如下部分经济业务。

（1）2 日，向南方公司购入原材料一批，价款 20 000 元，材料验收入库，货款未付（不考虑增值税）。

（2）5 日，收到亨达公司投入资本 10 000 元，存入公司银行存款账户。

（3）7 日，用银行存款 30 000 元购买一台机床，并已交付使用。

（4）10 日，从银行贷款 140 000 元，直接用来偿还前欠南方公司货款。

（5）15 日，经与亨达公司协商，同意将所欠亨达公司应付账款 50 000 元转作对本公司的投资。

（6）25 日，用银行存款归还长期借款 200 000 元。

（7）31 日，本公司董事会经决议，用盈余公积分配利润 40 000 元。

（8）31 日，本公司用盈余公积 4 000 元转增资本。

（9）31 日，本公司按法定程序减资 20 000 元，用银行存款予以支付。

[实训要求] 分析上述经济业务对会计等式的影响，并编制 1 月 31 日资产和权益平衡表，如表 3-4 所示。

表 3-4　　资产和权益平衡表

2019 年 1 月 31 日

资　产	期初余额	本月增加额	本月减少额	月末余额	负债及所有者权益	期初余额	本月增加额	本月减少额	月末余额
库存现金					短期借款				
银行存款					应付账款				
应收账款					应交税费				
原材料					预收账款				
库存商品					长期借款				
固定资产					实收资本				
无形资产					盈余公积				
合　计					合　计				

项目小结

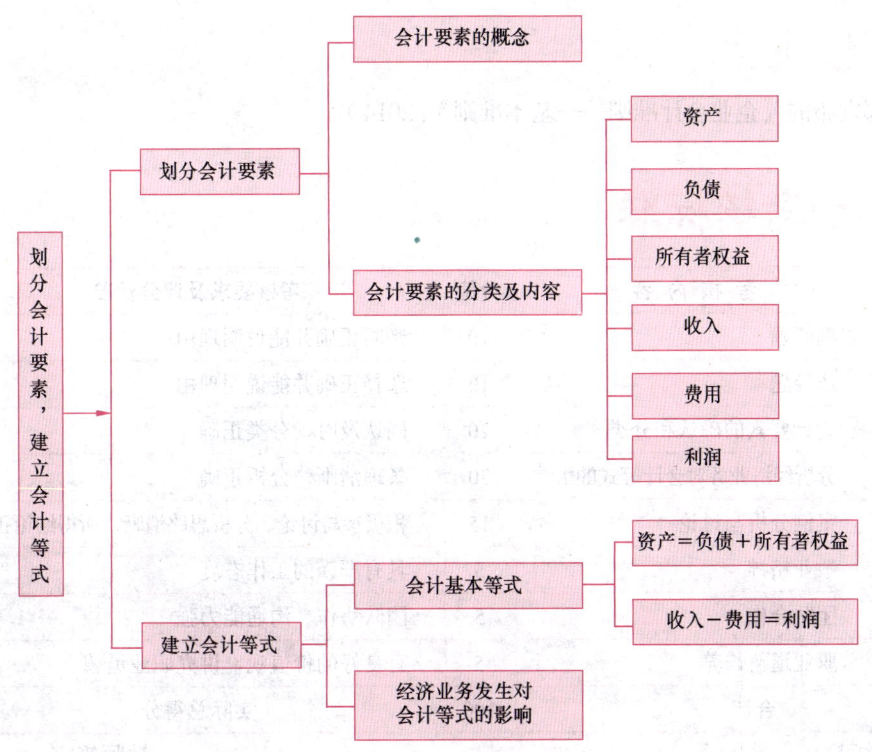

案例分析与讨论

王雷从某高职院校酒店管理专业毕业后决定和初中同学李志成创办一家快餐公司，从事餐饮服务业务。公司注册资本为 50 000 元，于 2019 年 1 月 1 日正式成立。该公司开业后的 1 月份发生下列经济业务。

（1）王雷和李志成各投入现金 10 000 元，从银行借款 30 000 元（银行借款年利率为 6.5%），均存入公司开立的银行存款账户。

（2）从银行提取现金 1 000 元备作零星开支。

（3）用银行存款购置专用设备花费 52 000 元，米、面、油等常备材料花费 4 900 元，另向城郊蔬菜公司分五次赊购肉类食品、鲜活产品和各类蔬菜等原料花费 1 860 元。

（4）餐饮收入为 24 300 元，兼营小食品零星业务收入为 2 400 元。

（5）各种餐饮食品的成本为 9 200 元。

（6）用现金支付雇员工资为 4 500 元，各种税费为 940 元。

（7）本月应负担的餐饮专用设备的磨损成本为 590 元。

请分析：

（1）公司 1 月末资产、负债和所有者权益涉及的项目有哪些？其金额各是多少？会计等式是否平衡？

（2）计算确定 1 月份的经营成果。

（3）假如王雷大学毕业后本来可以到一家星级宾馆上班，月薪1 600元。根据你所计算的结果，评价王雷的创业选择是否合适。

阅读篇目

财政部发布的《企业会计准则——基本准则》（2014）

项目考核标准

考核项目	考 核 内 容	分值	考核要求及评分标准	得分
职业能力训练	判断题	10	判断正确并能说明理由	
	选择题	10	选择正确并能说明理由	
项目实训	会计要素的确认和分类	20	确认及时，分类正确	
	分析经济业务对会计等式的影响	30	条理清晰，分析正确	
案例	案例分析与讨论	15	积极参与讨论，分析思路清晰，所得结论正确	
职业素养	敬业精神	5	具有严谨的工作态度	
	团队合作	5	团队协作、沟通能力强	
	职业道德修养	5	有良好的价值观，讲究职业道德	
合计		100	实际总得分	

考核时间：　　　　　　　　　　　　　　　　　　　　　　　教师签字：

项目四 开设会计账户，运用借贷记账法

学习目标

1. 根据项目、任务的需要查阅有关资料
2. 了解会计科目的概念、设置原则、分类及其编号
3. 理解会计账户的概念和基本结构
4. 掌握借贷记账法的概念及其主要特点
5. 运用借贷记账法编制简单业务的会计分录
6. 掌握总分类账户本期发生额及余额试算平衡表的编制
7. 具有敬业精神、团队合作精神和良好的职业道德修养

项目导航

为了满足会计信息使用者的需要，企业有必要对会计要素进行分类，设置会计科目，并根据会计科目开设账户。在此基础上，运用借贷记账法，对企业发生的简单经济业务编制会计分录。设置会计科目、开设会计账户、运用借贷记账法是会计人员必须掌握的会计核算的专门方法。

本项目主要讲述会计科目的概念、设置原则及其分类；会计账户的概念、分类及基本结构；单式记账法和复式记账法的概念；借贷记账法的概念及其主要特点，运用借贷记账法编制简单业务的会计分录；编制总分类账户本期发生额及余额试算平衡表。

学习时，要正确理解会计科目、会计账户、借贷记账法的概念，注意区分会计科目和账户的异同，规范会计分录格式，明确总分类账户本期发生额及余额试算平衡表编制的要点。

任务一　设置会计科目

任务描述

会计的对象是会计所要核算和监督的内容，在我国通常分为六项会计要素。但如果直接利用这些会计要素来反映经济活动仍显得过于宽泛。为了满足会计信息使用者的需要，企业有必要对会计要素进行再分类，对会计要素的具体内容进行分类核算的项目称为会计科目。了解会计科目的概念、设置原则、分类及其编号，正确理解会计科目是编制记账凭证和开设会计账户的基础。

知识准备

微课：会计科目和会计账户

一、会计科目的概念

会计科目（Account Title）是指对会计要素的具体内容进行分类核算的项目名称。每一会计科目都应当明确反映某一特定的经济内容，如对资产要素的具体内容，根据其性质和用途的不同，分别设置“库存现金”“原材料”和“固定资产”等会计科目；对负债要素，根据其不同的内容和特点，分别设置“短期借款”“应付账款”和“应交税费”等会计科目。

请注意　设置会计科目是按照会计要素的特点及经济管理上的要求对会计要素所做的进一步的分类。各会计科目之间既相互独立又相互联系。所有会计科目必须形成一个科学完整的体系，既不能有任何遗漏，也不能有任何重叠。

二、设置会计科目的原则

1．简明性原则

设置会计科目要尽可能简明扼要，会计科目的名称应与其核算内容相一致，字义相符，内容确切，通俗易懂，不致产生误解。

请注意　每一会计科目都有其特定的核算内容，不同会计科目之间在内容上彼此排斥，具有排他性。

2．相关性原则

设置会计科目应为提供有关各方所需要的会计信息服务，满足对外报告与对内管理的要求。例如，企业实行经济核算制，应设置“本年利润”和“利润分配”等科目；由于国家对银行存款和现金两种货币资金的管理要求不同，应分别设置“银行存款”和“库存现金”两个科目；为了核算企业应付给职工的工资、职工福利、社会保险费、住房公积金等各种薪酬，应设置“应付职工薪酬”会计科目。

3．统一性和灵活性相结合原则

设置会计科目应符合《企业会计准则》及有关行业会计法规的统一规定，也要结合会计主体的具体情况和特点。在不影响会计核算和财务报表指标汇总及对外提供统一的会计报表的前提下，可以根据实际情况适当地增补、减少和归并有关会计科目。例如，制造企业“材料”科目的设置，对于大中型企业，由于材料量大且品种繁多，为了便于加强管理，可以分别设置“原材料”和“周转材料”等科目；对于小型企业，由于材料品种少且存量也不大，为了简化材料核算，可以只设置一个“材料”科目。

4．实用性原则

设置会计科目必须结合企业组织形式、所处行业、经营内容等，如制造企业以制造产品为主，为了核算和监督企业生产耗费，就应设置“生产成本”和“制造费用”等科目；而建筑企业主要从事工程的建造业务，则应设置“工程施工”和“机械作业”等科目。

5．稳定性原则

为了保证会计信息在前后各期具有可比性，设置的会计科目除非确有变更必要，一般应保持相对稳定，不得随意变动会计科目的名称和核算内容。

请注意

设置会计科目应注意防止两种倾向：一是防止会计科目过于简单化，造成经济管理的困难；二是要防止会计科目变动频繁，过于烦琐，增加会计核算的工作量。

三、会计科目的分类及其编号

1．会计科目按其反映的经济内容不同分为资产类、负债类、共同类、所有者权益类、成本类和损益类科目

（1）资产类科目。按资产的流动性分为流动资产、长期股权投资、固定资产、无形资产和长期待摊费用等科目。其中反映流动资产的科目又可划分为库存现金、银行存款、交易性金融资产、应收账款、预付账款、原材料、库存商品、其他应收款等。

（2）负债类科目。按负债的流动性分为反映流动负债和非流动负债两类科目。其中反映流动负债的科目又分为短期借款、应付账款、预收账款、应付职工薪酬、应交税费、其他应付款等；反映非流动负债的科目又分为长期借款、应付债券、长期应付款等。

（3）共同类科目。主要包括清算资金往来、货币兑换、衍生工具等科目。本教材暂不涉及，不作介绍。

（4）所有者权益类科目。按权益的形成和性质分为实收资本、资本公积、盈余公积等科目。

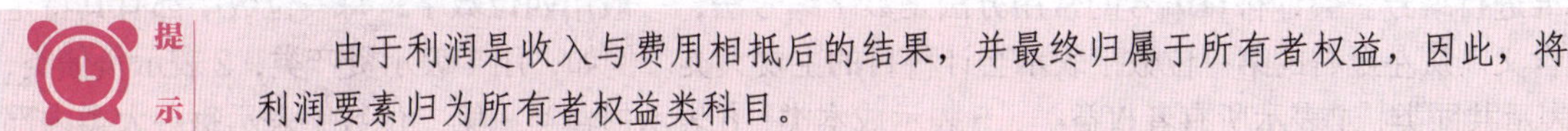

提示

由于利润是收入与费用相抵后的结果，并最终归属于所有者权益，因此，将利润要素归为所有者权益类科目。

（5）成本类科目。主要反映企业在生产产品和提供劳务过程中所发生的与成本有关的内容，如生产成本、制造费用、劳务成本等科目。

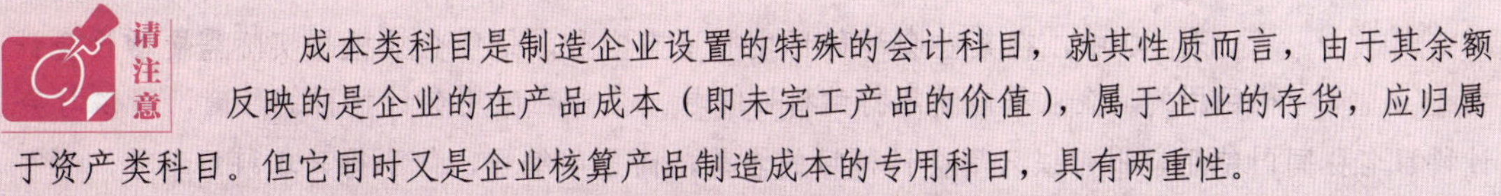

请注意

成本类科目是制造企业设置的特殊的会计科目，就其性质而言，由于其余额反映的是企业的在产品成本（即未完工产品的价值），属于企业的存货，应归属于资产类科目。但它同时又是企业核算产品制造成本的专用科目，具有两重性。

（6）损益类科目。主要反映企业在生产经营过程中取得的各项收入和发生的各项费用。前者如主营业务收入、其他业务收入、营业外收入等科目；后者如主营业务成本、其他业务成本、营业外支出、管理费用、财务费用、销售费用等科目。

2．会计科目按其所提供信息的详细程度及其统驭关系分为总分类科目和明细分类科目

（1）总分类科目。又称总账科目或一级科目，是指对会计要素具体内容进行总括分类核算的科目。它提供总括性资料，如“原材料”和“应收账款”等科目。

（2）明细分类科目。又称明细科目，是指对总分类科目所包含的内容所作的进一步分类的科目，它提供详细核算资料。明细分类科目按照其分类的详细程度不同，又可分为子目和细目。子目又称二级科目，它是介于总分类科目与明细分类科目之间的科目，它所提供的核算资料比总分类科目详细，但比细目提供的资料概括。细目又称三级科目，是指对某些二级科目所作的进一步分类。原材料总分类科目与明细分类科目的关系如表4-1所示。

表4-1　原材料总分类科目与明细分类科目关系表

总分类科目（一级科目）	明细分类科目	
	二级科目（子目）	三级科目（细目）
原材料	原料及主要材料	圆钢
		角钢
		钢板
	辅助材料	润滑油
		油添
	燃　料	汽油
		柴油

请注意　总分类科目对其所属明细分类科目起着统驭控制作用，明细分类科目则对总分类科目起着补充说明作用。总分类科目一般由财政部统一制定，明细分类科目除统一会计制度中规定设置的以外，各企业可根据经济管理的实际需要自行设置。

3．会计科目的编号

为了表明会计科目的性质及其所属的类别和关系，并方便会计电算化，应对会计科目按照统一标准进行编号。会计科目编号的常用方法是数字编号法，一般用四位数字，每一位数字都有其特定的含义。从左至右的第一位数字表示会计科目的主要大类。例如，用1表示资产类，2表示负债类，3表示共同类，4表示所有者权益类，5表示成本类，6表示损益类。第二位数字表示每一大类内部的顺序编号，第三位和第四位数字表示具体科目名称，如用001表示库存现金，用002表示银行存款等。所有会计科目数字编号如表4-2所示。

请注意　表4-2中，在某些会计科目之间留有空号，是供企业根据实际需要增设会计科目用的，企业不能随意打乱科目编号。企业在应用会计科目编号时，可以与会计科目名称同时使用，也可以只用会计科目的名称，而不用编号，但不得只填科目编号，不写会计科目名称。

表 4-2　企业会计科目表

序号	编号	名称	序号	编号	名称	序号	编号	名称
		一、资产类	29	1404	材料成本差异	58	1611	未担保余值
1	1001	★库存现金	30	1405	★库存商品	59	1621	生产性生物资产
2	1002	★银行存款	31	1406	发出商品	60	1622	生产性生物资产累计折旧
3	1003	存放中央银行款项	32	1407	商品进销差价	61	1623	公益性生物资产
4	1011	存放同业	33	1408	委托加工物资	62	1631	油气资产
5	1012	其他货币资金	34	1411	周转材料	63	1632	累计折耗
6	1021	结算备付金	35	1421	消耗性生物资产	64	1701	★无形资产
7	1031	存出保证金	36	1431	贵金属	65	1702	累计摊销
8	1101	★交易性金融资产	37	1441	抵债资产	66	1703	无形资产减值准备
9	1111	买入返售金融资产	38	1451	损余物资	67	1711	商誉
10	1121	★应收票据	39	1461	融资租赁资产	68	1801	★长期待摊费用
11	1122	★应收账款	40	1471	存货跌价准备	69	1811	递延所得税资产
12	1123	★预付账款	41	1481	持有待售资产	70	1821	独立账户资产
13	1131	应收股利	42	1482	持有待售资产减值准备	71	1901	★待处理财产损溢
14	1132	★应收利息	43	1501	持有至到期投资			二、负债类
15	1201	应收代位追偿款	44	1502	持有至到期投资减值准备	72	2001	★短期借款
16	1211	应收分保账款	45	1503	可供出售金融资产	73	2002	存入保证金
17	1212	应收分保合同准备金	46	1511	长期股权投资	74	2003	拆入资金
18	1221	★其他应收款	47	1512	长期股权投资减值准备	75	2004	向中央银行借款
19	1231	坏账准备	48	1521	投资性房地产	76	2011	吸收存款
20	1301	贴现资产	49	1531	长期应收款	77	2012	同业存放
21	1302	拆出资金	50	1532	未实现融资收益	78	2021	贴现负债
22	1303	贷款	51	1541	存出资本保证金	79	2101	交易性金融负债
23	1304	贷款损失准备	52	1601	★固定资产	80	2111	卖出回购金融资产款
24	1311	代理兑付证券	53	1602	★累计折旧	81	2201	★应付票据
25	1321	代理业务资产	54	1603	固定资产减值准备	82	2202	★应付账款
26	1401	材料采购	55	1604	★在建工程	83	2203	★预收账款
27	1402	★在途物资	56	1605	工程物资	84	2211	★应付职工薪酬
28	1403	★原材料	57	1606	固定资产清理	85	2221	★应交税费

续表

序号	编号	名称	序号	编号	名称	序号	编号	名称
86	2231	应付利息	112	3202	被套期项目	136	6111	★投资收益
87	2232	应付股利			**四、所有者权益类**	137	6115	资产处置损益
88	2241	★其他应付款	113	4001	★实收资本	138	6117	其他收益
89	2245	持有待售负债	114	4002	★资本公积	139	6201	摊回保险责任准备金
90	2251	应付保单红利	115	4003	其他综合收益	140	6202	摊回赔付支出
91	2261	应付分保账款	116	4101	★盈余公积	141	6203	摊回分保费用
92	2311	代理买卖证券款	117	4102	一般风险准备	142	6301	★营业外收入
93	2312	代理承销证券款	118	4103	★本年利润	143	6401	★主营业务成本
94	2313	代理兑付证券款	119	4104	★利润分配	144	6402	★其他业务成本
95	2314	代理业务负债	120	4201	库存股	145	6403	★税金及附加
96	2401	递延收益			**五、成本类**	146	6411	利息支出
97	2501	★长期借款	121	5001	★生产成本	147	6421	手续费及佣金支出
98	2502	应付债券	122	5101	★制造费用	148	6501	提取未到期责任准备金
99	2601	未到期责任准备金	123	5201	劳务成本	149	6502	提取保险责任准备金
100	2602	保险责任准备金	124	5301	研发支出	150	6511	赔付支出
101	2611	保户储金	125	5401	工程施工	151	6521	保单红利支出
102	2621	独立账户负债	126	5402	工程结算	152	6531	退保金
103	2701	长期应付款	127	5403	机械作业	153	6541	分出保费
104	2702	未确认融资费用			**六、损益类**	154	6542	分保费用
105	2711	专项应付款	128	6001	★主营业务收入	155	6601	★销售费用
106	2801	预计负债	129	6011	利息收入	156	6602	★管理费用
107	2901	递延所得税负债	130	6021	手续费及佣金收入	157	6603	★财务费用
		三、共同类	131	6031	保费收入	158	6604	勘探费用
108	3001	清算资金往来	132	6041	租赁收入	159	6701	资产减值损失
109	3002	货币兑换	133	6051	★其他业务收入	160	6711	★营业外支出
110	3101	衍生工具	134	6061	汇兑损益	161	6801	★所得税费用
111	3201	套期工具	135	6101	公允价值变动损益	162	6901	以前年度损益调整

注：带★的属于本教材中涉及的会计科目。

典型任务举例

1．资料

苏淮公司2019年1月有下列部分经济业务项目。

（1）存放在银行里的款项为6 187 300元。

（2）向银行借入6个月期限的临时借款为3 000 000元。

（3）仓库中存放的钢材为 80 000 元。

（4）仓库中存放的已完工甲产品为 76 000 元。

（5）正在加工中的甲产品为 59 000 元。

（6）机器设备为 23 780 000 元。

（7）某公司投入的资本为 800 000 元。

（8）应收北方公司货款为 170 500 元。

（9）应付南方公司材料款为 64 300 元。

（10）以前年度积累的未分配利润为 92 400 元。

2. 要求

根据上述经济业务项目，判断其应涉及的会计科目。

3. 工作过程

步骤 1：认知企业会计科目表，明确会计科目的分类。

步骤 2：了解会计科目的基本内容。

步骤 3：根据经济业务项目，判断其涉及的会计科目分别是：①银行存款；②短期借款；③原材料；④库存商品；⑤生产成本；⑥固定资产；⑦实收资本；⑧应收账款；⑨应付账款；⑩利润分配。

职业能力训练

1. 判断题（正确的在括号内打“√”，错误的打“×”）

（1）会计科目是对会计对象的具体内容进行分类核算的项目。（　　）

（2）会计科目由国家财政部统一制定，任何单位均不得增补、减少和归并会计科目。（　　）

（3）为了方便会计电算化，会计科目的编号可以单独使用。（　　）

（4）“预收账款”属于资产类的会计科目。（　　）

（5）会计科目按其反映的经济内容不同分为总分类科目和明细分类科目。（　　）

2. 选择题（下列答案中有一项或多项是正确的，将正确答案前英文字母填入括号内）

（1）会计科目是（　　）。

A. 会计要素的名称　B. 账户的名称　C. 账簿的名称　D. 会计报表的名称

（2）企业会计科目的分类标准主要有（　　）。

A. 会计科目反映的经济内容　B. 账户的性质

C. 会计科目所提供信息的详细程度及其统驭关系　D. 账户的余额

（3）会计科目按其所提供信息的详细程度及其统驭关系分为（　　）。

A. 总分类科目　B. 资产类会计科目　C. 负债类会计科目　D. 明细分类科目

（4）下列各项中，属于所有者权益的是（　　）。

A. 实收资本　B. 应收利息　C. 资本公积　D. 未分配利润

（5）下列属于资产类的会计科目是（　　）。

A. 库存现金　B. 预付账款　C. 资本公积　D. 主营业务收入

3. 任务实训

[实训目的]掌握会计科目的确认方法。

[实训资料]恒大公司 2019 年 1 月发生下列部分经济业务。

（1）1 日，收到悦达公司投入资本金 100 000 元，存入银行。

（2）6 日，向南方公司购买乙材料支出 370 000 元，材料已验收入库，款项未付（暂不考虑增值税）。

（3）9 日，从银行提取现金 276 000 元，以备发放工资。

（4）15日，用银行存款支付前欠南方公司货款370 000元。

（5）16日，用库存现金800元购买办公用品。

（6）17日，收到可可公司前欠货款8 600元，存入银行。

（7）23日，生产车间领用16 000元乙材料投入A产品生产。

（8）26日，李文出差，预借差旅费5 000元，用库存现金支付。

（9）29日，公司用银行存款偿还到期的短期借款20 000元。

（10）31日，经公司董事会决议，用资本公积转增资本10 000元。

[实训要求] 根据上述经济业务，判断其涉及的会计科目。

任务二 开设会计账户

任务描述

为了分类、连续、系统地核算各项经济业务引起的资金变动情况，企业应根据会计科目开设账户。账户具有一定的结构，通过账户可以对大量复杂的经济业务进行分类核算，提供不同性质和内容的会计信息。理解会计账户的概念，掌握会计账户的基本结构，正确区分会计科目与账户之间的异同点。

知识准备

一、账户的概念及分类

1. 账户的概念

账户（Account）是根据会计科目开设的，具有一定的格式和结构，用于分类反映各会计要素的增减变动情况及其结果的载体。设置账户是会计核算的专门方法之一。

请注意

一家企业应当怎样设置账户，设置多少账户，是由企业会计科目决定的。

小贴士

账户与会计科目是两个不同的概念，它们既有联系又有区别。一方面，账户和会计科目所反映的经济内容是相同的，两者相辅相成，均具有一定的结构；另一方面，会计科目是设置账户的依据，是账户的名称，账户则是会计科目的具体运用，用于记录和反映每一笔经济业务对会计要素的影响。没有会计科目，账户便失去了设置的依据；没有账户，会计科目就无法发挥作用。

提示

在实际工作中，企业对会计科目和账户往往不加严格区分，可以相互通用。

2. 账户的分类

（1）按照账户所反映的经济内容或者账户的经济性质不同，可将账户分为六大类，即资产类、负债类、共同类、所有者权益类、成本类和损益类。

（2）按照账户所提供会计信息的详细程度不同，可将账户分为总分类账户和明细分类账户两大类。总分类账户，简称总账账户、总账或一级账户，是指根据总分类科目开设的，用于对会计要素的具体内容进行总括分类核算的账户。明细分类账户，简称明细账，是指根据明细分类科目开设的，用于对会计要素的具体内容进行详细分类核算的账户。

二、账户的基本结构

为了分类、连续、系统地记录各项经济业务所引起的各个会计要素的增减变动情况及其结果，账户不但要有明确的核算内容，而且要有一定的结构。账户的结构就是指账页的具体格式。

企业发生经济业务后所引起的各个会计要素的变动虽然错综复杂，但从数量上看不外乎增加和减少两种情况。因此，账户为了能反映出各个会计要素的变动情况，在结构上也相应地分为左右两个部分：一部分登记增加数，另一部分登记减少数。无论哪种记账方法、哪种性质的账户，同一账户的左右两方其增减意义都是相反的。也就是说，如果左方记增加，右方必然记减少；反之，如果右方记增加，则左方必须记减少。这就形成了账户的基本结构，包括账户名称、记录经济业务的日期、所依据的记账凭证编号、经济业务摘要、增加金额、减少金额、余额等。如表 4-3 所示。

表 4-3　　账户的基本结构

左方　　账户名称（会计科目）　　右方

年		凭证编号	摘要	增加金额	减少金额	余额
月	日					

为了方便教学，上述账户的基本结构可简化为“T”字形账户。“T”字形账户由三部分组成：（1）账户名称；（2）左方；（3）右方。其结构如图 4-1 所示。

左方　　账户名称　　右方

图 4-1

登记本期增加的金额称为本期增加发生额；登记本期减少的金额，称为本期减少发生额；将增加额和减少额相抵后的差额，称为余额。余额按表示的时间不同，分为期初余额和期末余额两种。通常情况下，余额登记的方向与登记本期增加发生额的方向一致。本期增加发生额和本期减少发生额统称为本期发生额。通过账户记录的数额，可以提供期初余额、本期增加发生额、本期减少发生额和期末余额四个方面的核算资料，其数量关系式可表示为：

期末余额 = 期初余额 + 本期增加发生额 − 本期减少发生额

账户的基本功能是用于记录经济业务发生后引起资金增减变动的内容，每个账户的本期增加发生额和本期减少发生额都应分别记入该账户左右两方的金额栏，

以便分别计算增减。至于“T”字形账户中，哪一方登记增加金额，哪一方登记减少金额，应视账户性质的不同而不同。

典型任务举例

1．资料

苏淮公司2019年1月的部分经济业务项目如下。

（1）存放在银行里的款项为6 187 300元。

（2）向银行借入6个月期限的临时借款3 000 000元。

（3）仓库中存放的钢材为80 000元。

（4）仓库中存放的已完工甲产品为76 000元。

（5）正在加工中的甲产品为59 000元。

（6）机器设备为23 780 000元。

（7）某公司投入的资本为800 000元。

（8）应收北方公司货款为170 500元。

（9）应付南方公司材料款为64 300元。

（10）以前年度积累的未分配利润为92 400元。

2．要求

根据上述经济业务项目，判断其应开设的会计账户。

3．工作过程

步骤1：明确会计账户是根据会计科目开设的。

步骤2：认知会计账户的基本结构。

步骤3：根据上述经济业务项目，正确开设会计账户。它们分别是：①“银行存款”账户；②“短期借款”账户；③“原材料”账户；④“库存商品”账户；⑤“生产成本”账户；⑥“固定资产”账户；⑦“实收资本”账户；⑧“应收账款”账户；⑨“应付账款”账户；⑩“利润分配”账户。

职业能力训练

1．判断题（正确的在括号内打“√”，错误的打“×”）

（1）所有账户既能提供总括核算资料，又能提供详细核算资料。（　　）

（2）账户是根据会计科目开设的，在实际工作中可以相互通用。（　　）

（3）企业发生的所有经济业务，既要登记总账又要登记明细账。（　　）

（4）“应收账款”账户属于所有者权益类账户。（　　）

（5）账户按其反映的经济内容不同，分为总分类账户和明细分类账户。（　　）

2．选择题（下列答案中有一项或多项是正确的，将正确答案前英文字母填入括号内）

（1）账户的基本结构由（　　）三部分构成。

A．日期栏　　B．增加栏　　C．减少栏　　D．结余栏

（2）企业会计账户的分类标准主要有（　　）。

A．账户的性质　　B．反映的经济内容

C．所提供信息的详细程度及其统驭关系　　D．账户的余额

（3）会计账户按其所提供信息的详细程度及其统驭关系分为（　　）。

A．总分类账户　　B．资产类会计账户　　C．负债类会计账户　　D．明细分类账户

（4）下列各项中，属于资产类账户的是（　　）。

A. 其他应收款　　B. 短期借款　　C. 长期待摊费用　　D. 应交税费

（5）下列各项中，属于负债类账户的是（　　）。

A. 应付职工薪酬　　B. 应付账款　　C. 预付账款　　D. 实收资本

3．任务实训

［实训目的］掌握会计账户的开设方法。

［实训资料］宏远公司 2019 年 1 月发生下列部分经济业务。

（1）1 日，收到悦达公司投入资本金 100 000 元，存入银行。

（2）6 日，向南方公司购买乙材料花费 370 000 元，材料已验收入库，款项未付（暂不考虑增值税）。

（3）9 日，从银行提取现金 276 000 元，以备发放工资。

（4）15 日，用银行存款支付前欠南方公司货款 370 000 元。

（5）16 日，用库存现金 800 元购买办公用品。

（6）17 日，收到可可公司前欠货款 8 600 元，存入银行。

（7）23 日，生产车间领用 16 000 元乙材料投入 A 产品生产。

（8）26 日，李文出差，预借差旅费 5 000 元，用库存现金支付。

（9）29 日，公司用银行存款偿还到期的短期借款 20 000 元。

（10）31 日，经公司董事会决议，用资本公积转增资本 10 000 元。

［实训要求］根据上述经济业务，判断其涉及的会计账户。

任务三　运用借贷记账法

微课：借贷记账法

任务描述

为了全面、连续、系统地反映企业的经济活动情况，在按会计科目开设账户的基础上，还必须采用一定的记账方法对发生的经济业务进行登记。记账方法按其记录经济业务的方式不同，分为单式记账法和复式记账法。在会计史上记账方法经历了由单式记账法到复式记账法的发展过程。借贷记账法是主要的复式记账法。掌握借贷记账法的概念及其主要特点，正确运用借贷记账法编制简单业务的会计分录并进行试算平衡。

知识准备

一、单式记账法和复式记账法

1．单式记账法

单式记账法（Single-entry System）是指对发生的每一项经济业务，只在一个账户中进行登记的记账方法。

单式记账法的主要特点是：对发生的每一项经济业务，只在一个账户中记录，一般只登记现金、银行存款的收付业务和各种债权、债务的往来款项，不记录有关实物的收发。如用现金购买原材料，仅在现金账上登记库存现金的减少，一般不在原材料账上登记材料的增加；购买材料货款未

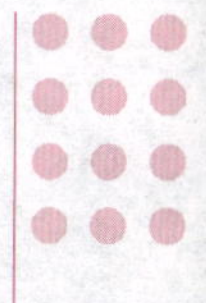

付，只在应付账款上登记负债的增加，而不在原材料账上登记材料的增加。即使有时也在原材料账上登记，但各记各的，两个账户之间没有必然的联系，也不存在相互平衡的概念。

单式记账法是一种比较简单、不完整、不严密的记账方法，它不能全面、系统地反映经济业务所引起的资金的来龙去脉，无法了解各会计要素有关项目的增减变动情况，也不便于检查账户记录的正确性和完整性。

2. 复式记账法

复式记账法（Double-entry System）是指对发生的每一项经济业务都要以相等的金额在两个或两个以上相互联系的账户中同时进行登记的记账方法。

相比单式记账法，复式记账法有以下几个特点。

① 账户设置完整，使发生的经济业务得到全面、系统的反映。

② 对每一项经济业务都必须同时在两个或两个以上相互联系的账户中作双重记录。

③ 对每一项经济业务，都要以相等的金额进行分类登账，并以双重记录为基础对账户记录及其结果进行试算平衡。

如企业从银行提取现金3 000元，运用复式记账法反映该项经济业务，一方面要在“库存现金”账上登记增加3 000元，另一方面又要在“银行存款”账上登记减少3 000元。又如企业用银行存款8 000元偿还前欠南方公司货款，既要在“银行存款”账上登记减少8 000元，同时又要在“应付账款”账上登记减少8 000元。

苏淮公司12月发生下列三笔经济业务，分别采用单式记账法和复式记账法如何记账？

（1）6日，公司用银行存款100 000元购买一批原材料。

（2）18日，公司购买一台机器设备，设备价款200 000元未付。

（3）23日，公司销售商品50 000元，销售商品款尚未收到。

复式记账法是一种比较科学、完善的记账方法，现代会计核算均采用复式记账法。复式记账法按其记账符号、记账规则、账户分类和试算平衡方法的不同，可分为借贷记账法、增减记账法和收付记账法等。其中借贷记账法是目前世界上绝大多数国家广泛采用的一种记账方法。1992年11月30日，我国财政部发布的《企业会计准则》中第八条明确规定“会计记账采用借贷记账法”。

二、借贷记账法的概念

借贷记账法（Debit-credit Bookkeeping）是指以“借”和“贷”为记账符号，以“有借必有贷，借贷必相等”为记账规则登记经济业务的一种复式记账方法。

借贷记账法产生于公元13世纪的意大利。当时，由于海上贸易较为发达，通过银行转账受到人们的欢迎。佛罗伦萨一带经营钱庄的商人，一方面收存商人的游资，给以利息；另一方面又把钱借给商人，收取较高的利息。钱商记账时：向钱商借钱的是债务人，称为借主，其借款数记在该人名账户的借方，表示人欠的增加；贷款给钱商的人是债权人，称为贷主，其贷款数额记在该人名账户的贷方，表示欠人的增加。钱商在中间划账，由此而产生“借”和“贷”。后来，随着商品经济的发展，威尼斯商人又把这种方法推广运用到商业经营企业，将借主、贷主之意逐渐由人推及于物。这样，“借”“贷”两字就逐渐失去了原来的本身含义，而发展成为单纯的借贷记账法记账方向的专门符号，即“左方”和“右方”的代名词。到了公元15世纪，借贷记账法已流行于意大利沿海城市，并逐渐完善。随后，借贷记账法成为国际通用的记账方法，“借”“贷”记账符号也就成为国际通行的“商业语言”。我国最早介绍借贷记账法的书籍是1905年由蔡锡勇所著的《连环账谱》。1907年，由谢霖和孟森合著的《银行簿记学》在日本东京发行，这是我国第二本介绍借贷记账法的著作。1858年（咸丰八年）后由英国人控制的海关是我国最早应用借贷记账法的部门。

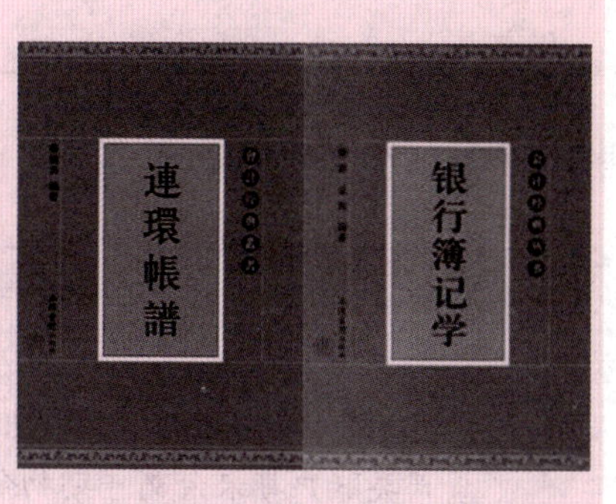

三、借贷记账法的主要特点

1. 以“借”和“贷”作为记账符号

借贷记账法以“借”和“贷”作为记账符号。在借贷记账法下，将账户的基本结构分为左、右两方，左方一律称为“借方”，右方一律称为“贷方”。借方或贷方哪一方登记增加数，哪一方登记减少数，则取决于账户所反映的经济业务的内容和性质。

下面以制造企业为例，根据账户反映的经济内容不同，用“T”字形简要列示其基本结构（共同类账户略）。如表4-4、表4-5、表4-6和表4-7所示。

表 4-4

资产类账户

借方		贷方	
期初余额	×××		
本期增加额	×××	本期减少额	×××
……		……	
本期发生额	×××	本期发生额	×××
期末余额	×××		

表 4-5

负债、所有者权益类账户

借方		贷方	
		期初余额	×××
本期减少额	×××	本期增加额	×××
……		……	
本期发生额	×××	本期发生额	×××
		期末余额	×××

表 4-6

成本类账户

借方		贷方	
期初余额			
本期增加额	×××	本期减少额	×××
……		……	
本期发生额	×××	本期发生额	×××
期末余额	×××		

表 4-7

借方	损益类账户 贷方
本期发生额　××× （费用、支出增加额， 收入减少额）	本期发生额　××× （收入增加额， 费用、支出减少额）
本期发生额　×××	本期发生额　××× =

各类账户期末余额的计算公式如下：

资产类账户期末余额 = 期初余额 + 借方本期发生额 − 贷方本期发生额

负债、所有者权益类账户期末余额 = 期初余额 + 贷方本期发生额 − 借方本期发生额

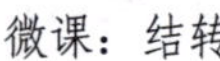

微课：结转

成本类账户期末如有余额，可参照资产类账户期末余额的计算公式计算，损益类账户期末无余额。

小贴士

"借""贷"符号表示的增减含义，如表4-8所示。

表 4-8　"借""贷"符号表示的增减含义

账户类型	借　方	贷　方	余　额
资产类	+	−	借方
负债类	−	+	贷方
所有者权益类	−	+	贷方
成本类	+	−	借方
损益类	+或−	+或−	无

请注意

在会计具体核算对象中，有的账户性质是不确定的，有时表现为资产性质，有时又表现为负债性质。为方便会计上的账务处理，企业可设置兼有资产和负债两种性质的双重性账户，如"其他往来"等账户。双重性账户在期末时可根据期末余额的方向来确定其性质。如为借方余额，就是资产性质账户；如为贷方余额，就是负债性质账户。

2．以"有借必有贷，借贷必相等"作为记账规则

记账规则（Recording Principle）是指运用记账方法记录经济业务时应当遵循的规律。在借贷记账法下，对发生的每一项经济业务都要以相等的金额和借贷相反的方向，在两个或两个以上相互联系的账户中进行登记。即在记入一个账户借方的同时，要记入另一个或另几个账户的贷方；或者在记入一个账户贷方的同时，要记入另一个或另几个账户的借方；或者在记入几个账户借方的同时，要记入另几个账户的贷方。记入借方的金额必须等于记入贷方的金额。

3．账户的对应关系和会计分录

（1）账户的对应关系。账户的对应关系是指在借贷记账法下账户之间形成的应借应贷相互关系。通过账户的对应关系，可以了解到经济业务的来龙去脉，检查经济业务的账务处理是否正确。存在着应借应贷对应关系的账户，叫做对应账户（Corresponding Account）。

账户的对应关系是相对于某项具体的经济业务而言的，并非指某个账户与另一个或几个账户是固定的对应关系。

苏淮公司 2018 年 12 月 6 日购买一批原材料，价税款为 200 000 元，其中 150 000 元用银行存款支付，还有 50 000 元尚未支付。在这笔业务中，"银行存款"账户与"应付账款"账户是否存在着账户的对应关系？为什么？

（2）会计分录。会计分录（Accounting Entry）简称分录，是指按照复式记账的要求，对发生的每一项经济业务指出其应登记的账户名称、方向和金额的一种记录。会计分录包括账户名称、记账方向和记账金额三要素。

在实际工作中，编制会计分录的步骤如下。

① 一项经济业务发生后，首先要确定涉及哪两个或两个以上的账户。

② 所确定的账户性质如何，即属于上述哪一类会计要素。

③ 根据不同性质的账户，确定所记账户的方向。

④ 记入各方的金额是多少。

⑤ 根据"有借必有贷，借贷必相等"的记账规划，检查会计分录借贷是否平衡，有无差错。

苏淮公司 12 月 8 日用银行存款偿还前欠亨达公司购货款 100 000 元。根据上述编制会计分录的步骤，指出其涉及账户的名称、所属账户的性质、记账方位和登记金额。

会计分录的格式规范

① 先借后贷，贷方记录写在借方记录的下面一行并向右移 1 至 2 个格，不得对齐平行排列，借贷金额也要相应错开；

② 每行先写"借"或"贷"，再写账户名称，最后写金额；

③ 金额后不要书写计量单位；

④ 如果有几个"借"或几个"贷"，要求分别将"借"和"贷"的文字和金额数字对齐；

⑤ 若有二、三级账户应在一级账户后划杠写明。

会计分录有简单会计分录和复合会计分录之分。

简单会计分录（Simple Journal Entry）是指由一个账户的借方和另一个账户的贷方相对应所组成的会计分录，即一借一贷的分录。

复合会计分录（Compound Journal Entry）是指由一个账户的借方和另外两个或两个以上账户的贷方，或者由一个账户的贷方和另外两个或两个以上账户的借方，或者由多个账户的借方和另外多个账户的贷方相对应所组成的会计分录，即一借多贷、一贷多借或多借多贷的分录。

一般情况下，为了使账户的对应关系更清晰，我们可以将复合会计分录分拆为若干简单会计分录。但几个简单的会计分录可以合并为一笔复合会计分录吗？

4. 试算平衡

试算平衡（Trial Bablance）是指根据会计等式和借贷记账法的记账规则，对全部账户的发生额和余额进行汇总计算和比较，来检查和验证账户记录是否正确的一种方法。在借贷记账法下，试算平衡的方法包括发生额试算平衡和余额试算平衡两种。

动脑筋　当企业把一定时期内所发生的经济业务全部登记入账后，按理就可以根据各个分类账户记录的有关资料编制会计报表了，为什么还要开展试算平衡工作？

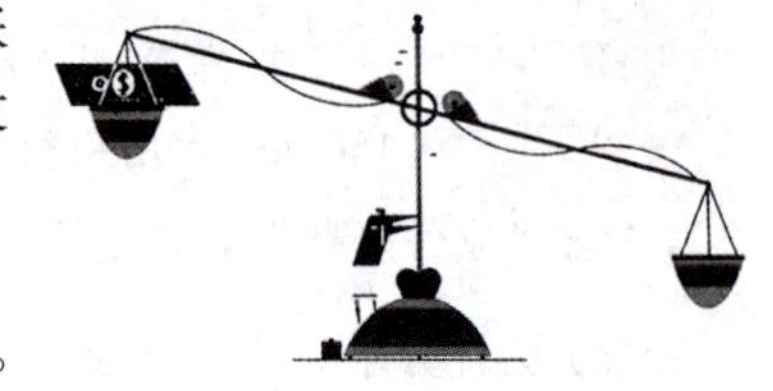

（1）发生额试算平衡。发生额试算平衡是指根据本期所有账户借方发生额合计与贷方发生额合计的恒等关系，来检查本期发生额记录是否正确的一种方法。其平衡公式为：

全部账户本期借方发生额合计＝全部账户本期贷方发生额合计

“发生额试算平衡”是依据借贷记账法的记账规则推出来的。在借贷记账法下，企业对发生的每项经济业务都要按照“有借必有贷、借贷必相等”的记账规则进行记账，从而使每项经济业务所编制的会计分录的借方发生额和贷方发生额相等。在一定时期内，所有账户的借方发生额合计与贷方发生额合计分别是每项经济业务的会计分录的借方发生额与贷方发生额的累积，所以二者之间必然相等。

（2）余额试算平衡。余额试算平衡是指根据本期所有账户借方余额合计与贷方余额合计的恒等关系，来检查本期账户记录是否正确的一种方法。根据余额时间的不同，余额试算平衡又分为期初余额平衡与期末余额平衡两类。前者是指期初所有账户借方余额合计与贷方余额合计相等；后者是指期末所有账户借方余额合计与贷方余额合计相等。其平衡公式为：

全部账户的借方期初余额合计＝全部账户的贷方期初余额合计

全部账户的借方期末余额合计＝全部账户的贷方期末余额合计

“余额试算平衡”是依据会计等式推出来的。

在实际工作中，发生额试算平衡和余额试算平衡这两种方法，一般是在会计期末结出各账户的本期发生额和期末余额后，通过定期编制试算平衡表来完成的。

提示　试算平衡表是一张记录每个账户的名称、发生额和余额的账户汇总表（见表4-10）。该表一般应在将所发生的经济业务全部登记入账后，将所有账户的借方发生额和贷方发生额分别进行合计，结合期初余额，在分别计算出期末借方余额或期末贷方余额的基础上，再据以编制。

典型任务举例

1．资料

苏淮公司2018年12月有关账户的期初余额如表4-9所示。

表4-9　期初余额

账户名称	期初余额		账户名称	期初余额	
	借方	贷方		借方	贷方
库存现金	1 800		短期借款		50 000
银行存款	49 400		应付账款		30 000
应收账款	28 000		预收账款		79 200
原材料	300 000		应付利润		20 000
库存商品	50 000		长期借款		690 000
固定资产	780 000		实收资本		80 000
			资本公积		200 000
			盈余公积		60 000

2018 年 12 月苏淮公司发生下列部分经济业务。

（1）3 日，收到亨达公司投入资本 100 000 元，存入公司银行存款账户。

（2）5 日，公司用银行存款归还银行短期借款 50 000 元。

（3）10 日，公司收到北辰公司前欠货款 8 000 元，当即存入银行。

（4）14 日，公司向银行借入短期借款 30 000 元，直接用于归还南方公司货款。

（5）18 日，公司购买不需要安装的机器设备一台，价税款 185 000 元暂未支付。

（6）29 日，经与海韵公司协商，同意将所欠海韵公司应付账款 20 000 元转作对本公司的投资。

（7）30 日，公司用资本公积 60 000 元转增资本。

（8）31 日，本公司董事会经决议，用盈余公积分配利润 10 000 元。

（9）31 日，本公司按法定程序减资 70 000 元，用银行存款予以支付。

2．要求

根据上述经济业务登记“T”字形账户、编制会计分录并进行试算平衡。

3．工作过程

步骤 1：分析经济业务性质，指出其对会计要素所产生的影响，并登记有关账户。

（1）3 日，这项业务的发生，一方面引起资产要素中“银行存款”账户的增加，应记其借方；另一方面引起所有者权益要素中“实收资本”账户的增加，应记其贷方。登记账户的结果如图 4-2 所示。

借方	银行存款 贷方
（1）100 000	

借方	实收资本 贷方
	（1）100 000

图 4-2

（2）5 日，这项业务的发生，一方面引起资产要素中“银行存款”账户的减少，应记其贷方；另一方面引起负债要素中“短期借款”账户的减少，应记其借方。登记账户的结果如图 4-3 所示。

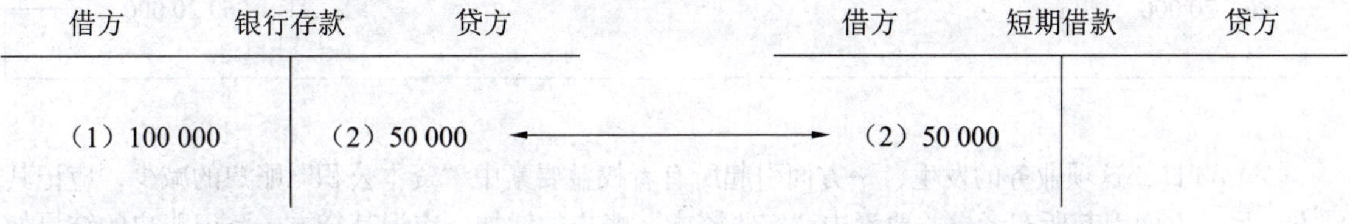

图 4-3

（3）10 日，这项业务的发生，一方面引起资产要素中“银行存款”账户的增加，应记其借方；另一方面引起资产要素中“应收账款”账户的减少，应记其贷方。登记账户的结果如图 4-4 所示。

借方	银行存款 贷方
（1）100 000	（2）50 000
（3）8 000	

借方	应收账款 贷方
	（3）8 000

图 4-4

（4）14 日，这项业务的发生，一方面引起负债要素中“短期借款”账户的增加，应记其贷方；另一方面引起负债要素中“应付账款”账户的减少，应记其借方。登记账户的结果如图 4-5 所示。

应付账款

借方	贷方
（4）30 000	

短期借款

借方	贷方
（2）50 000	（4）30 000

图 4-5

（5）18 日，这项业务的发生，一方面引起资产要素中“固定资产”账户的增加，应记其借方；另一方面引起负债要素中“应付账款”账户的增加，应记其贷方。登记账户的结果如图 4-6 所示。

固定资产

借方	贷方
（5）185 000	

应付账款

借方	贷方
（4）30 000	（5）185 000

图 4-6

（6）29 日，这项业务的发生，一方面引起负债要素中“应付账款”账户的减少，应记其借方；另一方面引起所有者权益要素中“实收资本”账户的增加，应记其贷方。登记账户的结果如图 4-7 所示。

应付账款

借方	贷方
（4）30 000	（5）185 000
（6）20 000	

实收资本

借方	贷方
	（1）100 000
	（6）20 000

图 4-7

（7）30 日，这项业务的发生，一方面引起所有者权益要素中“资本公积”账户的减少，应记其借方；另一方面引起所有者权益要素中“实收资本”账户的增加，应记其贷方。登记账户的结果如图 4-8 所示。

资本公积

借方	贷方
（7）60 000	

实收资本

借方	贷方
	（1）100 000
	（6）20 000
	（7）60 000

图 4-8

（8）31 日，这项业务的发生，一方面引起所有者权益要素中“盈余公积”账户的减少，应记其借方；另一方面引起负债要素中“应付利润”账户的增加，应记其贷方。登记账户的结果如图 4-9 所示。

借方	盈余公积	贷方
（8）10 000		

借方	应付利润	贷方
		（8）10 000

图 4-9

（9）31 日，这项业务的发生，一方面引起资产要素中“银行存款”账户的减少，应记其贷方；另一方面引起所有者权益要素中“实收资本”账户的减少，应记其借方。登记账户的结果如图 4-10 所示。

借方	银行存款	贷方
（1）100 000		（2）50 000
（3）8 000		
		（9）70 000

借方	实收资本	贷方
		（1）100 000
		（6）20 000
		（7）60 000
（9）70 000		

图 4-10

上述业务发生后，在所登记的账户中是否体现了“有借必有贷，借贷必相等”的记账规则？

步骤 2：根据上述“T”字形账户登记的结果，将其变换为借贷会计分录。

（1）借：银行存款　　100 000
　　贷：实收资本　　100 000

（2）借：短期借款　　50 000
　　贷：银行存款　　50 000

（3）借：银行存款　　8 000
　　贷：应收账款　　8 000

（4）借：应付账款　　30 000
　　贷：短期借款　　30 000

（5）借：固定资产　　185 000
　　贷：应付账款　　185 000

（6）借：应付账款　　20 000
　　贷：实收资本　　20 000

（7）借：资本公积　　60 000
　　贷：实收资本　　60 000

（8）借：盈余公积　　10 000
　　贷：应付利润　　10 000

（9）借：实收资本　　70 000
　　贷：银行存款　　70 000

上述（1）至（9）均属于简单会计分录。

步骤3：根据苏淮公司2018年12月初的资料和当月发生的9笔经济业务，编制总分类账户本期发生额及余额试算平衡表，如表4-10所示。

表4-10　　总分类账户本期发生额及余额试算平衡表

编制单位：苏淮公司　　2018年12月　　金额单位：元

账户名称	期初余额		本期发生额		期末余额	
	借方	贷方	借方	贷方	借方	贷方
库存现金	1 800				1 800	
银行存款	49 400		108 000	120 000	37 400	
应收账款	28 000			8 000	20 000	
原材料	300 000				300 000	
库存商品	50 000				50 000	
固定资产	780 000		185 000		965 000	
短期借款		50 000	50 000	30 000		30 000
应付账款		30 000	50 000	185 000		165 000
预收账款		79 200				79 200
应付利润		20 000		10 000		30 000
长期借款		690 000				690 000
实收资本		80 000	70 000	180 000		190 000
资本公积		200 000	60 000			140 000
盈余公积		60 000	10 000			50 000
合计	1 209 200	1 209 200	533 000	533 000	1 374 200	1 374 200

上述试算平衡表的结果，是否表明苏淮公司2018年12月记账工作完全正确？为什么？

职业能力训练

1. 判断题（正确的在括号内打“√”，错误的打“×”）

（1）记账方法包括单式记账法和复式记账法，现代会计核算均采用复式记账法。（　　）

（2）某一总账账户与其所属明细账户，它们所反映的对象和性质是相同的。（　　）

（3）总分类账户的期末余额与其所属明细分类账户的期末余额一定在同一方向。（　　）

（4）在借贷记账法下，根据账户的记录可以进行试算平衡。（　　）

（5）两个或两个以上简单的会计分录可以合并为一个复合会计分录。（　　）

2. 选择题（下列答案中有一项或多项是正确的，将正确答案前英文字母填入括号内）

（1）我国《企业会计准则》规定，企业会计核算应采用的记账方法是（　　）。

A. 复式记账法　　B. 增减记账法　　C. 收付记账法　　D. 借贷记账法

（2）复合会计分录的表现形式，通常包括（　　）。

A. 一借一贷　　B. 一借多贷　　C. 一贷多借　　D. 多借多贷

（3）借贷记账法的试算平衡包括（　　）。

A. 发生额试算平衡　　B. 余额试算平衡

C. 差额试算平衡　　D. 总账与明细账试算平衡

（4）在编制“试算平衡表”时，若期初余额、本期发生额和期末余额的借方与贷方均平衡，则（　　）。

A. 全部总账账户记录一定正确　　B. 全部明细账户记录一定正确

C. 全部总账账户记录也不能肯定无错　　D. 全部明细账户记录也不能肯定无错

（5）在借贷记账法下，可以开设双重性账户，其性质要根据（　　）来判断。

A. 借方发生额　　B. 贷方发生额　　C. 期末余额的方向　　D. 经济业务

3. 任务实训

[实训目的]掌握借贷记账法的运用。

[实训资料]通联公司 2018 年 12 月发生下列部分经济业务。

（1）1 日，收到悦达公司投入资本金 100 000 元，存入银行。

（2）6 日，向南方公司购买乙材料花费 370 000 元，材料已验收入库，款项未付（暂不考虑增值税）。

（3）9 日，从银行提取现金 276 000 元，以备发放工资。

（4）15 日，用银行存款支付前欠南方公司货款 370 000 元。

（5）16 日，用库存现金 800 元购买办公用品。

（6）17 日，收到可可公司前欠货款 8 600 元，存入银行。

（7）23 日，生产车间领用 16 000 元乙材料投入 A 产品生产。

（8）26 日，李文出差，预借差旅费 5 000 元，用库存现金支付。

（9）29 日，公司用银行存款偿还到期的短期借款 20 000 元。

（10）31 日，经公司董事会决议，用资本公积转增资本 10 000 元。

[实训要求]根据上述经济业务，登记“T”字形账户、编制会计分录，并对发生额进行试算平衡。

项目小结

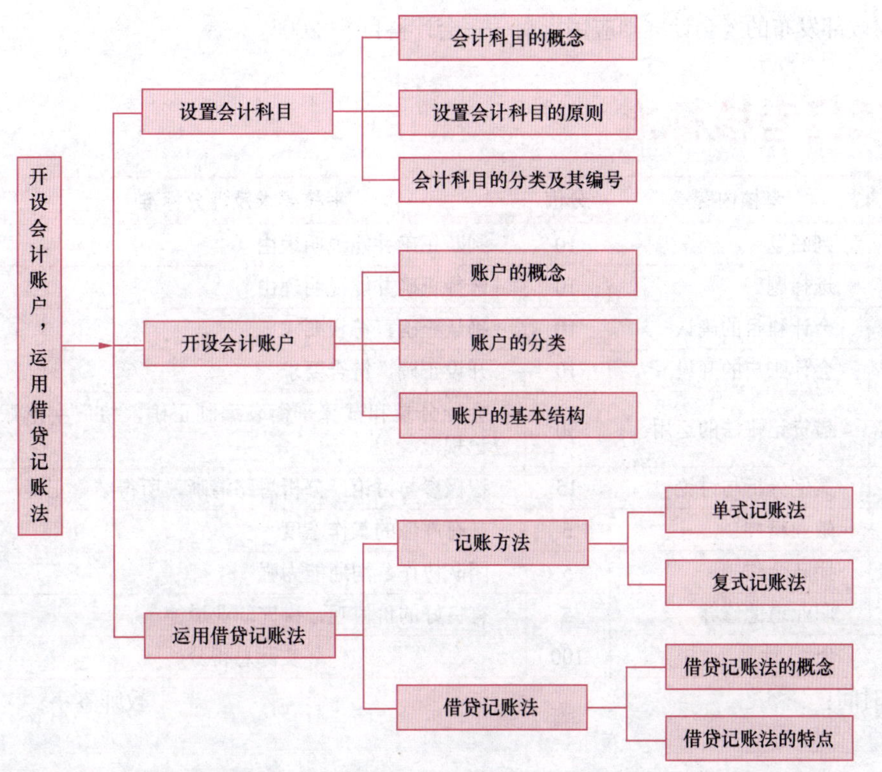

案例分析与讨论

陈坚2018年7月毕业于某高职院校工商企业管理专业，现开办一家连锁加工厂。由于在校期间学了一些会计知识，但不够扎实，他一直认为企业发生经济业务后只要记录一借一贷就可以。2018年12月发生如下几笔业务，他的记录如下。

（1）3日，赊购原材料，价值12 600元，用于生产产品。

借：生产成本　12 600

　　贷：应收账款　12 600

（2）7日，向银行贷款30 000元，购买机器设备一台。

借：固定资产　30 000

　　贷：银行存款　30 000

（3）16日，收到大学同学李达投入现金20 000元。

借：现金　20 000

　　贷：资本公积　20 000

（4）27日，支付业务招待费300元。

借：财务费用　300

　　贷：银行存款　300

要求：请分析陈坚的记录是否有错。如有错，请你向陈坚解释记录的错误之处，并帮助他改正。

阅读篇目

[1] 财政部发布的《小企业会计准则》（2011）

[2] 财政部发布的《会计准则应用指南——会计科目》（2006）

项目考核标准

考核项目	考核内容	分值	考核要求及评分标准	得分
职业能力训练	判断题	10	判断正确并能说明理由	
	选择题	10	选择正确并能说明理由	
项目实训	会计科目的确认	10	确认正确，符合要求	
	会计账户的开设	10	开设正确，符合要求	
	借贷记账法的运用	30	会计分录和试算平衡表编制正确，"T"字形账户登记规范	
案例	案例分析与讨论	15	积极参与讨论，分析思路清晰，所得结论正确	
职业素养	敬业精神	5	具有严谨的工作态度	
	团队合作	5	团队协作、沟通能力强	
	职业道德修养	5	有良好的价值观，讲究职业道德	
合　计		100	实际总得分	

考核时间：　　　　　　　　　　教师签字：

项目五 确认与计量企业基本的经济业务

学习目标

1. 根据项目、任务的需要查阅有关资料
2. 理解会计要素的确认和计量属性
3. 了解企业资金筹集的渠道，掌握资金筹集的核算
4. 理解固定资产的概念，明确固定资产成本的构成
5. 明确材料采购成本的构成，掌握供应过程的核算
6. 明确产品生产成本的构成，掌握生产过程的核算
7. 明确产品销售成本的构成，掌握销售过程的核算
8. 掌握营业利润、利润总额和净利润的概念以及利润分配的原则
9. 掌握财务成果形成和分配过程的核算
10. 具有敬业精神、团队合作精神和良好的职业道德修养

项目导航

企业要从事正常的生产经营活动，首先必须拥有一定量的资金。企业筹集资金的渠道主要有投资者投入的资本和向银行等金融机构借入的款项。企业的生产经营过程可分为供应过程、生产过程和销售过程。企业的资产正是依次按这三个过程，变换其存在的形态，不断地循环和周转。

本项目主要讲述会计要素的确认与计量；企业资金筹集的经济业务核算；企业供应过程、生产过程和销售过程的经济业务核算；企业利润形成和分配过程的经济业务核算；企业资金退出的经济业务核算。

学习时，要正确理解在资金循环（Capital Circulation）过程中发生的主要经济业务，分析并掌握材料采购成本、产品生产成本和产品销售成本的组成内容及计算方法，理解并掌握营业利润、利润总额和净利润的构成内容、形成步骤以及有关利润分配的政策规定。

任务一　理解会计要素的确认与计量

任务描述

《会计法》第二十五条规定："公司、企业必须根据实际发生的经济业务事项，按照国家统一的会计制度的规定确认、计量和记录资产、负债、所有者权益、收入、费用、成本和利润。"确认（Affirmation），是将经济业务事项是否作为资产、负债等会计要素加以记录和列入报表的过程；计量（Measurement），是用货币或其他度量单位计算各经济业务事项和结果的过程。确认主要解决某项经济业务事项"是什么，是否应当在会计上反映"的问题；计量主要解决某项经济业务事项在会计上"反映多少"的问题。理解并掌握会计要素的确认条件和不同的计量属性。

知识准备

一、会计要素的确认

1．资产的确认条件

将一项资源确认为资产，需要符合资产的定义，并同时满足以下两个条件。

（1）与该资源有关的经济利益很可能流入企业。从资产的定义可以看到，能带来经济利益是资产的本质特征，但由于经济环境瞬息万变，与资源有关的经济利益能否流入企业或者能够流入多少实际上带有不确定性。因此，资产的确认还应与经济利益流入的不确定性程度的判断结合起来。如果根据编制会计报表时所取得的证据判断与资源有关的经济利益很可能流入企业，那么就应当将其作为资产予以确认；反之，不能确认为资产。

（2）该资源的成本或者价值能够可靠地计量。只有当有关资产的成本或者价值能够可靠计量时，资产才能予以确认。在实务中，企业取得的许多资产都需要付出成本，对于这些资产，只有实际发生的成本或者生产成本能够可靠计量，才能视为符合资产确认的条件。在某些情况下，企业取得的许多资产没有发生实际成本或者发生的实际成本很小，对于这些资产，如果其公允价值只有实际发生的成本或者生产成本能够可靠计量，也视为符合资产确认的条件。

企业筹建期间发生的开办费是否符合资产的确认条件？

2．负债的确认条件

将一项现时义务确认为负债，需要符合负债的定义，并同时满足以下两个条件。

（1）与该义务有关的经济利益很可能流出企业。从负债的定义可以看到，预期会导致经济利益流出企业是负债的本质特征。在实务中，履行义务所需流出的经济利益带有不确定性，尤其是与推定义务相关的经济利益通常需要依赖于大量的估计。因此，负债的确认还应与经济利益流出的不确定性程度的判断结合起来。如果有确凿的证据表明，与现时义务相关的经济利益很可能流出企业，那么就应当将其作为负债予以确认；反之，不应将其作为负债予以确认。

（2）未来流出的经济利益的金额能够可靠地计量。只有对于未来流出的经济利益的金额能够可靠计量时，负债才能予以确认。对于与法定义务有关的经济利益流出金额，通常可以根据合同或者法律规定的金额予以确定，考虑到经济利益流出的金额通常在未来期间，有时未来期间较长时，有关金额的计量需要考虑货币时间价值的影响。对于与推定义务有关的经济利益流出金额，企业应当根据履行相关义务所需支出的最佳估计数进行估计，并综合考虑有关货币时间价值、风险等因素的影响。

3．所有者权益的确认条件

由于所有者权益体现的是所有者在企业中的剩余权益，因此，所有者权益的确认主要依赖于其他会计要素，尤其是资产和负债的确认，所有者权益金额的确定也主要取决于资产和负债的计量。例如，企业接受投资者投入的资产，在该资产符合资产确认条件时，就相应地符合了所有者权益的确认条件；当该资产的价值能够可靠计量时，所有者权益的金额也就可以确定。

4．收入的确认条件

收入在确认时除了应当符合收入定义外，还应当满足严格的确认条件。收入只有在经济利益很可能流入，从而导致企业资产增加或者负债减少，且经济利益的流入额能够可靠计量时才能予以确认。因此，收入的确认至少应当符合以下条件：一是与收入相关的经济利益应当很可能流入企业；二是经济利益流入企业的结果会导致企业资产的增加或者负债的减少；三是经济利益的流入额能够可靠地计量。

5．费用的确认条件

费用的确认除了应当符合费用定义外，还应当满足严格的确认条件，即费用只有在经济利益很可能流出，从而导致企业资产减少或者负债增加，且经济利益的流出额能够可靠计量时才能予以确认。因此，费用的确认至少应当符合以下条件：一是与费用相关的经济利益应当很可能流出企业；二是经济利益流出企业的结果会导致企业资产的减少或者负债的增加；三是经济利益的流出额能够可靠地计量。

6．利润的确认条件

利润反映的是收入减去费用和利得减去损失后的净额，因此，利润的确认主要依赖于收入和费用以及利得和损失的确认，其金额的确定也主要取决于收入、费用、利得、损失金额的计量。

二、会计要素的计量

会计计量是为了将符合确认条件的会计要素登记入账并在会计报表中以确定的金额予以列示的过程。企业应当按照规定的会计计量属性进行计量，确定相关金额。计量属性是指所予计量的某一要素的特性方面，如桌子的长度、铁矿的重量、楼房的高度等。从会计角度，计量属性反映的是会计要素金额的确定基础，会计计量属性主要包括历史成本、重置成本、可变现净值、现值和公允价值。

1．历史成本（Historical Cost）

历史成本又称为实际成本，是指取得或制造某项财产物资时实际支付的现金或其他等价物。在历史成本计量下，资产按照购置时支付的现金或者现金等价物的金额，或者按照购置资产时所付出的对价的公允价值计量。负债按照因承担现时义务而支付的款项或者资产的金额，或者承担现时义务的合同金额，或者按照日常活动中为偿还负债预期需要支付的现金或者现金等价物的金额计量。

提示

现金等价物是指企业持有的期限短、流动性强、易于转换为已知金额现金、价值变动风险很小的投资。

2．重置成本（Replacement Cost）

重置成本又称为现行成本，是指按照当前市场条件，重新取得同样一项资产所需支付的现金或现金等价物金额。在重置成本计量下，资产按照现在购买相同或者相似的资产所需支付的现金或者现金等价物的金额计量。负债按照现在偿付该项负债所需支付的现金或者现金等价物的金额计量。

提示

在实务中，重置成本多应用于盘盈固定资产的计量等。

3．可变现净值（Realisable Value）

可变现净值又称为结算价值，是指在正常生产经营过程中，以预计售价减去进一步加工成本和销售所必需的预计税金、费用后的净值。在可变现净值计量下，资产按照其正常对外销售所能收到现金或者现金等价物的金额，扣减该资产至完工时估计将要发生的成本、估计的销售费用以及相关税费后的金额计量。

提示

可变现净值通常应用于存货跌价情况下的后续计量。

4．现值（Current Value）

现值是指对未来现金流量以恰当的折现率进行折现后的价值，是考虑货币时间价值的一种计量属性。在现值计量下，资产按照预计从其持续使用和最终处置中所产生的未来净现金流入量的折现金额计量。负债按照预计期限内需要偿还的未来净现金流出量的折现金额计量。

提示

现值通常应用于非流动资产可收回金额和以摊余成本计量的金融资产价值的确定等。

5．公允价值（Fair Value）

公允价值是指市场参与者在计量日发生的有序交易中，出售一项资产所能收到或者转移一项负债所需支付的价格。

提示

公允价值通常应用于交易性金融资产、可供出售金融资产的计量等。

请注意

企业在对会计要素进行计量时，一般应当采用历史成本，采用重置成本、可变现净值、现值、公允价值计量的，应当保证所确定的会计要素金额能够取得并可靠地计量。

典型任务举例

1．资料

苏淮公司2019年1月发生下列部分经济业务和事项。

（1）购入原材料支付价款121 300元。

（2）购入股票50 000股作为交易性金融资产核算，支付款项200 000元，1月末该项资产的公允价值为194 000元。

（3）盘盈设备一台，重置成本为80 000元。

（4）1月末公司存货历史成本为878 000元，可变现净值为800 000元。

（5）1月末公司固定资产历史成本为4 320 000元，计提折旧为1 320 000元，可收回金额为2 600 000元。

2. 要求

根据上述经济业务和事项，判断其应采用的计量属性。

3. 工作过程

步骤 1：了解会计计量属性的内涵。

步骤 2：根据发生的经济业务和事项，判断其应采用的计量属性。

（1）购入原材料按历史成本计量，金额为 121 300 元。

（2）取得交易性金融资产应按公允价值计量，金额为 200 000 元；1 月末该交易性金融资产价值下跌 6 000 元，期末应按公允价值 194 000 元计量。

（3）盘盈设备应按重置成本计量，金额为 80 000 元。

（4）1 月末公司存货可变现净值低于历史成本为 78 000 元，应按可变现净值计量，金额为 800 000 元。

（5）1 月末公司固定资产历史成本为 4 320 000 元，计提折旧为 1 320 000 元，账面价值为 3 000 000 元，可收回金额为 2 600 000 元，可收回金额低于账面价值 400 000 元，应按可收回金额计量，金额为 2 600 000 元。

职业能力训练

1. 判断题（正确的在括号内打“√”，错误的打“×”）

（1）所有者权益的确认与计量主要依赖于其他会计要素，尤其是资产和负债的确认与计量。（　　）

（2）在历史成本计量下，资产按照购置时支付的现金或者现金等价物的金额，或者按照购置资产时所付出的对价的公允价值计量。（　　）

（3）在公允价值计量下，负债按照现在偿付该项负债所需支付的现金或者现金等价物的金额计量。（　　）

（4）收入只有在经济利益很可能流入，从而导致企业资产增加或者负债减少，且经济利益的流入额能够可靠计量时才能予以确认。（　　）

（5）企业一般应当采用历史成本计量，采用重置成本、可变现净值、现值、公允价值计量的，应当保证所确定的会计要素金额能够取得并可靠地计量。（　　）

2. 选择题（下列答案中有一项或多项是正确的，将正确答案前英文字母填入括号内）

（1）下列各项中，应确认为资产的有（　　）。

A. 长期闲置且不再使用和转让的没有经济价值的设备

B. 自然使用寿命已满但仍在使用的设备

C. 已签订合同拟于下月购进的原材料　　D. 已超过保质期的食品

（2）企业购入的固定资产一般应该按照（　　）进行计量。

A. 历史成本　　B. 公允价值　　C. 现值　　D. 重置成本

（3）下列各项中不属于会计计量属性的有（　　）。

A. 历史成本　　B. 谨慎性　　C. 重要性　　D. 可变现净值

（4）市场参与者在计量日发生的有序交易中，出售一项资产所能收到或者转移一项负债所需支付的价格是（　　）。

A. 现值　　B. 历史成本　　C. 可变现净值　　D. 公允价值

（5）如果企业资产按照现在购买相同或者相似资产所需支付的现金或者现金等价物的金额计量，负债按照现在偿付该项债务所需支付的现金或者现金等价物的金额计量，则其所采用的会计计量属性为（　　）。

A. 可变现净值　　B. 重置成本　　C. 现值　　D. 公允价值

任务二　核算企业资金筹集的经济业务

任务描述

资金筹集是企业进行生产经营活动的前提条件，也是资金运动的起点。企业从事正常的生产经营活动，如建造厂房或购买设备，购买材料物资，支付职工薪酬，偿还到期债务，缴纳税费等，必须拥有一定数量的资金。企业筹集资金的渠道主要有两个：一是投资者投入的资本，即所有者投资，也称为实收资本；二是从债权人筹集的资金，形成企业的负债，如向银行等金融机构借入的款项等。了解企业资金筹集的渠道，掌握筹集的核算。

知识准备

一、实收资本的核算

1. 实收资本的概念

企业实收资本（Paid-up Capital）是指投资者按照企业章程或合同、协议的约定，实际投入企业的资本，它是企业所有者权益中的主要部分。为了核算和监督投资者投入资本的增减变动情况，企业必须按照国家的统一要求进行实收资本的核算，真实地反映所有者投入企业资本的状况，维护所有者各方在企业的权益。

我国实行的是注册资本制，注册资本是出资人实缴的出资额的总和，非经法定程序，不得随意增减。企业对投资者投入的资本应当保全，除依法转让外，不得以任何方式抽回。在投资者足额交纳资本后，企业的实收资本应该等于企业的注册资本。

2. 实收资本核算的账户设置

为了核算和监督企业实收资本的增减变动情况，企业应设置“实收资本”等账户。

“实收资本”账户属于所有者权益类账户，是用来核算按照企业章程或合同、协议的约定，投资者投入企业的法定资本。其贷方登记实收资本的增加数额，借方登记实收资本的减少数额，期末贷方余额反映企业实有的资本数额。该账户可按投资者进行明细分类核算。

由于企业组织形式不同，所有者投入资本核算的账户设置也有所不同。股份有限公司应将“实收资本”账户改为“股本”账户。

典型任务举例

1. 资料

苏淮公司（增值税一般纳税人）2018年12月1日收到银行收账通知（见表5-1），星光公司投资款 500 000 元已收款入账。

表 5-1

中国工商银行进账单（收账通知）　3

2018 年 12 月 1 日　　第 35 号

出票人	全称	星光公司	收款人	全称	苏淮公司
	账号	720303859686		账号	111001082818
	开户银行	工行江宁支行		开户银行	工行清江支行

金额	人民币（大写）伍拾万元整	亿	千	百	十	万	千	百	十	元	角	分
				¥	5	0	0	0	0	0	0	0

票据种类	转账支票	中国工商银行 淮安市清江支行 2018.12.1 转讫 开户银行盖章
票据张数	壹张	
单位主管　复核　记账		

此联是收款银行交给收款人的收账通知

2. 工作过程

步骤 1：出纳人员到银行取得银行进账单。

步骤 2：会计人员根据审核后的进账单，编制如下会计分录。

借：银行存款　　500 000

　　贷：实收资本——星光公司　　500 000

步骤 3：出纳人员根据审核后的记账凭证登记银行存款日记账，此处略。

如果星光公司投入的是机器设备或是专利权，应如何进行核算？

二、短期借款的核算

1. 短期借款的概念

企业向银行或其他金融机构借入的资金主要有短期借款和长期借款两种。

本书仅介绍短期借款的核算。

短期借款（Short-term Borrowing）是指企业向银行或其他金融机构等借入的期限在一年以下（含一年）的各种借款。它主要用于弥补企业临时性经营周转或季节性等原因出现的资金不足。短期借款期限较短，归还短期借款时，不仅要归还借款本金，还应支付相应的利息。

2. 短期借款核算的账户设置

为了核算和监督企业短期借款的取得、偿还和结存情况，企业应设置"短期借款""财务费用"

和“应付利息”三个主要账户。

（1）“短期借款”账户属于负债类账户，是用来核算企业借入的期限在一年以下（含一年）的各种借款。其贷方登记借入的短期借款本金数额，借方登记偿还的短期借款本金数额，期末余额在贷方，表示尚未偿还的短期借款的本金。该账户可按借款种类、贷款人和币种等进行明细核算。

（2）“财务费用”账户属于损益类账户，是用来核算企业为筹集生产经营所需资金等而发生的筹资费用。其借方登记企业发生的各项财务费用，贷方登记期末结转记入“本年利润”账户的金额，期末结转后该账户无余额。

（3）“应付利息”账户属于负债类账户，是用来核算企业按照合同约定应支付的利息。其贷方登记资产负债表日按合同利率计算确定的应付未付利息，借方登记实际支付利息，期末余额在贷方，反映企业应付未付的利息。

资产负债表日（Balance Sheet Date）是指结账日期，即结账和编制资产负债表的日期。通常指年度资产负债表日，在我国会计年度中，资产负债表日一般是每年12月31日。

典型任务举例

1．资料

苏淮公司（增值税一般纳税人）2018年12月1日向银行借入240 000元，期限为6个月，年利率为5.6%，该借款到期一次还本付息，利息按月预提。借款借据如表5-2所示。

表5-2

中国工商银行借款借据（收账通知）

2018年12月1日　　　　凭证号码：0263124

借款人	苏淮公司	账号	111001082818								
贷款金额	人民币（大写）贰拾肆万元整	千	百	十	万	千	百	十	元	角	分
			¥	2	4	0	0	0	0	0	0
用途	流动资金周转借款	期限	约定还款日期			2019年6月1日					
		6个月	贷款利率	5.6%（年）		借款合同号码		2018122006			

上列借款已批准发放，已转入你单位存款账户。

银行盖章

复核：马莉莉　　　　记账：欧平

此联由银行签章后退回借款单位　执

2．工作过程

步骤1：苏淮公司2018年12月1日借入款项时，会计人员根据审核后的借款合同和借款凭证，编制如下会计分录。

借：银行存款　　240 000

　　贷：短期借款　　240 000

步骤 2：2018 年 12 月 31 日，预提当月利息。会计人员根据审核后的借款利息计算表，如表 5-3 所示，编制如下会计分录。

借：财务费用　　1 120

　　贷：应付利息　　1 120

表 5-3

借款利息费用计算表

2018 年 12 月 31 日　　单位：元

贷款银行	贷款种类	借款金额	年利率	本月应计利息额
工商银行清江支行	流动资金周转借款	240 000	5.6%	1 120
合　计				1 120

财会主管：黄　平　　会计：宋　娜　　复核：易晓明　　制表：贾晓玲

2019 年 1 月末、2 月末、3 月末、4 月末、5 月末做相同的会计分录。

提示

在实际工作中，银行一般于每季度末收取短期借款利息。

动脑筋

2019 年 6 月 1 日该借款到期时应如何进行会计处理？

职业能力训练

1. 判断题（正确的在括号内打“√”，错误的打“×”）

（1）预提短期借款的利息，应借记“财务费用”账户，贷记“应付利息”账户。　（　）

（2）短期借款的利息必须采用按月预提，以后一次支付的会计处理方法。　（　）

（3）企业的实收资本与其注册资本是相等的。　（　）

（4）短期借款利息在预提或实际支付时均应通过“短期借款”科目核算。　（　）

（5）企业的实收资本应当保全，投资者除依法转让外，不得以任何方式抽回。　（　）

2. 选择题（下列答案中有一项或多项是正确的，将正确答案前英文字母填入括号内）

（1）企业在生产经营过程中借入的短期借款利息应记入（　　）账户。

A. 管理费用　B. 销售费用　C. 财务费用　D. 制造费用

（2）企业“短期借款”账户期末贷方余额为 50 000 元，本期贷方发生额为 30 000 元，本期借方发生额为 40 000 元，则该账户期初余额为（　　）。

A. 借方 40 000 元　B. 贷方 40 000 元　C. 借方 60 000 元　D. 贷方 60 000 元

（3）红星公司 2019 年 7 月 1 日向银行借入资金 60 万元，期限为 6 个月，年利率为 6%，到期还本，按月计提利息，按季付息。该企业 7 月 31 日应计提的利息为（　　）万元。

A. 0.3　B. 0.6　C. 0.9　D. 3.6

（4）甲公司2019年1月1日，借入六个月期的借款1 000万元，年利率6%，6月30日到期时一次还本付息。则按照权责发生制原则，2019年6月30日甲公司还本付息时，应编制的会计分录中可能涉及的应借和应贷账户及相应金额是（　　）。

A. 借记“短期借款”账户1 000万元　　B. 借记“财务费用”账户5万元

C. 借记“应付利息”账户25万元　　D. 贷记“银行存款”账户1 015万元

（5）A公司原由甲、乙、丙三人投资，三人各投入100万元。两年后丁想加入，经协商，甲、乙、丙、丁四人各拥有100万的资本，但丁必须投入136万元的银行存款方可拥有100万元的资本。若丁以136万元投入A公司，并已办妥增资手续，则下列表述的项目中能组合在一起形成该项经济业务的会计分录的项目是（　　）。

A. 该笔业务应借记“银行存款”账户136万元　B. 该笔业务应贷记“实收资本”账户136万元

C. 该笔业务应贷记“实收资本”账户100万元　D. 该笔业务应贷记“资本公积”账户36万元

3. 任务实训

[实训目的]掌握资金筹集业务的核算方法。

[实训资料]东海公司2018年12月发生下列部分经济业务。

（1）2日，收到三元公司投入的机床一台，经评估确认价值为86 000元。

（2）9日，收到万达公司投入的货币资金200 000元，已存入银行。

（3）16日，向银行借入一年期借款60 000元，年利率为5.6%，款项已存入银行。

（4）31日，计提应由本月负担的短期借款利息5 400元。

（5）31日，支付第四季度借款利息20 000元（其中15 000元已预提）。

（6）31日，归还已到期的短期借款本金300 000元。

[实训要求]根据上述经济业务编制会计分录。

任务三 核算企业供应过程的经济业务

任务描述

供应过程是企业资金周转的第一个阶段。在供应过程中，企业要用货币资金建造厂房或购买机器设备等固定资产和各种存货，完成生产准备过程。在这一过程中，企业要支付购买固定资产和存货的价税款，要支付采购费用，要与供货单位发生货款结算业务。资金形态由货币资金形态转化为储备资金形态。理解固定资产的概念，明确固定资产成本和材料采购成本的构成，掌握供应过程的核算。

知识准备

一、固定资产成本的确定

1. 固定资产的概念

固定资产（Fixed Asset）是指为生产商品、提供劳务、出租或经营管理而持有的，同时使用寿命超过一个会计年度的有形资产，通常包括房屋、建筑物、机器设备、运输工具等。

使用寿命是指企业使用固定资产的预计期间，或者该固定资产所能生产产品或提供劳务的数量。

2．固定资产成本的确定

固定资产一般应按取得时的成本作为入账的价值。固定资产成本（Fixed Asset Cost）是指企业购建某项固定资产达到预定可使用状态前所发生的一切合理、必要的支出。这些支出包括直接发生的价款、运杂费、包装费和安装成本等，也包括间接发生的，如应承担的借款利息、外币借款折算差额以及应分摊的其他间接费用。

固定资产取得的成本应当根据具体情况分别确定，外购固定资产的成本包括购买价款、相关税费、使固定资产达到预定可使用状态前所发生的可归属于该项资产的运输费、装卸费、安装费和专业人员服务费等。其中，相关税费包括企业为取得固定资产而交纳的契税、耕地占用税、车辆购置税的相关税费，不包括可以抵扣的增值税。

购建的固定资产达到预定可使用状态是指资产已经达到购买方或建造方预定的可使用状态。具体可从以下几个方面判断：

（1）固定资产的实体建造（包括安装）工作已经全部完成或者实质上已经完成；

（2）所购建的固定资产与设计要求或合同要求相符或基本相符，即使有极个别与设计或合同要求不相符的地方，也不影响其正常使用；

（3）继续发生在所购建固定资产上的支出金额很少或者几乎不再发生。

二、材料采购成本的计算

1．材料采购成本的内容

材料采购成本（Materials Purchase Cost）的计算，就是把企业购买材料所支付的买价和采购费用，按照材料的品种进行归集和分配，确定每种材料的采购总成本和单位成本。外购材料的采购成本主要包括以下内容。

（1）材料的买价。指供货单位的发票价格。

（2）采购费用。包括运杂费（运输费、装卸费、包装费、保险费、仓储费等）、运输途中的合理损耗（企业与供应或运输部门所签订的合同中规定的合理损耗或必要的自然损耗）、入库前的挑选整理费用（购入的材料在入库前需要挑选整理而发生的费用，包括挑选过程中所发生的工资、费用支出和必要的损耗，但要扣除下脚残料的价值）以及购入材料负担的税金（如关税等）和其他费用等。

2．材料采购成本的计算

在材料采购成本中，买价是直接费用，可根据供货单位的发票价格直接计入材料采购成本。对于采购费用则要具体分析，如为采购某种材料而发生的应直接计入该种材料的采购成本；如为采购几种材料而发生的，应采用合理的分配标准（如按材料物资的重量、体积或买价），分配计入各种材料的采购成本。

材料采购成本的计算公式如下：

$$\text{材料采购成本}=\text{该材料的买价}+\text{应负担的采购费用}$$

$$\text{材料单位成本}=\text{材料采购成本}\div\text{材料数量}$$

$$\text{采购费用分配率}=\frac{\text{采购费用总额}}{\text{各种材料的重量（或体积、买价）之和}}$$

$$\text{某种材料应负担的采购费用}=\text{该材料的重量（或体积、买价）}\times\text{采购费用分配率}$$

三、供应过程核算的账户设置

为了核算和监督企业固定资产购置和材料采购业务的发生和完成情况，企业应设置的账户主要有“固定资产”“在途物资”“原材料”“应付账款”“预付账款”和“应交税费”等账户。

（1）“固定资产”账户属于资产类账户，用来核算企业固定资产的原始价值的增减变动和结存情况。其借方登记增加的固定资产原始价值，贷方登记减少的固定资产原始价值，期末余额在借方，反映企业现有固定资产的原始价值。该账户可按固定资产的类别和项目进行明细分类核算。

（2）“在途物资”账户属于资产类账户，用来核算企业购入材料、商品等的采购成本。其借方登记购入材料物资的买价和采购费用，贷方登记已验收入库材料物资的实际成本，期末若有借方余额表示已经付款，但尚未验收入库的在途材料物资的实际成本。该账户应按材料物资的类别、品种或规格设置明细账，进行明细分类核算。

（3）“原材料”账户属于资产类账户，用来核算企业库存各种材料的收入、发出和结存情况。其借方登记已验收入库材料物资的实际成本，贷方登记发出材料物资的实际成本，期末借方余额表示库存材料物资的实际成本。该账户应按材料物资的类别、品种或规格设置明细账，进行明细分类核算。

（4）“应付账款”账户属于负债类账户，用来核算企业因购买材料、商品和接受劳务供应等而应付给供应单位的款项。其贷方登记应付供应单位的款项，借方登记已经实际偿还的款项，期末贷方余额表示企业尚未支付的应付账款。该账户应按供应单位设置明细账，进行明细分类核算。

（5）“预付账款”账户属于资产类账户，用来核算企业按照购货合同规定预付给供应单位的款项。其借方登记按照合同规定预付给供应单位的货款和补付的款项；贷方登记收到所购货物的货款和退回多付的款项，期末如为借方余额，表示企业预付的款项；期末如为贷方余额，表示企业尚未补付的款项。该账户应按供应单位设置明细账，进行明细分类核算。

（6）“应交税费”账户属于负债类账户，用来核算企业应交纳的各种税费，如增值税、消费税、所得税、城市维护建设税及教育费附加等。其贷方登记应交纳的各种税费，借方登记实际交纳的税费，期末贷方余额表示企业尚未交纳的税费。期末余额如在借方，则表示企业多交或尚未抵扣的税费。该账户应按税费的种类设置明细账，进行明细分类核算。

提示 增值税是指对我国境内销售货物加工修理修配任务、服务、无形资产和不动产以及进口货物的企业、单位和个人的增值额征收的一种流转税。按照纳税人的经营规模及会计核算的健全程度，增值税纳税人分为一般纳税人和小规模纳税人。

一般纳税人采用规范的征收管理办法，即购进扣税法。在实际征收中，采用凭增值税专用发票或其他合法扣税凭证注明税款进行抵扣的办法计算应纳税款，一般适用16%的税率。在会计核算上，为了核算企业应交增值税的发生、抵扣、交纳、退税及转出等情况，应在“应交税费”账户下设置“应交增值税”明细科目，并在“应交增值税”明细账内设置“进项税额”“已交税金”“销项税额”“进项税额转出”等专栏。应纳税额的计算公式如下：

应纳税额 = 当期销项税额 - 当期进项税额

小规模纳税企业销售货物或者提供应税劳务，实行按照销售额和规定的增值税征收率计算应纳税额的简易办法，适用3%的征收率。销售货物或提供应税劳务时只能开具普通发票，不能开具增值税专用发票，并不得抵扣进项税额。应纳税额的计算公式如下：

应纳税额＝销售额 × 征收率

本书有关增值税的会计核算均按照一般纳税人的规定处理，暂不涉及小规模纳税人。

典型任务举例

苏淮公司（增值税一般纳税人）2018 年 12 月发生材料采购和固定资产购置部分经济业务如下。

资料（1）3 日从天源公司购入甲材料 2 000 千克，单价为 50 元，计 100 000 元，增值税进项税额为 16 000 元，款项已用银行存款支付，材料已到达企业验收入库。相关凭证如表 5-4、表 5-5、表 5-6 和表 5-7 所示。

工作过程

步骤 1：采购部门取得增值税专用发票并交财会部门。

步骤 2：出纳人员根据审核后的付款申请单填制转账支票付款。

步骤 3：会计人员根据审核后的增值税发票、支票存根和收料单，编制如下会计分录。

借：原材料——甲材料	100 000	
应交税费——应交增值税（进项税额）	16 000	
贷：银行存款		116 000

表 5-4

江苏省增值税专用发票

No.02454031

开票日期：2018 年 12 月 03 日

购货单位	名　　称：苏淮公司 纳税人识别号：112366005083386 地 址、电 话：淮安市经济开发区枚乘路 8 号 0517-80686688 开户行及账号：工商银行淮安市清江支行 111001082818					密码区	1508-7+0<6<92-9<87<36 08*837532-37913<>*810 5*01-/+0**<87-6683*<4 1*+-016269-37-+7/8>>>1
货物或应税劳务名称	规格型号	单位	数量	单价	金　额	税率（%）	税　额
甲材料		千克	2000	50	100000.00	16	16000.00
合　计					¥100000.00		¥16000.00
价税合计（大写）		⊗壹拾壹万陆仟元整			（小写）¥：116000.00		
销货单位	名　　称：天源公司 纳税人识别号：2302021678633 地 址、电 话：淮安市翔宇大道 23 号 0517-86739988 开户行及账号：工商银行淮安开发区支行 42223030312					备注	天源公司 2302021678633 发票专用章

收款人：宋天　　复核：汪云　　开票人：张苑　　销货单位：（公章）

第三联 发票联 购货方记账凭证

表 5-5

江苏省增值税专用发票

全国统一发票监制章
抵　扣　联
国家税务局监制

No.02454031

开票日期：2018 年 12 月 03 日

购货单位	名　　称：苏淮公司 纳税人识别号：112366005083386 地址、电话：淮安市经济开发区枚乘路8号 0517-80686688 开户行及账号：工商银行淮安市清江支行 111001082818				密码区	1508-7+0<6<92-9<87<36 08*837532-37913<>*810 5*01-/+0**<87-6683*<4 1*+-016269-37-+7/8>>>1	
货物或应税劳务名称	规格型号	单位	数量	单价	金　额	税率（%）	税　额
甲材料		千克	2000	50	100000.00	16	16000.00
合　计					¥100000.00		¥16000.00
价税合计（大写）	⊗壹拾壹万陆仟元整				（小写）¥：116000.00		
销货单位	名　　称：天源公司 纳税人识别号：2302021678633 地址、电话：淮安市翔宇大道23号 0517-86739988 开户行及账号：工商银行淮安开发区支行 42223030312				备注	天源公司 2302021678633 发票专用章	

第二联 抵扣联 购货方扣税凭证

收款人：宋天　　复核：汪云　　开票人：张苑　　销货单位：（公章）

表 5-6

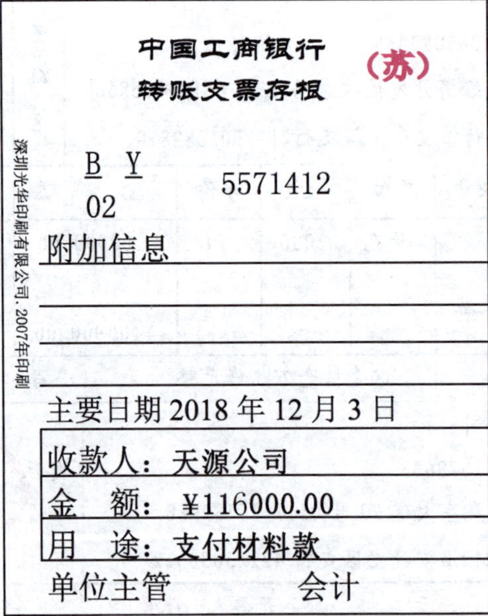

中国工商银行
转账支票存根　（苏）

深圳光华印刷有限公司.2007年印刷

B Y
02　　5571412

附加信息

主要日期 2018 年 12 月 3 日

收款人：天源公司

金　额：¥116000.00

用　途：支付材料款

单位主管　　　会计

表 5-7

收 料 单

材料科目：原材料　　编号：001

材料类别：原料及主要材料　　收料仓库：1 号仓库

供应单位：天源公司　　2018 年 12 月 3 日　　发票号码：02454031

材料编号	材料名称	规格	计量单位	数量		实际价格			
				应收	实收	单价	发票金额	运杂费	合计
010	甲材料		千克	2000	2000	50	100000		100000
备注									

采购员：赵云清　　检验员：葛冰　　记账员：　　保管员：周航

资料（2）5 日向三林公司购入乙材料 400 千克，单价为 8 元，买价为 3 200 元，增值税 512 元，三林公司代垫运输费 100 元，增值税额为 10 元。材料已验收入库，但款项尚未支付。

工作过程

步骤 1：采购部门取得增值税专用发票并交财会部门。

步骤 2：仓库管理人员填制收料单，并将其中一联交与财会部门。

步骤 3：会计人员根据审核后的增值税发票、代垫运费单据和收料单，编制如下会计分录。

借：原材料——乙材料　　3 300
　　应交税费——应交增值税（进项税额）　　522
　　贷：应付账款——三林公司　　3 822

资料（3）7 日开出转账支票支付购料款。

工作过程

步骤 1：出纳人员填写转账支票付款。

步骤 2：会计人员根据审核后的增值税发票、代垫运费单据、支票存根和收料单，编制如下会计分录。

借：应付账款——三林公司　　3 822
　　贷：银行存款　　3 822

资料（4）8 日向宏远公司购入甲材料 400 千克，单价为 50 元，买价为 20 000 元，增值税为 3 200 元，材料尚在运输途中，款项已用银行转账支票付讫。

工作过程

步骤 1：采购部门取得增值税专用发票并交财会部门。

步骤 2：出纳人员填制转账支票付款。

步骤 3：会计人员根据审核后的增值税发票、转账支票存根，编制如下会计分录。

借：在途物资——甲材料　　20 000
　　应交税费——应交增值税（进项税额）　　3 200
　　贷：银行存款　　23 200

资料（5）12日向宏远公司购入甲材料到达企业并验收入库。

工作过程

步骤1：仓库管理人员填制收料单，并将其中一联交与财会部门。

步骤2：会计人员根据收料单，编制如下会计分录。

借：原材料——甲材料 20 000

贷：在途物资——甲材料 20 000

资料（6）14日从东风工厂购入丙材料10 000千克，买价为98 000元；购入丁材料2 400千克，买价为47 520元；购入戊材料15 000千克，买价为72 000元。买价计217 520元，增值税计34 803.20元，用银行存款支付，材料尚未到达。

工作过程

步骤1：采购部门取得增值税专用发票并交财会部门。

步骤2：出纳人员开出转账支票支付购货款。

步骤3：会计人员根据增值税专用发票和支票存根，编制如下会计分录。

借：在途物资——丙材料 98 000

——丁材料 47 520

——戊材料 72 000

应交税费——应交增值税（进项税额） 34 803.20

贷：银行存款 252 323.20

资料（7）承上例，15日，苏淮公司用银行存款支付丙、丁、戊三种材料运输费5 480元，增值税548元，运输费按三种材料重量比例分配。

工作过程

步骤1：出纳人员开出转账支票支付运输费。

步骤2：会计人员计算运输费分配率，并计算丙、丁、戊三种材料各自负担的运输费。

运输费分配率＝5 480÷（10 000＋2 400＋15 000）＝0.2

丙材料应负担的运输费＝10 000×0.2＝2 000（元）

丁材料应负担的运输费＝2 400×0.2＝480（元）

戊材料应负担的运输费＝15 000×0.2＝3 000（元）

步骤3：会计人员根据分配计算的结果，编制如下会计分录。

借：在途物资——丙材料 2 000

——丁材料 480

——戊材料 3 000

应交税费——应交增值税（进项税额） 548

贷：银行存款 6 028

资料（8）承上例，20日丙、丁、戊三种材料验收入库并结转材料采购成本。

工作过程

步骤1：仓库管理人员填制收料单，并将其中一联交与财会部门。

步骤2：会计人员计算材料采购成本。

丙材料采购成本＝98 000＋2 000＝100 000（元）

丁材料采购成本＝47 520＋480＝48 000（元）

戊材料采购成本＝72 000＋3 000＝75 000（元）

步骤3：会计人员根据审核后的收料单，编制如下会计分录。

借：原材料——丙材料　100 000
　　　　——丁材料　48 000
　　　　——戊材料　75 000
　贷：在途物资——丙材料　100 000
　　　　　　——丁材料　48 000
　　　　　　——戊材料　75 000

如果苏淮公司购买的丙、丁、戊三种材料所发生的运杂费按买价分配，运杂费分配率应如何计算？丙、丁、戊材料的采购成本又是多少？

资料（9）20 日以银行存款 25 000 元向光华公司预付购买丙材料款。

工作过程

步骤 1：出纳人员开具转账支票预付货款。

步骤 2：会计人员根据支票存根，编制如下会计分录。

借：预付账款——光华公司　25 000
　贷：银行存款　25 000

资料（10）承上例，26 日，向光华公司购入的丙材料为 5 000 千克，单价为 10 元，买价为 50 000 元，增值税为 8 000 元，已验收入库。

工作过程

步骤 1：采购部门取得增值税专用发票并交与财会部门。

步骤 2：仓库管理人员填制收料单，并将其中一联交与财会部门。

步骤 3：会计人员根据增值税专用发票、收料单，编制如下会计分录。

借：原材料——丙材料　50 000
　　应交税费——应交增值税（进项税额）　8 000
　贷：预付账款——光华公司　58 000

资料（11）承上例，27 日，向光华公司开出转账支票补付光华公司的货款 33 000 元。

工作过程

步骤 1：出纳人员签发转账支票补付货款。

步骤 2：会计人员根据上述支票存根等凭证，编制如下会计分录。

借：预付账款——光华公司　33 000
　贷：银行存款　33 000

资料（12）30 日，购入不需要安装就可投入使用的交换机一台，取得的增值税专用发票上注明的设备价款为 40 000 元，增值税税额为 6 400 元，以银行存款转账支付。该设备已验收。相关凭证如表 5-8 所示，增值税专用发票略。

工作过程

步骤 1：采购部门取得增值税专用发票并交财会部门。

步骤 2：出纳人员开具转账支票支付货款。

步骤 3：资产交验部门验收设备，接管部门接受设备，填制固定资产验收交接单。

步骤 4：会计人员根据支票存根和固定资产验收交接单，编制如下会计分录。

借：固定资产　40 000
　　应交税费——应交增值税（进项税额）　6 400
　贷：银行存款　46 400

表 5-8

固定资产验收交接单

2018 年 12 月 30 日　　　　　　　　　　第　06　号

<table>
<tr><th>资产编号</th><th>资产名称</th><th>型号规格或结构面积</th><th>计量单位</th><th>数量</th><th colspan="2">设备价值或工程造价</th><th>设备基础及安装费用</th><th>合计</th></tr>
<tr><td>764</td><td>交换机</td><td>JSY2000-06</td><td>台</td><td>1</td><td colspan="2">40 000</td><td></td><td>40 000</td></tr>
<tr><td colspan="2">资产来源</td><td></td><td colspan="2">预计使用年限</td><td>10 年</td><td rowspan="4">主要附属设备</td><td colspan="2">1.</td></tr>
<tr><td colspan="2">制造厂名</td><td>华兴公司</td><td colspan="2">估计残值</td><td>5%</td><td colspan="2">2.</td></tr>
<tr><td colspan="2">制造日期及编号</td><td>2018.10</td><td colspan="2">预计清理费用</td><td>0</td><td colspan="2">3.</td></tr>
<tr><td colspan="2">使用部门</td><td>一车间</td><td colspan="2">年折旧率</td><td>10%</td><td colspan="2">4.</td></tr>
</table>

交验部门主管：赵　健　　点交人：王建民　　接管部门主管：欧阳云　　接管人：徐庆国

若购入的是需要安装的设备，应如何进行账务处理？

职业能力训练

1. 判断题（正确的在括号内打“√”，错误的打“×”）

（1）企业材料采购成本包括买价及采购费用，采购人员的差旅费也应记入材料采购成本。（　　）

（2）企业材料采购的买价及采购费用，在期末时应全部转入“本年利润”科目。（　　）

（3）企业入库的原材料单位成本就是购进原材料时从供货方取得的发票上列明的原材料的单价。（　　）

（4）外购固定资产的成本包括购买价款、相关税费，以及使固定资产达到预定可使用状态前所发生的可归属于该项资产的运输费、装卸费、安装费和专业人员服务费等。（　　）

（5）企业在采购过程中所支付的增值税，一律借记“应交税费——应交增值税（进项税额）”。（　　）

2. 选择题（下列答案中有一项或多项是正确的，将正确答案前英文字母填入括号内）

（1）下列项目中不属于外购存货成本的是（　　）。

A. 材料买价　　B. 运杂费

C. 入库前的挑选整理费　　D. 入库后的保管费用

（2）2019 年 1 月 6 日悦达公司同时购入 A、B 两种材料，A 材料为 400 千克，单价为 50 元，买价为 20 000 元，增值税额为 3 200 元；B 材料为 100 千克，单价为 100 元，买价为 10 000 元，增值税额为 1 600 元。用银行存款支付了 A、B 两种材料的共同运输费 1 500 元，增值税为 150 元，其余款项暂欠。运输费按买价比例分配。则其中 B 材料的成本为（　　）。

A. 21 000 元　　B. 20 900 元　　C. 10 500 元　　D. 10 300 元

（3）2019 年 1 月 6 日海林公司同时购进 A、B 两种材料，A 材料为 3 000 千克，单价为 25 元，计价款 75 000 元，增值税为 12 000 元；B 材料为 2 000 千克，单价为 4 元，计价款为 8 000 元，增值税为 1 280 元。发生运输费 1 500 元，增值税为 150 元，所有款项均以银行存款支付。运输费按材料的重量比例进行分配。则其中 A 材料的采购成本为（　　）。

A. 75 900 元　　B. 88 650 元　　C. 80 600 元　　D. 87 750 元

（4）关于增值税一般纳税人，下列说法正确的是（　　）。

A. 应纳增值税额根据当期销项税额减去当期进项税额计算确定

B. 应纳增值税额根据销售额和规定的征收率计算确定

C. 只需在“应交税费”科目下设置“应交增值税”明细科目，不需要在“应交增值税”明细科目中设置专栏

D. 应在“应交税费”科目下设置“应交增值税”明细科目，并在“应交增值税”明细账内设置“进项税额”“已交税金”“销项税额”和“进项税额转出”等专栏

（5）四通公司购入一台设备，买价为 100 000 元，增值税为 16 000 元，运输费为 3 000 元，增值税为 300 元，设备安装调试费为 10 000 元，设备已达到预定可使用状态，该项固定资产原价应为（　　）。

A. 100 000 元　　B. 113 000 元　　C. 116 000 元　　D. 130 000 元

3. 任务实训

[实训目的] 练习供应过程业务的会计核算。

[实训资料] 东海公司 2018 年 6 月发生以下业务。

（1）3 日，购入不需要安装的机器设备一台，买价为 60 000 元，增值税为 9 600 元，包装费为 1 200 元，全部款项已用银行存款支付。

（2）6 日，购入需要安装的机器设备一台，买价为 35 000 元，增值税为 5 600 元，包装费为 1 000 元，全部款项已用银行存款支付。在安装过程中，共发生安装费用 2 000 元，以银行存款支付。安装完毕，交付使用。

（3）8 日，购入一批 A 材料，买价为 50 000 元，增值税为 8 000 元，另发生运输费 400 元，增值税为 40 元，材料已入库，款项已用银行存款支付。

（4）9 日，向北天公司购入一批 B 材料 6 000 千克，单价为 10 元，价款共计 60 000 元，增值税为 9 600 元，价税款已用银行存款支付。

（5）9 日，向北天公司购入 B 材料共发生运输费 400 元，增值税为 40 元，途中保险费为 100 元，款项均以银行存款支付。

（6）11 日，向北天公司购入的 B 材料已验收入库，按其实际采购成本入账。

（7）12 日，向蓝远公司购入一批 C 材料，买价为 150 000 元，增值税为 24 000 元，另发生运输费 1 000 元，增值税为 100 元，材料已入库，款项未付。

（8）13 日，向宏达公司购入下列材料，货款和税款暂欠。

D 材料	1 000 千克	单价 5 元	计 5 000 元	增值税 800 元
E 材料	2 000 千克	单价 10 元	计 20 000 元	增值税 3 200 元
合　计			25 000 元	4 000 元

（9）13 日，向宏达公司购入 D、E 两种材料共发生采购费用 300 元，已用银行存款支付（采购费用按外购材料的重量标准进行分摊）。

（10）16 日，上述 D、E 两种材料已验收入库，按其实际采购成本入账。

（11）25 日，向红星公司购入 F 材料 1 000 千克，单价为 14 元，共计 14 000 元。发生采购费用 300 元，增值税为 2 240 元，款项尚未支付，且材料已验收入库。

（12）28 日，以银行存款偿还宏达公司价税款 29 000 元。

（13）30 日，以银行存款偿还红星公司余款 16 540 元。

[实训要求] 根据上述经济业务编制会计分录，并登记“材料采购”总账和明细分类账。

任务四 核算企业生产过程的经济业务

任务描述

生产过程是企业资金周转的第二个阶段。在生产过程中，一方面生产工人需要借助机器设备对各种原材料进行加工，制造出各种产品，发生材料消耗的材料费、固定资产磨损的折旧费、生产工人劳动耗费的人工费等；同时，还要发生企业与工人之间的工资结算关系、与有关单位之间的劳务结算关系等。虽然这些费用具有不同的经济用途，发生在生产过程的不同环节，但均需要按照产品的种类进行归集和分配，最终计算出产品的生产成本。在价值形态上，资金形态由储备资金、货币资金等形态转化为生产资金形态；产品完工入库后，资金形态又从生产资金形态转化为成品资金形态。了解产品生产成本的构成，正确计算制造费用分配率，认知企业费用核算的一般程序。

知识准备

微课：成本和费用

一、产品生产成本的构成

产品生产成本（Production Cost）是指产品在其生产过程中所发生的各种生产费用。计入产品成本的生产费用按其用途不同，可划分为若干个项目；这些项目作为产品成本的构成内容，会计上称为成本项目。成本项目一般可分为直接材料、直接人工和制造费用等。

（1）直接材料（Direct Material）指用于产品生产，构成产品实体的原材料、主要材料、燃料以及有助于产品形成的辅助材料等。

（2）直接人工（Direct Labor） 指直接从事产品生产人员的工资及其他职工薪酬。

（3）制造费用（Manufacturing Expense） 指企业各生产单位为组织和管理生产所发生的各项间接费用。包括各生产单位管理人员工资和福利费、折旧费、机物料消耗、办公费、水电费、保险费、劳动保护费、季节性和修理期间的停工损失等。

请注意

企业的行政管理部门为组织和管理生产活动也会发生各项费用，这些费用不构成产品的制造成本，而是形成期间费用的一部分，计入管理费用。

二、制造费用的分配

在计算产品生产成本时，一般将产品生产过程中发生的各项生产费用，按产品名称或类别分别进行归集和分配，以分别计算各种产品的总成本和单位成本。由于直接材料和直接人工是直接用于产品生产的费用，因而一般可以直接计入各种产品的生产成本中；而制造费用在其发生时，一般不能分清应由哪种产品承担，因而采用先归集，然后按照一定的标准分配后再计入各种产品成本中的方法。制造费用分配有关计算公式如下：

$$制造费用分配率=\frac{制造费用总额}{生产工人工资(或工时)总额}$$

某产品应分摊的制造费用 = 该产品生产工人工资（或工时）× 制造费用分配率

请注意

如果某企业只生产一种产品，制造费用应在其发生时直接计入该产品生产成本，无需分配。

制造业企业费用核算的一般程序，如图 5-1 所示。

三、生产过程核算的账户设置

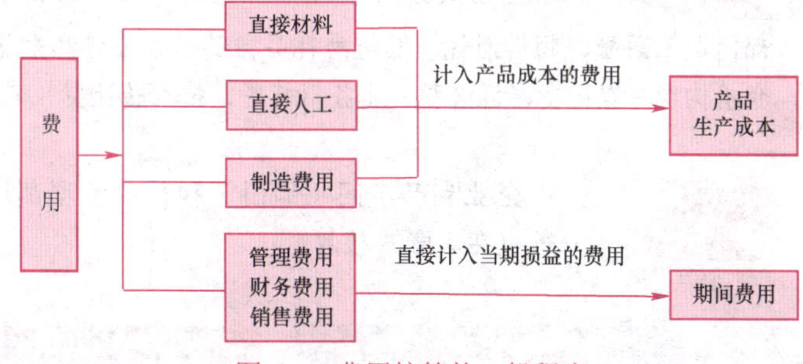

图 5-1　费用核算的一般程序

为了核算和监督生产过程发生的经济业务，企业应设置的账户主要有“生产成本”“制造费用”“应付职工薪酬”“累计折旧”“库存商品”“管理费用”等账户。

“生产成本”账户属于成本类账户，用来核算企业为进行产品生产所发生的各项生产费用。其借方登记企业在产品制造过程中所发生的全部生产费用，包括直接材料、直接人工、其他直接费用以及期末按照一定的标准分配计入产品生产成本的制造费用，贷方登记结转完工入库产品的生产成本，期末借方余额表示尚未完工的各种在产品的实际生产成本。该账户一般按产品的品种或类别设置明细科目，进行明细分类核算。

“制造费用”账户属于成本类账户，用来核算企业各生产车间为生产产品和提供劳务而发生的各项间接费用。其借方登记企业在产品制造过程中发生的车间管理人员工资和福利费、折旧费、办公费、水电费、机物料消耗、劳动保护费、季节性和修理期间的停工损失等各项制造费用，贷方登记月度终了经分配转入“生产成本”账户的制造费用，除季节性的生产性企业外，该账户期末应无余额。该账户应按不同车间、部门和费用项目设置明细科目，进行明细分类核算。

“应付职工薪酬”账户属于负债类账户，用来核算企业根据有关规定应付给职工的各种薪酬。其贷方登记已分配计入有关成本费用项目的职工薪酬的数额，借方登记实际发放职工薪酬的数额，期末贷方余额表示企业应付未付的职工薪酬。该账户应按照“工资、奖金、津贴和补贴”“职工福利费”“非货币性福利”“社会保险费”“住房公积金”“工会经费和职工教育经费”“带薪缺勤”“利润分享计划”“设定提存计划”“设定受益计划义务”和“辞退福利”等职工薪酬项目设置明细科目，进行明细分类核算。

提示

职工薪酬包括职工工资、奖金、津贴和补贴，职工福利费，社会保险费，住房公积金，工会经费，职工教育经费和非货币性福利等。

“累计折旧”账户属于资产类账户，是“固定资产”账户的抵减账户，用来核算企业固定资产的累计折旧。其贷方登记企业按月计提的固定资产的折旧数，借方登记企业由于出售、报废、毁损及盘亏固定资产等原因而相应减少的折旧数，期末贷方余额表示企业现有固定资产已提取的折旧累计数。该账户可按固定资产的类别或项目进行明细分类核算。

“库存商品”账户属于资产类账户，用来核算企业库存的各种商品实际成本。其借方登记企业生产完工并验收入库成品的实际成本，贷方登记发出各种产品的实际成本，期末借方余额表示企业各种库存商品的实际成本。该账户应按库存商品的品种、类别和规格设置明细科目，进行明细分类核算。

“管理费用”账户属于损益类账户，用来核算企业为组织和管理生产经营活动而发生的各项管理费用。其借方登记企业发生的各项管理费用，贷方登记期末转入“本年利润”账户的结转数，结转后该账户应无余额。

提示　管理费用包括企业在筹建期间发生的开办费、企业的董事会和行政管理部门在企业的经营管理中发生的，或者应由企业统一负担的公司经费（如行政管理部门职工薪酬、物料消耗、低值易耗品摊销、办公费和差旅费等）、工会经费、董事会费、聘请中介机构费、咨询费、诉讼费、业务招待费、技术转让费、矿产资源补偿费、研究费用、排污费等。

请注意　企业生产车间（部门）和行政管理部门发生的固定资产修理费等后续支出，一般也在本账户核算。

典型任务举例

苏淮公司（增值税一般纳税人）2018年12月发生如下经济业务。

资料（1）5日生产产品领用原材料一批，具体材料名称、数量、金额和用途如表5-9所示。

表5-9

发料凭证汇总表

2018年12月5日　　　　金额单位：元

用　途	甲　材　料		乙　材　料		丙　材　料		合计
	数量	金额	数量	金额	数量	金额	
生产A产品耗用	2 000	100 000	6 000	48 600	400	4 000	152 600
生产B产品耗用	1 800	90 000	3 000	24 300	200	2 000	116 300
车间一般耗用	60	3 000			100	1 000	4 000
行政管理部门耗用			400	3 240			3 240
合　计	3 860	193 000	9 400	76 140	700	7 000	276 140

工作过程

步骤1：申领部门申请人填写领料单。

步骤2：仓库管理部门审核领料单并核查库存。

步骤3:.会计人员审核后的领料单（财务联），编制如下会计分录。

借：生产成本——A产品　152 600
　　　　　　——B产品　116 300
　　制造费用　4 000
　　管理费用　3 240
　　贷：原材料——甲材料　193 000
　　　　　　　——乙材料　76 140
　　　　　　　——丙材料　7 000

资料（2）10日，根据考勤记录和有关资料分配应付职工工资为122 000元，其中生产A产品工人工资为66 000元，生产B产品工人工资为34 000元，车间管理人员工资为12 000元，行政管理人员工资为10 000元。职工工资分配汇总表如表5-10所示。

表 5-10

职工工资分配汇总表

2018 年 12 月 10 日　　金额单位：元

项　　目	工资合计
生产 A 产品工人	66 000
生产 B 产品工人	34 000
小计	100 000
车间管理人员	12 000
行政管理人员	10 000
合计	122 000

财会主管：黄　平　　会计：宋　娜　　复核：易晓明　　制表：贾晓玲

工作过程

步骤 1：财会部门编制职工工资汇总表，并进行审核。

步骤 2：会计人员根据审核后的职工工资分配汇总表，编制如下会计分录。

借：生产成本——A 产品　　66 000
　　　　　　——B 产品　　34 000
　　制造费用　　12 000
　　管理费用　　10 000
　　贷：应付职工薪酬——工资、奖金、津贴和补贴　　122 000

资料（3）10 日，以银行转账形式发放职工工资 122 000 元。

工作过程

步骤 1：财会部门编制职工工资发放汇总表，并进行审核。

步骤 2：出纳人员开出转账支票支付工资。

步骤 3：会计人员根据职工工资单及支票存根联，编制如下会计分录。

借：应付职工薪酬——工资、奖金、津贴和补贴　　122 000
　　贷：银行存款　　122 000

资料（4）11 日，采购办公用品 720 元，开出转账支票支付。相关凭证如表 5-11、表 5-12 和表 5-13 所示。

表 5-11

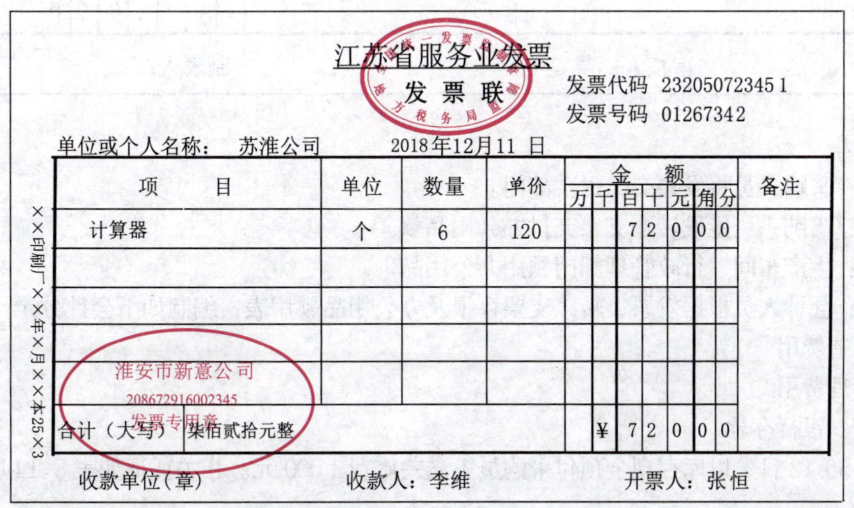

江苏省服务业发票

发 票 联

发票代码 232050723451
发票号码 01267342

单位或个人名称：　苏淮公司　　2018年12月11日

项　目	单位	数量	单价	金额 万	千	百	十	元	角	分	备注
计算器	个	6	120			7	2	0	0	0	
合计（大写）	柒佰贰拾元整				¥	7	2	0	0	0	

收款单位（章）　　收款人：李维　　开票人：张恒

××印刷厂××年×月××本25×3

表 5-12

中国工商银行
转账支票存根　（苏）

深圳光华印刷有限公司. 2007年印刷

B Y
0 2　　5570568

附加信息

出票日期　2018 年 12 月11 日

收款人：新意公司
金　额：¥720.00
用　途：购买办公用品

单位主管　　　　会计

表 5-13

××印刷厂××年×月××本25×3

办公用品领用表

2018年12月11 日

领用部门	品名	计量单位	数量	单价	金额 万	千	百	十	元	角	分	备注
生产部门	计算器	个	3	120			3	6	0	0	0	
行政管理部门	计算器	个	3	120			3	6	0	0	0	
合　计						¥	7	2	0	0	0	

审核人：吴建立　　　　制表人：张　建

工作过程

步骤 1：采购人员将发票交与财会部门。

步骤 2：出纳人员签发转账支票支付办公用品款。

步骤 3：生产车间、行政管理部门领用办公用品。

步骤 4：会计人员根据发票、转账支票存根及办公用品领用表，编制如下会计分录。

借：制造费用　　360
　　管理费用　　360
　　贷：银行存款　　720

资料（5）12 日，以库存现金预付采购员王鑫差旅费 1 000 元。相关凭证如表 5-14 所示。

表 5-14

借 款 单

借款日期：2018年12月12日　　　　第15号

单位或部门	供应科	部门领导指示	同意	借款事由	差旅费
申请借款金额	金额(大写) 壹仟元整 ¥1000.00				
批准金额	金额(大写) 壹仟元整 ¥1000.00				
部门领导	顾文云	会计主管	黄平	借款人	王鑫

现金付讫

工作过程

步骤1：王鑫填写借款单，并经相关人员审批后交与财会部门。

步骤2：出纳人员根据审核后的借款单支付现金。

步骤3：会计人员根据借款单，编制如下会计分录。

借：其他应收款——王鑫　　1 000

　　贷：库存现金　　1 000

步骤4：出纳人员根据审核后的记账凭证登记现金日记账，此处略。

资料（6）18日采购员王鑫出差归来报销差旅费954元，余款以现金收回。相关凭证如表5-15所示。

表 5-15

差 旅 费 报 销 单

2018年12月18日

单位名称	苏淮公司				部门领导签字		同意
出差事由	采购出差			出差人：王鑫	出差日期 2018年12月13日 至2018年12月16日共 4天		
地点	北京						
项目	交通工具			卧铺补贴	住宿补贴	伙食补助	其他
	火车	汽车	市内交通包干费				
	494.00				360	100	
报销总额	人民币（大写）玖佰伍拾肆元整						
预借旅费	¥1000.00				补领金额		
					退还金额	¥46.00	

现金收讫

工作过程

步骤1：王鑫填写差旅费报销单，并经相关人员审批后交与财会部门。

步骤2：出纳人员根据审核后的差旅费报销单予以报销，收回多余现金。

步骤3：会计人员根据差旅费报销单，编制如下会计分录。

借：管理费用　954

　　库存现金　46

　　贷：其他应收款——王鑫　1 000

资料（7）31日，计提本月固定资产折旧，编制的固定资产分类折旧计算表如表5-16所示。

表5-16

固定资产分类折旧计算表

2018年12月31日　　金额单位：元

固定资产类别	使 用 部 门	月 折 旧 额
房屋建筑物	生产车间	8 000
	行政管理部门	2 000
	小计	10 000
设备	生产车间	6 640
	行政管理部门	1 000
	小计	7 640
合　　计		17 640

财会主管：黄　平　　会计：宋　娜　　复核：易晓明　　制表：贾晓玲

工作过程

步骤1：财会部门编制固定资产分类折旧计算表。

步骤2：会计人员根据审核后的固定资产折旧计算表，编制如下会计分录。

借：制造费用　14 640

　　管理费用　3 000

　　贷：累计折旧　17 640

资料（8）31日，将本月发生的制造费用按本月发生的生产工人的工资比例分配记入A、B两种产品成本。制造费用总分类账和制造费用分配表，如表5-17和表5-18所示。

表5-17

制造费用总账

2018年		凭证号数	摘　　要	借方金额	贷方金额	借或贷	余　　额
月	日						
12	5	略	耗用材料	4 000		借	4 000
	10		分配车间管理人员工资	12 000		借	16 000
	11		车间办公用品费	360		借	16 360
	31		车间固定资产折旧	14 640		借	31 000
	31		分配转出制造费用		31 000	平	0

表 5-18

制造费用分配汇总表

2018 年 12 月 31 日　　　　金额单位：元

产品名称	生产工人工资	分配率	分配金额
A 产品	66 000		20 460
B 产品	34 000		10 540
合　计	100 000	0.31	31 000

财会主管：黄　平　　会计：宋娜　　复核：易晓明　　制表：贾晓玲

提示

制造费用分配率 = 31 000 ÷（66 000 + 34 000）= 0.31

A 产品应分摊的制造费用 = 66 000 × 0.31 = 20 460（元）

B 产品应分摊的制造费用 = 34 000 × 0.31 = 10 540（元）

工作过程

步骤 1：财会部门编制制造费用分配表，如表 5-18 所示。

步骤 2：会计人员根据审核后的制造费用分配表，编制如下会计分录。

借：生产成本——A 产品　　20 460
　　　　　　——B 产品　　10 540
　贷：制造费用　　31 000

资料（9）31 日，根据产品成本明细账资料，编制产品成本计算单，结转本月完工产品成本。12 月份投产 A 产品 2 000 件和 B 产品 4 000 件全部完工，计算 A、B 产品生产总成本和单位成本，并结转 A、B 产品的生产成本。其中 A 产品期初在产品成本为 40 940 元（直接材料为 20 940 元、直接人工为 15 000 元、制造费用为 5 000 元），B 产品无期初在产品。

工作过程

步骤 1：财会部门依据本月发生的经济业务先登记 A 产品和 B 产品“生产成本”明细账，如表 5-19 和表 5-20 所示，以确定生产费用总额。

表 5-19

生产成本 明细账

产品名称：A 产品

2018 年		凭 证 号	摘　要	借方发生额	成 本 项 目		
月	日				直接材料	直接人工	制造费用
12	1	略	期初余额	40 940	20 940	15 000	5 000
	5		领用材料	152 600	152 600		
	31		分配工资	66 000		66 000	
	31		分配制造费用	20 460			20 460
	31		本月合计	280 000	173 540	81 000	25 460
	31		结转完工产品成本	280 000	173 540	81 000	25 460

表 5-20

生产成本 明细账

产品名称：B产品

2018年		凭证号	摘要	借方发生额	成本项目		
月	日				直接材料	直接人工	制造费用
	5	略	领用材料	116 300	116 300		
	31		分配工资	34 000		34 000	
	31		分配制造费用	10 540			10 540
	31		本月合计	160 840	116 300	34 000	10 540
	31		结转完工产品成本	160 840	116 300	34 000	10 540

步骤2：财会部门根据A、B产品生产成本明细账，编制A、B产品生产成本计算单，如表5-21和表5-22所示。

表 5-21

A产品生产成本计算单

2018年12月31日　　金额单位：元

成本项目	A产品（2 000件）	
	总成本	单位成本
直接材料	173 540	86.77
直接人工	81 000	40.50
制造费用	25 460	12.73
产品生产成本	280 000	140.00

财会主管：黄 平　　会计：宋 娜　　复核：易晓明　　制表：贾晓玲

表 5-22

B产品生产成本计算单

2018年12月31日　　金额单位：元

成本项目	B产品（4 000件）	
	总成本	单位成本
直接材料	116 300	29.075
直接人工	34 000	8.50
制造费用	10 540	2.635
产品生产成本	160 840	40.21

财会主管：黄 平　　会计：宋 娜　　复核：易晓明　　制表：贾晓玲

步骤3：由于A、B两种产品月末全部完工，会计人员根据生产成本计算单等，编制如下会计分录。

借：库存商品——A产品　　280 000
　　　　　——B产品　　160 840
　贷：生产成本——A产品　　280 000
　　　　　——B产品　　160 840

职业能力训练

1. 判断题（正确的在括号内打"√"，错误的打"×"）

（1）成本是指企业为生产产品、提供劳务而发生的各种耗费，属于期间费用。（　　）

（2）"生产成本"账户期末的借方余额表示企业月末在产品成本。（　　）

（3）制造费用一般在其发生时先行归集，然后按一定标准分配后计入各种产品成本，在单一产品制造企业也可以不需要分配而直接转入生产成本明细账。（　　）

（4）"固定资产"账户的期末借方余额，反映期末固定资产的净值。（　　）

（5）"累计折旧"账户属于资产类科目，企业计提固定资产折旧意味着费用的增加，因此应计入"累计折旧"科目的借方。（　　）

2. 选择题（下列答案中有一项或多项是正确的，将正确答案前英文字母填入括号内）

（1）下列关于"累计折旧"账户的表述中，正确的是（　　）。

A. "累计折旧"账户应根据固定资产的类别进行明细核算

B. "累计折旧"账户是"实收资本"科目的调整科目

C. "累计折旧"账户贷方登记折旧的增加额

D. "累计折旧"账户贷方登记折旧的减少额

（2）下列会计科目中，属于成本类科目的有（　　）。

A. 生产成本　　B. 主营业务成本　　C. 制造费用　　D. 销售费用

（3）下列费用中，直接计入"生产成本"账户的有（　　）。

A. 直接用于产品生产、构成产品实体的辅助材料

B. 直接从事产品生产的工人的工资

C. 按照生产工人工资的一定比例计提的职工福利费

D. 车间管理人员的工资及福利费

（4）能够计入产品成本的工资费用是（　　）。

A. 车间管理人员的工资　　B. 在建工程人员工资

C. 专设销售机构人员的工资　　D. 企业管理部门人员工资

（5）产品生产成本包括（　　）。

A. 为制造产品发生的材料费用　　B. 自然灾害造成的材料损毁

C. 为制造产品发生的固定资产折旧费用　　D. 为制造产品发生的人工费用

3. 任务实训

[实训目的]掌握生产过程业务的核算。

[实训资料]北晨公司 2018 年 12 月发生下列部分经济业务。

（1）6 日，生产 A 产品领用甲材料 1 945 千克，每千克单价为 20 元，计 38 900 元；领用乙材料 1 000 公斤，每千克单价为 15 元，计 15 000 元。

（2）8 日，生产 B 产品领用甲材料 800 千克，每千克单价为 20 元，共计 16 000 元。

（3）10 日，以银行存款 80 000 元，支付职工工资，将工资款分别打入职工工资卡。

（4）13 日，以现金 480 元支付生产车间购入的零星办公用品。

（5）15 日，公司人事部经理周平出差预借差旅费 2 000 元，以现金支付。

（6）18 日，周平出差归来报销差旅费 1 600 元，余款交回。

（7）22 日，以银行存款 8 000 元支付水电费，其中生产 A 产品耗用 2 000 元，生产 B 产品耗用 1 800 元，生产车间一般性耗用为 3 800 元，行政管理部门一般性耗用为 400 元。

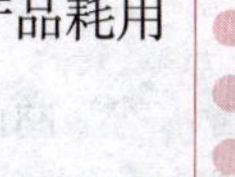

（8）24日，从仓库领用乙材料800公斤，每千克单价为15元，计12 000元，其中生产车间一般性耗用为9 000元，行政管理部门一般性耗用为3 000元。

（9）31日，分配结转应由产品成本负担的工资费用。其中，生产A产品工人工资为35 000元，生产B产品工人工资为25 000元，车间管理人员工资为13 000元，企业行政管理部门人员工资为7 000元。

（10）31日，根据历史经验数据和实际情况，合理预计本月份职工福利费，其中，生产A产品工人应提福利费4 900元，生产B产品工人应提福利费3 500元，车间管理人员应提福利费1 820元，行政管理部门应提福利费980元。

（11）31日，按规定提取本月固定资产折旧费48 000元，其中，生产车间使用固定资产应提折旧为31 900元，行政管理部门使用固定资产应提折旧为16 100元。

（12）31日，根据制造费用科目记录，本月制造费用发生额按生产工人工资比例分配，转入生产成本科目。

（13）31日，本月投产的A产品600件，B产品200件均全部完工，结转本月已完工产品生产成本。A、B两种产品成本均无期初余额。

[实训要求]根据上述经济业务编制会计分录，并登记“生产成本”明细分类账。

任务五　核算企业销售过程的经济业务

任务描述

产品销售过程是企业资金周转的第三个阶段，也是企业产品价值和经营成果的实现过程。在产品销售过程中，企业要将生产的产品对外销售，同时办理结算并及时收回货款。资金形态由成品资金形态又转化为货币资金形态，完成了一次资金循环。在这一过程中，企业在取得商品销售收入的同时，还会发生销售成本和销售费用，并按照国家税法规定依法缴纳相关税费。理解商品销售收入的概念，正确计算商品销售成本，掌握销售收入、销售成本、销售费用和销售税金等方面的核算。

知识准备

一、商品销售收入的概念

商品销售收入（Revenue of Merchandise Sold）是指企业在销售商品等日常活动中所形成的经济利益的总流入。收入只有在经济利益很可能流入从而导致企业资产增加或者负债减少，且经济利益的流入能够可靠计量时才能予以确认。

提示　企业销售的其他存货如原材料、包装物等也视同商品。

二、商品销售成本的计算

商品销售成本（Cost of Merchandise Sold）是指与销售商品收入相关的销售成本，即已售商品的制造成本。产品销售成本的计算，实质上是已售产品生产成本的结转。产品销售成本的计算公式如下：

本期应结转的产品销售成本 = 本期销售商品的数量 × 单位产品生产成本

注意

在通常情况下，各批完工产品的生产成本是不相同的，因而，计算结转产品销售成本的关键是如何确定已售产品的单位生产成本，此时应考虑期初库存的产品成本和本期入库的产品成本情况，可以分别采用先进先出法、加权平均法或者个别计价法确定发出存货的实际成本，方法一经确定，不得随意变更。上述这些计价方法，将在后续财务会计课程中介绍。

三、销售过程核算的账户设置

为了核算和监督销售过程的经济内容，企业应设置的账户主要有“主营业务收入”“主营业务成本”“税金及附加”“销售费用”“应收账款”“预收账款”“其他业务收入”和“其他业务成本”等账户。

“主营业务收入”账户属于损益类账户，用来核算企业在销售商品和提供劳务等主营业务中所产生的收入。其贷方登记确认实现的主营业务收入，借方登记期末结转到“本年利润”账户的数额，期末结转后无余额。该账户可按主营业务的种类进行明细分类核算。

“主营业务成本”账户属于损益类账户，用来核算企业确认销售商品、提供劳务等主营业务收入时应结转的成本。其借方登记已经实现销售的发商品成本，贷方登记期末结转到“本年利润”账户的数额，期末结转后无余额。该账户可按主营业务的种类进行明细分类核算。

“税金及附加”账户属于损益类账户，用来核算企业经营活动中发生的消费税、城市维护建设税、资源税、教育费附加、房产税、城镇土地使用税、车船税、印花税等相关税费。其借方登记企业本期按规定税率计算应缴纳的营业税金及附加等相关税费，贷方登记期末结转到“本年利润”账户的数额，期末结转后无余额。

“销售费用”账户属于损益类账户，用来核算企业在销售过程中所发生的各项费用。其借方登记销售商品过程中发生的保险费、包装费、展览费和广告费、商品维修费、预计产品质量保证损失、运输费、装卸费等以及为销售本企业商品而专设的销售机构（含销售网点、售后服务网点等）的职工薪酬、业务费、折旧费等各项费用，贷方登记期末结转到“本年利润”账户的数额，期末结转后无余额。该账户可按费用项目进行明细分类核算。

企业发生的与专设销售机构相关的固定资产修理费用等后续支出，也在“销售费用”账户内核算。

“应收账款”账户属于资产类账户，用来核算企业因销售商品、产品和提供劳务等，应向购货单位或接受劳务单位收取的款项。其借方登记发生的应收款项，贷方登记收回的应收款项，期末借方余额表示尚未收回的应收款项。该账户应按不同的购货单位设置明细科目，进行明细分类核算。

“预收账款”账户属于负债类账户，用来核算企业按照合同规定向购货单位预收的款项。其贷方登记收到的预收款项，借方登记销售实现时与购货单位结算的款项，期末贷方余额表示企业向购货单位预收的款项，借方余额表示应由购货单位补付的款项。该账户应按不同的购货单位设置明细科目，进行明细分类核算。

提示　不单独设置“预收账款”账户的企业，预收的账款可在“应收账款”账户内核算。

“其他业务收入”账户属于损益类账户，用来核算企业除主营业务活动以外的其他经营活动实现的收入。其贷方登记企业获得的其他业务收入，借方登记期末结转到“本年利润”账户的已实现的其他业务收入，结转以后该账户应无余额。该账户可按其他业务收入的种类设置明细科目，进行明细分类核算。

“其他业务成本”账户属于损益类账户，用来核算企业确认的除主营业务活动以外的其他经营活动所发生的支出。其借方登记其他业务所发生的各项支出，贷方登记期末结转到“本年利润”账户的其他业务支出，结转以后该账户应无余额。该账户可按其他业务成本的种类设置明细科目，进行明细分类核算。

提示　其他业务收支是指企业除主营业务以外的其他销售或其他业务的收入和支出。企业其他经营业务主要有材料销售、代购代销、包装物出租等。

典型任务举例

苏淮公司（增值税一般纳税人）2018年12月发生如下经济业务。

资料（1）8日，按合同向顺源公司发出A产品1 000件，单位售价为300元，货款为300 000元，增值税税率为16%，增值税额为48 000元，价税合计348 000元，开出增值税专用发票，收到顺源公司开来的转账支票送存银行。相关凭证如表5-23和表5-24所示。

表5-23

江苏省增值税专用发票

国家税务局监制

此联不作报销、扣税凭证使用

No.03073429

开票日期：2018年12月8日

购货单位	名称：顺源公司 纳税人识别号：210105114754367 地 址、电 话：淮安市淮海南路190号 0517-83858700 开户行及账号：工商银行淮海办事处 210103265945612476	密码区	1524-8+0<6<18-1<35<11 14*654128-13564<>*964 7*01-/+0**<21-63546*<1 1*+-257658-37-+7/8>>>7

货物或应税劳务名称	规格型号	单位	数量	单价	金额	税率（%）	税额
A产品		件	1000	300	300000.00	16	48000.00
合　计					¥300000.00		¥48000.00
价税合计（大写）	⊗叁拾肆万捌仟元整				（小写）¥：348000.00		

销货单位	名　　称：苏淮公司 纳税人识别号：112366005083386 地 址、电 话：淮安市经济开发区枚乘路8号 0517-80686688 开户行及账号：工商银行淮安市清江支行 111001082818	备注	苏淮公司 112366005083386 发票专用章

收款人：王丽萍　　复核：田小军　　开票人：石元顺　　销货单位：（公章）

表 5-24

中国工商银行进账单（收账通知） 3

2018 年 12 月 8 日　　　　第 26 号

出票人	全称	顺源公司	收款人	全称	中淮公司
	账号	2101032659456124765		账号	111001082818
	开户银行	工商银行淮海办事处		开户银行	工行清江支行
金额	人民币（大写）叁拾肆万捌仟元整			亿千百十万千百十元角分	¥34800000
票据种类	转账支票		中国工商银行 淮安市清江支行 2018.12.8 转讫 开户银行盖章		
票据张数	壹张				
单位主管　复核　记账					

此联是收款银行交给收款人的收账通知

工作过程

步骤 1：出纳人员将转账支票送交银行入账，取回进账单。

步骤 2：会计人员根据增值税专用发票和进账单，编制如下会计分录。

借：银行存款　　348 000

　贷：主营业务收入——A 产品　　300 000

　　应交税费——应交增值税（销项税额）　　48 000

资料（2）10 日，按合同向沈阳开原公司发出 B 产品 2 000 件，单位售价为 120 元，增值税税率为 16%，货款为 240 000 元，增值税额为 38 400 元，价税合计 278 400 元。开出增值税专用发票，产品已托运，苏淮公司向银行办妥托收手续。银行托收凭证如表 5-25 所示。增值税专用发票略。

表 5-25

中国工商银行托收凭证（受理回单） 1

委托日期 2018年12月 10 日

业务类型	委托收款　邮划　电划		托收承付　邮划 √　电划			
付款人	全　称	沈阳开原公司	收款人	全　称	苏淮公司	
	账　号	21010326594561 2000		账　号	111001082818	
	地　址	辽宁省沈阳市　开户行　工商行		地　址	江苏省淮安市	开户行　工行清江支行
金额	人民币（大写）贰拾柒万捌仟肆佰元整			亿千百十万千百十元角分	¥27840000	
款项内容	货款	托收凭据名称	增值税专用发票	附寄单证张数	2	
商品发运情况				合同名称号码		
备注：		款项收妥日期		收款人开户银行签章		
		年　月　日		年　月　日		

中国工商银行股份有限公司 淮安市清江支行 2018年12月10日 受理凭证

此联为收款人开户银行给收款人的受理回单

工作过程

步骤1：销售部门根据销货合同开出增值税专用发票，并委托银行收款。

步骤2：会计人员根据审核后的发票和结算凭证，编制如下会计分录。

借：应收账款——开原公司　278 400
　　贷：主营业务收入——B产品　240 000
　　　　应交税费——应交增值税（销项税额）　38 400

资料（3）15日，根据销货合同预收元通公司购货款300 000元。货款已存入银行。

工作过程

步骤1：财会部门对销货合同进行审核。

步骤2：会计人员根据银行收账通知，编制如下会计分录。

借：银行存款　300 000
　　贷：预收账款——元通公司　300 000

资料（4）18日，向元通公司发出A产品1 500件，单位售价为300元，货款为450 000元，增值税税率为16%，增值税额为72 000元，价税合计为522 000元，开出增值税专用发票。

工作过程

步骤1：销售部门根据销货合同发货，并开具增值税专用发票。

步骤2：会计人员根据增值税专用发票，编制如下会计分录。

借：预收账款——元通公司　522 000
　　贷：主营业务收入——A产品　450 000
　　　　应交税费——应交增值税（销项税额）　72 000

资料（5）承上例，苏淮公司20日收到元通公司余款222 000元。

工作过程

会计人员根据银行收账通知，编制如下会计分录。

借：银行存款　222 000
　　贷：预收账款——元通公司　222 000

资料（6）20日，向嘉美公司销售一批不需用的丁材料500千克，单价为40元，价款共计20 000元，增值税为3 200元，开出增值税专用发票，收到嘉美公司的转账支票送存银行。

工作过程

步骤1：出纳人员将转账支票送交银行入账，取回进账单。

步骤2：会计人员根据增值税专用发票和进账单，编制如下会计分录。

借：银行存款　23 200
　　贷：其他业务收入——丁材料　20 000
　　　　应交税费——应交增值税（销项税额）　3 200

资料（7）22日，签发转账支票一张，支付产品广告费10 061.38元。

工作过程

步骤1：出纳人员开具转账支票支付广告费。

步骤2：会计人员根据审核后的广告费发票和转账支票存根，编制如下会计分录。

借：销售费用　10 061.38
　　贷：银行存款　10 061.38

资料（8）24日，收到银行转来的收账通知，沈阳开原公司支付的货款278 400元已经收妥入账。

工作过程

步骤1：出纳人员到银行取得收账通知。

步骤2：会计人员根据审核后的收账通知，编制如下会计分录。

借：银行存款　　278 400

　　贷：应收账款——沈阳开原公司　　278 400

资料（9）31日，结转本月已销售A产品2 500件、B产品2 000件的实际成本。（A产品单位生产成本为140元，B产品单位生产成本为40.21元）。相关凭证如表5-26、表5-27、表5-28和表5-29所示。

表 5-26

产品出库单（财务联）

合同编号：　　第101号

客户编号：　　联系人：

客户：顺源公司　　联系电话：　　送货日期：2018年12月8日

序号	产品名称	规格	计量单位	数量	单价	金额	备注
1	A产品		件	1 000			
2							
3							
	合计			1 000			

主管：　验货：周洲　经办人：张莉　业务：　填单人：王建

表 5-27

产品出库单（财务联）

合同编号：　　第102号

客户编号：　　联系人：

客户：开原公司　　联系电话：　　送货日期：2018年12月10日

序号	产品名称	规格	计量单位	数量	单价	金额	备注
1	B产品		件	2 000			
2							
3							
	合计			2 000			

主管：　验货：周洲　经办人：张莉　业务：　填单人：王建

表 5-28

产品出库单（财务联）

合同编号：　　第102号

客户编号：　　联系人：

客户：元通　　联系电话：　　送货日期：2018年12月18日

序号	产品名称	规格	计量单位	数量	单价	金额	备注
1	A产品		件	1 500			
2							
3							
	合计			1 500			

主管：　验货：周洲　经办人：张莉　业务：　填单人：王建

表 5-29

主营业务成本计算表

2018 年 12 月 31 日　　　　金额单位：元

产　品　名　称		A　产品	B产品
本月销售产品	数量（件）	2 500	2 000
	单位成本	140	40.21
	总 成 本	350 000	80 420

财会主管：黄　平　　会计：宋　娜　　复核：易晓明　　制表：贾晓玲

工作过程

步骤 1：会计人员根据产品出库单编制主营业务成本计算表，计算产品销售成本。

步骤 2：会计人员根据审核后的产品出库单和产品销售成本计算表，编制如下会计分录。

借：主营业务成本——A 产品　　350 000
　　　　　　　——B 产品　　80 420
　贷：库存商品——A 产品　　350 000
　　　　　　　——B 产品　　80 420

资料（10）31 日，结转本月已销售丁材料的实际成本（丁材料单位成本为 20 元）。相关凭证如表 5-30 和表 5-31 所示。

表 5-30

产品出库单（财务联）

合同编号：　　　　第 104 号

客户编号：　　　　联系人：

客户：嘉美公司　　联系电话：　　送货日期：2018 年 12 月 20 日

序号	产品名称	规格	计量单位	数量	单价	金额	备注
1	丁材料		千克	500			
2							
3							
	合计			500			

主管：　　验货：周　洲　　经办人：张　莉　　业务：　　填单人：王　建

工作过程

步骤 1：会计人员根据产品出库单编制其他业务成本计算表，计算销售材料成本。

步骤 2：会计人员根据审核后的产品出库单和其他业务成本计算表，编制如下会计分录。

借：其他业务成本——丁材料　　10 000
　贷：原材料——丁材料　　10 000

资料（11）31 日，按照本月应交增值税额的 7% 提取城市维护建设税，按 3% 提取教育费附加。相关凭证如表 5-32 所示。

表 5-31

其他业务成本计算表

2018 年 12 月 31 日　　金额单位：元

材料名称		丁材料
本月销售材料	数量（千克）	500
	单位成本	20
	总成本	10 000

财会主管：黄　平　　会计：宋　娜　　复核：易晓明　　制表：贾晓玲

表 5-32

城市维护建设税及教育费附加计算表

2018 年 12 月 31 日　　金额单位：元

项　目	金　额
销项税额	161 600
进项税额	69 473.20
应纳增值税额	92 126.80
应纳消费税额	—
流转税额合计	92 126.80
应纳城市维护建设税额（7%）	6 448.88
应交教育费附加（3%）	2 763.80

财会主管：黄　平　　会计：宋　娜　　复核：易晓明　　制表：贾晓玲

注：销项税额 =48 000+38 400+72 000+3 200=161 600（元）

进项税额 =16 000+522+3 200+34 803.20+548+8 000+6 400=69 473.20（元）

工作过程

步骤 1：会计人员编制城市维护建设税及教育费附加计算表，计算应交城市维护建设税和教育费附加。

步骤 2：会计人员根据审核后的城市维护建设税及教育费附加计算表，编制如下会计分录。

借：税金及附加　　9 212.68

　　贷：应交税费——应交城市维护建设税　　6 448.88

　　　　　　　——应交教育费附加　　2 763.80

表 5-32 中的销项税额和进项税额是如何计算的？

职业能力训练

1．判断题（正确的在括号内打“√”，错误的打“×”）

（1）企业应当在收到以前月份销售货款的时候确认为主营业务收入。　（　　）

（2）销售费用、管理费用和制造费用都属于损益类科目。（　　）

（3）制造费用和管理费用都应当在期末转入“本年利润”科目。（　　）

（4）预收账款是资产类科目，预付账款是负债类科目。（　　）

（5）企业销售产品时，若产品已经发出，只要货款尚未收到，就不能作为当月的主营业务收入处理。（　　）

2．选择题（下列答案中有一项或多项是正确的，将正确答案前英文字母填入括号内）

（1）某企业销售一批化妆品，化妆品的成本为38万元，为了销售发生广告费用2万元，化妆品的销售价款为100万元，应收取的增值税销项税为16万元。因销售该批化妆品应交的消费税为27万元。根据该项经济业务，下列表述中正确的项目有（　　）。

A．“主营业务成本”科目反映借方发生额为38万元

B．“主营业务收入”科目反映贷方发生额为100万元

C．“税金及附加”科目反映借方发生额为43万元

D．“销售费用”科目反映借方发生额为2万元

（2）制造企业计算缴纳的下列税金中，可能通过“税金及附加”科目核算的有（　　）。

A．增值税　　B．消费税　　C．教育费附加　　D．城市维护建设税

（3）宏运公司2019年1月共增加银行存款80 000元。其中：出售商品收入为30 000元；增值税为4 800元；出售固定资产收益为20 000元；接受捐赠为10 000元；出租固定资产收入为14 900元。则该月收入为（　　）元。

A．24 800　　B．64 900　　C．50 000　　D．44 900

（4）某股份有限公司某年10月收到9月赊销商品的货款200 000元，10月份销售商品货款总计240 000元，实际收到180 000元，余款暂未收到；10月份预收11月份销商品的货款80 000元。则该公司10月份实现的商品销售收入（　　）元。

A．390 000　　B．90 000　　C．240 000　　D．180 000

（5）宏运公司2019年1月发生的费用有：计提车间用固定资产折旧10万元，发生车间管理人员工资40万元，支付广告费用30万元，计提短期借款利息20万元，支付行政管理人员工资10万元。则该公司当月的期间费用总额为（　　）万元。

A．50　　B．60　　C．100　　D．110

3. 任务实训

[实训目的]掌握销售过程业务的核算。

[实训资料]美迪公司2019年1月发生下列部分经济业务。

（1）5日，向金瑞公司销售A产品60件，每件售价为400元，共计24 000元，增值税为3 840元，货款和税款当即通过银行收回。

（2）16日，向远函公司销售A产品80件，每件售价为400元，共计32 000元，增值税为5 120元，产品已发出，款项尚未收到。

（3）22日，以银行存款支付产品展览费1 000元。

（4）26日，收到远函公司前欠款37 120元。

（5）31日，结转本月已销售A产品140件的实际成本（单位生产成本为280元）。

（6）31日，计算本期应交纳的城市维护建设税为600元，应交纳的教育费附加为260元。

[实训要求]根据上述经济业务编制会计分录。

任务六 核算企业利润形成和分配过程的经济业务

任务描述

财务成果是企业生产经营活动的最终成果，是按照配比原则的要求，将一定时期内存在因果关系的收入与费用进行配比而产生的，收入大于费用支出的部分为利润，反之为亏损。获得利润是企业生产经营的主要目标之一。企业获得的利润，还要提取盈余公积金并向投资者分配利润。理解利润的形成，正确计算企业的营业利润、利润总额和净利润，掌握利润形成和分配过程业务的核算。

知识准备

一、利润形成的核算

1. 利润的形成

利润是指企业在一定会计期间的经营成果，包括收入减去费用后的净额、直接计入当期利润的利得和损失等。利润金额取决于收入和费用、直接计入当期利润的利得和损失金额的计量。

提示　直接计入当期利润的利得和损失，是指应当计入当期损益、会导致所有者权益发生增减变动的、与所有者投入资本或者向所有者分配利润无关的利得或者损失。

企业的利润有营业利润、利润总额和净利润三种。

（1）营业利润。营业利润（Operating Profit）是指营业收入减去营业成本、税金及附加、销售费用、管理费用、财务费用、资产减值损失，加上公允价值变动净收益、投资净收益后的金额。其中，营业收入是指企业经营业务所确认的收入总额，包括主营业务收入和其他业务收入；营业成本是指企业经营业务所发生的实际成本总额，包括主营业务成本和其他业务成本；资产减值损失是指企业计提各项资产减值准备所形成的损失（本教材暂不涉及）；其他收益主要是指与企业日常活动相关，除冲减相关成本费用以外的政府补助（本教材暂不涉及）；公允价值变动净收益是指企业交易性资产等公允价值变动形成的应计入当期损益的利得减去损失后的净额（本教材暂不涉及）；投资净收益是指企业以各种方式对外投资所取得的收益减去发生的投资损失后的净额；资产处置净损益反映企业出售划分为持有待售的非流动资产或处置组时确认的处置利得或损失，以及处置未划分为持有待售的固定资产、在建工程、生产性生物资产及无形资产而产生的处置利得或损失，还包括债务重组中因处置非流动资产产生的利得或损失和非货币性资产交换中换出非流动资产产生的利得或损失。

营业利润的计算公式为：

营业利润＝营业收入－营业成本－税金及附加－销售费用－管理费用－财务费用－资产减值损失+其他收益＋投资收益（－投资损失）+公允价值变动收益（－公允价值变动损失）＋资产处置收益（－资产处置损失）

其中，

营业收入＝主营业务收入＋其他业务收入

营业成本＝主营业务成本＋其他业务成本

提示

营业利润是企业利润的主要来源。

（2）利润总额。利润总额（Total Profits）是指营业利润加上营业外收入，减去营业外支出后的金额。其中，营业外收入是指企业发生的与其日常活动无直接关系的各项利得；营业外支出是指企业发生的与其日常活动无直接关系的各项损失。

利润总额的计算公式为：

利润总额 = 营业利润 + 营业外收入 − 营业外支出

（3）净利润。净利润（Net Profit）是指利润总额减去所得税费用后的金额。其中，所得税费用是指企业应计入当期损益的所得税费用。它是企业按照税法规定，就其生产经营所得和其他所得计算并缴纳的一种税金。

净利润的计算公式为：

净利润 = 利润总额 − 所得税费用

其中，

所得税费用 = 应纳税所得额 × 适用税率

注意

企业实现的利润总额按照税法规定，应将利润总额调整为应纳税所得额。为简化计算，本教材所讲的利润总额无须进行调整，即为应纳税所得额。

2. 利润形成核算的账户设置

为了核算和监督财务成果的形成，企业应设置的账户主要有“投资收益”“营业外收入”“营业外支出”“所得税费用”和“本年利润”等账户。

（1）“投资收益”账户属于损益类账户，用来核算企业确认的对外投资所取得的收益或发生的损失。其贷方登记对外投资所取得的收益，借方登记对外投资发生的损失，期末将余额结转到“本年利润”账户，期末结转后无余额。该账户可按投资项目进行明细分类核算。

（2）“营业外收入”账户属于损益类账户，是用来核算企业发生的与其生产经营无直接关系的各项收入。其贷方登记企业发生的与其生产经营无直接关系的各项收入，借方登记期末结转到“本年利润”账户的数额，期末结转后无余额。该账户可按营业外收入项目进行明细分类核算。

提示

“营业外收入”账户核算的内容主要包括债务重组利得、与企业日常活动无关的政府补助、盘盈利得、捐赠利得等。

（3）“营业外支出”账户属于损益类账户，用来核算企业发生的与其生产经营无直接关系的各项支出。其借方登记企业发生的与其生产经营无直接关系的各项支出，贷方登记期末结转到“本年利润”账户的数额，期末结转后无余额。该账户可按支出项目进行明细分类核算。

提示

“营业外支出”账户核算的内容主要包括债务重组损失、公益性捐赠支出、非常损失、盘亏损失、非流动资产毁损报废损失等。

（4）“所得税费用”账户属于损益类账户，用来核算企业确认的按税法规定从当期利润总额中扣除的所得税费用。其借方登记企业按税法规定的应纳税所得计算的应纳所得税额；贷方登记期末结转到“本年利润”账户的数额，期末结转后无余额。

（5）“本年利润”账户属于所有者权益类账户，用来核算企业在本年度实现的净利润或发生的净亏损。其贷方登记期末“主营业务收入”“其他业务收入”“投资收益”（净收益）“营业外收入”等账户转入的数额；借方登记“主营业务成本”“税金及附加”“其他业务成本”“投资收益”（净损失）“管理费用”“财务费用”“销售费用”“营业外支出”和“所得税费用”等账户转入的数额。期末余额如在贷方，表示企业自年初至本期期末累计实现的净利润数额；期末余额如在借方，则表示企业自年初至本期期末累计发生的净亏损数额。年度终了，企业应将本年实现的净利润，全部转入“利润分配——未分配利润”账户的贷方；如为净亏损，则作相反会计分录。年末结转后该账户无余额。

二、利润分配的核算

1．利润分配的原则

利润分配（Profit Distribution）是指企业净利润的分配。企业实现的净利润，要按照国家有关的法律、法规以及企业章程的规定，在企业和投资者之间进行分配。企业当期实现的净利润，加上年初未分配利润（或减去年初未弥补亏损）和其他转入后的余额，为可供分配的利润。企业实现的净利润，应首先按净利润的一定百分比提取法定盈余公积金。

提示

如果公司以前年度发生亏损的，在依照规定提取法定公积金之前，净利润应当先用于当年利润弥补亏损。

公司从税后利润中提取法定公积金后，经股东会或者股东大会决议，还可以从税后利润中提取任意公积金。公司弥补亏损和提取公积金后所余税后利润，可向投资者分配利润。

提示

公司公积金的用途是用于弥补公司的亏损、扩大公司生产经营或者转为增加公司资本。

请注意

法定公积金转为资本时，所留存的该项公积金不得少于转增前公司注册资本的25%。

2．利润分配核算的账户设置

为了核算和监督财务成果的分配，企业应设置的账户主要有“利润分配”“盈余公积”和“应付股利”等账户。

（1）“利润分配”账户属于所有者权益类账户，用来核算企业利润的分配（或亏损的弥补）和历年分配（或弥补）后的结存余额。其借方登记企业实际分配的利润额，包括提取的盈余公积、向投资者分配利润以及年末从“本年利润”账户转入的全年亏损额；贷方登记企业发生亏损的弥补数及年末从“本年利润”账户转入的全年实现的净利润额。该账户可设置“提取法定盈余公积”“提取任意盈余公积”“应付现金股利”和“未分配利润”等明细账进行明细分类核算。年末，应将“利润分配”账户所属其他明细科目的余额转入本账户“未分配利润”明细科目。结转后，“利润分配”账户除“未分配利润”明细科目外，其他明细科目应无余额。年末，“利润分配——未分配利润”账户期末贷方余额表示累计未分配的利润，期末借方余额表示累计未弥补的亏损。

请注意

“利润分配”账户年终结转后，除“未分配利润”明细科目之外，该账户的其他明细科目应无余额。

（2）“盈余公积”账户属于所有者权益类账户，用来核算企业从净利润中提取的盈余公积。其贷方登记企业从净利润中提取的盈余公积，借方登记企业按规定弥补亏损或转增资本的盈余公积金，期末贷方余额表示盈余公积的结余数额。该账户应分别按“法定盈余公积”“任意盈余公积”进行明细分类核算。

（3）“应付股利”账户属于负债类账户，用来核算企业经董事会或类似机构决议确定分配的利润。其贷方登记应付给投资者的利润，借方登记实际支付的利润，期末贷方余额表示企业尚未支付的利润。该账户可按投资者进行明细分类核算。

典型任务举例（一）

苏淮公司（增值税一般纳税人）2018 年 12 月发生下列利润形成的经济业务。

资料（1）20 日，公司开出转账支票向希望工程捐款 10 000 元。相关凭证如表 5-33 所示。

表 5-33

行政事业性收费专用收款收据

（印章：财政票据监制章 财政部监制）

2018 年 12 月 20 日　　（　费　）字第　3　号

交款单位	苏淮公司		收费许可证	字第 144 号
收费项目	希望工程捐款			
计费标准				
收费金额	人民币（大写）壹万元整　（小写）￥10 000.00			
收款单位	希望工程基金会（印章：希望工程基金会 转账收讫）	收款人	章琰	交款人	贾晓玲

第二联 收据

工作过程

步骤 1：董事会决议向希望工程捐款，会计人员根据董事会决议开出转账支票。

步骤 2：会计人员根据审核后的转账支票存根和收款收据，编制如下会计分录。

借：营业外支出　　10 000

　　贷：银行存款　　10 000

资料（2）29 日，收到运和公司违约罚款收入 3 000 元存入银行。

工作过程

步骤 1：出纳人员将转账支票送交银行入账，取回进账单。

步骤 2：会计人员根据增值税专用发票和进账单，编制如下会计分录。

借：银行存款　　3 000

　　贷：营业外收入　　3 000

资料（3）31 日，结转各损益类账户。相关凭证如表 5-34 所示。

工作过程

步骤 1：会计人员根据表 5-34，将损益类账户中的收入类账户余额转入“本年利润”账户。编制如下会计分录。

借：主营业务收入　990 000
　　其他业务收入　20 000
　　营业外收入　3 000
　　贷：本年利润　1 013 000

表 5-34

损益类账户本月累计发生额汇总表

2018 年 12 月 31 日　　金额单位：元

项　　目	金　　额	项　　目	金　　额
主营业务收入	990 000	主营业务成本	430 420
其他业务收入	20 000	税金及附加	9 212.68
营业外收入	3 000	其他业务成本	10 000
投资收益	—	营业外支出	10 000
		销售费用	10 061.38
		管理费用	17 554
		财务费用	1 120
合　　计	1 013 000	合　　计	488 368.06

财会主管：黄　平　　会计：宋　娜　　复核：易晓明　　制表：贾晓玲

步骤 2：会计人员根据表 5-34，将损益类账户中的费用类账户余额转入“本年利润”账户。编制如下会计分录。

借：本年利润　488 368.06
　　贷：主营业务成本　430 420
　　　　营业税金及附加　9 212.68
　　　　其他业务成本　10 000
　　　　营业外支出　10 000
　　　　销售费用　10 061.38
　　　　管理费用　17 554
　　　　财务费用　1 120

12 月份营业利润＝(990 000 ＋ 20 000) －(430 420 ＋ 10 000)－9 212.68－10 061.38－17 554－1 120 ＝ 531 631.94（元）

12 月份利润总额＝ 531 631.94 ＋ 3 000 － 10 000 ＝ 524 631.94（元）

资料（4）31 日，公司按税法规定 25% 的税率计算和结转 12 月份的应纳所得税额。假定应纳税所得额为 524 631.94 元。相关凭证如表 5-35 所示。

表 5-35

应交所得税计算表

2018 年 12 月 31 日　　金额单位：元

应税项目	应税金额	税率	应交所得税税额	备注
税前会计利润	524 631.94	25%	131 157.99	无纳税调整事项
合计			131 157.99	

财会主管：黄　平　　会计：宋　娜　　复核：易晓明　　制表：贾晓玲

工作过程

步骤1：会计人员计算应纳所得税额，填制应交所得税计算表。

应纳所得税额 = 应纳税所得额 × 适用税率 = 524 631.94 × 25% = 131 157.99（元）

步骤2：会计人员根据审核后的应交所得税计算表，编制如下会计分录。

借：所得税费用　　131 157.99

　　贷：应交税费——应交所得税　　131 157.99

步骤3：期末，会计人员结转所得税费用，编制如下会计分录。

借：本年利润　　131 157.99

　　贷：所得税费用　　131 157.99

提示

苏淮公司2018年12月份净利润 = 524 631.94 - 131 157.99 = 393 473.95（元）

资料（5）承上例，31日，公司将本年实现的净利润2 000 000元转入“利润分配”账户（苏淮公司1—11月份实现的净利润为1 606 526.05元）。

工作过程

会计人员根据账簿记录结转本年利润账户，编制如下会计分录。

借：本年利润　　2 000 000

　　贷：利润分配——未分配利润　　2 000 000

典型任务举例（二）

苏淮公司（增值税一般纳税人）2018年12月发生下列利润分配的经济业务。

资料（1）31日，公司按净利润的10%提取法定盈余公积。相关凭证如表5-36所示。

表5-36

盈余公积金计提表

2018年12月31日　　金额单位：元

项　　目	全年税后利润	提取比例	提取金额
法定盈余公积金	2 000 000	10%	200 000
合　　计			200 000

财会主管：黄　平　　会计：宋　娜　　复核：易晓明　　制表：贾晓玲

工作过程

步骤1：会计人员填制盈余公积金计提表。

步骤2：会计人员根据盈余公积金计提表，编制如下会计分录。

借：利润分配——提取法定盈余公积　　200 000

　　贷：盈余公积——法定盈余公积　　200 000

资料（2）31日，公司经股东大会批准，向投资者分配利润600 000元。

工作过程

步骤1：财会部门取得股东大会决议，整理投资者名册。

步骤2：会计人员根据股东大会决议和投资者名册等相关凭证，编制如下会计分录。

借：利润分配——应付现金股利　　600 000
　　贷：应付股利　　600 000

资料（3）31 日，结转“利润分配”账户所属的明细科目。

工作过程

期末，会计人员结转“利润分配”账户所属的明细科目，编制如下会计分录。

借：利润分配——未分配利润　　800 000
　　贷：利润分配——提取法定盈余公积　　200 000
　　　　　　　　——应付现金股利　　600 000

若苏淮公司“利润分配——未分配利润”明细账户 2018 年初贷方余额为 500 000 元，则结账后“利润分配——未分配利润”明细账余额为多少？

职业能力训练

1．判断题（正确的在括号内打“√”，错误的打“×”）

（1）“本年利润”科目是将收入与费用进行配比的核心科目，但其本身属于所有者权益类科目。（　　）

（2）年终结账后，“利润分配——未分配利润”科目余额在借方表示尚未弥补的亏损。（　　）

（3）所得税费用是企业的一项费用支出，而非利润分配。（　　）

（4）将应计入“管理费用”的项目误计入“营业外支出”项目，会影响利润表中营业利润项目计算的正确性，但是对利润总额的计算没有影响。（　　）

（5）企业的所得税费用一定等于企业的利润总额乘以所得税税率。（　　）

2．选择题（下列答案中有一项或多项是正确的，将正确答案前英文字母填入括号内）

（1）下列关于损益类科目表述正确的是（　　）。

A．期末一般没有余额　　B．年末一定要转入“本年利润”
C．借方登记增加数　　D．贷方登记减少数

（2）下列项目中，影响营业利润的因素是（　　）。

A．营业收入　　B．营业成本　　C．所得税费用　　D．营业外收入

（3）宏运公司年初未分配利润为借方余额 900 万元，本年实现净利润 700 万元。若按 10% 计提法定盈余公积，则本年应提取的法定盈余公积为（　　）万元。

A．70　　B．90　　C．20　　D．0

（4）借贷记账法下，下列科目中不可能成为“本年利润”科目的对应科目的有（　　）。

A．利润分配　　B．税金及附加　　C．制造费用　　D．管理费用

（5）年末结转后，“利润分配”账户的贷方余额表示（　　）。

A．未分配利润　　B．净利润　　C．未弥补亏损　　D．利润总额

3．任务实训

[实训目的] 掌握利润形成和分配过程业务的核算。

[实训资料] 东海公司为增值税一般纳税人，2018 年 1 至 11 月“本年利润”账户贷方余额为 710 000 元，12 月份发生下列部分经济业务。

（1）5 日，出售给甲公司 A 产品 500 件，价款为 200 000 元，增值税为 32 000 元，出售 B 产品 300 件，价款为 180 000 元，增值税为 28 800 元，全部款项尚未收到。

（2）9 日，销售一批多余的丙材料 1 000 千克，单价为 12 元，价款共计 12 000 元，增值

税为1 920元，款项收到存入银行。

（3）12日，以银行存款支付广告费8 600元。

（4）16日，接银行通知，因购货单位延期承付货款，按合同规定，收到延期付款滞纳金800元。

（5）19日，以银行存款向希望工程捐款30 000元。

（6）26日，以银行存款支付应由行政管理部门负担的水电费2 400元。

（7）31日，结转本月产品销售成本196 000元（其中A产品成本为110 000元，B产品成本为86 000元）。

（8）31日，结转本月售出材料实际成本8 800元。

（9）31日，计算本月应交城市维护建设税18 000元，应交教育费附加11 000元。

（10）31日，接银行通知，从被投资单位分来利润8 000元已收妥入账。

（11）31日，计提应由本月负担的短期借款利息6 000元。

（12）31日，结转本月损益类账户余额。

（13）31日，按25%税率计算并结转本月所得税。

（14）31日，按本年税后利润的10%提取法定盈余公积金。

（15）31日，经股东大会批准，本年度向投资者分配利润500 000元。

（16）31日，年终结转本年利润账户余额。

（17）31日，年终结转利润分配明细账户余额。

[实训要求]根据上述经济业务编制会计分录，并列示各种利润和所得税费用的计算过程。

任务七　核算企业资金退出的经济业务

制造业企业从资金筹集开始，依次经过供应过程、生产过程、销售过程后，将收入与为取得收入而发生的成本费用进行配比，计算确定生产经营成果。为了保证再生产活动的继续进行，企业应将取得收入收回的资金用于补偿生产经营过程中的各种耗费，若有盈利，应按照国家规定和企业章程对经营成果进行分配，其中一部分资金留在企业，以备扩大生产规模和应付不测事件；另一部分资金则通过上缴税费、向投资者分配利润等形式退出本企业的资金循环与周转。了解资金退出企业的主要业务，掌握企业归还各种借款、上交税费、支付投资者利润等资金退出业务的核算。

知识准备

一、资金退出的主要业务

企业资金退出的业务主要包括归还各种借款、上交税费、支付投资者利润等。

二、银行借款利息的计算

利息的计算有单利计算和复利计算两种。单利计算只计算本金部分的利息，利息不再计息；复利计息不但要计算本金的利息，还要计算利息的利息。短期借款发生的利息一般按单利计算，其计算公式为：

利息额 = 借款本金 × 利率 × 时间

提示

企业发生的短期借款利息额不大，根据重要性原则，不在“短期借款”账户中核算，可直接作为支付月份的财务费用，计入当期损益。

典型任务举例

苏淮公司（增值税一般纳税人）发生下列资金退出的经济业务。

资料（1）2019 年 1 月 10 日，用银行存款上交 2018 年 12 月份的所得税 131 157.99 元。

工作过程

步骤 1：会计人员根据应交税款及时缴纳相关税费。

步骤 2：会计人员根据税收缴款书，编制如下会计分录。

借：应交税费——应交所得税　　131 157.99

　贷：银行存款　　131 157.99

步骤 3：出纳人员根据审核后的记账凭证登记银行存款日记账，此处略。

资料（2）2019 年 1 月 15 日，用银行存款向投资者支付利润 600 000 元。

工作过程

步骤 1：财会部门根据投资协议审核投资者名册。

步骤 2：会计人员根据股东大会决议向投资者支付股利，编制如下会计分录。

借：应付股利　　600 000

　贷：银行存款　　600 000

资料（3）承项目五任务 2，2018 年 12 月 1 日向银行借入的期限 6 个月，年利率 5.6%，到期一次还本付息的短期借款 240 000 元于 2019 年 6 月 1 日到期，根据与银行签署的贷款协议，公司一次性归还本金和 6 个月利息（该借款利息已按月预提）。

工作过程

步骤 1：会计人员计算应付的利息。

利息额＝借款本金 × 利率 × 时间＝ 240 000×5.6%×6/12 ＝ 6 720（元）

步骤 2：2019 年 6 月 1 日借款到期，一次性归还本金和偿付利息。会计人员根据还款相关凭证，编制如下会计分录。

借：应付利息　　6 720

　　短期借款　　240 000

　贷：银行存款　　246 720

职业能力训练

1．判断题（正确的在括号内打“√”，错误的打“×”）

（1）资金退出企业是资金运动的终点，也是下一个资金循环的起点。（　　）

（2）企业取得利润后，有部分资金将留存企业，但不参加企业资金的循环与周转。（　　）

（3）利息的计算有单利计算和复利计算两种，短期借款发生的利息一般按单利计算。（　　）

2．选择题（下列答案中有一项或多项是正确的，将正确答案前英文字母填入括号内）

（1）下列属于资金退出企业的业务有（　　）。

A. 归还各种借款　　B. 上交税费　　C. 对外投资　　D. 支付投资者利润

（2）企业发生的短期借款利息数额不大，根据重要性原则，可直接作为支付月份的（　　）。

A．管理费用　　B．财务费用　　C．销售费用　　D．预提费用

（3）下列属于企业上交税费项目的有（　　）。

A．增值税　　B．城市维护建设税　　C．教育费附加　　D．所得税

3．任务实训

[实训目的]掌握资金退出业务的核算。

[实训资料]东海公司2019年1月发生下列部分经济业务。

（1）1日，归还2018年10月1日向银行借入的、年利率为6%的短期借款本金100 000元，利息1 500元。

（2）6日，用银行存款上交各种税费30 000元。

（3）10日，用银行存款向投资者支付利润500 000元。

（4）25日，以银行存款向某灾区捐助5 000元。

[实训要求]根据上述经济业务编制会计分录。

项目小结

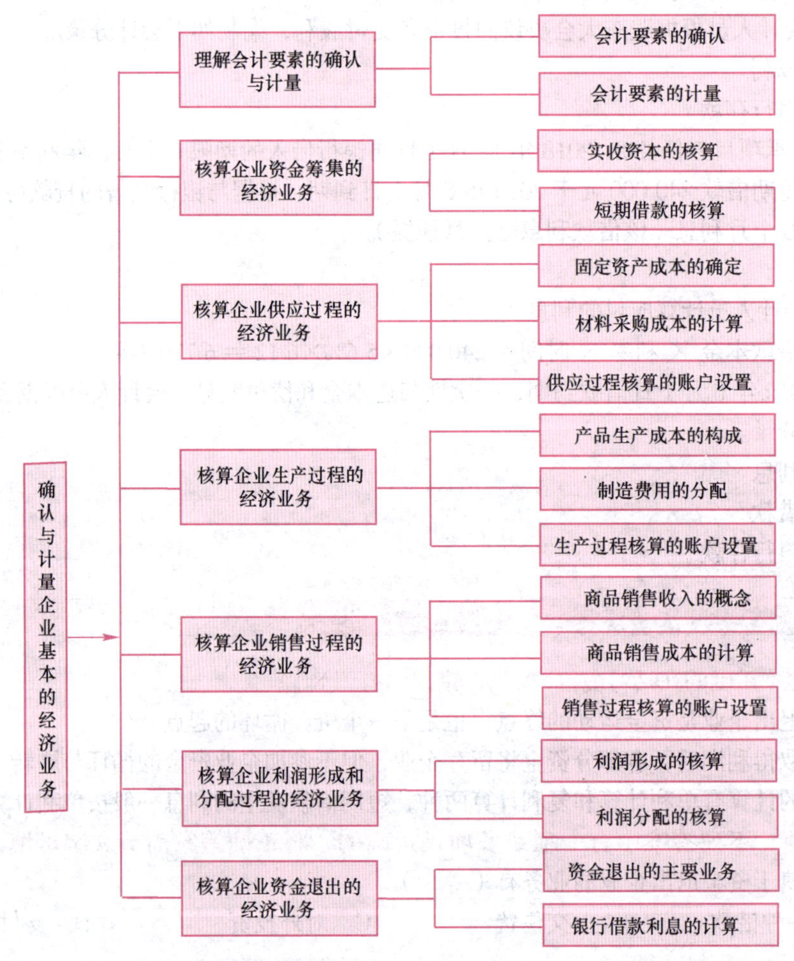

案例分析与讨论

A 公司与主要客户协鑫公司有着良好的合作关系。2017 年 12 月 25 日，A 公司向协鑫公司销售产品100万元，协鑫公司12月30日收到货物后已向A公司确认收货，A公司财务未做任何账务处理。2018 年 1 月 5 日 A 公司开具发票后，财务确认收入并结转成本。根据合同约定，协鑫公司收到增值税发票 90 日内以 6 个月内到期的承兑汇票支付，但是在实际执行过程中，协鑫公司 2018 年 1 月 8 日收到发票后未完全按照合同约定时间付款，A 公司于 6 月 10 日才收到协鑫公司货款。

要求：请分析 A 公司在应收账款管理方面存在哪些问题。

阅读篇目

[1] 国家工商行政管理总局颁布的《公司注册资本登记管理规定》

[2] 全国人大颁布的《中华人民共和国公司法》(2006，2013 修正)

[3] 财政部发布的《企业会计准则——基本准则》(2014)

[4] 财政部发布的《企业会计准则——应用指南》(2006)

项目考核标准

考核项目	考核内容	分值	考核要求及评分标准	得分
职业能力训练	判断题	10	判断正确并能说明理由	
	选择题	10	选择正确并能说明理由	
项目实训	核算企业资金筹集业务的核算	5	分录编制正确，符合要求	
	核算企业供应过程业务的核算	10	分录编制和成本计算正确，符合要求	
	核算企业生产过程业务的核算	10	分录编制和成本计算正确，符合要求	
	核算企业销售过程业务的核算	10	分录编制和成本计算正确，符合要求	
	核算企业利润形成和分配过程的业务核算	10	分录编制正确，符合要求	
	核算企业资金退出业务的核算	5	分录编制正确，符合要求	
案例	案例分析与讨论	15	积极参与讨论，分析思路清晰，所得结论正确	
职业素养	敬业精神	5	具有严谨的工作态度	
	团队合作	5	团队协作、沟通能力强	
	职业道德修养	5	有良好的价值观，讲究职业道德	
合计		100	实际总得分	

考核时间：　　　　　　　　　　　　　　　　　　教师签字：

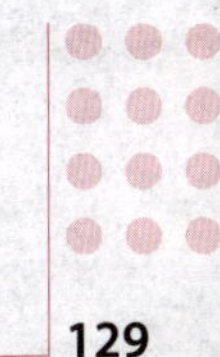

项目六 填制与审核会计凭证

学习目标

1. 根据项目、任务的需要查阅有关资料
2. 理解会计凭证的意义和种类
3. 掌握原始凭证和记账凭证的概念及其分类
4. 理解原始凭证和记账凭证的填制要求及其审核内容
5. 掌握填制原始凭证和记账凭证的方法
6. 认知会计凭证的传递、装订与保管
7. 具有敬业精神、团队合作精神和良好的职业道德修养

项目导航

填制与审核会计凭证是会计核算的专门方法之一，也是会计核算工作的起点和基础。企业发生的一切经济业务，都必须由经办该项业务的有关人员从外单位取得或自行填制能证明经济业务的内容、数量和金额的会计凭证，并在会计凭证上签名或盖章，以明确经济责任。会计凭证包括原始凭证和记账凭证，只有经过审核无误的原始凭证才能作为填制记账凭证的依据。

本项目主要讲述会计凭证的意义，原始凭证和记账凭证的概念、分类、基本内容、填制要求、填制方法及其审核的有关事项。简要介绍会计凭证的传递、装订与保管。

学习时，读者要认真领会填制与审核会计凭证在会计核算工作中的重要性；理解原始凭证和记账凭证的概念及分类；掌握企业根据审核无误的有关原始凭证，填制记账凭证的方法。从完善单位内部牵制制度和提高工作效率的角度，分析掌握会计凭证传递的程序和时间；认知会计凭证装订前的排序、粘贴和折叠；了解会计凭证归档保管的一般要求。

任务一 填制与审核原始凭证

任务描述

原始凭证记载着大量的经济信息，既是经济业务发生的证明文件，又是填制记账凭证和登记账簿的原始依据。其主要作用在于准确、及时、完整地反映经济业务的发生和完成情况，并可据以检查有关业务的真实性、合法性和合理性。了解原始凭证的基本分类和一般内容，掌握原始凭证的填制与审核方法，理解原始凭证的填制与审核是正确组织会计核算的基础。

知识准备

一、会计凭证的意义

1. 会计凭证的概念

会计凭证（Accounting Voucher）简称凭证，是记录经济业务事项发生或完成情况、明确经济责任的书面证明，是登记账簿的重要依据。

提示

任何虚假的会计信息均源于会计凭证。在法律意义上，会计凭证对于发生的经济业务具有证明效力。

填制与审核会计凭证是会计核算的专门方法之一，也是会计核算工作的起点和基础。企业发生的所有经济业务事项，都必须由执行和完成该项经济业务的有关人员取得或填制能证明经济业务的内容、数量和金额的会计凭证，并在会计凭证上签名或盖章，以对经济业务的合法性和凭证的真实性、完整性负责。根据会计工作岗位的分工，一切会计凭证都必须经过有关人员的审核，只有经过审核无误的会计凭证才能作为登记账簿的依据。

会计凭证按其填制的程序和用途不同，分为原始凭证和记账凭证。

2. 会计凭证的作用

正确填制与审核会计凭证是做好会计工作的基本前提，也是体现会计核算和监督职能的重要手段。其作用主要表现在如下几个方面。

（1）记录经济业务，提供记账依据。任何经济业务的发生或完成情况，都必须取得和填制会计凭证，如实地将经济业务发生的时间、地点、内容和完成情况等填写在会计凭证上，为会计核算提供记账依据。

（2）明确经济责任，强化内部控制。任何会计凭证除记录有关经济业务的基本内容外，还必须由有关部门和人员签名、盖章，对会计凭证所记录经济业务的真实性、正确性、合法性、合理性负责，以便分清经济责任，从而促进单位内部分工协作，相互牵制，防止舞弊行为，强化内部控制。

（3）监督经济活动，控制经济运行。通过审核会计凭证，可以监督检查各项经济业务是否符合国家的政策、法律、法规、制度规定，是否符合企业目标和财务计划，是否有违法乱纪、奢侈浪费的现象，促使企业及时发现、制止和纠正经济管理中存在的问题和管理制度中存在的漏洞，改善经营管理，提高经济效益。

二、原始凭证的概念和分类

1. 原始凭证的概念

原始凭证（Source Document）又称“单据”，是指在经济业务发生或完成时取得或填制的，用以记录、证明经济业务已经发生或完成情况的文字凭据。它是会计核算的原始资料和重要依据，是经济业务发生过程中直接产生的，是经济业务的最初证明，是具有法律效力的一种书面证明文件，如发票、领料单、收据、各种转账结算凭证等。

微课：原始凭证

请注意 凡是不能证明经济业务已经发生或完成情况的各种书面文件，如“借款协议”“购料申请单”“购销合同”“生产计划”“费用预算表”“派工单”等，均不能作为原始凭证据以记账。

动脑筋 会计上有一句俗语：“口说无凭，立字为据”。你是如何理解的？

2. 原始凭证的分类

（1）原始凭证按其取得的来源不同，可分为外来原始凭证和自制原始凭证。

① 外来原始凭证（Externally-created Source Document）是指在经济业务发生或完成时，从外单位或个人直接取得的原始凭证。如购买材料物资从供货单位取得的增值税专用发票、办理货款结算取得的银行结算凭证、收款单位或个人开给的收款收据、出差人员取得的车船票和宿费单等。增值税专用发票、普通发票和进账单的格式如表6-1、表6-2和表6-3所示。

表 6-1

No.00130720589

开票日期：2019年1月15日

购货单位	名称：苏淮公司 纳税人识别号：112366005083386 地址、电话：淮安市经济开发区枚乘路8号 0517-80686688 开户行及账号：工行清江支行 111001082818				密码区	4336-1+0<0<92-1<28<16 25*835624-35258<>*134 8*01-/+0**<12-61258*<2 3*+-367269-37-+7/8>>>8	
货物或应税劳务名称	规格型号	单位	数量	单价	金额	税率（%）	税额
丙材料		千克	1000	50	50000.0	16%	8000
价税合计（大写）		⊗伍万捌仟元整			（小写）	¥：58000.00	
销货单位	名称：大华工厂 纳税人识别号：467833687834930 地址电话：淮安市清河区健康路78号0517-83910553 开户行及账号：建行健康路分理处11490472890				备注	大华工厂 467833687834930 发票专用章	

收款人：周丽娜　　复核：张华　　开票人：唐建国　　销货单位：（公章）

第三联 发票联 购货方记账凭证

表 6-2

江苏省服务业发票

发票联

发票代码 0000235791
发票号码 00038945

单位或个人名称：苏淮公司　　2019 年 1 月 21日

项目	单位	数量	单价	金额 万	千	百	十	元	角	分	备注
办公用品	件	200	5		1	0	0	0	0	0	
合计（大写）壹仟元整				¥	1	0	0	0	0	0	

××印刷厂××年×月××本25×3

②发票联

淮安市如意公司 208672916002345 发票专用章

收款单位（章）　　收款人：陆宏　　开票人：笪毅

表 6-3

中国工商银行进账单　（回　单）　1

2019 年 1 月 2 1日　　第39 号

出票人	全称	淮安新意公司	收款人	全称	苏淮公司
	账号	1110010806482156786		账号	111001082818
	开户银行	工行淮海支行		开户银行	工行清江支行

金额	人民币（大写）伍万捌仟元整	亿	千	百	十	万	千	百	十	元	角	分
					¥	5	8	0	0	0	0	0

票据种类	转账支票	中国工商银行 淮安市清江支行 2019.1.21 转讫　开户银行盖章
票据张数	壹张	
单位主管　复核	记账	

此联是开户银行交给持（出）票人的回单

外来原始凭证必须盖有外单位的公章或财税机关的统一监制章方为有效。

② 自制原始凭证（Self-made Source Document）是指由本单位内部经办业务的部门和人员，在执行或完成某项经济业务时，根据经济业务的内容填制的、仅供本单位内部使用的原始凭证。如仓库收发材料时开出的领料单、收料单，销售产品时对外开出的销售发票，计算折旧时填写的折旧计算表，职工出差借款填写的借款单以及差旅费报销单等。收料单、领料单和借款单的格式如表 6-4、表 6-5 和表 6-6 所示。

表 6-4

收　料　单

供应单位：镇江柴油机厂　　　　2019年1月12日

发 票 号：No.007321　　　　编号：2001218

类别	材料名称	规格材质	单位	数量		实际成本			
				应收	实收	单价	发票价格	运杂费	合计
	A材料		吨	30	30	2 400	72 000	3 000	75 000
备注：									

仓库主管：李亚军　　材料会计：王楠　　收料员：关刚　　采购：李华　　制单：岳萌

表 6-5

领　料　单

领料部门：生产一车间　　　　2019年1月5日

用　途：生产甲产品　　　　编号：1220267

材料类别	材料编号	名称	规格	计量单位	请领数量	实发数量	单位成本	金额
	0913	钢管	ϕ30 mm	m	200	200	600	120 000
备注：							合计	120 000

记账：王楠　　领料人：周慧　　发料人：关刚　　领料部门负责人：张凯

表 6-6

借　款　单

2019年1月20日

借款部门：采购部门陆君		
借款理由：出差		
借款数额：贰仟元整　　¥2 000.00		
本部门负责人意见：同意　石志光		借款人：（签章）陆君
领导意见 同意　张国良	会计主管人员核批： 黄平	备注：现付

请注意

经济业务如在单位和单位之间发生的，反映这项经济业务只需一方开出凭证。开出的凭证一般是一式两联或一式多联，对于开出的一方是自制原始凭证，对于取得的一方就是外来原始凭证。自制原始凭证需在提供给外单位的一联上加盖本单位的公章。

（2）原始凭证按其填制手续和内容的不同，可分为一次凭证、累计凭证和汇总凭证。

① 一次凭证（Front-end Document）是指填制手续一次完成、只记录一项经济业务的原始凭证。它是一次有效的凭证，即一次填写完毕就不能再次填写使用的凭证。所有的外来原始凭证都是一次原始凭证，自制原始凭证中大多数也是一次原始凭证，如增值税专用发票、普通发票、收料单、借款单、收据等。

② 累计凭证（Accumulation Document）是指在一定时期内，多次记录发生的若干项同类经济业

务的原始凭证。它是多次有效的原始凭证，能随时结出累计数及结余数，并按照费用限额进行费用控制，期末按实际发生额记账。它主要适用于一些经常重复发生的经济业务，如工业企业使用的限额领料单，它可以在核定的限额内多次领用材料，并可以多次记载有关的业务内容。限额领料单的格式如表 6–7 所示。

表 6-7 限额领料单

领料车间：生产二车间　　　　发料仓库：1 号库

用　　途：生产甲产品　　2018 年 12 月　　编　　号：2013045

材料类别	材料编号	材料名称	规格	计量单位	单价	领用限额	实际领用	
							数量	金额
	1312	钢管	ϕ15 mm	m	600	500	480	288 000

日期	请领		实发			限额结余	退库	
	数量	负责人签章	数量	发料人	领料人		数量	退料单编号
12/2	150	张凯	150	关刚	周慧	350		
12/15	150	张凯	150	关刚	周慧	200		
12/22	180	张凯	180	关刚	周慧	20		
12/31	480		480			20	20	2018124#
累计实发金额			贰拾捌万捌仟元整					

供应部门负责人：薛志强　　生产计划部门负责人：邹志远　　仓库负责人：胡宝冠

③ 汇总凭证（Summary Document）是指将一定时期内反映经济业务内容相同的若干张原始凭证，按照一定标准综合汇总填制在一张凭证上的原始凭证，亦称原始凭证汇总表。汇总凭证可以简化核算手续，提高核算工作效率，使核算资料更为系统化，并为根据原始凭证直接登记明细账提供依据。如发料凭证汇总表、工资结算汇总表、差旅费报销单等。汇总凭证的一般格式如表 6–8、表 6–9 和表 6–10 所示。

表 6-8 发料凭证汇总表

凭证编号：#131236

单位：苏淮公司　　2019 年 1 月 1—31 日　　附　　件：18 张

借方科目 / 材料名称	生产成本	制造费用	管理费用	……	合　计
甲材料	124 000				124 000
乙材料	196 000				196 000
丙材料	240 000	60 000	3 000		303 000
合　计	560 000	60 000	3 000		623 000

会计主管：黄平　　记账：宋娜　　审核：易晓明　　填制：贾晓玲

（3）原始凭证按其格式的不同，可分为通用原始凭证和专用原始凭证。

① 通用原始凭证（General Vouchers）是指由有关部门统一印制、在一定范围内使用的具有统一格式和使用方法的原始凭证。它的使用范围可以是某一地区、某一行业，也可以是全国，由其主管部门制定，如全国通用的增值税专用发票、中国人民银行统一制定的支票、银行汇票等结算凭证等。

表 6-9

工资结算汇总表

2019 年 1 月 31 日

部门	岗位工资	薪级工资	职务津贴	补贴	……	应发工资	住房公积金	失业保险	……	实发合计
经理室	5 400	7 950	5 800	800		19 950	2 400	470		17 080
生产总部	98 700	14 500	8 510	2000		123 710	15 900	2 400		105 410
……	……	……	……	……		……	……	……		……
合　计										

会计主管：黄平　　复核：易晓明　　制表：贾晓玲

表 6-10

差 旅 费 报 销 单

2019 年 1 月 25 日　　附单据　4 张

出差人：张华			事由：开供货会											
出 发 地			到 达 地			公 出 补 贴			车船飞机费	卧铺	住宿费	市内车费	其他	合 计
月	日	地点	月	日	地点	天数	标准	金额						
1	3	淮安	1	3	南京				190					190
1	7	南京	1	7	淮安	5	100	500	200		800		500	2 000
合　计								500	390		800		500	2 190
报销总额	人民币（大写）贰仟壹佰玖拾元整								预借旅费	2 000	补领金额		190	
											归还金额		现金付讫	

会计主管：黄平　　复核：易晓明　　出纳：周小丽　　报销人：张华

② 专用原始凭证（Special Vouchers）是指由单位内部自行印制的、仅在本单位内部使用的原始凭证。这种凭证一般在凭证名称之前写上企业单位名称，如单位内部的收料单、领料单、工资结算分配表、差旅费报销单等。

经济业务的载体是各种各样的原始凭证，经济业务与一张或多张原始凭证之间是否具有“互译功能”？为什么？

三、原始凭证的基本内容

经济业务的内容是多种多样的，记录经济业务的原始凭证的名称、格式和内容也各不相同。但为了满足会计工作的需要，无论是哪一种原始凭证，都必须具备以下基本内容（也称为原始凭证要素）。

（1）原始凭证的名称。

（2）填制凭证的日期和编号。

（3）接受凭证的单位名称。

（4）经济业务的基本内容，包括经济业务的内容摘要、数量、单价、金额等。

（5）填制凭证单位的名称或填制人姓名。

（6）有关人员（部门负责人、经办人员等）签名或签章。

提示

在实际工作中，原始凭证除了具有以上基本内容外，还可以根据经营管理和特殊业务的需要等，补充一些必要的内容，如为了防止伪造，增加了防伪条码或识别标志；为便于业务联系，增加单位的地址、银行账号、电话等；为方便核对查找，注明相关的合同号码、结算方式等。有些特殊的原始凭证，可不加盖公章，但这种凭证一般有固定的特殊标志，如铁路部门统一印制的火车票（见图6-1）等。

图 6-1

四、原始凭证的填制要求

原始凭证是会计核算的原始依据，是明确经济责任的具有法律效力的书面文件。为了保证原始凭证能够正确、及时、清晰地反映各项经济业务的真实情况，提高会计信息质量，原始凭证的填制必须符合下列基本要求。

1．记录真实

原始凭证填制的内容和各项数据必须真实可靠，应根据实际发生的经济业务填制，任何单位不得以虚假的经济业务事项或者资料填制原始凭证。对实物的数量和金额计算，要准确无误，并经过严格审核，不能填写估计数或匡算数。

2．内容完整

原始凭证所要填列的项目必须逐项填写齐全，不得遗漏和省略。项目填列不全的原始凭证，不能作为经济业务的合法证明，也不能作为编制记账凭证的依据和附件。

请注意

原始凭证上的年、月、日要按照填制原始凭证的实际日期填写；名称要齐全，不能简化；品名或用途要填写明确，不能含糊不清；有关人员的签章必须齐全。

3．手续完备

单位自制的原始凭证必须有经办单位领导人或者其他指定的人员签名盖章；对外开出的原始凭证必须加盖本单位公章；从外部取得的原始凭证，必须盖有填制单位的公章；从个人取得的原始凭证，必须有填制人员的签名盖章。购买实物的原始凭证，必须有验收证明；支付款项的原始凭证，必须有收款单位和收款人的收款证明；发生销货退回的，除填制退货发票外，还必须有退货验收证明；退款时，必须取得对方的收款收据或者汇款银行的凭证，不得以退货发票代替收据。经办业务的有关部门和人员要认真审核，经审核无误的凭证必须签名盖章，做到手续完备，明确经济责任。

提示

“公章”是指具有法律效力和特定用途、能证明单位身份和性质的印鉴，包括业务公章、财务专用章、发票专用章和结算专用章。不同的行业和单位，对票据上的单位公章有不同的要求。

4．书写清楚、规范

原始凭证要按规定填写，文字简要，字迹清楚，易于辨认，不得使用未经国务院公布的简化汉字。如果填写过程中出现文字或数字错误，不得任意涂改、刮擦或挖补，应按规定的方法予以更正。书写时要符合下列技术性要求。

（1）各种凭证的书写要按规定使用蓝黑、碳素墨水，字迹要工整、清晰，易于辨认。

经济业务发生后，需要填制一式几联的原始凭证，属于套写的凭证，应一次套写清楚，写透，不能描写，做到不串格、不串行。

（2）大小写金额必须相符并且填写规范，小写金额用阿拉伯数字逐个书写，不得连笔书写。在金额前要填写人民币符号“¥”，人民币符号“¥”与阿拉伯数字之间不得留有空白。金额数字一律填写到角、分，无角、分的，写“00”或符号“—”；有角无分的，分位写“0”，不得用符号“—”。大写金额用汉字壹、贰、叁、肆、伍、陆、柒、捌、玖、拾、佰、仟、万、亿、元、角、分、零、整等，一律用正楷或行书字体写。大写金额前未印有“人民币”字样的，应加写“人民币”三个字，“人民币”字样和大写金额之间不得留有空白。大写金额到元或角为止的，后面要写“整”或“正”字；有分的，不写“整”或“正”字。如小写金额为¥4 007.00，大写金额应写成“人民币肆仟零柒元整”。

小贴士

“¥”符号之说

“¥”系人民币符号，“元”之意。在实际工作中，会计人员常草写为“Y”状。关于“¥”符号的由来有一说：取“元”字的汉语拼音yuán的第一个符号“y”和“元”字的前两笔划“二”，重叠后即形成“¥”。它冠位于原始凭证小写金额之前或者证、账、表小写合计数字前一栏。其作用主要有二：一是指明货币种类，即金额数字是人民币，而非美元（“$”）或港币（“H”）等；二是给后书金额数码“封头”。

另外，由于会计数字事关重大，为了严密防范，以防篡改，不仅要“封头”，而且要“截尾”，即人民币小写金额角分位无数码时，也需写上“00”，或符号“—”，以示截尾。如960元应写为“¥960.00”。但要注意“00”之后不应再写“元”字及“整”字了，因为“¥”符号已含“元”之意，且“00”或“—”已截尾，无需画蛇添足。

（3）编号要连续。如果原始凭证已预先印定编号，在写坏作废时，应加盖“作废”戳记，妥善保管，不得撕毁。

（4）不得涂改、刮擦、挖补。原始凭证有错误的，应当由出具单位重开或更正，更正处应当加盖出具单位印章。原始凭证金额有错误的，应当由出具单位重开，不得在原始凭证上更正。

对某些重要凭证，如支票等填写错误，则不能更正，更不能撕毁，应办理作废手续后重新填写，作废的凭证要加盖“作废”戳记，按原编号顺序与其他存根联一起保存。

5．填制及时

经济业务发生后，各种原始凭证一定要及时填写，并按规定的程序及时送交会计机构、会计人员进行审核，不得任意拖延或隔时补填。

经上级有关部门批准的经济业务，应当将批准文件作为原始凭证附件。如果批准文件需要单独归档，应当在凭证上注明文件的批准机关名称、日期和文号，以便查阅和确认经济业务的审批情况。

原始凭证如果遗失，你知道怎么处理吗？

五、原始凭证的审核

为了如实反映经济业务的发生和完成情况，保证会计信息的真实、可靠，充分发挥会计的监督职能，应由有关人员对填制和取得的原始凭证进行审核。只有经过审核无误后的原始凭证，才能作为记账的依据。这既是会计核算的一项基础性工作，也是会计监督的重要环节。原始凭证的审核主要包括以下几个方面。

1. 真实性审核

原始凭证是会计核算的原始资料，其真实与否直接影响着会计信息的质量。其真实性审核包括原始凭证是否根据实际发生的经济业务填列，有无掩盖、伪造、歪曲和颠倒；原始凭证的日期、业务内容和数据是否真实等。

请注意

对外来原始凭证，必须有填制单位公章和填制人的签章；对自制原始凭证，必须有经办部门和经办人的签名或盖章；对通用原始凭证，还应审核凭证本身的真伪，以防假冒。

2. 合法性和合理性审核

原始凭证的合法性和真实性审核包括审核原始凭证所反映的经济业务是否合法、合理，即是否符合有关政策、法令、制度、计划、预算和合同等规定，是否符合审批权限和手续，是否履行了规定的凭证传递程序，费用开支是否符合开支标准，是否符合节约原则等。

请注意

对于违法乱纪、涂改、伪造冒领等非法行为，应扣留凭证，并根据有关法规，进行严肃处理。

3. 完整性审核

原始凭证的完整性审核包括审核原始凭证的项目内容是否填列齐全，手续是否完备，凭证联次是否正确，有关经办人员是否都已签名或盖章，是否经过有关主管人员审批同意等。

4. 正确性审核

原始凭证的正确性审核包括审核原始凭证内容是否正确，包括在原始凭证上填写的数量、单价、金额等数据是否清晰且计算正确，文字是否工整，书写是否规范，凭证联次是否连续，有无刮擦、涂改和挖补等。

5. 及时性审核

原始凭证的及时性审核包括审核经济业务发生或完成时是否及时填制了有关原始凭证，是否及时进行了凭证的传递。审核时应注意审查凭证的填制日期，尤其是支票、商业汇票等时效性较强的原始凭证，更应仔细验证其签发日期。

提示

原始凭证的审核，是一项严肃而细致的工作，会计人员必须坚持原则，履行应尽的职责。任何单位和个人都不允许以任何方式要求和强迫会计机构和会计人员为违法和虚假事项制造掩护。

小贴士

对于经审核的原始凭证，应根据如下不同的情况进行处理。

① 对于完全符合要求的原始凭证，应及时据以编制记账凭证入账。

② 对于真实、合法、合理但内容不够完整、填写有错误的原始凭证，应退回给有关经办人员，由其负责将有关凭证补充完整、更正错误或重开后，再办理正式会计手续。

③ 对于不真实、不合法的原始凭证，会计机构和会计人员有权不予接受，并向单位负责人报告。

典型任务举例

1．资料

苏淮公司2019年1月6日开出一张现金支票，从中国工商银行清江支行营业部提取现金3 000元备用。

2．要求

根据上述经济业务填制现金支票。

3．工作过程

步骤1：明确原始凭证的填制要求。

步骤2：熟悉现金支票的格式及相关内容，如表6-11和表6-12所示。

表6-11

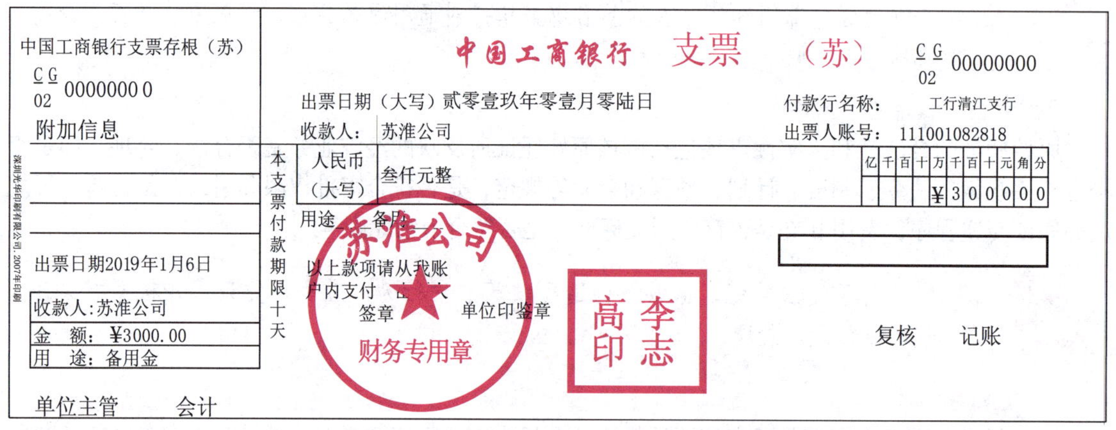
中国工商银行支票存根（苏）
CG 02 00000000
附加信息
出票日期2019年1月6日
收款人:苏淮公司
金额：¥3000.00
用途：备用金
单位主管　　会计

中国工商银行　支票　（苏）　CG 02 00000000
出票日期（大写）贰零壹玖年零壹月零陆日　付款行名称：工行清江支行
收款人：苏淮公司　出票人账号：111001082818
本支票付款期限十天
人民币（大写）叁仟元整　¥300000
用途　备用
以上款项请从我账户内支付
出票人签章　单位印鉴章
复核　记账

支票是出票人签发的，委托办理支票存款业务的银行在见票时无条件支付确定金额给收款人或持票人的票据，常用的支票有“现金支票”和“转账支票”两种。

步骤3：了解“现金支票”正联与存根联的作用。

“现金支票”正联由提款单位填制并加盖印章后交给银行用于提取现金，银行付款后将其作为付款的原始凭证。“现金支票”的存根联由提款单位在提款后作为记账的原始凭证。

步骤4：正确填制现金支票，如表6-11所示。

现金支票正联背面如表6-12所示。

表6-12

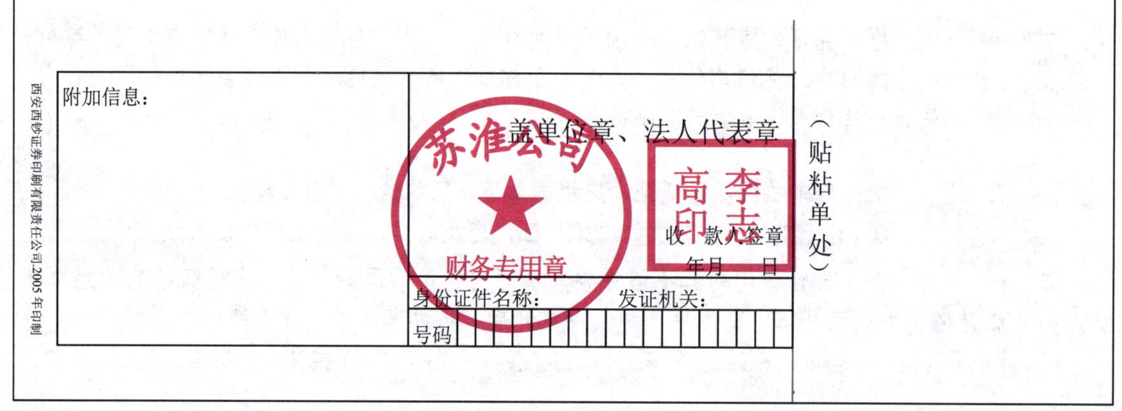
附加信息：
盖单位章、法人代表章
收款人签章
年　月　日
身份证件名称：　发证机关：
号码
（贴粘单处）

职业能力训练

1. 判断题（正确的在括号内打“√”，错误的打“×”）

（1）会计凭证按其取得的来源不同，可以分为原始凭证和记账凭证。（　　）

（2）填制原始凭证时，所有以“元”为单位的阿拉伯数字，除单价等情况外，一律填写到角、分；有角无分的，分位应当写“0”或用符号“—”代替。（　　）

（3）从外部取得的原始凭证，必须盖有填制单位的公章；从个人取得的原始凭证，不需签名盖章。（　　）

（4）原始凭证审核时，对于数字填写有差错的凭证，应退还经办人员进行更正后才能受理。（　　）

（5）外来的原始凭证都是一次凭证，自制的原始凭证可能是一次凭证，也可能是累计凭证。（　　）

2. 选择题（下列答案中有一项或多项是正确的，将正确答案前英文字母填入括号内）

（1）以下属于汇总原始凭证的是（　　）。

A. 汇总收款凭证　B. 收料凭证汇总表　C. 限额领料单　D. 发料凭证汇总表

（2）下列属于自制原始凭证的有（　　）。

A. 收料单　B. 领料单　C. 增值税专用发票　D. 发料凭证汇总表

（3）下列项目中，不能作为记账凭证依据的是（　　）。

A. 入库单　B. 差旅费报销单　C. 费用预算表　D. 经济合同

（4）制造费用分配表属于（　　）。

A. 累计凭证　B. 自制原始凭证　C. 一次凭证　D. 外来原始凭证

（5）原始凭证的填制要求，包括（　　）。

A. 记录真实　B. 内容完整和手续完备

C. 书写清楚、规范　D. 填制及时

3. 任务实训

［实训目的］掌握“转账支票”的填制方法。

［实训资料］苏淮公司（开户银行：工行清江支行；账号：111001082818；2019 年 2 月 8 日向宝华钢铁厂购买钢材 100 吨，每吨 5 000 元，增值税 85 000 元，价税合计 585 000 元，用“转账支票”付讫。

［实训要求］根据上述经济业务填制转账支票。

任务二　填制与审核记账凭证

任务描述

记账凭证记载的是会计信息，从原始凭证到记账凭证是经济信息转换成会计信息的过程，是使会计信息系统化的第一步。记账凭证的主要作用在于根据原始凭证反映的经济内容加以归类整理，确定会计分录，减少记账差错，便于对账和查账，从而提高记账工作的质量和会计核算的效率。理解填制与审核记账凭证是会计核算工作的起点，了解记账凭证的基本分类和一般内容，掌握记账凭证的填制与审核方法。

知识准备

微课：记账凭证

一、记账凭证的概念和分类

1．记账凭证的概念

记账凭证（Entry Document）又称记账凭单，是指会计人员根据审核无误的原始凭证按照经济业务事项的内容加以归类，用以确定会计分录并据以登记账簿的一种会计凭证。它是介于原始凭证与账簿之间的中间环节，将原始凭证中的一般数据转化为会计语言，是登记账簿的直接依据。

2．记账凭证的分类

（1）记账凭证按其使用范围的不同，可分为专用记账凭证和通用记账凭证。

① 专用记账凭证指专门记录某一类经济业务的记账凭证。专用记账凭证按其反映的经济内容不同，又可分为收款凭证、付款凭证和转账凭证。专用记账凭证一般适用于企业规模较大、经济业务数量以及收付款业务较多的单位。

收款凭证（Receipt Voucher）是指用来记录现金和银行存款收款业务的一种记账凭证，分为现金收款凭证和银行存款收款凭证。

付款凭证（Disbursement Voucher）是指用来记录现金和银行存款付款业务的一种记账凭证，分为现金付款凭证和银行存款付款凭证。

请注意

对于库存现金和银行存款之间的相互划转业务，为避免重复记账，一般只填制付款凭证，不填制收款凭证。

转账凭证（Transfer Voucher）是指用来记录不涉及现金和银行存款收付业务的其他经济业务的一种记账凭证，即用于记录转账业务的记账凭证。

提示

在实际工作中，为了便于区别这三种专用记账凭证，一般采用不同颜色的文字或纸张印刷。

② 通用记账凭证（General Purpose Entry Document）是指使用统一的格式记录所有发生的经济业务的记账凭证。在经济业务比较简单、经营规模较小的单位，为了简化会计凭证，不再划分收款凭证、付款凭证和转账凭证，一般使用通用记账凭证记录所发生的各种经济业务。通用记账凭证的格式与转账凭证基本相同，只是凭证的名称不一样。

（2）记账凭证按其填制的方法不同，可分为单式记账凭证和复式记账凭证。

① 单式记账凭证（Single Entry Document）是指按每笔经济业务所涉及的每个会计科目，分别填制的记账凭证，即一张凭证上只填制一个会计科目的记账凭证。其中，只记录借方账户的称为借项记账凭证；只记录贷方账户的称为贷项记账凭证。单式记账凭证的格式和内容如表6-13和表6-14所示。

请注意

采用单式记账凭证使每笔经济业务至少要填制在两张记账凭证上，其优点便于分工记账和编制科目汇总表。但填制凭证的工作量较大，数量较多，且不能在一张凭证上完整地反映经济业务的全貌，也不便于查账。

表 6-13

借项记账凭证

对应科目：银行存款　　2019 年 1 月 16 日　　编号：129 $\frac{1}{2}$

摘　要	一级科目	二级或明细科目	金额	记账
归还前欠货款	应付账款	北方建材公司	257 500	

附件 1 张

会计主管：　记账：　出纳：周小丽　审核：　填制：贾晓玲

表 6-14

贷项记账凭证

对应科目：应付账款　　2019 年 1 月 16 日　　编号：129 $\frac{2}{2}$

摘　要	一级科目	二级或明细科目	金额	记账
归还前欠货款	银行存款		257 500	

附件 1 张

会计主管：　记账：　出纳：周小丽　审核：　填制：贾晓玲

② 复式记账凭证（Double Entry Document）是指能反映一笔完整经济业务的记账凭证，即凡属于同一笔经济业务的会计分录，不论涉及几个会计科目，一般都要集中填制在一张记账凭证上。复式记账凭证可以集中反映账户的对应关系，有利于了解经济业务的全貌，便于查账，同时还可以减少编制记账凭证的数量，但不便于分工记账及会计科目的汇总。

提示　在实际工作中，普遍使用的是复式记账凭证。上述收款凭证、付款凭证和转账凭证及通用记账凭证都属于复式记账凭证。

二、记账凭证的基本内容

记账凭证是登记账簿的直接依据。尽管记账凭证种类很多，各种记账凭证分别反映不同类型的经济业务，但不论哪一种记账凭证，都必须具备以下基本内容（也称为记账凭证要素）。

（1）记账凭证的名称。

（2）填制记账凭证的日期。

（3）记账凭证的编号。

（4）经济业务事项的内容摘要。

（5）经济业务事项所涉及的会计科目及其记账方向。

（6）经济业务事项的金额。

（7）记账标记。

（8）所附原始凭证张数。

（9）会计主管、记账、审核、出纳、制单等有关人员的签章。

提示　记账凭证上的日期是指填制凭证的日期，而不是经济业务发生的日期。

三、记账凭证的填制要求

正确填制记账凭证，是保证账簿记录正确的基础。记账凭证的填制，除必须做到记录真实、内容完整、书写清楚规范、手续完备和填制及时外，还应符合以下要求。

（1）正确确定应使用的记账凭证。使用专用记账凭证的单位，应根据经济业务的性质，先确定使用收款凭证、付款凭证还是转账凭证。对于涉及现金和银行存款之间的划转业务，例如以现金存入银行或从银行提取现金，一般只需填制付款凭证，以避免重复记账。

（2）简明填写“摘要”栏。记账凭证中“摘要”栏的填写，必须针对不同性质的经济业务的特点，做到一要真实准确，二要简明扼要。对于冲销或补充等更正差错事项，在其所编记账凭证“摘要”栏内应注明“注销某月某日某号凭证”或“订正某月某日某号凭证”字样。

（3）正确确定会计分录。按现行会计制度的规定和借贷记账法的记账规则，正确确定会计分录，不得任意变更会计科目的名称和核算内容。会计科目应填写全称，不得简写或只写编号而不写名称。要写明必要的明细科目。

（4）记账凭证必须连续编号。记账凭证编号必须连续，以便日后查考，避免凭证散失，确保凭证完整无缺。在进行编号时，一般以一个结账期为号码的起讫期，分别从“1号”编起。采用通用记账凭证时，可按经济业务发生的顺序编号。采用专用记账凭证时，可采用“字号编号法”，即收字第 × 号、付字第 × 号和转字第 × 号。一笔经济业务需要填制两张及两张以上记账凭证时，可采用“分数编号法”。例如，一笔转账业务需要填制两张凭证，凭证的连续编号为6，则可编为“转字$6\frac{1}{2}$号”“转字$6\frac{2}{2}$”号。每月末最后一张记账凭证的编号旁应加注“全”字。

记账凭证无论采用哪一种编号，都不得采用按年或按季连续编号方法。

（5）不得随意汇编、拆编记账凭证。记账凭证可以根据每一张原始凭证填制，或者根据若干张同类原始凭证汇总填制，也可以根据原始凭证汇总表填制。但不得将不同内容和类别的原始凭证汇总填列在一张记账凭证上，也不能人为地把一笔经济业务任意割裂开来填制在几张凭证上。

（6）要注明所附原始凭证的张数。每张记账凭证必须注明所附原始凭证的张数，以便日后查对。如果根据同一原始凭证填制几张记账凭证，可以把原始凭证附在一张主要的记账凭证后面，并在其他记账凭证“摘要”栏内注明附有该原始凭证的记账凭证的编号或者附原始凭证复印件。

除结账和更正错误的记账凭证可以不附原始凭证外，其他记账凭证必须附有原始凭证。

小贴士

原始凭证附件张数的计算方法有两种：一种是按构成记账凭证金额的原始凭证或原始凭证汇总表计算张数，原始凭证或原始凭证汇总表所附的单据，只作为附件的附件处理。如市内交通费、邮寄费、业务招待费等单据，因数量多，可粘贴在一张表上，作为一张原始凭证附件，但该表上同样要注明张数。另一种是以所附原始凭证的自然张数为准，有一张算一张。

（7）要正确处理填错的记账凭证。填制记账凭证时如发生错误，应当重新填制。如已登记入账，则按规定的方法进行更正，具体处理方法如下。

① 已经登记入账的记账凭证在当年内发现会计科目填写错误时，可以用红字填写一张与原内

容相同的记账凭证，在摘要栏注明“注销某月某日某号凭证”字样，同时再用蓝字重新填写一张正确的记账凭证，在摘要栏注明“订正某月某日某号凭证”字样。

② 如果会计科目没有错误只是金额错误，也可以将正确数字与错误数字之间的差额，另编制一张调整的记账凭证，调增金额用蓝字，调减金额用红字。

③ 发现以前年度记账凭证有错误的，应当用蓝字填制一张更正的记账凭证。

（8）“金额”栏填写要规范，空行要划线注销。填写金额时，阿拉伯数字要规范，写到格宽的$\frac{1}{2}$，并平行对准借贷栏次和科目栏次，防止串行。金额数字要写到分位，角、分位没有数字要填上“00”，角、分位为数字或零，要与元位的数字平行，不得上下错开。要在金额合计行填写合计金额，并在前面写上“¥”符号。不是合计金额，则不填写货币符号。记账凭证“金额”栏在填制完经济业务事项后，如有空行，应当自金额栏最后一笔金额数字下的空行处至合计数上的空行处划斜线或“S”形线注销。

（9）手续要完备。记账凭证填制完成后，应进行复核和检查，有关人员均应签字盖章。出纳人员根据收、付款凭证收入款项或付出款项时，应在凭证上加盖“收讫”或“付讫”的戳记，以免重收重付、漏收漏付。

（10）会计电算化的记账凭证要规范。实行会计电算化的单位，采用的机制记账凭证应当符合手工记账凭证的一般要求，打印出来的机制记账凭证要加盖有关单位的公章及相关人员的签章，以加强审核，明确责任。

四、记账凭证的填制方法

1．收款凭证的填制方法

收款凭证是根据现金或银行存款收款业务的原始凭证填制的。凡是涉及现金和银行存款增加的业务都必须填制收款凭证。收款凭证上的日期填写填制凭证时的日期。“摘要”栏内应填写经济业务的简要说明。左上方“借方科目”后应填写“库存现金”或“银行存款”科目。“贷方科目”栏应填写与收入现金或银行存款相对应的一级科目和二级或明细科目。各一级科目的应贷金额，应填入与本科目同一行的“一级科目金额”栏中；所属明细科目应贷金额应填入与各明细科目同一行的“明细科目金额”栏中。各一级科目应贷金额应等于所属各明细科目应贷金额之和。借方科目应借金额应为“合计”行的合计金额。“记账”栏注明记入总账或日记账、明细账的页次，也可以划“√”表示已登记入账。“附件张数”填写所附原始凭证的张数。具体填制方法如表 6-15 所示。

2．付款凭证的填制方法

付款凭证是根据现金或银行存款付款业务的原始凭证填制的。凡是涉及现金和银行存款减少的业务都必须填制付款凭证。左上方“贷方科目”后应填写“库存现金”或“银行存款”科目。“借方科目”栏应填写与付出现金或银行存款相对应的一级科目和二级或明细科目。其他内容与收款凭证基本相同。具体填制方法如表 6-16 所示。

3．转账凭证的填制方法

转账凭证是根据不涉及现金和银行存款收付的转账业务的原始凭证填制的。凡不涉及现金和银行存款增加或减少的业务都必须填制转账凭证。“会计科目”栏应分别填写应借应贷的一级科目和所属二级或明细科目。借方科目的应记金额，在与借方科目同一行的“借方金额”栏填记；贷方科目的应记金额，在与贷方科目同一行的“贷方金额”栏填记；“借方金额”栏合计数与“贷方金额”栏合计数应相等。其他内容的填制方法与收款凭证、付款凭证基本相同。具体填制方法如表 6-17 所示。

4．通用记账凭证的填制方法

通用记账凭证的填制与转账凭证的填制方法基本相同。通用凭证不设主体科目栏，经济业务涉及的会计科目全部填写在“会计科目”栏内，借方科目在先，贷方科目在后，借方科目的金额填入“借方金额”栏，贷方科目的金额填入“贷方金额”栏。具体填制方法如表6-18所示。

五、记账凭证的审核

为了使记账凭证的填制符合记账要求，正确反映经济业务内容，任何记账凭证在登记入账前都应由专人对其进行审核。记账凭证的审核，是在对原始凭证审核基础上进行的再审核，要着重审核记账凭证的填制是否正确，是否符合规定要求。审核的主要内容如下。

（1）内容是否真实。审核记账凭证是否附有原始凭证，所附原始凭证的内容与记账凭证的内容是否一致，记账凭证汇总表的内容与其所依据的记账凭证的内容是否一致等。

（2）项目是否齐全。审核记账凭证各项目的填写是否齐全，如日期、凭证编号、摘要、会计科目、金额、附原始凭证张数以及有关人员签章等。

（3）科目是否正确。审核记账凭证的应借、应贷科目是否正确，是否有明确的账户对应关系，所使用的会计科目是否符合有关会计制度的规定。

（4）金额是否正确。审核记账凭证填制的金额与所附原始凭证的金额合计是否一致，记账凭证汇总表的金额与记账凭证的金额合计是否相符等。

（5）书写是否正确。审核记账凭证中的记录是否文字工整、数字清晰，是否按规定使用蓝黑墨水，是否按规定进行更正等。

在审核过程中，如果发现差错，应及时查明原因，并按有关规定及时处理和更正。只有经过审核无误的记账凭证，才能据以登记账簿。

记账凭证审核与原始凭证审核有哪些相同点和不同点？

典型任务举例

1．资料

苏淮公司2019年1月发生下列部分经济业务。

（1）5日，收回宏达公司前欠货款348 000元，存入银行。

（2）10日，用现金580元支付本单位行政科购买的零星办公用品款。

（3）31日，计提本月生产车间固定资产折旧费15 000元，厂部固定资产折旧费2 578元。

（4）31日，采购员王强报销差旅费1 800元，原借款为2 000元，余款退回现金。

2．要求

根据上述经济业务，分别编制收、付、转及通用记账凭证。

3．工作过程

步骤1：上述经济业务发生后，按会计岗位分工和业务流程，由经办计对原始凭证的合法性、合理性、完整性、真实性和正确性进行审核。

步骤2：判断每笔经济业务发生后会涉及哪些会计科目，账户之间的对应关系如何，并选择恰当的记账凭证。

步骤3：认知各种记账凭证的填制方法。由制单人员按正确的填制方法进行填制并签章，如表6-15、表6-16、表6-17和表6-18所示。

表 6-15

收 款 凭 证

总字第___号

借方科目：银行存款　　2019 年1 月 5 日　　收字第 6 号

摘要	贷方科目		✓	金额										附单据1张
	总账科目	明细科目		千	百	十	万	千	百	十	元	角	分	
收回前欠货款	应收账款	宏达公司				3	4	8	0	0	0	0	0	
人民币（大写）叁拾肆万捌仟元整					¥	3	4	8	0	0	0	0	0	

财务主管(签章)　　记账(签章)　　出纳(签章)　　复核(签章)　　制单(签章) 贾晓玲

转账凭证下方的有关人员签章和收款凭证、付款凭证的人员一样吗？为什么？

表 6-16

付 款 凭 证

总字第___号

贷方科目：库存现金　　2019 年 1 月 10 日　　付字第 22 号

摘要	借方科目		✓	金额										附单据1张
	总账科目	明细科目		千	百	十	万	千	百	十	元	角	分	
购买办公用品	管理费用	办公费							5	8	0	0	0	
人民币（大写）伍佰捌拾元整								¥	5	8	0	0	0	

财务主管(签章)　　记账(签章)　　出纳(签章)　　复核(签章)　　制单(签章) 贾晓玲

表 6-17

转 账 凭 证

总字第___号

2019 年 1 月 31 日　　转字第 78 号

摘要	总账科目	明细科目	借方金额									贷方金额									✓	附件据1张
			百	十	万	千	百	十	元	角	分	百	十	万	千	百	十	元	角	分		
计提折旧	制造费用	折旧费			1	5	0	0	0	0	0											
	管理费用	折旧费			2	5	7	8	0	0	0											
	累计折旧													1	7	5	7	8	0	0		
合计				¥	1	7	5	7	8	0	0		¥	1	7	5	7	8	0	0		

财务主管(签章)　　记账(签章)　　复核(签章)　　制单(签章) 贾晓玲

表 6-18

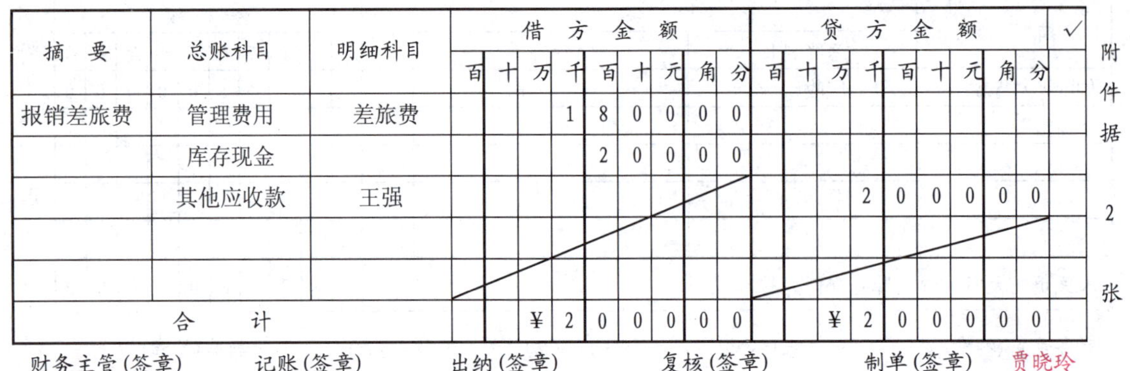

通用记账凭证

2019 年 1 月 31 日　　　　第 689 号

摘要	总账科目	明细科目	借方金额									贷方金额									✓
			百	十	万	千	百	十	元	角	分	百	十	万	千	百	十	元	角	分	
报销差旅费	管理费用	差旅费				1	8	0	0	0	0										
	库存现金						2	0	0	0	0										
	其他应收款	王强													2	0	0	0	0	0	
合计					¥	2	0	0	0	0	0			¥	2	0	0	0	0	0	

附件据 2 张

财务主管（签章）　记账（签章）　出纳（签章）　复核（签章）　制单（签章）贾晓玲

本笔经济业务如果用收、付、转记账凭证需要填制几张？如何填制？

职业能力训练

1．判断题（正确的在括号内打“√”，错误的打“×”）

（1）凡是涉及现金或银行存款增加的经济业务必须填制收款凭证。（　）

（2）现金存入银行时，为避免重复记账只编制银行存款收款凭证，不编制现金付款凭证。（　）

（3）为了简化工作手续，可以将不同内容和类别的原始凭证进行汇总，填制在一张记账凭证上。（　）

（4）记账人员根据记账凭证记账后，应在“记账符号”栏内打“√”做记号，表示该笔金额已记入有关账户，以免漏记或重记。（　）

（5）一般情况下，记账凭证必须附有原始凭证，但结账和更正错账的记账凭证可以不附原始凭证。（　）

2．选择题（下列答案中有一项或多项是正确的，将正确答案前英文字母填入括号内）

（1）下列属于记账凭证审核的基本内容是（　）。

A．是否附有原始凭证　　B．账户的对应关系是否清晰
C．有关项目是否填列齐全　　D．有关人员是否签名盖章

（2）在填制记账凭证时，下列做法属于错误的有（　）。

A．将不同类型业务的原始凭证合并编制在一张记账凭证上
B．一个月内的记账凭证连续编号
C．从银行提取现金时只填制现金收款凭证
D．更正错账的记账凭证可以不附原始凭证

（3）涉及现金与银行存款之间划款业务的，可以编制的记账凭证是（　）。

A．银行存款收款凭证　B．银行存款付款凭证　C．现金收款凭证　D．现金付款凭证

（4）记账凭证的填制，可以根据（　）。

A．每一张原始凭证　　B．若干张同类原始凭证
C．原始凭证汇总表　　D．不同内容和类别的原始凭证

（5）下列人员中，应在收款凭证上签名或盖章的有（　　）。

A. 会计主管人员　　B. 填制和记账人员　　C. 出纳人员　　D. 审核人员

3. 任务实训

[实训目的]掌握收款凭证、付款凭证和转账凭证的填制方法。

[实训资料]本书项目五所有项目实训资料。

[实训要求]分别编制收、付、转及通用记账凭证。

任务三　传递、装订与保管会计凭证

任务描述

科学合理地组织会计凭证的传递，妥善做好会计凭证的装订与保管工作，对及时处理和登记经济业务，明确经济责任，强化内部会计监督机制具有重要作用。正确理解会计凭证传递的意义及应遵循的基本要求，掌握各种会计凭证排序、粘贴和折叠的一般方法，了解会计凭证封面的格式、内容及会计凭证保管的期限。

知识准备

一、会计凭证的传递

会计凭证的传递是指从会计凭证的取得或填制时起至归档保管过程中，在单位内部有关部门和人员之间的传递程序和传递时间。

1. 会计凭证传递的作用

（1）有利于及时反映各项经济业务的发生或完成情况。从经济业务的发生到账簿登记有一定的时间间隔，通过明确会计凭证的传递程序和传递时间，就能把有关经济业务完成情况，及时地传递到有关部门和人员，以保证会计凭证按时送到财务会计部门，及时记账、结账，并按规定编制会计报表。这样，就可以及时、正确地反映各项经济业务的完成情况，提高工作效率。

（2）有利于正确地组织经济活动，加强会计监督。经济业务的发生或完成及记录，是由若干责任人共同负责、分工完成的。因此，正确组织会计凭证的传递，能把本单位各有关部门和人员的活动紧密地联系起来，可以明确各部门及人员的分工协作关系，强化各工作环节之间的监督和制约作用，体现了经济责任制度的执行情况。

提示　不同的企业，由于经济业务不同，涉及的部门不同，会计凭证传递的程序和时间也不尽相同。

2. 会计凭证传递应遵循的基本要求

（1）合理规定各种会计凭证的联数和传递程序。各单位应根据各项经济业务的特点，结合内部机构组织和人员分工的情况，以及有关部门和人员利用会计凭证进行经营管理的需要，并从完善内部牵制制度的角度出发，具体规定各种会计凭证的联数和传递程序，使经办业务的部门和人员既能按照规定的程序办理凭证手续，又能利用会计凭证了解经济业务完成的进程。各单位应避免会计凭

证传递流经不必要的环节，影响凭证的传递速度。

（2）合理规定会计凭证在各个处理环节上的停留时间。各单位从保证会计核算的及时性出发，应明确规定各种会计凭证在流经有关部门和经办人员在处理该项业务手续时所停留的最长时间。各单位既要防止时间过紧而影响业务手续的完成，又要防止时间过松而造成不必要的耽搁，影响凭证的及时传递。

（3）协商确定会计凭证的传递程序和传递时间。由于原始凭证涉及的经办部门和人员较多，因此会计部门要在深入调查研究的基础上，会同有关部门和人员共同协商确定凭证的传递程序和传递时间。记账凭证是会计部门的内部凭证，可由会计主管人员与制单、复核、出纳、记账等有关人员共同协商确定其传递程序和传递时间。

（4）会计凭证传递过程中的衔接手续，应做到既完备严密，又简便易行，凭证的签发、交接应有一定的制度，以确保会计凭证的安全和完整。

（5）一切会计凭证的传递和处理，必须在报告期内完成，不允许跨期，否则将影响会计核算的及时性和正确性。

提示 会计凭证传递程序和时间确定以后，有关部门和人员都必须严格遵守，自觉执行。在执行过程中，如发现有不合理之处，各单位可以随时根据实际情况加以修订。对于若干主要的经济业务，各单位可以绘制原始凭证流程图，供有关人员使用。

二、会计凭证的保管

微课：装订凭证

会计凭证的保管是指会计凭证记账后的整理、装订、归档和存查工作。

按照新修订的《会计档案管理办法》的要求，对会计凭证的保管，既要做到会计凭证的安全和完整无缺，又要便于凭证的事后调阅和查找。其具体要求包括以下几个方面。

（1）记账凭证在未装订之前，一般都分散在有关会计人员手中使用或存放。在这个期间内，所有使用记账凭证的会计人员都应妥善保管好原始凭证和记账凭证。记账人员在完成过账工作后，应及时把记账凭证交给负责记账凭证汇总的人员。

提示 从外单位取得的原始凭证遗失时，应取得原签发单位盖有公章的证明，并注明原始凭证的号码、金额、内容等，由经办单位会计机构负责人、会计主管人员和单位负责人批准后，才能代作原始凭证。若确实无法取得证明的，如车票丢失，则应由当事人写明详细情况，由经办单位会计机构负责人、会计主管人员和单位负责人批准后，代作原始凭证。

（2）每月终了，要将本月各种记账凭证加以整理，装订成册。序号每月一编，装订好的会计凭证厚度通常为2.0～3.0厘米。装订之前，应检查所附原始凭证是否齐全，有无遗漏；记账凭证有无缺号；每本记账凭证应汇总一次，附在第1号凭证的前面，然后按顺序依次排列装订成册，并加具封面、封底，注明单位名称、凭证种类、所附年月和起讫日期、起讫号码、凭证张数等。为了防止故意拆装，应在装订处加贴封签，在封签处由装订人员和会计主管加盖骑缝章，以明确责任。会计凭证封面的格式如表6-19所示。

提示 会计凭证的装订程序如下。①整理记账凭证，摘掉凭证上的大头针等，并将记账凭证按编号顺序码放。②将记账凭证汇总表、银行存款余额调节表放在最前面，并放上封面、封底。③在码放整齐的记账凭证左上角放一张8厘米×8厘米大小的包角纸。包角纸要厚实一点，其左边和上边与记账凭证取齐。④过包角纸上沿距左边5厘米处和左沿距上边 4 厘米处划一条直线，并用两点将此直线等分，再分别在等分直线的两点处将包角纸和记账凭证打上两个装订孔。⑤用绳穿绕扣紧（结扎在背后）粘上包角纸。⑥将装订线印章盖于骑缝处，并注明年、月、日和册数的编号。

表 6-19　　会计凭证封面格式

年 月 第 册	（　企　业　名　称　） ______年______月共____册第____册 收款 付款　　凭证第　　号至第　　号共　　张 转账 附：原始凭证____张 会计主管：　　　　保管：

会计凭证不能跨月装订。会计凭证装订册数多少，取决于会计凭证张数的多少，但每月至少装订一册。

（3）会计凭证应加贴封条，防止抽换凭证。原始凭证不得外借，其他单位如有特殊原因确实需要使用时，经本单位会计机构负责人、会计主管人员批准，可以复印。向外单位提供的原始凭证复印件，应在专设的登记簿上登记，并由提供人员和收取人员共同签名、盖章。

（4）原始凭证较多时可单独装订，但应在凭证封面注明所属记账凭证的日期、编号和种类，同时在所属的记账凭证上应注明"附件另订"及原始凭证的名称和编号，以便查阅。

对于各种经济合同、存出保证金收据以及涉外文件等重要原始资料，应另编目录，单独登记保管，并在有关的记账凭证和原始凭证上相互注明日期和编号。

（5）严格遵守会计凭证的保管期限要求，期满前不得任意销毁。每年装订成册的会计凭证，在年度终了时可暂由单位会计机构保管一年，期满后即应移送本单位档案机构登记归档统一保管。未设立档案机构的，应当在会计机构内部指定专人保管。出纳人员不得兼管会计档案。会计凭证的保管期限一般为 30 年。

企业和其他组织会计档案保管期限表，如表 6-20 所示。

表 6-20　　企业和其他组织会计档案保管期限表

序号	档案名称	保管期限	备注
一	会计凭证		
1	原始凭证	30 年	
2	记账凭证	30 年	
二	会计账簿		
3	总账	30 年	
4	明细账	30 年	
5	日记账	30 年	

续表

序号	档 案 名 称	保管期限	备 注
6	固定资产卡片		固定资产报废清理后保管5年
7	其他辅助性账簿	30年	
三	**财务会计报告**		
8	月度、季度、半年度财务会计报告	10年	
9	年度财务会计报告	永久	
四	**其他会计资料**		
10	银行存款余额调节表	10年	
11	银行对账单	10年	
12	纳税申报表	10年	
13	会计档案移交清册	30年	
14	会计档案保管清册	永久	
15	会计档案销毁清册	永久	
16	会计档案鉴定意见书	永久	

典型任务举例

1. 要求

苏淮公司在组织会计凭证装订前应怎样排序、粘贴和折叠？

2. 工作过程

步骤1：根据单位内部会计岗位设置和会计凭证传递程序，明确各类凭证的装订种类和一般要求。

步骤2：具体工作流程如下。

（1）对于纸张面积大于记账凭证的原始凭证，可按记账凭证的面积尺寸，先自右向左，再自下向上两次折叠。注意应把凭证的左上角或左侧面让出来，以便装订后，还可以展开查阅。

（2）对于纸张面积过小的原始凭证，一般不能直接装订，可先按一定次序和类别排列，再粘在一张与记账凭证大小相同的白纸上，粘贴时宜用胶水。

（3）对于纸张面积略小于记账凭证的原始凭证，可以用回形针或大头针别在记账凭证后面，待装订凭证时，抽去回形针或大头针。

（4）原始凭证附加记账凭证后的顺序应与记账凭证所记的内容顺序一致，不应按原始凭证的面积大小来排序。

（5）所有汇总装订好的会计凭证都要加具封面。封面应用较为结实、耐磨、韧性较强的牛皮纸等。

职业能力训练

1. 判断题（正确的在括号内打“√”，错误的打“×”）

（1）尽管不同的企业所发生的经济业务不同，涉及的部门不同，但会计凭证传递的程序和时间是相同的。（　　）

（2）记账凭证是会计部门的内部凭证，可由会计主管人员与制单、复核、出纳、记账等有关人员共同协商确定其传递程序和传递时间。（　　）

（3）会计凭证传递程序和时间一旦确定以后，不管企业发生什么情况，任何人都不得随意变更。（　　）

（4）在会计凭证传递期间，凡经办会计凭证的会计人员都有责任保管好原始凭证和记账凭证，严防会计凭证在传递中散失。（　　）

（5）会计凭证是企业会计档案的重要组成部分，一般情况下不得外借和复制。（　　）

2．选择题（下列答案中有一项或多项是正确的，将正确答案前英文字母填入括号内）

（1）确定会计凭证的传递程序应考虑的因素有（　　）。

A. 内部机构的设置　　B. 经济业务的特点　　C. 经营管理的需要　　D. 内部控制制度的要求

（2）会计凭证的传递主要包括（　　）。

A. 凭证传递的种类和张数　　B. 凭证传递的路线

C. 凭证在各个环节的停留时间　　D. 会计凭证的装订

（3）下列各项中，正确保管原始凭证的方法是（　　）。

A. 原始凭证较多时，编制汇总原始凭证

B. 原始凭证较多时，采取附件另订或另编目录单独保管原始凭证

C. 定期进行分类整理，加具封面封底装订成册

D. 原始凭证较多时，只保留主要的原始凭证

（4）会计凭证的保管是指会计凭证记账后的（　　）工作。

A. 整理　　B. 登记　　C. 归档　　D. 存查

（5）根据有关规定，会计档案应在会计机构内部指定专人保管，但下列（　　）不得兼管会计档案。

A. 出纳会计　　B. 总账会计　　C. 内部审计人员　　D. 成本核算会计

3．任务实训

［实训目的］掌握会计凭证传递、装订与保管的一般方法。

［活动主题］组织学生参观校外某一企业财会部门，观察其会计凭证是如何传递、装订与保管的。

［实训要求］将本项目任务二中的项目实训所编制的记账凭证，加上封底、封面，包角，并按照要求进行装订。

项目小结

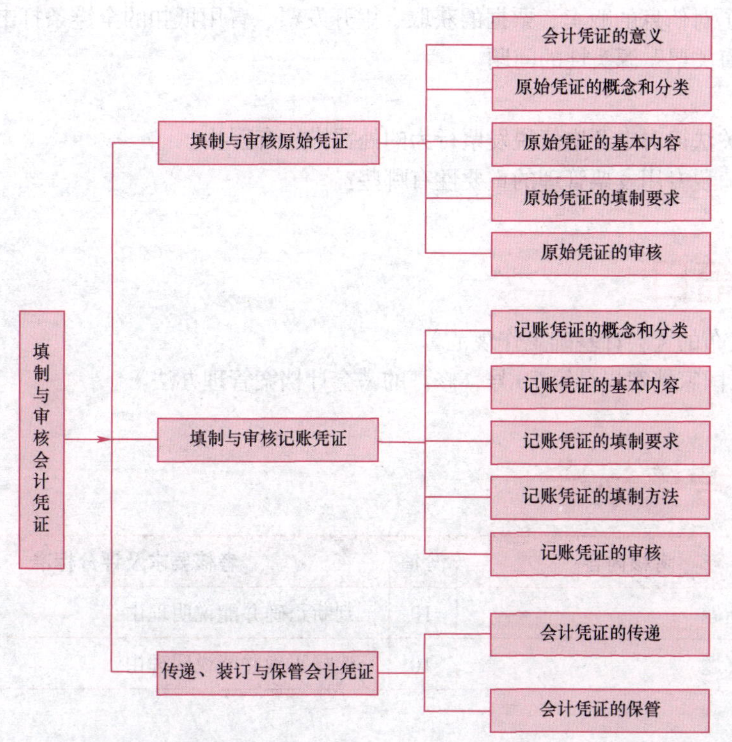

案例分析与讨论

虚开增值税发票，偷逃巨额税款

2017年年初，连续有多家企业向税务和公安等部门反映，自己企业的海关进口缴款书（俗称“海关票”）信息被盗用，其中不乏多个大型国有企业。这样的情况在多地、短时间内集中爆发，十分异常。税务总局、公安部、海关总署集中研判后，初步确定这些企业的“海关票”有21万份之多，涉及全国20多个关区，信息被全国1 022户企业冒用抵扣，其中515户在深圳，占总数的一半，是作案重灾区。而通过对这515户企业的调查发现，它们都是“非正常户”企业，实际经营地点和注册地点不符，是名副其实的“空壳企业”，这些案件所涉及的货物进口环节集中在广西凭祥等地区。

办案人员到凭祥实地调查后发现，凭祥地处中越边境，辖区内各类口岸最多，边贸交易繁荣。有些报关行利用代理进出口贸易及报关业务便利的条件，大肆收集、非法盗取海关信息，贩卖给深圳的一些不法分子以获取利益。经过税警联合专案组侦查，查明，本案共涉及10个犯罪团伙，包括以许某等人为首的2个兜售海关票团伙；以廖某、蔡某等人为首的7个虚开团伙和以陈某为首的1个虚开、骗税团伙。这些团伙组织结构稳定、分工明确。广西凭祥地区的一些报关行及深圳许某控制的外贸公司，负责收集商家进口货物不需要抵扣的“海关票”信息，并以票面金额的1.5%～2.3%卖给深圳的不法中介，这些货物一般为水果、木材、海鲜、冻肉等，都是按13%的税率收取增值税的货物。随后，深圳的不法中介再按票面金额的2.35%～2.8%，卖给深圳地区虚开团伙。虚开团伙根据深圳、重庆、成都等多个下家的需要，虚开增值税发票，并以票面金额的5%～5.5%收取手续费，下家们则将这些虚开的增值税发票用于抵扣，达到少缴税款的目的。

2018年该案件成功告破，案件共查处企业658户，涉案虚开金额超过500亿元，抓获64名犯罪嫌疑人，实现了对信息的贩卖、票据的获取、虚开发票、冒用抵扣的全链条打击，并且通过追根溯源，查清了“海关票”源头性的问题。

请分析讨论：

（1）我国相关法律对虚开增值税发票行为的处罚措施有哪些？

（2）加强增值税专用发票管理的重要性有哪些？

阅读篇目

[1] 财政部发布的《会计基础工作规范》

[2] 财政部、国家档案局令第79号，修订的《会计档案管理办法》

项目考核标准

考核项目	考核内容	分值	考核要求及评分标准	得分
职业能力训练	判断题	10	判断正确并能说明理由	
	选择题	10	选择正确并能说明理由	

续表

考核项目	考核内容	分值	考核要求及评分标准	得分
项目实训	原始凭证的填制与审核	20	填制规范、正确，审核无误	
	记账凭证的填制与审核	20	填制规范、正确，审核无误	
	会计凭证的传递、装订与保管	10	传递正确、装订规范、保管到位	
案例	案例分析与讨论	15	积极参与讨论，分析思路清晰，所得结论正确	
职业素养	敬业精神	5	具有严谨的工作态度	
	团队合作	5	团队合作、沟通能力强	
	职业道德修养	5	有良好的价值观，讲究职业道德	
合计		100	实际总得分	

考核时间：　　　　　　　　　　　　　　　　教师签字：

项目七 设置与登记会计账簿

学习目标

1. 根据项目、任务的需要查阅有关资料
2. 了解会计账簿的概念、种类和基本内容
3. 认知会计账簿的启用规则和记账规则
4. 掌握现金日记账、银行存款日记账的设置和登记方法
5. 掌握总分类账、明细分类账的设置和登记方法
6. 理解并掌握总账与其所属明细账的平行登记
7. 理解并掌握对账、结账的方法
8. 了解错账发生的基本情形，掌握错账的更正方法
9. 学会更换和保管会计账簿
10. 具有敬业精神、团队合作精神和良好的职业道德修养

项目导航

在会计核算工作中，由于会计凭证数量繁多、信息分散，并且每张凭证只能各自记载个别经济业务，提供的会计信息既缺乏系统性和连续性，又不便于整理和汇总会计信息。因此，就有必要设置和登记账簿，把分散在会计凭证中的大量会计核算资料进行归类和整理，并按照一定的要求登记到有关的账簿中，形成有用的会计信息。会计账簿是连接会计凭证和会计报表的中间环节，设置和登记账簿是会计核算的专门方法之一。

本项目主要讲述会计账簿的概念和种类，会计账簿的启用和记账规则，会计账簿的设置和登记，对账和结账，错账的更正方法以及会计账簿的更换与保管。

学习时，要仔细体会企业设置和登记账簿的必要性，登记会计账簿应遵循的记账规则，总账与其所属明细账平行登记的要点，正确理解对账和结账的程序以及错账的更正方法，在此基础上全面掌握各种账簿的登记方法，为编制会计报表提供准确的资料。

任务一 设置和启用账簿

任务描述

会计账簿是企业在填制和审核凭证的基础上，设置并登记的。设置和登记账簿是会计核算的一种专门方法，是连接会计凭证与会计报表的中间环节。会计账簿通常由日记账、总账和明细账组成，不同的账簿所提供的信息各有所不同。了解会计账簿的概念、种类和基本内容，认知会计账簿的启用规则和记账规则。

知识准备

一、会计账簿的概念

微课：会计账簿

会计账簿（Accounting Book）又称账簿或账册，是指由具有一定格式、相互联系的账页组成的，以经过审核无误的会计凭证为依据，用来全面、系统、连续地记录企业各项经济业务的簿籍。设置和登记账簿是连接会计凭证与会计报表的中间环节。账簿是编制会计报表的依据，也是重要的经济档案。根据我国《会计法》的规定，各单位应当按照国家统一会计制度的规定和会计业务的需要设置会计账簿。账簿的设置一般称为建账。

小贴士

建账

建账分为新设建账和年初建账。

新设建账：当一个企业从无到有新组建时，应于领取营业执照15日内建立各种会计账簿，并报主管财、税机关备案。方法是按财政部门核发的会计科目表开设总分类账，按预计的经济业务繁简程度及自身核算的要求开设明细分类账。

年初建账：一个企业开始经营后，每年年初都要重新开设各种账簿（个别账户除外）。方法是将各资产、负债、所有者权益类账户上年末的期末余额过入本年新开设的账户所对应的余额栏，并在摘要栏内填写“期初余额”或“上年结转”；而没有期末余额的成本类、损益类账户则直接按会计科目开设账簿。

二、会计账簿的种类

不同的账簿有着各自不同的功能和作用，它们各自独立，又相互补充，形成了一套完整的账簿体系。

1. 账簿按其用途不同，可分为序时账簿、分类账簿和备查账簿

（1）序时账簿（Chronological Book）又称日记账，是指按照经济业务完成时间的先后顺序逐日逐笔进行登记的账簿。序时账簿按记录内容又分为两种：一种是用来登记全部经济业务的日记账，称为分录簿或普通日记账；另一种是把性质相同的经济业务分别登记下来，称为特种日记账，如现金日记账、银行存款日记账和转账日记账等。

提示

在我国大多数单位，序时账簿一般只设置现金日记账和银行存款日记账，而不设置转账日记账和普通日记账。序时账簿必须以取得和填制的会计凭证按编号先后顺序逐日逐笔进行登记，每天结出余额，及时、详细地反映经济业务的发生和完成情况。

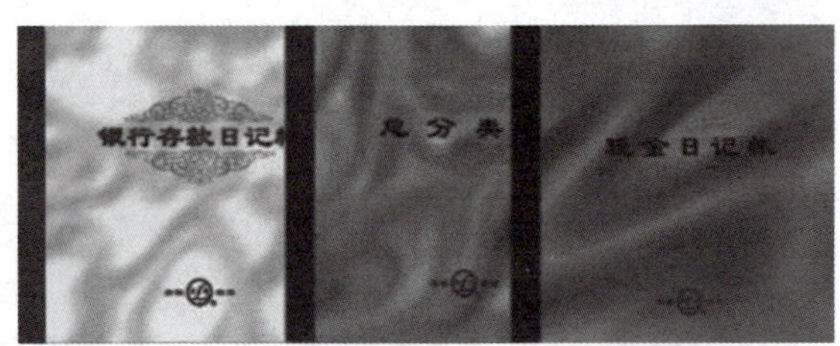

（2）分类账簿（Ledger）是指对全部经济业务按照会计要素的具体类别而设置的分类账户进行登记的账簿。按照总分类账户设置和分类登记经济业务的是总分类账簿，简称总账；按照明细分类账户设置和分类登记经济业务的是明细分类账簿，简称明细账。总账提供总括的会计信息，明细账提供详细的会计信息，并受总账的控制和统驭，二者相辅相成，互为补充。

提示　分类账簿是账簿体系的主体，可以分别核算和监督各项资产、负债、所有者权益、收入、费用和利润的增减变动情况及其结果，其提供的核算信息是编制会计报表的主要依据。

（3）备查账簿（Memorandum Account）又称辅助账簿，是指对某些在序时账簿和分类账簿等主要账簿中都不予登记或登记不够详细的经济业务进行补充登记的账簿。备查账簿可以对某些经济业务的内容提供必要的详细参考资料，如租入固定资产登记簿，应收、应付票据登记簿等。

提示　备查账簿与序时账簿和分类账簿相比，有两点不同之处。一是登记依据不同。备查账簿可以不需要会计凭证，而序时账簿和分类账簿必须有会计凭证。二是账簿的格式和登记方法不同。备查账簿属于备查性质的辅助登记，没有固定的格式，可根据实际需要来加以设计。它的主要栏目不记录金额，注重用文字来说明经济业务的发生情况，而序时账簿和分类账簿则有固定的格式和严格的登记方法。

2. 账簿按其账页格式不同，可分为两栏式、三栏式、多栏式和数量金额式账簿

（1）两栏式账簿是指只有借方和贷方两个基本金额栏目的账簿。普通日记账和转账日记账一般采用两栏式。

（2）三栏式账簿是指设有借方、贷方和余额三个基本栏目的账簿。它适用于各种日记账、总分类账以及资本、债权、债务明细账等。

（3）多栏式账簿是指在账簿的两个基本栏目借方和贷方按需要分设若干专栏的账簿。它适用于收入、费用等明细账。

（4）数量金额式账簿是指账簿的借方、贷方和余额三个栏目内，在每个大栏目下增设数量、单价和金额三小栏，用以反映财产物资的实物数量和价值量的账簿。它适用于原材料、库存商品等存货明细账。

3. 账簿按其外表形式不同，可分为订本账、活页账和卡片账

（1）订本账（Bound Books）是指在启用之前就已将账页固定装订在一起，并对账页进行了连续编号的账簿。其优点是可以避免账页散失或被蓄意抽换，更好地起到统驭、控制作用；缺点是一本账簿在同一时间只能由一人负责登记，不便于会计人员分工记账。同时订本式账簿的账页固定并按顺序编号，不能随意增减，因而在启用前，必须为每一个账户留出足够的空白账页；若预留账页不够，将影响账簿记录的连续性，预留过多又会造成不必要的浪费。它一般适用于总分类账、现金日记账和银行存款日记账。

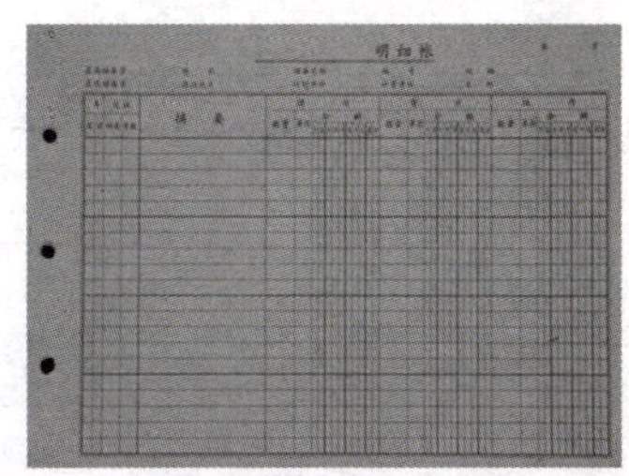

（2）活页账（Loose-leaf Ledger）是指把零散的账页装在账夹中、可随时增添账页的账簿。其优点是可以根据核算和管理的需要随时添加、减少或重新排列账页，便于会计人员分工记账，提高工作效率；缺点是容易造成账页散失或被抽调、更换。各种明细分类账一般采用活页账形式。

使用活页账，当账簿登记完毕之后（通常是一个会计年度结束之后）才将账页装订成册，统一编号，加具封面后归档保管。

（3）卡片账（Cost Account）是指由许多具有专门格式的硬纸卡片组成的，排列存放在卡片箱中的账簿。卡片账的每张卡片正反两面都设计一定格式，用以记录各种指标和内容。其优点是可以跨年度长期使用而无需更换，便于分类汇总和根据管理的需要转移账卡；缺点是容易散失或被抽换。在实际工作中，使用卡片时要按顺序编号，由有关人员在卡片上签章，并置于卡片箱内由专人保管，使用完毕后应封扎归档保管，并重新编写页码，列出目录，以备日后查阅。在我国，企业一般只对固定资产明细账采用卡片账形式，少数企业在材料核算中也使用材料卡片。

三、会计账簿的基本内容和启用规则

1．会计账簿的基本内容

企业应当按照国家统一的会计制度的规定和会计业务的需要设置会计账簿。由于账簿所记录的经济内容不同，账簿的基本内容也各不相同，但各种主要账簿都应具备以下基本内容。

（1）封面。主要标明账簿名称、记账单位名称和会计年度，如现金日记账、总分类账、材料明细账等。

（2）扉页。主要标明会计账簿的使用信息，内容包括：单位名称、账簿名称、起止页数、册次；启用日期和截止日期；经管账簿单位会计机构负责人（会计主管人员）、经管人员、移交人和移交日期、接管人和接管日期；有关人员签章；账户目录等。账簿启用及经管人员一览表如表7-1所示，账户目录的格式与内容如表 7-2 所示。

表 7-1　　账簿启用及经管人员一览表

<table>
<tr><td colspan="2">单位名称</td><td colspan="6"></td><td colspan="4" rowspan="5">印　章</td></tr>
<tr><td colspan="2">账簿名称</td><td colspan="6">（第　　册）</td></tr>
<tr><td colspan="2">账簿编号</td><td colspan="6"></td></tr>
<tr><td colspan="2">账簿页数</td><td colspan="6">本账簿共计　页　本账簿页数　检点人盖章</td></tr>
<tr><td colspan="2">启用日期</td><td colspan="6">公元　　年　　月　　日</td></tr>
<tr><td rowspan="3">经管人员</td><td colspan="2">负 责 人</td><td colspan="3">主办会计</td><td colspan="3">复　核</td><td colspan="3">记　账</td></tr>
<tr><td>姓 名</td><td>签 章</td><td>姓 名</td><td colspan="2">签 章</td><td>姓 名</td><td colspan="2">签 章</td><td colspan="2">姓 名</td><td>签 章</td></tr>
<tr><td></td><td></td><td></td><td colspan="2"></td><td></td><td colspan="2"></td><td colspan="2"></td><td></td></tr>
<tr><td rowspan="6">接交记录</td><td colspan="2">经 管 人 员</td><td colspan="4">接　管</td><td colspan="4">交　出</td></tr>
<tr><td>职　别</td><td>姓　名</td><td>年</td><td>月</td><td>日</td><td>签 章</td><td>年</td><td>月</td><td>日</td><td>签 章</td></tr>
<tr><td></td><td></td><td></td><td></td><td></td><td></td><td></td><td></td><td></td><td></td></tr>
<tr><td></td><td></td><td></td><td></td><td></td><td></td><td></td><td></td><td></td><td></td></tr>
<tr><td></td><td></td><td></td><td></td><td></td><td></td><td></td><td></td><td></td><td></td></tr>
<tr><td></td><td></td><td></td><td></td><td></td><td></td><td></td><td></td><td></td><td></td></tr>
<tr><td>备注</td><td colspan="10"></td></tr>
</table>

表 7-2 账户目录

页 数	科 目	页 数	科 目	页 数	科 目	页 数	科 目

记账人员或者会计机构负责人、会计主管人员调动工作时，应当在“账簿启用及经管人员一览表”中注明交接日期、接办人员和监交人员的姓名，并由交接双方人员及监交人员签名或盖章，以明确经济责任。一般会计人员办理交接手续，由会计机构负责人（会计主管人员）监交；会计机构负责人（会计主管人员）办理交接手续，由单位负责人监交，必要时主管单位可以派人会同监交。

（3）账页。账页是账簿的主要内容。账簿根据经济业务内容的不同，其账页格式也有所不同。各种格式的账页一般包括以下基本内容。

① 账户名称，包括一级会计科目、二级或明细科目名称。

② 日期栏，包括年、月、日。

③ 凭证号数栏，记录记账凭证的种类和号数。

④ 摘要栏，即所记录的经济业务内容的简要说明。

⑤ 金额栏，记录本账户发生增、减变化的金额及余额。

⑥ 总页次、分户页次等。

（4）封底。封底一般没有具体内容，但它与封面共同起着保护整个账簿记录完整的作用。

会计账簿的设置原则

（1）满足经营管理需要。账簿的设置必须保证能够正确、及时、完整地反映各项经济业务，它所提供的会计信息应符合国家宏观经济管理的要求，满足有关方面了解企业财务状况、经营成果和现金流量的需要，满足单位内部经营管理的需要。

（2）科学严密，层次分明。账簿的设置要力求组织科学严密、层次分明。账簿既要提供总括的核算资料，又要提供详细的核算资料。各种账簿之间要有统驭关系或平行的制约关系，这种相互联系的勾稽关系应当严谨并要避免重复设置或遗漏。

（3）简便、灵活、实用。账簿的设置要根据单位规模的大小、经济业务的繁简、会计人员的多少，从加强管理的实际需要和具体条件出发，既要防止账簿重叠，也要防止过于简化。账簿格式要简便、实用，避免烦琐复杂。

（4）合理和合法相结合。账簿的设置要有利于财会部门的分工和加强岗位责任制。同时，根据《会计法》的要求，各单位发生的各项经济业务事项应当在依法设置的会计账簿上统一登记、核算，不得违反规定私设会计账簿。

2．会计账簿的启用规则

（1）启用会计账簿时，应在账簿封面上写明单位名称和账簿名称。

（2）在账簿扉页上填制账簿启用及经管人员一览表（见表 7-1）。

（3）启用订本式账簿，应当从第一页到最后一页顺序编定页数，不得跳页、缺号。使用活页式账页，应当按账户顺序编号，并须定期装订成册，装订后再按实际使用的账页顺序编定页码，另在第一页前面加账户目录（见表 7-2），记明每个账户的名称和页次。

账户目录由记账人员在账簿中开设账户户头后，按顺序将每个账户的名称和页数登记准确。对于活页账，在账簿启用时无法确定其页数，可以先把账户名称填好，等年度终了装订归档时再把页数填上。

（4）年度开始启用新账簿时，应将上年的年末余额结转到新账的第一行，并在摘要栏注明“上年结转”。

四、会计账簿的记账规则

（1）账簿记录准确完整。登记会计账簿必须以审核无误的会计凭证为依据，应当将会计凭证的日期、编号、业务内容摘要、金额和其他有关资料逐项记入账簿中，做到数字准确、摘要简明、登记及时、字迹工整。

（2）注明记账符号。登记账簿后，要在记账凭证上签名或者盖章，并在记账凭证上设有专门的栏目处注明所记账簿的页数，或划“√”，表示已经登记入账，以免重记或漏记。

（3）文字和数字整洁清晰，准确无误。账簿要保持整洁、清晰，记账的文字和数字要端正，文字和数字书写既要准确无误，又要符合规范。账簿中书写的文字和数字上面要留有适当空格，不要写满格，一般应占格距的 1/2，便于发生错账时进行更正。

请注意

在登记书写时，不要滥造简化字，不得使用同音异义字；数字要写在金额栏内，不得越格错位、参差不齐；文字、数字紧靠下线书写。记录金额时，如为没有角、分的整数，应分别在角分栏内写上“0”，不得省略不写，或以“—”号代替。阿拉伯数字一般可自左向右适当倾斜，以使账簿记录整齐、清晰。为防止字迹模糊，墨迹未干时，不要翻动账页；夏天记账时，可在手臂下垫一块软质布或纸板等书写，以防汗渍。

（4）正常记账使用蓝黑墨水或碳素墨水。登记账簿要用蓝黑墨水或者碳素墨水书写，不得使用铅笔或圆珠笔（银行的复写账簿除外）书写。

为什么不得使用铅笔或圆珠笔书写？

（5）特殊记账使用红色墨水。在账簿记录中，红字表示对蓝色或黑色数字的冲销、减少或者表示负数。下列几种情况，可以用红色墨水记账。

① 按照红字冲账的记账凭证，冲销错误记录。

② 在不设借贷等栏的多栏式账页中，登记减少数。

③ 在三栏式账户的余额栏前，如未注明余额方向的，在余额栏内登记负数余额。

④ 根据国家统一会计制度的规定可以用红字登记的其他会计记录。

（6）顺序连续登记。各种账簿应按页次顺序连续登记，不得跳行、隔页。如发生跳行、隔页，应在空行、空页处用红色墨水划线注销，或者注明“此行空白”“此页空白”字样，并由记账人员签名或者盖章。

（7）结出余额。凡需要结出余额的账户，结出余额后，应当在“借或贷”栏内写明“借”或者“贷”等字样，表明余额的方向。没有余额的账户，应当在“借或贷”栏内写“平”字，并在“余额栏”内用“θ”表示。

请注意

现金日记账和银行存款日记账必须每天结出余额。

（8）过次页和承前页。每一账页登记完毕结转下页时，应当结出本页合计数及余额，写在本页最后一行和下页第一行有关栏内，并在摘要栏内分别注明“过次页”和“承前页”字样；也可以将本页合计数及金额只写在下页第一行有关栏内，并在摘要栏内注明“承前页”字样。对需要结计本月发生额的账户，结计“过次页”的本页合计数应当为自本月初起至本页末止的发生额合计数；对需要结计本年累计发生额的账户，结计“过次页”的本页合计数应当为自年初起至本页末止的累计数；对既不需要结计本月发生额，也不需要结计本年累计发生额的账户，可以只将每页末的余额结转次页。

（9）不得刮擦涂改。账簿记录发生错误，不准涂改、挖补、刮擦或者用药水消除字迹，不准重新抄写，应根据错误的具体情况，采用正确的方法予以更正。

提示

实行会计电算化的单位，发生收款和付款业务的，在输入收款凭证和付款凭证的当天必须打印出现金日记账和银行存款日记账，并与库存现金核对无误。

职业能力训练

1．判断题（正确的在括号内打“√”，错误的打“×”）

（1）设置和登记会计账簿是会计核算的一种专门方法，它是连接会计凭证与会计报表的中间环节。（　　）

（2）总账提供总括的会计信息，明细账提供详细的会计信息，二者相辅相成，互为控制。（　　）

（3）虽然不同账簿的格式和登记方法不同，但其登记的依据是相同的。（　　）

（4）现金日记账既是序时账簿又是订本式账簿。（　　）

（5）由于活页账使用方便，可随时添加、减少或根据管理需要重新编排，所以一个会计年度结束后无须统一编号，只要装订成册即可。（　　）

2．选择题（下列答案中有一项或多项是正确的，将正确答案前英文字母填入括号内）

（1）下列账簿记录书写方法正确的是（　　）。

A．用蓝黑墨水书写　　B．用红色墨水冲销错账

C．在不设借贷栏的多栏式账页中用红色墨水登记减少数

D．用圆珠笔书写

（2）下列明细分类账中，可以采用数量金额式账页的有（　　）。

A．库存商品明细账　　B．应付账款明细账　　C．管理费用明细账　　D．原材料明细账

（3）在会计实务中，一般采用订本式账簿记录的有（　　）。

A．固定资产总账　　B．固定资产明细账　　C．银行存款日记账　　D．原材料总账

（4）下列账簿可以采用三栏式账页的有（　　）。

A．应收账款明细账　　B．其他应收款总账　　C．周转材料明细账　　D．现金日记账

（5）账簿根据其用途不同，可分为（　　）。

A．日记账　　B．分类账　　C．备查账　　D．总账

任务二　设置与登记现金、银行存款日记账

任务描述

日记账是指按照经济业务发生或完成时间的先后顺序逐日逐笔进行登记的账簿。设置日记账的目的就是使经济业务按照时间顺序清晰地反映在账簿记录中。认知现金日记账和银行存款日记账的基本格式，掌握现金日记账和银行存款日记账的登记方法。

知识准备

一、现金日记账的格式和登记方法

1．现金日记账的格式

现金日记账（Cash Journal）是指用来核算和监督库存现金每日的收入、支出和结余情况的账簿，其格式有三栏式和多栏式两种。三栏式现金日记账格式如表7-3所示，多栏式现金日记账格式如表7-4所示。

请注意

无论是三栏式还是多栏式现金日记账，都必须采用订本式账簿，其目的是保证现金日记账的安全与完整。

表 7-3

现金日记账（三栏式）

2019 年		凭证号数	摘　　要	对方科目	借方	贷方	余额
月	日						
1	1		上年结转				4 000
	1	现收 1	周云报销差旅费退余款	其他应收款	100		4 100
	1	现付 1	黄伟预借差旅费	其他应收款		500	3 600

提示

余额可以到本日结束后结出余额，也可以在每笔经济业务登账后直接结出余额。

表 7-4

现金日记账（多栏式）

2019 年		凭证号数	摘 要	收　入			支　出			结余
				应贷科目		合计	应借科目		合计	
月	日			银行存款			管理费用			
2	1		期初余额							3 800
	1	银付 1	提现备用	1 000		1 000				4 800
	1	现付 1	购买办公用品				900		900	3 900

多栏式现金日记账的优点是所有的现金收、付业务集中在一张账页上，便于集中查阅，能反映科目之间的对应关系，有利于分析现金收支的合理性和合法性，有利于分析现金的流量；缺点是若对应科目太多，则容易造成账页篇幅过长，反而不便于记账、查账。因此，可将多栏式现金日记账分为多栏式现金收入日记账和多栏式现金支出日记账。

2. 现金日记账的登记方法

现金日记账由出纳人员根据审核无误的现金收款凭证、现金付款凭证和银行存款付款凭证（记录从银行提取现金的业务），按经济业务发生的时间先后顺序逐日逐笔进行登记。具体登记方法如下。

（1）日期栏指填制记账凭证的日期，应与现金实际收付日期一致。

（2）凭证号数栏指登记入账的收付款凭证的种类及号数。如“现金收款凭证”简写为“现收”，“现金付款凭证”简写为“现付”，“银行存款付款凭证”简写为“银付”；同时填写登记入账的凭证编号，以便于查账、对账。

（3）摘要栏简要说明登记入账的经济业务的内容。

（4）对方科目栏指现金收入的来源科目或现金支出的用途科目。如将现金存入银行业务，其对方科目为“银行存款”。通过该栏目可以了解现金收付业务的来龙去脉。

（5）收入栏指根据现金收款凭证和有关的银行存款付款凭证登记现金收入栏。

（6）支出栏指根据现金付款凭证登记现金支出栏。

（7）余额栏指每日收付完毕后，应分别计算现金收入和支出的合计数，根据“上日余额 + 本日收入 - 本日支出 = 本日余额”的公式，逐日结出现金账面余额，并将现金日记账的账面余额与库存现金实存数核对，以检查每日现金收付是否有误，即通常说的“日清”。如账款不符，应查明原因，报请领导批准及时处理。月终，计算当月现金收入、支出和结存的合计数，即通常说的“月结”。

多栏式现金日记账应如何登记？

二、银行存款日记账的格式和登记方法

1. 银行存款日记账的格式

银行存款日记账（Deposit Journal）是指用来核算和监督银行存款每日的收入、支出和结余情况的账簿。银行存款日记账应按企业在银行开立的账户和币种分别设置。银行存款日记账的格式与现金日记账的格式基本相同，其账页格式通常也是采用借、贷、余三栏式，并应按开户银行和其他金融机构分别设置。如表7-5所示。

表7-5 银行存款日记账

2019年 月	日	凭证号数	摘要	对方科目	借方	贷方	余额
1	1		上年结转				202 000
	1	银付1	支付办公费	管理费用		1 000	201 000
	1	银收1	收到前欠货款	应收账款	20 000		221 000

2. 银行存款日记账的登记方法

银行存款日记账的登记方法与现金日记账的登记方法基本相同。银行存款日记账由出纳人员根据审核无误的银行存款收款凭证、银行存款付款凭证和现金付款凭证（记录现金存入银行的业务），按经济业务发生的时间先后顺序逐日逐笔进行登记。根据银行存款收款凭证和有关的现金付款凭证登记银行存款收入栏；根据银行存款付款凭证登记银行存款支出栏；每日结出存款余额，并定期（一般每月一次）与银行对账单核对。

某企业的两个银行存款账户平常发生的业务较少，请问能否放在同一本银行存款日记账上登记？

典型任务举例

1．资料

苏淮公司2018年12月1日现金日记账余额为4 000元，银行存款日记账余额为280 000元。

2．要求

本月发生以下经济业务，出纳人员应如何进行账务处理并登记现金日记账和银行存款日记账？

3．工作过程

（1）12月1日，苏淮公司出纳人员填制现金支票从开户银行提取5 000元现金备用。

步骤1：设置现金日记账和银行存款日记账，并登记期初余额，如表7-6和表7-7所示。

表7-6

现金日记账

2018年		凭证号数	摘　要	对方科目	借方	贷方	余额
月	日						
12	1		期初余额				4 000
	1	银付1	提现备用	银行存款	5 000		9 000
	1	现付1	支付销售产品运杂费	销售费用		200	8 800
	1	现付2	王强出差预借差旅费	其他应收款		3 000	5 800
	1	现付3	支付业务招待费	管理费用		860	4 940
	1		本日合计		5 000	4 060	4 940

表7-7

银行存款日记账

2018年		凭证号数	摘　要	对方科目	借方	贷方	余额
月	日						
12	1		期初余额				280 000
	1	银付1	提现备用	库存现金		5 000	275 000
	1	银收1	向银行借入短期借款	短期借款	80 000		355 000
	1	银收2	销售A产品	主营业务收入等	92 800		447 800
	1	银付2	购买甲材料	原材料		46 400	401 400
	1	银付3	偿还华远公司前欠货款	应付账款		60 000	341 400
	1	银付4	支付广告费	销售费用		10 000	331 400
	1	银收3	收到丰汇公司前欠货款	应收账款	42 000		373 400
	1		本日合计		214 800	121 400	373 400

步骤2：12月1日，出纳人员填制现金支票从开户银行提取5 000元现金备用，会计人员根据审核后的现金支票存根，编制银行存款付款凭证（银付1号），会计分录如下。

借：库存现金　　5 000

　　贷：银行存款　　5 000

步骤3：出纳人员根据审核后的银行存款付款凭证登记现金日记账和银行存款日记账，如表7-6和表7-7所示。

（2）12月1日，苏淮公司向工商银行借入期限为3个月的借款80 000元，年利率为5.6%，借款到期还本付息，款项存入银行。

步骤1：会计人员根据审核后的借款合同和借款借据，编制银行存款收款凭证（银收1号），会计分录如下。

借：银行存款　80 000
　贷：短期借款　80 000

步骤2：出纳人员根据审核后的银行存款收款凭证登记银行存款日记账，如表7-7所示。

（3）12月1日，苏淮公司用现金支付销售产品的运杂费200元。

步骤1：会计人员根据审核后的运费结算单据，编制现金付款凭证（现付1号），会计分录如下。

借：销售费用　200
　贷：库存现金　200

步骤2：出纳人员根据审核后的现金付款凭证登记现金日记账，如表7-6所示。

（4）12月1日，苏淮公司销售A产品一批，增值税专用发票注明价款为80 000元，增值税为12 800元，货款已收存银行。

步骤1：会计人员根据审核后的增值税专用发票和进账单，编制银行存款收款凭证（银收2号），会计分录如下。

借：银行存款　92 800
　贷：主营业务收入——A产品　80 000
　　　应交税费——应交增值税（销项税额）　12 800

步骤2：出纳人员根据审核后的银行存款收款凭证登记银行存款日记账，如表7-7所示。

（5）12月1日，苏淮公司购入甲材料一批，增值税专用发票注明价款为40 000元，增值税为6 400元，材料验收入库，货款已开出转账支票支付。

步骤1：会计人员根据审核后的增值税专用发票、收料单和转账支票存根，编制银行存款付款凭证（银付2号），会计分录如下。

借：原材料——甲材料　40 000
　　应交税费——应交增值税（进项税额）　6 400
　贷：银行存款　46 400

步骤2：出纳人员根据审核后的银行存款付款凭证登记银行存款日记账，如表7-7所示。

（6）12月1日，苏淮公司技术科王强出差预借差旅费3 000元，以现金支付。

步骤1：会计人员根据审核后的预借差旅费单据，编制现金付款凭证（现付2号），会计分录如下。

借：其他应收款——王强　3 000
　贷：库存现金　3 000

步骤2：出纳人员根据审核后的现金付款凭证登记现金日记账，如表7-6所示。

（7）12月1日，苏淮公司开出转账支票偿还前欠华远公司的货款60 000元。

步骤1：会计人员根据审核后的转账支票存根，编制银行存款付款凭证（银付3号），会计分录如下。

借：应付账款——华远公司　60 000
　贷：银行存款　60 000

步骤2：出纳人员根据审核后的银行存款付款凭证登记银行存款日记账，如表7-7所示。

（8）12月1日，苏淮公司用现金支付业务招待费860元。

步骤1：会计人员根据审核后的招待费发票，编制现金付款凭证（现付3号），会计分录如下。

借：管理费用——业务招待费　860
　贷：库存现金　860

步骤 2：出纳人员根据审核后的现金付款凭证登记现金日记账，如表 7-6 所示。

（9）12 月 1 日，苏淮公司开出转账支票支付广告费 10 000 元。

步骤 1：会计人员根据审核后的广告费发票和转账支票存根，编制银行存款付款凭证（银付 4 号），会计分录如下。

借：销售费用——广告费　　10 000

　　贷：银行存款　　10 000

步骤 2：出纳人员根据审核后的银行存款付款凭证登记银行存款日记账，如表 7-7 所示。

（10）12 月 1 日，苏淮公司收到丰汇公司前欠货款 42 000 元。

步骤 1：会计人员根据审核后的进账单，编制银行存款收款凭证（银收 3 号），会计分录如下。

借：银行存款　　42 000

　　贷：应收账款——丰汇公司　　42 000

步骤 2：出纳人员根据审核后的银行存款收款凭证登记银行存款日记账，如表 7-7 所示。

职业能力训练

1. 判断题（正确的在括号内打“√”，错误的打“×”）

（1）现金日记账的账页有三栏式和多栏式两种，但都必须采用订本账。（　　）

（2）从银行提取现金的业务应同时根据现金收款凭证登记现金日记账和银行存款日记账。（　　）

（3）现金出纳每天工作结束前都要将现金日记账结清并与现金实存数核对。（　　）

（4）现金日记账的日期栏应登记原始凭证上的日期。（　　）

（5）银行存款日记账无须每日结出存款余额，只要结出月末余额并与银行对账单核对即可。（　　）

2. 选择题（下列答案中有一项或多项是正确的，将正确答案前英文字母填入括号内）

（1）现金收款凭证上的日期应当是（　　）。

A. 编制收款凭证的日期　　B. 实际收取现金的日期

C. 所附原始凭证上注明的日期　　D. 登记现金总账的日期

（2）某公司出纳李莉将公司现金交存开户银行，应编制（　　）。

A. 现金收款凭证　　B. 现金付款凭证　　C. 银行收款凭证　　D. 银行付款凭证

（3）下列各账簿中，必须逐日逐笔登记的是（　　）。

A. 库存现金总账　　B. 银行存款日记账　　C. 应收账款明细账　　D. 应付票据登记簿

（4）涉及现金与银行存款之间的划款业务时，一般编制的记账凭证是（　　）。

A. 银行存款收款凭证　B. 银行存款付款凭证　C. 现金收款凭证　　D. 现金付款凭证

（5）现金日记账是根据（　　）凭证，按经济业务发生的先后顺序进行登记的。

A. 现金收款凭证　　B. 现金付款凭证　　C. 银行收款凭证　　D. 银行付款凭证

3. 任务实训

[实训目的] 掌握现金、银行存款日记账的登记方法。

[实训资料] 新华公司 2019 年 3 月 31 日银行存款日记账余额为 265 000 元，现金日记账余额为 3 000 元，该公司 4 月份发生以下银行存款和现金收、付业务（所有业务均不考虑增值税）。

（1）4 月 2 日，以银行存款归还短期借款 35 000 元。

（2）4 月 5 日，以银行存款交纳上月未交所得税 15 000 元。

（3）4 月 7 日，用现金支付职工预借的差旅费 1 000 元。

（4）4 月 10 日，收到投资者投入资金 80 000 元存入银行。

（5）4月12日，以银行存款偿还原欠某单位的购货款64 000元。

（6）4月15日，将现金1 000元存入银行。

（7）4月18日，用银行存款支付本月电话费1 300元。

（8）4月20日，从银行提取现金52 000元，准备发放工资。

（9）4月20日，用现金52 000元发放工资。

（10）4月26日，销售一批产品，货款95 000元存入银行。

（11）4月29日，以银行存款支付广告费8 500元。

[实训要求] 根据上述经济业务，编制会计分录、登记现金、银行存款日记账，并结出余额。

任务三 设置与登记分类账

分类账簿分为总分类账和明细分类账两种。总分类账采用订本式账簿；明细分类账一般采用活页式账簿，也可以采用卡片式账簿。了解总账和明细账的基本格式，掌握总账和明细账的登记方法，理解总账与其所属明细账平行登记的要点。

知识准备

一、总分类账的格式和登记方法

1. 总分类账的格式

总分类账是指按照总分类账户分类登记以提供总括核算资料的账簿，其格式一般采用借、贷、余三栏式，如表7-8所示。

表7-8

总分类账

账户名称： 第 页

年		凭证		摘要	借方	贷方	借或贷	余额
月	日	种类	号数					

2. 总分类账的登记方法

总分类账可以直接根据记账凭证逐笔登记，也可以根据科目汇总表或汇总记账凭证等登记。总分类账的登记取决于账务处理程序，这部分内容将在本书项目十中介绍。

二、明细分类账的格式和登记方法

1. 明细分类账的格式

明细分类账是指根据二级账户或明细账户开设账页，分类、连续登记经济业务事项以提供明细核算资料的账簿，其格式可以采用三栏式、多栏式、数量金额式和横线登记式等多种账页格式。

（1）三栏式明细分类账。三栏式明细分类账的格式与三栏式总分类账基本相同，它主要适用于只进行金额核算而不需要进行数量核算的资本、债权、债务账户的明细分类账核算，如“应收账款”“应付账款”“短期借款”“应付职工薪酬”等明细分类账。其格式如表 7-9 所示。

表 7-9 应收账款明细分类账

二级或明细科目：

年		凭证		摘要	借方	贷方	借或贷	余额
月	日	种类	号数					

（2）多栏式明细分类账。多栏式明细分类账的格式是指根据经济业务的特点和管理的需要，在同一账页内将属于同一总账科目的所有相关明细科目或项目集中起来，分设若干专栏予以登记和反映。按照明细分类账登记的经济业务的不同，多栏式明细分类账的账页又分为借方多栏式、贷方多栏式和借贷多栏式三种格式。

① 借方多栏式明细分类账。借方多栏式明细分类账是指按照借方科目设置若干个专栏，用蓝字登记，贷方发生额则用红字在有关专栏内登记的明细分类账。它适用于借方需要设置多个明细科目或明细项目的账户，如“生产成本”“管理费用”“制造费用”“财务费用”“其他业务成本”“营业外支出”等账户的明细分类核算。其格式如表 7-10 所示。

表 7-10 管理费用明细分类账

年		凭证		摘要	借方							
月	日	种类	号数		职工薪酬	办公费	差旅费	折旧费	修理费	工会经费	…	合计

② 贷方多栏式明细分类账。贷方多栏式明细分类账是指按照贷方科目设置若干个专栏，用蓝字登记，借方发生额则用红字在有关专栏内登记的明细分类账。它适用于贷方需要设置多个明细科目或明细项目的账户，如“主营业务收入”“其他业务收入”“营业外收入”等账户的明细分类核算。其格式如表 7-11 所示。

表 7-11 主营业务收入明细分类账

2018 年		凭证号数	摘要	合计	贷方				
月	日				A 产品	B 产品	C 产品	D 产品	…
12	1		销售 A 产品	10 000	10 000				
	3		销售 B 产品	28 000		28 000			

③ 借贷多栏式明细分类账。借贷多栏式明细分类账是指按照借方和贷方科目分别设置若干个专栏进行登记的明细分类账。它适用于借方和贷方都需要设置多个明细科目或明细项目的账户，如“本年利润”“应交税费——应交增值税”等账户的明细分类核算。其格式如表 7-12 所示。

表 7-12　**应交税费——应交增值税明细账**

2018 年		凭证号数	摘要	借方			贷方				余额
月	日			进项税额	已交税金	合计	销项税额	进项税额转出	出口退税	合计	
12	2		购货	6 800							
	3		销售				10 200				

（3）数量金额式明细分类账。数量金额式明细分类账的账页分为“收入”“发出”和“结存”三大栏，在每个大栏内又分设“数量”“单价”和“金额”三小栏。它主要适用于既要进行金额核算又要进行数量核算的账户，如“原材料”“库存商品”“委托加工物资”等各种财产物资的明细分类核算。其格式如表 7-13 所示。

表 7-13　**原材料明细分类账**

类别：__________　　　　编号：__________

品名或规格：__________　　　　存放地点：__________

储备定额：__________　　　　计量单位：__________

年		凭证		摘要	收入			发出			结存		
月	日	种类	号数		数量	单价	金额	数量	单价	金额	数量	单价	金额

（4）横线登记式明细分类账。横线登记式明细分类账是指采用横线登记的方法，将每一相关的业务登记在同一横行内，从而可依据每一行各个栏目的登记是否齐全来判断该项业务的完成及变动情况。它适用于登记材料采购业务、应收票据和一次性备用金业务等，如“材料采购”“其他应收款”等账户的明细分类账。其格式如表 7-14 所示。

表 7-14　**其他应收款——备用金明细账**

2019 年		凭证号	摘要	借方			2019 年		凭证号	摘要	贷方			余额
月	日			原借	补付	合计	月	日			报销	退	合计	
3	5	6	李明	500										
3	7	10	张军	600		600	3	12	90	报销	580	20	600	0

李明和张军的借款都归还了吗？

2．明细分类账的登记方法

不同类型经济业务的明细分类账可根据管理需要，依据记账凭证、原始凭证或汇总原始凭证逐日逐笔或定期汇总登记。通常情况下，固定资产、债权和债务等明细分类账应逐笔登记；种类多、收发频繁的库存商品、原材料等明细分类账可以逐笔登记，也可定期汇总登记；有关收入、费用、成本等明细分类账可以逐日汇总登记，也可以定期汇总登记。

提示

对于只设有借方的多栏式明细分类账，平时在借方登记“制造费用”“管理费用”“主营业务成本”等账户的发生额，贷方登记月末将借方发生额一次转出的数额。平时如果发生贷方发生额，应该用红色数字在多栏式账页的借方栏内登记表示冲减；对于只设有贷方的多栏式明细分类账，平时在贷方登记“主营业务收入”“营业外收入”等账户的发生额，借方登记月末将贷方发生额一次转出的数额。平时如果发生借方发生额，应该用红色数字在多栏式账页的贷方栏内登记表示冲减。

三、总分类账与明细分类账的平行登记

1．总分类账与明细分类账平行登记的要点

总分类账户与其所属的明细分类账户的平行登记是指对每项经济业务事项都要以会计凭证为依据，一方面记入有关总分类账户，另一方面又要记入其所属明细分类账户。总分类账户与明细分类账户平行登记的要点如下。

（1）依据相同。对发生的经济业务，都要依据相同的原始凭证或者记账凭证，既登记有关总分类账户，又登记其所属明细分类账户。

（2）方向相同。将经济业务记入总分类账和其所属明细分类账时，记账方向必须相同。即总分类账户记入借方，明细分类账户也记入借方；总分类账户记入贷方，明细分类账户也记入贷方。

（3）期间相同。对每项经济业务在记入总分类账户和其所属明细分类账户过程中，时间可以有先有后，但必须在同一会计期间全部登记入账。

（4）金额相等。对每项经济业务记入总分类账户的金额，应与记入其所属明细分类账户的金额（或金额合计）相等。具体包括：

总分类账户本期借方发生额＝其所属明细分类账户本期借方发生额合计

总分类账户本期贷方发生额＝其所属明细分类账户本期贷方发生额合计

总分类账户期初余额＝其所属明细分类账户期初余额合计

总分类账户期末余额＝其所属明细分类账户期末余额合计

2．总分类账与明细分类账的核对

为了保证总分类账户与其所属明细分类账户的登记准确无误，必须定期核对总分类账与其所属明细分类账的有关记录，及时发现可能存在的记账错误。核对的方法可以根据明细分类账的记录，编制“总分类账户所属明细分类账户发生额及余额表”。

典型任务举例（一）

1．资料和要求

苏淮公司（增值税一般纳税人），2018 年 6 月发生有关管理费用业务如下，会计人员应如何进行账务处理并登记管理费用总账和明细账？

2．工作过程

（1）6 月 6 日，行政部门采购办公用品支出 2 000 元，开出转账支票支付，办公用品已由行政管理部门领用。

步骤 1：会计人员根据审核后的发票和转账支票存根，编制银行存款付款凭证（银付 26 号），

会计分录如下。

借：管理费用——办公费　　2 000

　　贷：银行存款　　2 000

步骤2：出纳会计根据审核后的银行存款付款凭证和转账支票存根，登记银行存款日记账，此处略。

步骤3：会计人员根据审核后的银行存款付款凭证登记管理费用总账和明细账，如表7-15和表7-16所示。

表7-15

管理费用总账

2018年		凭证号数	摘　要	借方金额	贷方金额	借或贷	余额
月	日						
6	6	银付26	采购办公用品	2 000		借	2 000
	10	转78	分配行政管理人员工资	30 000		借	32 000
	30	转219	计提固定资产折旧	4 000		借	36 000
	30	转226	结转管理费用		36 000	平	0
	30		本月合计	36 000	36 000	平	0

表7-16

管理费用明细账

2018年		凭证号数	摘　要	发生额合计	办公费	差旅费	职工薪酬	折旧费	其他
月	日								
6	6	银付26	采购办公用品	2 000	2 000				
	10	转78	分配行政管理人员工资	30 000			30 000		
	30	转219	计提固定资产折旧	4 000				4 000	
	30	转226	结转管理费用	36 000	2 000		30 000	4 000	

（2）6月10日，分配本月职工工资，其中生产工人工资为180 000元，车间管理人员工资为44 000元，行政管理人员工资为30 000元。

步骤1：会计人员根据审核后的工资单和转账支票存根，编制转账凭证（转78号），会计分录如下。

借：生产成本　　180 000

　　制造费用　　44 000

　　管理费用——职工薪酬　　30 000

　　贷：应付职工薪酬　　254 000

步骤2：会计人员根据审核后的转账凭证登记管理费用总账和明细账，如表7-15和表7-16所示。

（3）6月30日，计提本月行政管理部门固定资产的折旧费4 000元，生产用固定资产的折旧费8 000元。

步骤1：会计人员根据审核后的折旧计算表，编制转账凭证（转219号），会计分录如下。

借：管理费用——折旧费　　4 000

　　制造费用　　8 000

　　贷：累计折旧　　12 000

步骤2：会计人员根据审核后的转账凭证登记管理费用总账和明细账，如表7-15和表7-16所示。

（4）6月30日，结转本月发生的管理费用。

步骤1：会计人员根据审核后的结转本年利润的凭证，编制转账凭证（转226号），会计分录如下。

借：本年利润　　36 000

　　贷：管理费用　　36 000

步骤 2：会计人员根据审核后的转账凭证登记管理费用总账和明细账，如表 7-15 和表 7-16 所示。

典型任务举例（二）

1．资料

苏淮公司 2018 年 6 月 1 日有关“原材料”和“应付账款”总分类账户及其所属明细分类账户的月初余额如下。

“原材料”总分类账户借方余额为 78 000 元，其中甲材料为 300 千克，每千克为 200 元，计 60 000 元，乙材料为 900 千克，每千克为 20 元，计 18 000 元。“应付账款”总分类账户贷方余额为 9 500 元，其中红瑞公司明细账户贷方余额为 5 500 元，易达公司明细账户贷方余额为 4 000 元。

苏淮公司本月发生的材料收发业务和与供应单位的结算业务如下（暂不考虑增值税）。

（1）6 月 2 日，向科美公司购入以下原材料，材料均已验收入库，货款未付。其中乙材料为 400 千克，每千克为 20 元，计 8 000 元；丙材料为 1 000 件，每件为 5 元，计 5 000 元。

（2）6 月 4 日，开出转账支票偿还红瑞公司货款 3 000 元。

（3）6 月 8 日，向易达公司购入丙材料 200 件，每件为 5 元，货款计 1 000 元，材料已验收入库，货款暂欠。

（4）6 月 10 日，仓库发出以下原材料投入生产。其中甲材料为 200 千克，每千克为 200 元，计 40 000 元；乙材料为 500 千克，每千克为 20 元，计 10 000 元；丙材料为 700 件，每件为 5 元，计 3 500 元。

2．要求

根据期初资料和本月发生的经济业务，登记“原材料”和“应付账款”的总账和明细账，如表 7-17 至表 7-24 所示。并编制“原材料总分类账户所属明细分类账户发生额及余额表”和“应付账款总分类账户所属明细分类账户发生额及余额表”，如表 7-25 和表 7-26 所示。

表 7-17

原材料总账

2018 年		凭证号数	摘　要	借方金额	贷方金额	借或贷	余 额
月	日						
6	1		期初余额			借	78 000
	2	转 6	乙、丙材料入库	13 000		借	91 000
	8	转 54	丙材料入库	1 000		借	92 000
	10	转 87	领用材料		53 500	借	38 500
	30		本月合计	14 000	53 500	借	38 500

表 7-18

应付账款总账

2018 年		凭证号数	摘　要	借方金额	贷方金额	借或贷	余 额
月	日						
6	1		期初余额			贷	9 500
	2	转 6	购入乙、丙材料		13 000	贷	22 500
	4	银付 18	偿还货款	3 000		贷	19 500
	8	转 54	购入丙材料		1 000	贷	20 500
	30		本月合计	3 000	14 000	贷	20 500

表 7-19

原材料明细账

材料编号：3001　　　　　　　　　　　　计量单位：千克
材料类别：原料及主要材料　　　　　　　存放地点：1号仓库
品名及规格：甲材料　　　　　　　　　　储备定额：800

2018年		凭证号数	摘要	收入			发出			结存		
月	日			数量	单价	金额	数量	单价	金额	数量	单价	金额
6	1		月初余额							300	200	60 000
	10	转 87	领　用				200	200	40 000	100	200	20 000
	30		本月合计				200	200	40 000	100	200	20 000

表 7-20

原材料明细账

材料编号：3002　　　　　　　　　　　　计量单位：千克
材料类别：原料及主要材料　　　　　　　存放地点：1号仓库
品名及规格：乙材料　　　　　　　　　　储备定额：1 000

2018年		凭证号数	摘要	收入			发出			结存		
月	日			数量	单价	金额	数量	单价	金额	数量	单价	金额
6	1		月初余额							900	20	18 000
	2	转 6	购　入	400	20	8 000				1 300	20	26 000
	10	转 87	领　用				500	20	10 000	800	20	16 000
	30		本月合计	400	20	8 000	500	20	10 000	800	20	16 000

表 7-21

原材料明细账

材料编号：3003　　　　　　　　　　　　计量单位：件
材料类别：原料及主要材料　　　　　　　存放地点：2号仓库
品名及规格：丙材料　　　　　　　　　　储备定额：1 500

2018年		凭证号数	摘要	收入			发出			结存		
月	日			数量	单价	金额	数量	单价	金额	数量	单价	金额
6	2	转 6	购　入	1 000	5	5 000				1 000	5	5 000
	8	转 54	购　入	200	5	1 000				1 200	5	6 000
	10	转 87	领　用				700	5	3 500	500	5	2 500
	30		本月合计	1 200	5	6 000	700	5	3 500	500	5	2 500

表 7-22

应付账款明细账

二级科目编号及名称：红瑞公司

2018年		凭证号数	摘要	借方金额	贷方金额	借或贷	余额
月	日						
6	1		月初余额			贷	5 500
	4	银付 18	偿还货款	3 000		贷	2 500
	30		本月合计	3 000		贷	2 500

表 7-23

应付账款明细账

二级科目编号及名称：易达公司

2018 年		凭证号数	摘　要	借方金额	贷方金额	借或贷	余　额
月	日						
6	1		月初余额			贷	4 000
	8	银付 18	购入丙材料		1 000	贷	5 000
	30		本月合计		1 000	贷	5 000

表 7-24

应付账款明细账

二级科目编号及名称：科美公司

2018 年		凭证号数	摘　要	借方金额	贷方金额	借或贷	余　额
月	日						
6	8	转 54	购入乙、丙材料		13 000	贷	13 000
	30		本月合计		13 000	贷	13 000

表 7-25

“原材料”总分类账户所属明细分类账户发生额及余额表

项目	原材料总分类账户	原材料明细分类账户			
		合计	甲材料	乙材料	丙材料
期初余额	78 000	78 000	60 000	18 000	—
本期借方发生额	14 000	14 000	—	8 000	6 000
本期贷方发生额	53 500	53 500	40 000	10 000	3 500
期末余额	38 500	38 500	20 000	16 000	2 500

表 7-26

“应付账款”总分类账户所属明细分类账户发生额及余额表

项目	应付账款总分类账户	应付账款明细分类账户			
		合计	红瑞公司	易达公司	科美公司
期初余额	9 500	9 500	5 500	4 000	—
本期借方发生额	3 000	3 000	3 000	—	—
本期贷方发生额	14 000	14 000	—	1 000	13 000
期末余额	20 500	20 500	2 500	5 000	13 000

3. 工作过程

（1）6月2日，向科美公司购入原材料，材料均已验收入库，货款未付。

步骤1：会计人员根据审核后的购货发票和收料单，编制转账凭证（转6号），会计分录如下。

借：原材料——乙材料　　8 000

　　　　　——丙材料　　5 000

　　贷：应付账款——科美公司　　13 000

步骤2：会计人员根据审核后的转账凭证登记“原材料”和“应付账款”的总账和明细账。如表7-17、表7-18、表7-20、表7-21和表7-24所示。

（2）6月4日，开出转账支票偿还红瑞公司货款。

步骤1：会计人员根据审核后的转账支票存根凭证，编制银行存款付款凭证（银付18号），会计分录如下。

借：应付账款——红瑞公司　　3 000

　　贷：银行存款　　3 000

步骤2：会计人员根据审核后的银行存款付款凭证登记“应付账款”的总账和明细账。如表7-18和表7-22所示。

（3）6月8日，向易达公司购入丙材料，材料已验收入库，货款暂欠。

步骤1：会计人员根据审核后的购货发票和收料单，编制转账凭证（转54号），会计分录如下。

借：原材料——丙材料　　1 000

　　贷：应付账款——易达公司　　1 000

步骤2：会计人员根据审核后的转账凭证登记“原材料”和“应付账款”的总账和明细账，如表7-17、表7-18、表7-21和表7-23所示。

（4）6月10日，仓库发出原材料投入生产。

步骤1：会计人员根据审核后的领料单，编制转账凭证（转87号），会计分录如下。

借：生产成本　　53 500

　　贷：原材料——甲材料　　40 000

　　　　　　　——乙材料　　10 000

　　　　　　　——丙材料　　3 500

步骤2：会计人员根据审核后的转账凭证登记“原材料”总账和明细账。如表7-17、表7-19、表7-20和表7-21所示。

苏淮公司上述“原材料”和“应付账款”总账与其所属明细账在登记过程中是否遵循了平行登记的要求？

职业能力训练

1. 判断题（正确的在括号内打“√”，错误的打“×”）

（1）总分类账户与其所属明细分类账户进行平行登记时，可以不在同一天登记，但应该在同一会计期间内登记。（　　）

（2）总账登记的依据是原始凭证或原始凭证汇总表。（　　）

（3）明细分类账登记的依据，既可以是原始凭证，也可以是原始凭证汇总表，还可以是记账凭证。（　　）

（4）总分类科目与其所属明细分类科目的核算内容相同，只是提供信息的详细程度不同而已。（　　）

（5）平行登记的主要作用就是使总分类账户与其所属明细分类账户保持统驭关系，便于核对与检查，纠正错误与遗漏。（　　）

2. 选择题（下列答案中有一项或多项是正确的，将正确答案前英文字母填入括号内）

（1）下列项目中属于总账与明细账平行登记的要点有（　　）。

A. 所依据的会计凭证相同

B. 借贷方向相同

C. 所属会计期间相同

D. 记入总账的金额合计与记入其所属明细账的金额合计相等

（2）下面有关明细分类科目的表述中，正确的有（　　）。

A. 明细分类科目也称一级会计科目

B. 明细分类科目是对会计要素具体内容进行总括分类的科目

C. 明细分类科目是对总分类科目作进一步分类的科目

D. 明细分类科目是能提供更加详细会计信息的科目

（3）收入明细账一般采用的账页格式是（　　）。

A. 两栏式　　B. 三栏式　　C. 多栏式　　D. 数量金额式

（4）下列（　　）明细账既可逐日逐笔登记，也可定期汇总登记。

A. 固定资产　　B. 库存商品　　C. 应收账款　　D. 管理费用

（5）总分类账户与其所属的明细分类账户平行登记的结果，必然是（　　）。

A. 总分类账户期初余额 = 所属明细分类账户期初余额之和

B. 总分类账户期末余额 = 所属明细分类账户期末余额之和

C. 总分类账户本期借方发生额 = 所属明细分类账户本期借方发生额之和

D. 总分类账户本期贷方发生额 = 所属明细分类账户本期贷方发生额之和

3. 任务实训

[实训目的] 掌握总账和明细账的平行登记方法。

[实训资料] 永和公司 2019 年 6 月 1 日“原材料”和“应付账款”两个总分类账户及其所属明细分类账户的有关资料如下。

“原材料”总分类账户借方余额为 40 000 元，其所属明细分类账户余额如下：

甲材料　400 千克　　单价 60 元　　24 000 元

乙材料　200 千克　　单价 80 元　　16 000 元

合计　40 000 元

“应付账款”总分类账户贷方余额为 32 000 元，其所属明细分类账户余额如下：

A 公司　　20 000 元

B 公司　　12 000 元

合计　32 000 元

该公司 6 月份发生下列经济业务。

（1）3 日，向 A 公司购入甲材料 400 千克，单价为 60 元，价款为 24 000 元；乙材料为 400 千克，单价为 80 元，价款为 32 000 元。材料验收入库，货款尚未支付。

（2）8 日，车间从仓库领用原材料一批，其中甲材料为 600 千克，单价为 60 元，计 36 000 元；乙材料为 300 公斤，单价为 80 元，计 24 000 元。

（3）16 日，向 B 公司购入材料一批，其中甲材料为 200 千克，单价为 60 元，价款为 12 000 元；乙材料为 400 公斤，单价为 80 元，价款为 32 000 元。材料已验收入库，货款尚未支付。

（4）23 日，以银行存款偿还前欠亨达公司的货款 40 000 元，偿还前欠北辰公司的货款 48 000 元。

[实训要求] 根据上述资料编制会计分录、登记“原材料”“应付账款”的总账和明细账，并编制“原材料”和“应付账款”总分类账户及其所属明细分类账户发生额及余额表。

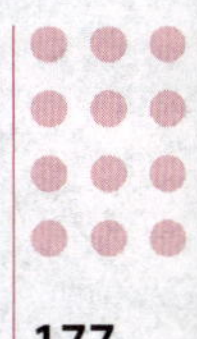

任务四　对账和结账

任务描述

登记账簿作为会计核算的专门方法之一，它除了包括记账外，还包括对账和结账两项工作。在月份和年度终了时，应将账簿记录核对结算清楚，使账簿资料如实反映情况，为编制会计报表提供真实可靠的资料。理解对账和结账的概念，了解对账的内容和结账的一般程序，掌握对账和结账的方法。

知识准备

一、对账

1．对账的概念

对账（Accounts Checking）是指定期对各类账簿记录进行核对，做到账证相符、账账相符和账实相符。其作用是可以及时发现记账过程中的错误，以保证账簿记录的真实、完整和正确，最终为编制会计报表提供可靠的依据。

企业为什么在记账后、编制会计报表前要对账呢？

2．对账的内容

对账主要包括账证核对、账账核对和账实核对。

（1）账证核对是指核对会计账簿记录与原始凭证、记账凭证的时间、凭证字号、内容、金额是否一致，记账方向是否相符。

账证核对要求会计人员在编制凭证和记账过程中认真进行复核，并通过定期或不定期的复查进行核对，以保证账证相符。

（2）账账核对是指核对不同会计账簿之间的有关记录是否相符。它一般是在账证核对的基础上进行的，账账核对主要包括如下内容。

① 总分类账中全部账户的借方期末余额合计数与贷方期末余额合计数核对相符。

② 总分类账户的期末余额与其所属明细分类账户的期末余额之和核对相符。

③ 总分类账中“库存现金”账户和“银行存款”账户的期末余额分别与现金日记账和银行存款日记账的期末余额核对相符。

④ 会计部门有关财产物资的明细账余额与财产物资保管和使用部门相应的明细账余额核对相符。

（3）账实核对是指核对会计账簿记录与有关的货币资金和财产物资等实有数额是否相符。主要包括如下内容。

① 现金日记账的余额应该同实际库存现金数核对相符。

② 银行存款日记账的余额应定期与银行对账单核对相符。

③ 有关财产物资明细账的结存数量应定期同实存数量核对相符。

④ 各种应收、应付款明细账的余额应与有关债务、债权单位或者个人核对相符。

提示

在实际工作中，账实核对一般要结合财产清查工作进行。有关财产清查的内容和方法将在项目八中介绍。

二、结账

1．结账的概念

结账（Accounts Settling）是指在把一定时期（月份、季度、半年度、年度）内发生的经济业务全部登记入账的基础上，将各种账簿的记录结算出本期发生额和期末余额，并将期末余额转入下期的一项会计工作。

提示

企业由于撤销、合并而办理账务交接时，也要办理结账。

2．结账的一般程序

结账一般应按以下程序进行。

（1）将本期发生的经济业务全部登记入账，并保证其正确性。

在会计核算工作中，为了归类记录和反映资产、负债、所有者权益、收入、费用和利润会计要素的增减变化情况，并为编制会计报表提供所需的各种数据资料，有必要将记账凭证所提供的分散资料分别登记到相应的账户中。结账前，必须查明本期内发生的经济业务是否全部登记入账；若发现漏记、错记，应及时补记、更正。

请注意

企业不得为赶编会计报表而提前结账，也不能把本期发生的经济业务延至下期入账，更不得先编会计报表后结账。

（2）根据权责发生制的要求，调整有关账项，合理确定本期应计的收入和应计的费用。期末账项调整的内容主要包括有以下几点。

① 应计收入的调整。应计收入的调整是指本期已发生而且符合收入确认条件，应归属本期的收入，但尚未收到款项而未入账的产品销售收入或者劳务收入，应计入本期收入。

② 应计费用的调整。应计费用的调整是指本期已发生应归属本期的费用，但尚未实际支付款项而未入账的成本、费用，应计入本期费用，如应计银行短期借款利息等。

③ 收入分摊的调整。收入分摊的调整是指前期已经收到款项，但由于尚未提供产品或劳务因而在当时没有确认为收入入账的预收款项，本期按照提供产品或者劳务的情况进行分摊确认为本期收入。

④ 费用分摊的调整。费用分摊的调整是指原来预付的各项费用应确认为本期费用的调整，如各种待摊性质的费用。

⑤ 其他期末账项调整事项，如固定资产折旧、结转完工产品成本和已售产品成本等。

（3）将损益类账户转入“本年利润”账户，结平所有损益类账户。

（4）结出资产、负债和所有者权益账户的本期发生额和余额，并结转下期。

应将本期实现的各项收入与发生的各项费用，编制记账凭证，分别从各收入账户与费用账户转入“本年利润”账户的贷方和借方，以便计算确定本期的财务成果；在本期全部经济业务登记入账的基础上，结算出所有资产、负债、所有者权益账户的本期发生额和期末余额。

3. 结账的方法

结账时，应当根据不同账户的记录，分别采用不同的方法。

（1）对不需按月结计本期发生额的账户，如各项债权、债务明细账和各项财产物资明细账等，每次记账以后，都要随时结出余额，每月最后一笔余额即为月末余额。月末结账时，只需要在最后一笔经济业务记录之下通栏划单红线，不需要再结计一次余额。

划线的目的，是为了突出有关数字，表示本期的会计记录已经截止或者结束，并将本期与下期的记录明显分开。

（2）现金、银行存款日记账和需要按月结计发生额的收入、费用等明细账，月末结账时，要结出本月发生额和余额，在摘要栏内注明“本月合计”字样，并在下面通栏划单红线。

（3）需要结出本年累计发生额的某些明细账户，如收入、费用等明细账，每月结账时，应在“本月合计”行下结出自年初起至本月末止的累计发生额，登记在月份发生额下面，在摘要栏内注明“本年累计”字样，并在下面通栏划单红线；12月末的“本年累计”就是全年累计发生额。全年累计发生额下面应通栏划双红线。

（4）总账账户平时只需结出月末余额。年终结账时，将所有总账账户结出全年发生额和年末余额，在摘要栏内注明“本年合计”字样，并在合计数下通栏划双红线。

（5）年度终了结账时，有余额的账户，要将其余额结转下年，并在摘要栏内注明“结转下年”字样。在下一会计年度新建有关会计账簿的第一行余额栏内填写上年结转的余额，并在摘要栏内注明“上年结转”字样。

典型任务举例

1. 要求

根据对账的内容，将本项目任务三典型业务举例（二）中涉及的“原材料”总账（见表7-17）及明细账（见表7-19、表7-20、表7-21）、“应付账款”总账（见表7-18）及明细账（见表7-22、表7-23、表7-24）进行核对，并以“原材料”总账为例进行结账。

2. 工作过程

步骤1：明确对账的内容，开展对账工作。经核对，“原材料”总账及明细账、“应付账款”总账及明细账没有差错，登账工作正确。

步骤2：对“原材料”总账进行结账，具体结账方法如表7-27所示。

表 7-27

原材料总账

2018 年		凭证号数	摘　　要	借方金额	贷方金额	借或贷	余　　额
月	日						
1	1		上年结转			借	240 000
	6	转 12	购　入	8 000		借	248 000
	12	转 21	领　用		239 500	借	8 500
	24	转 37	领　用		5 000	借	3 500
	26	转 42	购　入	6 000		借	9 500
	31		本月合计	14 000	244 500	借	9 500
2	2	转 8	购　入	4 000		借	13 500
…	…	…	……	……	……	…	……
12	31		本月合计	15 900	15 500	借	69 700
	31		本年累计	987 600	1 157 900	借	69 700
	31		结转下年				

职业能力训练

1．判断题（正确的在括号内打“√”，错误的打“×”）

（1）对账的内容一般包括账证核对、账账核对、账实核对和账表核对。（　　）

（2）年结时，应在“总计”行下划单红线，表示借贷平衡和本年度记账结束，即封账。（　　）

（3）年终结账后，“利润分配——未分配利润”账户余额在借方表示尚未弥补的亏损。（　　）

（4）年末结账后，“本年利润”账户一定没有余额。（　　）

（5）银行存款日记账的余额定期与银行对账单核对属于账账核对。（　　）

2．选择题（下列答案中有一项或多项是正确的，将正确答案前英文字母填入括号内）

（1）下列项目中属于对账范围的有（　　）。

A. 账簿记录与有关会计凭证的核对　　B. 库存商品明细账余额与库存商品的核对

C. 日记账余额与有关总分类账余额的核对　　D. 账簿记录与有关报表的核对

（2）企业结账的时间应为（　　）。

A. 每项业务终了时　　B. 一定时期终了时

C. 会计报表编制完成时　　D. 每一工作日终了时

（3）下列各项中，属于期末账项调整的有（　　）。

A. 应计银行短期借款利息　　B. 计提固定资产折旧

C. 结转完工产品成本　　D. 待摊费用的摊销

（4）下列内容中，属于结账工作的有（　　）。

A. 结算有关账户的本期发生额及期末余额　　B. 编制试算平衡表

C. 按照权责发生制对有关账项进行调整　　D. 清点库存现金

（5）月度结账时，在最后一笔数字下结出本月借、贷方发生额和期末余额后，应在该行（　　）。

A. 上、下划通栏单红线　　B. 上面划通栏单红线

C. 下面划通栏单红线　　D. 上下金额栏划单红线

3．任务实训

[实训目的] 掌握记账和结账的程序。

[实训资料]南方公司2018年11月29日银行存款日记账的记录如表7-28所示。

表7-28 银行存款日记账

2018年		凭证号数	摘 要	对方科目	收 入	支 出	结 余
月	日						
11	29		承前页		160 000	20 000	300 000

南方公司11月30日—12月1日发生下列收支业务。

（1）11月30日收到恒大公司用转账支票支付的前欠货款36 000元。

（2）11月30日以银行存款归还到期的短期借款80 000元。

（3）11月30日以银行存款支付已计提的短期借款利息2 000元。

（4）12月1日销售产品一批，价款为100 000元，增值税为16 000元，货款和税款已收到存入银行。

（5）12月1日以银行存款支付相关税金30 000元。

（6）12月1日以银行存款支付广告费20 000元。

[实训要求]根据上述经济业务，登记银行存款日记账，并进行11月份的“月结”、12月1日的业务登记后，假定该账页已用完，请结计“过次页”。

任务五 掌握错账更正方法

任务描述

账簿记录如果发现错误，不得随意涂改，更不能进行刮擦、挖补或用褪色药水更改消除字迹。了解产生错账的基本情况，掌握错账的更正方法。

知识准备

会计人员在登记账簿时，必须严肃认真、一丝不苟，按照有关手续与规定进行。但由于各种原因，仍不能避免在账簿登记中产生错账。其情形主要有重记、漏记、数字颠倒、数字错位、数字记错、科目记错和借贷方向记反等。错账更正方法主要有划线更正法、红字更正法和补充登记法三种。

一、划线更正法

划线更正法（Correction by Drawing a Straight Line）是指在结账以前，如果发现记账凭证填制无误，而账簿记录由于会计人员不慎出现笔误或计算失误，造成账簿上有文字或数字错误时采用的更正方法。

更正时，先将错误的文字或全部数字正中划一条红线予以注销，使原有字迹仍可辨认，以备查考，然后在划线上方空白处用蓝字填写正确的文字或者数字，并由会计人员和会计机构负责人（会计主管人员）在更正处盖章，以明确责任。

请注意

文字错误，可更正个别错字；数字错误，应将错误数字全部划掉，不得只更正其中的错误数字。

二、红字更正法

红字更正法（Correction By Using Red Ink）是指记账后在当年内发现记账凭证所记的会计科目错误，或者会计科目无误而所记金额大于应记金额，从而引起记账错误时采用的更正方法。

红字更正法一般适用于以下两种情况。

（1）记账以后发现记账凭证中应借、应贷会计科目名称错误，或者科目名称及金额均有错误，根据错误的记账凭证已经登记入账，造成账簿记录错误。

更正的方法是：用红字填写一张与原记账凭证完全相同的记账凭证，在摘要栏内注明“冲销 × 月 × 日第 × 号凭证错账”，并据以用红字金额登记入账，以冲销原有错误记录。再用蓝字金额填写一张正确的记账凭证，在摘要栏内注明“补记 × 月 × 日账”，并据以用蓝字登记入账。

（2）记账以后发现记账凭证中应借、应贷会计科目并无错误，只是所记金额大于应记金额，根据错误的记账凭证已经登记入账，造成账簿记录错误。

更正的方法是：应将多记的金额用红字填制一张与原记账凭证应借、应贷科目完全相同的记账凭证，在摘要栏内注明“冲销某月某日第 × 号凭证多记金额”，并据以用红字金额登记入账，用以冲销多记金额。

请注意

红字更正法既可以保持账户之间的对应关系，又可以保持账户记录中的发生额不至于因更正错账而使数字虚增或者虚减。

三、补充更正法

补充更正法（Correction by Extra Recording）是指记账以后，如果发现记账凭证中填写的应借、应贷会计科目并无错误，只是所记金额小于应记金额时，根据错误的记账凭证已经登记入账，造成账簿记录错误时采用的更正方法。

更正的方法是：应将少记的金额用蓝字编制一张与原记账凭证应借、应贷科目完全相同的记账凭证，在摘要栏内注明“补充某月某日第 × 号凭证少记金额”，并据以用蓝字金额登记入账，用以补充原少记金额。

请注意

在计算机账务处理环境下，会计人员根据自己的权限进入系统进行错账更正，在更正错账的同时留下更正日期、权限口令、更正内容等资料，以备查。

典型任务举例

经核对，苏淮公司（增值税一般纳税人）2018 年账簿记录产生以下几笔错账，请按照正确的方法予以更正。

资料（1）苏淮公司 2018 年 4 月 30 日计提本月短期借款利息 3 280 元，会计人员编制的转账凭证，如表 7-29 所示，并据以登记入账。在结账前发现，在根据记账凭证转字第 157 号登记“应付利息”总账时将 3 280 元误记为 3 820 元，如表 7-30 所示。

表 7-29

转 账 凭 证

2018 年 4 月 30 日　　　　转字第 157 号

摘　要	会计科目		借方金额	贷方金额	记账
	一级科目	明细科目			
计提短期借款利息	财务费用		3 280.00		√
	应付利息			3 280.00	√
合　　计			¥3 280.00	¥3 280.00	

附件 1 张

会计主管：黄　平　　记账：宋　娜　　审核：易晓明　　制单：贾晓玲

表 7-30

应 付 利 息 总 账

2018 年 月	日	凭证号数	摘　要	借方金额	贷方金额	借或贷	余 额
4	1		期初余额			贷	3 280.00
	30	转 157	预提本月短期借款利息		3 820.00		

工作过程

步骤 1：2018 年 4 月 30 日计提本月短期借款利息，审核人员在结账前发现“应付利息”总账中将 3 280 元误记为 3 820 元，应采用划线更正法更正。

步骤 2：正确的更正方法是：在“应付利息”总账中将 3 280 全部用红线划销，然后将正确数字写在错误数字上方，并由会计人员和会计机构负责人（会计主管人员）在更正处盖章，以明确责任。如表 7-31 所示。

表 7-31

应 付 利 息 总 账

2018 年 月	日	凭证号数	摘　要	借方金额	贷方金额	借或贷	余 额
4	1		期初余额			贷	3 280.00
	30	转 157	预提本月短期借款利息	黄　平	3 280.00 ~~3 820.00~~	宋　娜	

资料（2）2018 年 5 月 7 日，管理部门领用甲材料 200 元，编制转账凭证，如表 7-32 所示。并且已登记入账，如表 7-33 和表 7-34 所示。29 日查账时发现该错误。

表 7-32

转 账 凭 证

2018 年 5 月 7 日　　　　转字第 4 号

摘　要	会 计 科 目		借方金额	贷方金额	记账
	一级科目	明细科目			
管理部门 v 领用材料	生产成本	A 产品	200.00		√
	原材料	甲材料		200.00	√
合　　计			¥200.00	¥200.00	

附件 1 张

会计主管：黄　平　　记账：宋　娜　　审核：易晓明　　制单：贾晓玲

表 7-33

生 产 成 本 总 账

2018 年		凭证号数	摘　要	借方金额	贷方金额	借或贷	余额
月	日						
5	1		月初余额			借	10 000
	3	转 1	生产产品领用材料	10 000		借	20 000
	7	转 4	管理部门领用材料	200		借	20 200
	25	转 9	分配电费	3 000		借	23 200
	29	转 39	冲销 7 日转字第 4 号凭证错误	200		借	23 000

表 7-34

原 材 料 总 账

2018 年		凭证号数	摘　要	借方金额	贷方金额	借或贷	余额
月	日						
5	1		月初余额			借	85 000
	3	转 1	生产产品领用材料		30 000	借	55 000
	5	转 3	乙材料入库	83 200		借	138 200
	7	转 4	管理部门领用材料		200	借	138 000
	14	转 6	生产产品领用材料		26 000	借	112 000
	29	转 39	冲销 7 日转字第 4 号凭证错误		200	借	112 200
	29	转 40	补记 7 日领用材料账		200	借	112 000

工作过程

步骤 1：该笔记账凭证中由于会计科目用错，应采用红字更正法更正。

步骤 2：更正时应先用红字金额填制一张与原错误记账凭证内容完全相同的记账凭证，如表 7-35 所示，并据以用红字登记入账，如表 7-36 和表 7-37 所示。

表 7-35

转账凭证

2018年5月29日　　转字第39号

摘　要	会计科目		借方金额	贷方金额	记账
	一级科目	明细科目			
冲销7日转4凭证	生产成本	A产品	200.00		√
错误	原材料	甲材料		200.00	√
合　计			¥ 200.00	¥ 200.00	

附件　张

会计主管：黄　平　　记账：宋　娜　　审核：易晓明　　制单：贾晓玲

表 7-36

付款凭证

贷方科目：库存现金　　2018年9月1日　　付字第3号

摘　要	借方科目		金　额	记账
	一级科目	明细科目		
支付办公费	管理费用		860.00	√
合　计			¥860.00	

附件1张

会计主管：黄　平　　记账：宋　娜　　出纳：周小丽　　审核：易晓明　　制单：贾晓玲

表 7-37

付款凭证

贷方科目：库存现金　　2018年9月1日　　付字第8号

摘　要	借方科目		金　额	记账
	一级科目	明细科目		
冲销1日付3号凭证	管理费用		180.00	√
多记金额				
合　计			¥180.00	

附件　张

会计主管：黄　平　　记账：宋　娜　　出纳：周小丽　　审核：易晓明　　制单：贾晓玲

步骤3：然后再用蓝字填制一张正确的记账凭证转字第40号，如表7-38所示，并据以登记账簿，如表7-34和表7-39所示。

资料（3）2018年9月1日，用现金支付管理部门办公费680元，编制付款凭证，如表7-36所示，并且已登记入账，如表7-40和表7-41所示。当日查账时发现该错误。

表 7-38

转账凭证

2018 年 5 月 29 日　　　　转字第 40 号

摘　　要	会计科目		借方金额	贷方金额	记账
	一级科目	明细科目			
补记 7 日账	管理费用		200.00		√
	原材料	甲材料		200.00	√
合　　计			¥200.00	¥200.00	

附件　张

会计主管：黄　平　　记账：宋　娜　　审核：易晓明　　制单：贾晓玲

表 7-39

管理费用总账

2018 年		凭证号数	摘　　要	借方金额	贷方金额	借或贷	余额
月	日						
5	6	付 4	支付办公费	200		借	200
	10	付 6	支付办公费	100		借	300
	12	转 5	报销差旅费	800		借	1 100
	22	付 9	支付电话费	847		借	1 947
	29	转 40	补记 7 日领用材料账	200		借	2 147

工作过程

步骤 1：该笔记账凭证中会计科目正确，但所记金额大于应计金额，应采用红字更正法更正。

步骤 2：更正时应将多记金额 180 元用红字填制一张与原错误记账凭证内容完全相同的记账凭证付字第 8 号，如表 7-37 所示，并据以用红字登记入账。如表 7-40 和表 7-41 所示。

表 7-40

管理费用总账

2018 年		凭证号数	摘　　要	借方金额	贷方金额	借或贷	余额
月	日						
9	1	付 3	支付办公费	860		借	860
	1	转 3	报销差旅费	1 000		借	1 860
	1	付 8	冲销 1 日付字第 3 号凭证多记金额	180		借	1 680

表 7-41

库存现金总账

2018 年		凭证号数	摘　　要	借方金额	贷方金额	借或贷	余额
月	日						
9	1		月初余额			借	1 450
	1	付 3	支付办公费		860	借	590
	1	付 7	提现备用	2 000		借	2 590
	1	付 8	冲销 1 日付字第 3 号凭证多记金额		180	借	2 770

资料（4）2016 年 11 月 1 日，从银行提取现金 3 000 元备用，编制付款凭证，如表 7-42 所示。并且已登记入账，当日查账时发现该错误。

表 7-42

付款凭证

贷方科目：银行存款　　　　2018 年 11 月 1 日　　　　付字第 2 号

摘　要	借方科目		金　额	记账
	一级科目	明细科目		
提取现金备用	库存现金		3 000.00	√
合　　计			¥3 000.00	

附件 1 张

会计主管：黄　平　　记账：宋　娜　　出纳：周小丽　　审核：易晓明　　制单：贾晓玲

工作过程

步骤 1：该笔记账凭证中会计科目正确，但所记金额小于应计金额，应采用补充登记法更正。

步骤 2：更正时应将少记金额 2 700 元用蓝字填制一张与错误记账凭证内容完全相同的记账凭证付字第 5 号，如表 7-43 所示，并据以登记入账。如表 7-44 和表 7-45 所示。

表 7-43

付款凭证

贷方科目：银行存款　　　　2018 年 11 月 1 日　　　　付字第 5 号

摘　要	借方科目		金　额	记账
	一级科目	明细科目		
补充 1 日付 2 号凭证	库存现金		2 700.00	√
少记金额				
合　　计			¥2 700.00	

附件　张

会计主管：黄　平　　记账：宋　娜　　出纳：周小丽　　审核：易晓明　　制单：贾晓玲

表 7-44

库存现金总账

2018 年		凭证号数	摘　要	借方金额	贷方金额	借或贷	余额
月	日						
11	1		月初余额			借	980
	1	付 2	提现备用	300		借	1 280
	1	付 3	预付王雷差旅费		900	借	380
	1	付 5	补充 1 日付 2 号凭证少记金额	2 700		借	3 080

表 7-45

银行存款总账

2018 年		凭证号数	摘要	借方金额	贷方金额	借或贷	余额
月	日						
11	1		月初余额			借	40 000
	1	收 1	收回货款	12 000		借	52 000
	1	付 1	购入甲材料		10 000	借	42 000
	1	付 2	提现备用		300	借	41 700
	1	付 4	支付广告费		10 000	借	31 700
	1	付 5	补充 1 日付 2 号凭证少记金额		2 700	借	29 000

如果发现以前年度记账凭证中有错误并导致账簿登记错误的，应如何更正？

职业能力训练

1．判断题（正确的在括号内打“√”，错误的打“×”）

（1）记账凭证和会计账簿如发生笔误，均可采用划线更正法予以更正。（　　）

（2）为了使账簿记录清晰有效，除更正错账外，一律不得使用红色墨水记账。（　　）

（3）在记账以后，结账之前，如果发现记账凭证和账簿记录的金额大于应记金额，而所用会计科目和记账方向并无错误，可用划线更正法更正。（　　）

（4）若记账凭证上应记科目或金额有误且已入账，可以将填错的记账凭证销毁，另填一张正确的记账凭证，并据以登记入账。（　　）

（5）会计人员在记账以后，若发现所依据的记账凭证中的应借、应贷会计科目有错误，则不论金额多记还是少记，均采用红字更正法进行更正。（　　）

2．选择题（下列答案中有一项或多项是正确的，将正确答案前英文字母填入括号内）

（1）发生以下记账错误时，应选择红字更正法的有（　　）。

A．记账之后，发现记账凭证中的会计科目应用错误

B．记账之后，发现记账凭证中会计科目正确，但所列金额大于正确金额

C．记账之后，发现记账凭证中会计科目正确，但所列金额小于正确金额

D．结账之前，发现账簿记录有文字错误，而记账凭证正确

（2）填制记账凭证时无误，根据记账凭证登记账簿时，将 20 000 元误记为 2 000 元，已登记入账，更正时应采用（　　）。

A．划线更正法　B．红字更正法　C．补充登记法　D．更换账页法

（3）记账后发现记账凭证中应借、应贷会计科目正确，只是金额发生错误，可采用的错账更正方法是（　　）。

A．划线更正法　B．红字更正法　C．补充登记法　D．横线登记法

（4）下列错账中，可以采用补充登记法更正的有（　　）。

A. 在结账前发现账簿记录有文字或数字错误，而记账凭证没有错误

B. 记账后在当年内发现记账凭证所记的会计科目错误

C. 记账后在当年内发现记账凭证所记金额大于应记金额

D. 记账后发现记账凭证填写的会计科目无误，只是所记金额小于应记金额

（5）发现以前年度记账凭证错误应采用（　　）更正方法。

A. 划线更正法　　B. 红字更正法

C. 补充登记法　　D. 用蓝字做一张更正的记账凭证

3. 任务实训

[实训目的] 掌握错账的更正方法。

[实训资料] 荣达公司2018年10月31日结账前，将本月账簿记录与记账凭证进行核对，发现下列情况。

（1）9日，车间领用一般消耗材料一批，价值4 000元。所编记账凭证如下。

借：生产成本　　4 000

　　贷：原材料　　4 000

账簿记录为：

原材料	
	4 000

生产成本	
4 000	

（2）16日，开出转账支票一张，支付电话费8 600元。所编记账凭证如下。

借：管理费用　　6 800

　　贷：银行存款　　6 800

账簿记录为：

银行存款	
	6 800

管理费用	
6 800	

（3）31日，计提管理用固定资产折旧6 000元。所编记账凭证如下。

借：管理费用　　6 000

　　贷：累计折旧　　6 000

账簿记录为：

累计折旧	
	6 000

管理费用	
60 000	

（4）31日，职工李华预借差旅费6 700元，以现金付讫。所编记账凭证如下。

借：管理费用　　670

　　贷：库存现金　　670

账簿记录为：

库存现金	
	670

管理费用	
670	

[实训要求] 根据上述各项经济业务处理，判断记账是否有差错，分析错账的成因，并采用正

确的方法予以更正。

任务六 更换与保管会计账簿

会计账簿是记录和反映经济业务的重要历史资料和证据，是单位的重要会计档案，在实际会计工作中，要及时更换和妥善保管。了解并掌握账簿更换与保管的有关规定。

知识准备

一、会计账簿的更换

会计账簿的更换是指在会计年度终了时，将上一年度的旧账簿更换为新账簿。为了使每个会计年度的账簿资料明晰和便于保管，在新年度开始时，除固定资产明细账等少数账簿因变动不大可跨年度使用，不必办理更换新账手续，其余账簿如总账、日记账和多数明细账一般都应结束旧账，启用新账。会计账簿的更换通常在新会计年度建账时进行。

各种备查账簿可否跨年度使用？

为了保证账簿记录的合法性和完整性，并明确责任，每本新账簿在启用时，应在账簿扉页填写好“账簿启用表”和“账簿经管人员一览表”。在实际工作中，可将上述两张表合并设置“账簿启用和经管人员一览表”。更换新账簿时，可直接将各旧账的年末余额抄到相对应的新账中。同时，在新账的第一页第一行日期注明 1 月 1 日，在摘要栏内注明“上年结转”或“年初余额”字样，在“借或贷”栏内注明余额方向。

新账第一行上年结转的余额，无须编制凭证，也无须记入借方栏或贷方栏，应直接记入余额栏。

二、会计账簿的保管

年度终了，各种账簿在结转下年和建立新账后，一般旧账可暂由本单位财会部门保管一年，期满后应由财会部门移交本单位档案部门保管。移交时需要编制移交清册，填写交接清单，交接人员按移交清册和交接清单项目核查无误后签章，并在账簿使用日期栏内填写移交日期。

已归档的会计账簿作为会计档案应妥善保管，存放有序，原件不得借出。如有特殊需要，须经上级主管单位或本单位领导、会计主管人员批准，在不拆散原卷册的前提下，可以提供查阅或者复制，并要办理登记手续。

会计账簿是重要的会计档案之一，必须严格按《会计档案管理办法》规定的保管年限妥善保管，不得丢失和任意销毁。通常总账（包括日记总账）和明细账保管期限为30年；日记账保管期限为30年；现金和银行存款日记账保管期限为30年；固定资产卡片账在固定资产报废清理后保管5年；辅助账簿保管期限为30年。

提示

在实际工作中，各单位可以根据实际利用的经验、规律和特点，适当延长有关会计档案的保管期限，但必须有较为充分的理由。

职业能力训练

1. 判断题（正确的在括号内打“√”，错误的打“×”）

（1）更换新账簿时，如有余额，则在新账簿中的第一行摘要栏内注明“上年结转”。（　　）

（2）企业会计账簿中的总账和明细账应当保管15年。（　　）

（3）各种备查账簿也不可以跨年度使用。（　　）

（4）年度终了，各种账簿在结转下年和建立新账后，一般都要把旧账送交出纳人员集中统一管理。（　　）

（5）启用会计账簿时，应当在账簿封面上写明单位名称、账簿名称，在账簿扉页上附启用表。（　　）

2. 选择题（下列答案中有一项或多项是正确的，将正确答案前英文字母填入括号内）

（1）会计账簿更换应在（　　）时进行。

A. 月份终了　　B. 季度终了　　C. 半年度终了　　D. 年度终了

（2）以下账簿需要在每年初更换新账的有（　　）。

A. 总账　　B. 现金日记账　　C. 银行存款日记账　　D. 固定资产卡片账

（3）会计账簿暂由本单位财务会计部门保管（　　）年，期满之后，由财会部门编造清册移交本单位的档案部门保管。

A. 1　　B. 3　　C. 5　　D. 10

（4）现金和银行存款日记账保管期限为（　　）年。

A. 10　　B. 20　　C. 25　　D. 30

（5）会计账簿原件不得借出，如有特殊需要，须经（　　）批准方可提供查阅或复制。

A. 上级主管单位　　B. 本单位领

C. 会计主管人员　　D. 档案管理部门负责人

项目小结

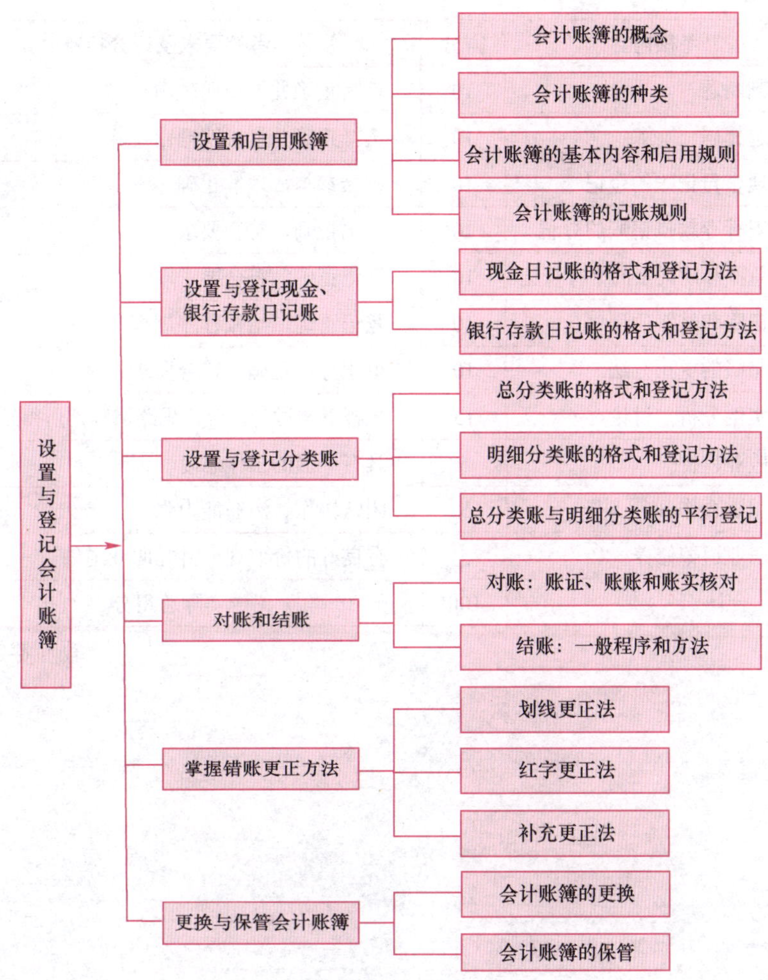

案例分析与讨论

通力有限责任公司是一家新开立的公司，聘任周宏担任会计主管。如何设置公司的各种账簿是周宏面临的一个难题。为此他上网查阅了相关资料，并向有经验的同学请教如何开设账簿。在此基础上，他又请教了公司里负责生产的李月进科长，了解公司的主要生产经营业务，并仔细分析了公司生产工艺流程及各环节的特点，并结合公司对会计管理的要求，拟定了建账方案，经公司王磊总经理批准后，开始了建账工作。

讨论：周宏这种建账方法是否值得借鉴？结合本项目所学的知识，你认为该公司应如何建账？

阅读篇目

[1] 财政部颁布的《会计基础工作规范》

[2] 财政部、国家档案局发布的《会计档案管理办法》

项目考核标准

考核项目	考核内容	得分	考核要求及评分标准	得分
职业能力训练	判断题	10	判断正确并能说明理由	
	选择题	10	选择正确并能说明理由	
项目实训	现金日记账的登记	10	积极参与，理解正确	
	银行存款日记账的登记	10	登记正确，符合要求	
	总账和明细账的平行登记	10	登记正确，符合要求	
	记账和结账的程序	10	登记正确，结账程序规范	
	错账的更正方法	10	更正方法正确，符合要求	
案例	案例分析与讨论	15	积极参与讨论，分析思路清晰，所得结论正确	
职业素养	敬业精神	5	具有严谨的工作态度	
	团队合作	5	团队协作、沟通能力强	
	职业道德修养	5	有良好的价值观，讲究职业道德	
合计		100	实际总得分	

考核时间：　　　　　　　　　　　　　　　　　　　　教师签字：

项目八 遵循内控制度，开展财产清查

学习目标

1. 根据项目、任务的需要查阅有关资料
2. 了解内部控制的概念、目标和原则
3. 认知内部控制的要素
4. 了解财产清查的意义和种类
5. 比较确定财产物资账面结存数量的方法
6. 掌握货币资金、实物资产和债权债务的清查方法
7. 掌握财产清查结果的账务处理
8. 具有敬业精神、团队合作精神和良好的职业道德修养

项目导航

加强和规范企业内部控制可以提高企业经营管理水平和风险防范能力，促进企业可持续发展。财产清查是企业内部控制的重要组成部分之一，是加强企业管理、促进财产物资有效使用的必要手段，也是提高会计信息质量、保证会计资料真实可靠的前提条件。账簿记录的“正确”，并不能说明其内容真实可靠，还必须根据财产清查的结果对账簿记录加以核实，并在保证账实相符的基础上编制会计报表。

本项目主要讲述内部控制的概念、目标、原则和要素，财产清查的意义、种类和财产清查前的准备工作，各项财产物资和往来款项的清查方法以及财产清查结果的账务处理。

学习时，要认识内部控制和财产清查的必要性；弄清未达账项形成的原因以及银行存款余额调节表能否作为记账的依据；理解并掌握“待处理财产损溢”账户的结构、性质和核算。

任务一　遵循内控制度

任务描述

为了加强和规范企业内部控制，提高企业经营管理水平和风险防范能力，促进企业财产物资有效利用，确保会计资料真实可靠、账实相符，企业应制定内部控制制度。了解企业内部控制的概念、目标和原则，认知企业内部控制所包括的基本要素。

知识准备

一、内部控制的概念和目标

内部控制（Internal Control）是指单位内部的管理控制系统，由企业董事会、监事会、经理层和全体员工实施，旨在实现控制目标的过程。内部控制是社会经济发展到一定阶段的产物，是现代组织管理的一项重要制度与措施，其内涵随着企业经营规模的不断扩大以及管理水平的提高而逐步丰富和完善。内部控制的目标是合理保证企业经营管理合法合规、资产安全、财务报告及相关信息真实完整、提高经营效率和效果，促进企业实现发展战略。

内部控制历史沿革

（1）萌芽期（20世纪40年代前）——内部牵制。内部牵制是指一个人不能完全支配账户，另一个人也不能独立地加以控制的制度。

（2）发展期（20世纪40年代末至70年代）——内部控制。内部控制包括组织的计划和企业为了保护资产，检查会计数据的准确性和可靠性，提高经营效率，以及促使遵循既定的管理方针等所采用的所有方法和措施，其内容包括内部会计控制和内部管理控制。

（3）过渡期（20世纪70年代末至80年代）——内部控制结构。内部控制结构是为合理保证公司实现具体目标而设立的一系列政策和程序，包括控制环境、会计系统、控制程序三要素。

（4）完善期（20世纪90年代以后）——内部控制整体架构。内部控制是受企业董事会、管理层和其他员工影响的，是为营运的有效性、财务报告的可靠性、相关法律的遵循性等目标的达成而提供合理保证的过程。其构成要素应该来源于管理阶层经营企业的方式，并与管理的过程相结合。构成内容包括五大要素（控制环境、风险评估、控制活动、信息与沟通、监督）和三大目标（会计报表的可靠性、经营的效率与效果、对法律和法规的遵循）。

（5）成熟期（2003年以后）——全面风险管理。企业风险管理是受企业董事会、管理层和其他员工影响的，用于识别那些可能影响企业的潜在事件并管理风险，使之在企业的风险偏好之内，为企业目标的达成而提供合理保证的过程。这个过程从企业战略制定一直贯穿到企业的各项活动中。

二、内部控制的原则

企业建立与实施内部控制，应当遵循下列原则。

（1）全面性原则。内部控制应当涵盖企业及其所属单位的各种业务和事项，并针对业务处理过程中的关键控制点，落实到决策、执行、监督、反馈等各个环节。

（2）重要性原则。内部控制应当在全面控制的基础上，关注重要业务事项和高风险领域。

（3）制衡性原则。内部控制应当在治理结构、机构设置及权责分配、业务流程等方面相互制约、相互监督，同时兼顾运营效率。就会计工作的机构、岗位设置及其职责权限的划分，应坚持不相容职务相互分离的原则。

提示

不相容职务主要包括授权批准、业务经办、会计记录、财产保管、稽核检查等。

（4）适应性原则。内部控制应当与企业经营规模、业务范围、竞争状况和风险水平等相适应，并随着外部环境的变化、内部业务职能的调整和管理要求的提高，不断修订和完善。

（5）成本效益原则。内部控制应当权衡实施成本与预期效益，以合理的成本实现有效的控制。

三、内部控制的要素

企业建立与实施有效的内部控制，应当包括以下基本要素。

1．内部环境

内部环境是企业实施内部控制的基础，一般包括治理结构、机构设置及权责分配、内部审计、人力资源政策、企业文化等。

企业应当根据国家有关法律法规和企业章程，建立规范的公司治理结构和议事规则，明确决策、执行、监督等方面的职责权限，形成科学有效的职责分工和制衡机制。

小贴士

公司治理结构

股东（大）会享有法律法规和企业章程规定的合法权利，依法行使企业经营方针、筹资、投资、利润分配等重大事项的表决权。董事会对股东（大）会负责，依法行使企业的经营决策权。监事会对股东（大）会负责，监督企业董事、经理和其他高级管理人员依法履行职责。经理层负责组织实施股东（大）会、董事会决议事项，主持企业的生产经营管理工作。董事会负责内部控制的建立健全和有效实施。监事会对董事会建立与实施内部控制进行监督。经理层负责组织领导企业内部控制的日常运行。

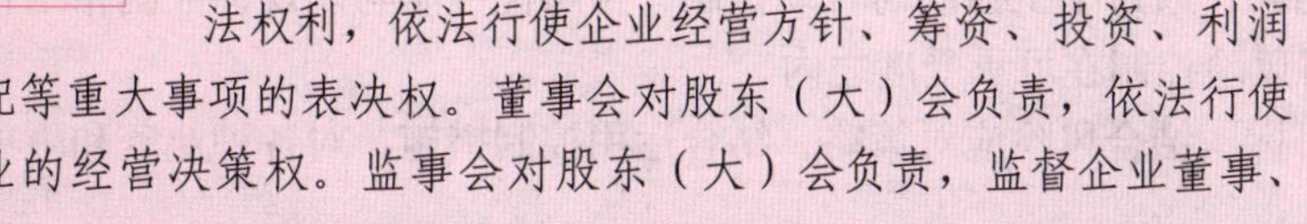

企业应当成立专门机构或者指定适当的机构具体负责组织协调内部控制的建立实施及日常工作。应当在董事会下设立审计委员会。审计委员会负责审查企业内部控制，监督内部控制的有效实施和内部控制自我评价情况等。

提示

审计委员会负责人应当具备相应的独立性、良好的职业操守和专业胜任能力。

企业应当结合业务特点和内部控制要求设置内部审计机构，明确职责权限，将权利与责任落实到各责任单位。内部审计机构对内部控制的有效性进行监督检查，对监督检查中发现的内部控制缺陷，应当按照企业内部审计工作程序进行报告；对监督检查中发现的内部控制重大缺陷，有权直接向董事会及其审计委员会、监事会报告。

企业应当制定和实施有利于企业可持续发展的人力资源政策，将职业道德修养和专业胜任能力作为选拔和聘用员工的重要标准，切实加强员工培训和继续教育，不断提升员工素质。

企业应当加强文化建设，培育积极向上的价值观和社会责任感，倡导诚实守信、爱岗敬业、开拓创新和团队协作精神，树立现代管理理念，强化风险意识。

2. 风险评估

风险评估是指企业及时识别、系统分析经营活动中与实现内部控制目标相关的风险，合理确定风险应对策略。

企业应当根据设定的控制目标，全面、系统、持续地收集相关信息，并结合实际情况，及时进行风险评估。企业开展风险评估，应当准确识别与实现控制目标相关的内部风险和外部风险，确定相应的风险承受度。

风险承受度是指企业能够承担的风险限度，包括整体风险承受能力和业务层面的可接受风险水平。企业应当采用定性与定量相结合的方法，按照风险发生的可能性及其影响程度等，对识别的风险进行分析和排序，确定关注重点和优先控制的风险。

企业应当根据风险分析的结果，结合风险承受度，权衡风险与收益，确定风险应对策略。企业同时应当合理分析，准确掌握董事、经理及其他高级管理人员、关键岗位员工的风险偏好，采取适当的控制措施，避免因个人风险偏好给企业经营带来重大损失。

企业应当结合不同发展阶段和业务拓展情况，持续收集与风险变化相关的信息，进行风险识别和风险分析，及时调整风险应对策略。

企业应当综合运用风险规避、风险降低、风险分担和风险承受等风险应对策略，实现对风险的有效控制。

3. 控制活动

控制活动是指企业根据风险评估结果，采用相应的控制措施，将风险控制在可承受度之内。

企业应当结合风险评估结果，通过手工控制与自动控制、预防性控制与发现性控制相结合的方法，运用相应的控制措施，将风险控制在可承受度之内。

企业应当根据内部控制目标，结合风险应对策略，结合运用控制措施，对各种业务和事项实施有效控制。

控制措施一般包括：不相容职务分离控制、授权审批控制、会计系统控制、财产保护控制、预算控制、运营分析控制和绩效考评控制等。其中会计系统控制要求企业严格执行国家统一的会计准则制度，加强会计基础工作，明确会计凭证、会计账簿和财务会计报告的处理程序，保证会计资料真实完整。企业应当依法设置会计机构，配备专业胜任的会计从业人员。会计机构负责人应当具备会计师以上专业技术职务资格。大中型企业应当设置总会计师。财产保护控制要求企业建立财产日常管理制度和定期清查制度，采取财产记录、实物保管、定期盘点、账实核对等措施，确保财产安全。企业应当严格限制未经授权的人员接触和处置财产。

4. 信息与沟通

信息与沟通是指企业及时、准确地收集、传递与内部控制相关的信息，确保信息在企业内部、企业与外部之间进行有效沟通。

企业应当建立信息与沟通制度，明确内部控制相关信息的收集、处理和传递程序，确保信息及时沟通，促进内部控制有效运行。

企业应当对收集的各种内部信息和外部信息进行合理筛选、核对、整合，提高信息的有用性。对信息沟通过程中发现的问题，应当及时报告并加以解决。重要信息应当及时传递给董事会、监事会和经理层。

企业应当利用信息技术促进信息的集成与共享，充分发挥信息技术在信息与沟通中的作用。建立反舞弊机制，坚持惩防并举、重在预防的原则，明确反舞弊工作的重点领域、关键环节和有关机构在反舞弊工作中的职责权限，规范舞弊案件的举报、调查、处理、报告和补救程序。企业应当建立举报投诉制度和举报人保护制度，并将该制度及时传达至全体员工。

5．内部监督

内部监督是指企业对内部控制建立与实施情况进行监督检查，评价内部控制的有效性，发现内部控制缺陷，应当及时加以改进。

内部监督分为日常监督和专项监督。日常监督是指企业对建立与实施内部控制的情况进行常规、持续的监督检查；专项监督是指在企业发展战略、组织结构、经营活动、业务流程、关键岗位员工等发生较大调整或变化的情况下，对内部控制的某个环节进行有针对性的监督检查。专项监督的范围和频率应当根据风险评估结果以及日常监督的有效性等予以确定。

企业应当制定内部控制缺陷认定标准，对监督过程中发现的内部控制缺陷，应当分析缺陷的性质和产生的原因，提出整改方案，采取适当的形式及时向董事会、监事会或者经理层报告。

企业应当结合内部监督情况，定期对内部控制的有效性进行自我评价，出具内部控制自我评价报告。

内部控制对单位高层领导人的约束力与单位中层管理人员及普通员工的约束力一样吗？为什么？

职业能力训练

1．判断题（正确的在括号内打“√”，错误的打“×”）

（1）内部控制是由企业董事会、监事会、经理层实施的，旨在实现控制目标的过程。（　　）

（2）企业内部控制是社会经济发展到一定阶段的产物，是现代组织管理的一项重要制度与措施，其内涵一经确定，不得调整。（　　）

（3）内部控制的目标是合理保证企业经营管理合法合规、资产安全、会计报表及相关信息真实完整，提高经营效率和效果，促进企业实现发展战略。（　　）

（4）只要能保证内部控制目标的实现，企业不应考虑实施成本。（　　）

（5）内部监督是指企业对内部控制建立与实施情况进行监督检查，评价内部控制的有效性，发现内部控制缺陷，应当及时加以改进。（　　）

2．选择题（下列答案中有一项或多项是正确的，将正确答案前英文字母填入括号内）

（1）企业建立与实施内部控制，应当遵循（　　）原则。

A. 全面性　　B. 重要性　　C. 制衡性　　D. 成本效益

（2）内部控制的基本要素主要有（　　）等。

A. 内部环境　　B. 风险评估　　C. 控制活动　　D. 信息与沟通

（3）（　　）负责内部控制的建立健全和有效实施。

A. 股东（大）会　　B. 监事会　　C. 董事会　　D. 经理层

（4）控制措施一般包括（　　）等。

A. 不相容职务分离控制　　B. 授权审批控制　　C. 会计系统控制　　D. 财产保护控制

（5）内部监督分为（　　）。

A. 日常监督　　B. 社会监督　　C. 专项监督　　D. 国家监督

任务二 了解财产清查的意义、种类和方法

任务描述

财产清查是通过对实物、现金的实地盘点和对银行存款、往来款项的核对，来确定各项财产物资和往来款项的实际存量，查明账存与实存是否相符的一种专门方法。了解财产清查的意义，分析在实际工作中造成账实不符的原因，认知财产清查的不同分类，理解并确定账面结存数量的方法——财产物资的永续盘存制和实地盘存制。

知识准备

一、财产清查的意义

财产清查（Property Checking）是指根据账簿记录，对企业的各项财产进行实地盘点或核对账目，查明各项财产的实存数，确定实存数与账存数是否相符，并据以调整会计账簿，保证账实相符的一种专门方法。

请注意：会计账簿记录的正确性，并不表明各项财产物资账实一定相符。

在实际工作中，各项财产物资的账存数与实存数往往产生差异。造成这种情况的主观和客观原因是多方面的，归纳起来一般有以下几种情况。

（1）财产物资在收发过程中，由于计量、检验不准确发生的多收多付或少收少付等情况。

（2）财产物资在保管过程中发生的自然损耗或升溢。

（3）由于管理不善或责任人失职，造成的财产损坏、霉烂、变质，或库存现金和债权债务的短缺等。

（4）由于贪污盗窃、营私舞弊等造成的财产损失。

（5）由于自然灾害造成的非常损失。

（6）结算过程中，由于结算凭证传递不及时形成未达账项而引起的账实不符等。

财产清查的意义，主要表现在以下几个方面。

（1）保证账实相符，会计资料真实可靠。

（2）保护财产物资的安全和完整。

（3）挖掘财产物资的潜力，加速资金周转。

（4）保证财经纪律和结算纪律的执行。

二、财产清查的种类

1．按照清查的范围，可分为全面清查和局部清查

（1）全面清查（Complete Checking）是指对企业全部财产进行全面的盘点和核对。全面清查的对象既

包括所有权属于本企业的各种财产，也包括所有权不属于本企业、只是由本企业代管的各项财产物资。

企业发生下列情况必须进行全面清查：①年终决算之前；②企业破产，单位撤销、合并或改变隶属关系时；③开展全面的资产评估和清产核资时；④单位主要负责人调离工作岗位时。

（2）局部清查（Partial Checking）是指根据经营管理的需要，对企业的一部分财产物资和债权债务进行的盘点和核对。局部清查一般是针对重要财产和流动性较大的财产进行的，如对库存现金、原材料、产成品以及其他贵重物资进行的清查盘点。

企业开展局部清查的内容一般包括：①对于库存现金，应由出纳员在每日业务终了时清点核对；②对于银行存款、短期借款（银行借款）应每月与银行核对一次对账单；③对于原材料、产成品、在产品及在途材料、贵重物品，应每月清查盘点一次；④对于债权、债务，每年至少要同对方核对一至两次，发现问题及时解决，避免坏账损失；⑤因遭受自然灾害或发生盗窃事件，以及更换实物保管人时，应对有关财产物资或货币资金进行局部的清查和盘点。

2．按照清查的时间，可分为定期清查和不定期清查

（1）定期清查（Periodic Checking）是指根据预先安排的时间对财产物资进行的清查。定期清查一般在财产物资管理制度中予以规定，其时间一般在年末、季末、月末结账前进行，以保证账实相符，会计报表资料真实可靠。

定期清查可以是局部清查，也可以是全面清查。一般情况下，年末进行全面清查，季末、月末进行局部清查。季末清查的范围一般要比月末清查大一些。

（2）不定期清查（Non-periodic Checking）是指根据需要对财产物资进行的临时清查。不定期清查一般是局部清查，也可以是全面清查。

不定期清查一般在下列情况下进行：①更换财产物资和现金的经管人员时；②财产物资发生非常灾害或意外损失时；③开展临时性清产核资时；④上级主管部门进行会计检查时；⑤其他需要临时清查的情况。

三、财产物资的盘存制度

企业开展财产物资的清查，主要是确定各项财产物资的账面结存数量、账面结存金额与各项财产物资的实存数量、实存金额，以确定其账存与实存是否相符。确定财产物资账面结存数量的方法，主要有实地盘存制和永续盘存制两种。

1．实地盘存制

实地盘存制（Actual Inventory System）也叫“定期盘存制”或“以存计耗制”，是指通过对期末各项财产物资的实地盘点来确定期末财产物资数量的一种方法。在实地盘存制下，平时在账簿中只登记增加数，不登记减少数，月末首先通过对财产物资的实地盘点来取得账面结存数，然后再倒挤出本期减少（销售或者耗用）的数量和金额。计算公式为：

本期减少数 = 期初结存数 + 本期增加数 - 期末结存数（盘点）

请注意

在实地盘存制下，对各项财产物资进行盘点的结果，只是作为登记财产物资账面减少数的依据，而不能用于核对账实是否相符。

采用实地盘存制，可以减化日常核算工作，但由于此法在日常核算中不反映各项财产物资的减少与结存情况，因此很难对财产物资进行控制和管理。同时，采用此法，企业的耗用或销售成本是以倒推的方法推算出来的，这样就会把计量、收发、保管中产生的差错、浪费，以及被盗等各种非销售和领用的损耗，全部计入耗用成本或者销售成本。所以，它影响成本核算的正确性，不利于保护企业财产物资的安全与完整。因此，该方法只适用于财产物资品种多、价值低、收发频繁、损耗大，以及不便于实行永续盘存制的企业。

2. 永续盘存制

永续盘存制（Perpetual Inventory System）也叫“账面盘存制”，是根据各项财产物资的收发业务，在账簿中逐笔或逐日地详细登记其增加或减少，并随时结出账面余额的一种方法。采用永续盘存制，需要对每一品种、规格的财产物资开设明细分类账户，通过对财产物资的收发进行明细分类核算，平时逐日或者逐笔在明细账中登记增加数和减少数，并随时结出结存数。计算公式为：

期末结存数 = 期初结存数 + 本期增加数 − 本期减少数

在永续盘存制下，通过账簿记录可以随时反映各项财产物资的增减变动与结存情况，有利于加强财产物资的管理，为正确计算耗用和销售成本提供保证。通过账面结存数量与实地盘点数量的核对，还可以及时发现财产短缺、毁损等问题，有利于保护企业财产物资的安全与完整。但对于财产物资品种繁多、收发业务频繁的企业，若采用这种方法，工作量较大。

请注意

采用永续盘存制，并不排除对各项财产物资的实物盘点。为了核对各项财产物资的账面记录，每年至少应进行一次全面盘点，具体盘点次数视企业内部控制要求而定。

3. 永续盘存制与实地盘存制的比较

（1）永续盘存制与实地盘存制的相同点。

① 两者均要求对财产物资设置数量金额式明细账。

② 对于财产物资的增加都要求根据有关凭证及时入账。

（2）永续盘存制与实地盘存制的不同点。

① 对于财产物资销售、耗用等减少业务，永续盘存制要求及时登记明细账，实地盘存制则在明细账上不做记录。

② 永续盘存制下能够随时结计财产物资的账面结存资料，而实地盘存制下平时没有财产物资的账面结存记录。

③ 永续盘存制下可以将账存情况与盘点实际结存进行核对，有利于加强对财产物资的核算和管理。实地盘存制期末先盘点实际结存，然后通过以存计耗的方式计算销售或耗用成本，是一种不完善的财产物资核算和管理制度。

请注意

无论永续盘存制还是实地盘存制均需要进行实地盘点，但二者盘点的目的不同，前者是为了达到账实一致，后者是为了倒算出本期减少数。

动脑筋

财产清查是一种会计核算方法，还是一项管理制度？

典型任务举例

1．资料

苏淮公司财产物资采用永续盘存制对存货进行日常核算。2018 年 3 月甲材料期初结存数量为 2 800 千克，单价为 50 元，成本为 140 000 元。3 月份甲材料收发情况如下。

① 2 日，购进入库 500 千克，实际采购成本为 25 000 元。

② 6 日，生产领用 620 千克，实际成本为 31 000 元。

③ 10 日，生产领用 800 千克，实际成本为 40 000 元。

④ 18 日，购进入库 420 千克，实际采购成本为 21 000 元。

⑤ 24 日，生产领用 1 000 千克，实际成本为 50 000 元。

⑥ 31 日，在月末对材料进行实地盘点，甲材料实地盘点数量为 1 240 千克。

2．要求

根据上述资料，登记甲材料明细账，根据 31 日甲材料盘存情况说明甲材料盈亏情况，如有盈亏在明细账中予以登记。

3．工作过程

步骤 1：开设甲材料数量金额式明细账，并登记期初余额，如表 8-1 所示。

步骤 2：根据本月甲材料收发业务，按照永续盘存制的要求逐笔登记甲材料明细账，如表 8-1 所示。

表 8-1

原材料明细账

品名及规格：甲材料　　　　计量单位：千克

2018 年		凭证号数	摘　要	收　入			发　出			结　存		
月	日			数量	单价	金额	数量	单价	金额	数量	单价	金额
3	1		期初结存							2 800	50	140 000
	2	略	购入	500	50	25 000				3 300	50	165 000
	6		领用				620	50	31 000	2 680	50	134 000
	10		领用				800	50	40 000	1 880	50	94 000
	18		购入	420	50	21 000				2 300	50	115 000
	24		领用				1 000	50	50 000	1 300	50	65 000
	31		盘亏				60	50	3 000	1 240	50	62 000
	31		本月合计	920	50	46 000	2 480	50	124 000	1 240	50	62 000

如果苏淮公司采用实地盘存制对甲材料进行日常核算，该明细账该如何登记？

职业能力训练

1．判断题（正确的在括号内打“√”，错误的打“×”）

（1）只要会计账簿记录正确，则表明各项财产物资账实一定相符。（　　）

（2）对委托外单位保管的材料、商品等，也要采用实地盘点法进行核对。（　　）

（3）对于库存现金，只要保证出纳员每天与日记账核对相符，就无须再专门组织人员进行清查。（　　）

（4）局部清查一般适用于对流动性较大的财产物资和货币资产的清查。（　　）

（5）定期清查和不定期清查的范围，可以是全面清查，也可以是局部清查。（　　）

2．选择题（下列答案中有一项或多项是正确的，将正确答案前英文字母填入括号内）

（1）按预先计划安排的时间对财产物资进行的清查是（　　）。

A．定期清查　B．不定期清查　C．全面清查　D．局部清查

（2）全面清查一般应在（　　）进行。

A．年终决算之前　B．单位撤销时　C．每月结账前　D．清产核资时

（3）通常在年终决算之前，要（　　）。

A．对企业所有财产进行技术推算盘点　B．对企业所有财产进行全面清查

C．对企业一部分财产进行局部清查　D．对企业流动性较大的财产进行全面清查

（4）企业对于债权、债务，每年至少要同对方核对（　　）次，以便发现问题及时解决，避免坏账损失。

A．1　B．1～2　C．2～3　D．3～5

（5）企业财产物资出现账实不符的原因可能有（　　）。

A．计量不准　B．管理不善　C．责任者过失　D．不法分子贪污盗窃

3．任务实训

[实训目的] 掌握财产物资的永续盘存制和实地盘存制。

[实训资料] 亨达公司2019年3月丁材料期初结存及收发情况如下。

（1）3月初丁材料结存数量为2 000千克，单价为12元。

（2）3月份丁材料收发情况如下。

① 5日，购进入库200千克，实际采购成本为2 400元。

② 10日，生产领用800千克，实际成本为9 600元。

③ 16日，生产领用580千克，实际成本为6 960元。

④ 19日，购进入库360千克，实际采购成本为4 320元。

⑤ 22日，生产领用600千克，实际成本为7 200元。

（3）31日，对丁材料进行实地盘点，丁材料实地盘点数量为560千克。

[实训要求]

（1）根据上述资料，按永续盘存制登记丁材料明细账。

（2）根据上述资料，按实地盘存制登记丁材料明细账。

（3）计算两种方法下本月生产领用丁材料的成本分别是多少？如有差异，请说明理由。

任务三　清查和处理实物资产

任务描述

企业的实物资产主要包括存货和固定资产。不同种类的财产物资的实物形态、重量、体积、堆放的方式各不相同，清查的方法也各不相同。存货清查一般每月进行一次，固定资产一般于年底与其他资产一起进行全面清查。了解财产清查前的各项准备工作，比较确定实物资产的清查方法，认知“盘存单”和“账存实存对比表”，掌握实物资产清查结果的处理。

知识准备

一、实物资产的清查

1．成立财产清查机构

为了顺利进行财产清查工作，保证财产清查的质量，财产清查时应成立专门的财产清查工作领导小组，并配备数量足够、责任心强、工作认真负责、业务水平高的财产清查人员。财产清查工作领导小组应由单位负责人任组长，负责整个清查工作的组织协调；由总会计师或主管厂长任副组长，负责财产清查工作的具体落实；同时，由财会部门、设备、技术、生产、行政及各有关部门参加，保证财产清查工作各环节的顺利进行。

提示 财产清查领导小组的主要任务有以下几个方面。①制订财产清查的详细计划。根据管理制度或有关部门的要求拟定财产清查工作的详细步骤，确定财产清查的对象和范围，安排财产清查工作的进度，配备财产清查人员等。②搞好宣传。向各级管理人员广泛宣传财产清查工作的重要性，以得到企业各部门的密切配合与支持，保证财产清查工作的顺利进行。③掌握工作进度。检查和督促各项清查工作，及时研究和处理财产清查工作中出现的问题。④在清查结束后，应及时进行总结，将清查的结果及其处理的意见和建议，形成书面文件上报有关部门审批处理。

2．下达实物资产清查任务

财产清查领导小组应及时向被清查的各单位下达财产清查任务。单位下达实物资产清查任务一般以财产清查通知的形式进行。财产清查的通知内容一般包括：清查的意义、清查的目的和任务、清查的时点和范围、清查方式和时间安排、清查工作要求等。

3．做好各项业务准备

（1）财会部门应在财产清查之前，将所有已发生的经济业务登记入账，并结出有关账户余额，核对清楚。做到账簿记录完整，计算正确，账证相符，账账相符，为财产清查提供正确可靠的依据。

（2）财产物资保管部门应将截至财产清查时点前的各项财产物资的收支，办理好凭证手续，全部登记入账，并结出余额。同时，财产物资保管人员应将其所保管的各种财产物资，归类整理，堆放整齐，挂上标签，标明品种、规格和结存数量，以便盘点核对。

（3）财产清查小组应组织有关部门准备好各种必要的、精确的度量器具，印制好各种财产清查的登记表册。

4．确定实物资产的清查方法

实物资产的清查方法比较常用的有以下几种。

（1）实地盘点法。实地盘点法是对财产物资按其存放地点进行逐一清点，或用计量器具（如磅秤、米尺等）进行实地称量，以确定其实有数量。这种方法适用范围较广，大多数财产物资一般都采用该种方法，但缺点是工作量大。

（2）技术推算法。技术推算法是对那些大堆、笨重、单位价值较低，但存放有一定规则的财产物资，不便于称量，可以在抽样盘点的基础上，进行技术推算。它一般通过量方、计尺等方法确定其实存数量，如露天堆放的原煤，可以用单位体积重量乘以体积求得全部结存数量。

（3）抽样盘点法。抽样盘点法是对那些单位价值较小，但数量多，重量比较均匀特别是已经包装好的实物资产，一般不便于逐一点数，则可以通过抽样的方法检查单位实物资产的质量与数量，以确定该项资产的总体质量与数量。

对于实物的质量，应根据不同的实物采用不同的检查方法，如有的采用物理方法，有的采用化学方法来检查实物的质量。

企业无论采用哪一种方法清查实物，都应按计划有步骤地进行，以免遗漏或重复。

对于水产养殖单位的在产品、强放射性物质以及有毒、有害化工产品等一些特殊类型、性质及形态的资产，如何实施清查盘点？

5. 开展实物资产清查

通过实物清查，查明是否存在账外资产、盘亏资产，资产实物与资产明细账记载的数量、金额是否一致，账账、账表、账卡是否相符。在实物资产清查中，为了明确经济责任，各项财产物资的盘点结果，应如实登记在“盘存单”（Inventory List）上，格式如表 8-2 所示。盘存单至少一式两联，一联由保管部门留存作为调整其数量账的依据，一联传至财会部门作为编制“账存实存对比表”及进行相关账务处理的依据。“盘存单”中“数量”栏，应按清查结果如实填写。“单价”栏一般按有关明细账记录的单价填写，如系账外财产物资，单价可按市价填写。如果该项财产物资是残旧物品或已变质、毁损，则应按质论价，确定单价。“金额”栏根据数量和单价计算填列。“备注”栏内应注明储备不足或超储积压、呆滞、不配套以及质量等方面的情况。财产清查结束后，应由盘点人员和保管人员签章，作为各项财产物资实存数额的书面证明。

表 8-2

盘 存 单

单位名称：　　　　盘点时间：　　　　编号：

财产类别：　　　　存放地点：　　　　金额单位：

编号	名称	计量单位	数量	单价	金额	备注

盘点人：签章　　　　保管人：签章

为了明确经济责任，在财产清查时，实物保管人员必须在场，并在相关的会计凭证上签名盖章。

盘点结束后，将“盘存单”的实存数与账面结存数进行核对。若发现账实不符，应填制“账存实存对比表”，格式如表 8-3 所示，用以确定财产物资盘盈或盘亏的数额。“账存实存对比表”一般一式两联，第一联为报账联，作为财会部门调整资产账簿记录的依据；第二联为批复联，作为财会部门处理盘盈盘亏的依据。“账存实存对比表”须由清查人员制表、会计主管人员审核后作为入账依据，其中在第二联“批复联”中，设置了“处理决定”栏，由单位权力机构对资产盘盈盘亏处理进行批复，作为盘盈盘亏处理的依据。

表 8-3

账存实存对比表

编号	类别及名称	计量单位	单价	对比结果								备注
				账存		实存		盘盈		盘亏		
				数量	金额	数量	金额	数量	金额	数量	金额	

主管：签章　　　　稽核：签章　　　　制表：签章

动脑筋

对于委托外单位加工、保管的财产物资应通过什么方法进行财产清查？

二、实物资产清查结果的处理

实物资产清查的结果不外乎两种情形：一种是账实相符；另一种是账实不符，即企业发生了财产物资的盘盈、盘亏和毁损等。当财产物资的实存数大于账存数时，称为盘盈；当实存数小于账存数时，称为盘亏；实存数虽与账存数一致，但实存的财产如有质量问题，不能按正常的财产物资使用的，称为毁损。发生盘盈、盘亏或毁损时，必须以国家有关的政策、法令和制度为依据，严肃认真地做好清查结果的处理工作。

1．财产清查结果账务处理的账户设置

为了核算和监督企业在财产清查中发现的各项财产物资的盘盈、盘亏和毁损等情况，企业应设置“待处理财产损溢”账户。该账户是用来核算企业各种财产物资的盘盈、盘亏及毁损的发生及处理情况，借方登记待处理财产物资的盘亏和毁损数以及经批准后转销的盘盈数，贷方登记待处理财产物资的盘盈数以及经批准后转销的盘亏和毁损数，期末结转后应无余额。

提示

“待处理财产损溢”账户设置“待处理固定资产损溢”和“待处理流动资产损溢”两个明细账户，分别对固定资产和流动资产损溢进行明细分类核算。

2．存货清查结果的账务处理

（1）存货盘盈的账务处理。企业发生存货盘盈时，借记“原材料”和“库存商品”等账户，贷记“待处理财产损溢”账户；按管理权限报经批准后，借记“待处理财产损溢”账户，贷记“管理费用”账户。

（2）存货盘亏及毁损的账务处理。企业发生存货盘亏及毁损时，借记“待处理财产损溢”账户，贷记“原材料”和“库存商品”等账户。在按管理权限报经批准后，应分别以下情况进行账务处理。

① 属于自然损耗产生的定额内损耗，经批准后计入“管理费用”账户。

② 属于计量收发差错和管理不善造成的超定额损耗，能确定过失人的应由过失人负责赔偿，记入“其他应收款”账户；属于保险公司赔偿的，应向保险公司索赔，记入“其他应收款”账户；扣除过失人或保险公司赔款后的净损失，经批准后计入“管理费用”账户。

③ 属于自然灾害及意外事故所造成的损失，应将可收回的残料价值，借记“原材料”账户；应向保险公司索赔的款项，借记“其他应收款”账户；应将扣除残料价值及可以收回的保险赔偿和过失人的赔偿后的净损失作为非常损失，借记“营业外支出——非常损失”账户。

3．固定资产清查结果的账务处理

（1）固定资产盘盈的账务处理。根据《企业会计准则》规定，固定资产的盘盈，属于前期差错，应按照《会计政策、会计估计变更和差错更正》准则的规定进行处理，这部分内容会在专业会计中讲解，本书暂不介绍。

（2）固定资产盘亏及毁损的账务处理。企业发现固定资产盘亏时，按盘亏固定资产的净值，借记“待处理财产损溢”账户；按已计提的折旧额，借记“累计折旧”账户；按固定资产原价，贷记“固定资产”账户。在按管理权限报经批准后，转入“营业外支出”账户的借方。

典型任务举例

1．资料

苏淮公司2018年12月末进行一次全面的资产清查，发现实物资产存在如下问题。

（1）盘盈甲材料6千克，价值为300元。

（2）盘亏乙材料100千克，实际总成本为810元。

（3）盘亏丙材料200千克，实际总成本为2 000元。

（4）盘亏设备一台，原价为40 000元，已提折旧10 000元。

经检查，造成盈亏的原因分别是：盘盈的甲材料系计量仪器不准造成；盘亏的乙材料属于自然损耗产生的定额内损耗；盘亏的丙材料系管理不善造成的损耗，预计可收回残料400元，应由保管人员赔偿400元；盘亏的固定资产系使用不当造成提前报废，但手续尚未办理。报经领导批复后会计人员按相关规定进行账务处理。

2．要求

根据上述情况分别进行账务处理。

3．工作过程

（1）步骤1：在批准前，根据“账存实存对比表”中所确定的甲材料盘盈数，作如下账务处理。

借：原材料——甲材料　　300

　　贷：待处理财产损溢——待处理流动资产损溢　　300

步骤2：按管理权限报经批准后，冲减管理费用，作如下账务处理。

借：待处理财产损溢——待处理流动资产损溢　　300

　　贷：管理费用　　300

（2）步骤1：在批准前，根据“账存实存对比表”中所确定的乙材料盘亏数，作如下账务处理。

借：待处理财产损溢——待处理流动资产损溢　　810

　　贷：原材料——乙材料　　810

步骤2：按管理权限报经批准后，作如下账务处理。

借：管理费用　　810

　　贷：待处理财产损溢——待处理流动资产损溢　　810

（3）步骤1：在批准前，根据“账存实存对比表”中所确定的丙材料盘亏数，作如下账务处理。

借：待处理财产损溢——待处理流动资产损溢　　2 000

　　贷：原材料——丙材料　　2 000

步骤2：按管理权限报经批准后，作如下账务处理。

借：原材料　　400

　　其他应收款——保管员　　400

　　管理费用　　1 200

贷：待处理财产损溢——待处理流动资产损溢　　2 000

（4）步骤 1：在批准前，根据“账存实存对比表”中确定的固定资产盘亏数，作如下账务处理。

借：待处理财产损溢——待处理固定资产损溢　　30 000
　　累计折旧　　10 000
　　贷：固定资产　　40 000

步骤 2：按管理权限报经批准后，作如下账务处理。

借：营业外支出　　30 000
　　贷：待处理财产损溢——待处理固定资产损溢　　30 000

职业能力训练

1．判断题（正确的在括号内打“√”，错误的打“×”）

（1）企业开展财产清查，如发现账存数小于实存数，即为盘亏。（　　）

（2）财产清查结果的处理，一般分审批前和审批后两个步骤进行，并且第一步骤往往不涉及账务处理。（　　）

（3）“待处理财产损溢”账户期末一般无余额。（　　）

（4）对于财产清查中发现的存货盘盈、盘亏，可以根据“账存实存对比表”，调整存货账面结存数，以保证账实相符。（　　）

（5）对盘亏存货的净损失，属于自然灾害造成的部分经批准后应计入管理费用。（　　）

2．选择题（下列答案中有一项或多项是正确的，将正确答案前英文字母填入括号内）

（1）“待处理财产损溢”账户是（　　）。

A. 资产类账户　B. 负债类账户　C. 损益类账户　D. 资产负债双重性账户

（2）在财产清查中发现库存商品盘盈，经批准后作（　　）账户进行处理。

A. 借记“库存商品”　B. 贷记“库存商品”

C. 借记“待处理财产损溢”　D. 贷记“待处理财产损溢”

（3）在财产清查中，如查明盘亏是由于保管人员失职造成的，批准后应记入“（　　）”账户。

A. 管理费用　B. 其他应收款　C. 营业外支出　D. 生产成本

（4）财产清查结果账务处理的原始凭证是（　　）。

A. 盘存单　B. 账存实存对比表　C. 银行存款余额调节表　D. 现金盘点报告表

（5）“待处理财产损溢”账户的结构是（　　）。

A. 借方登记盘亏数，贷方登记盘盈数　B. 借方登记盘盈数，贷方登记盘亏数

C. 借方登记盘亏处理数，贷方登记盘盈处理数　D. 借方登记盘盈处理数，贷方登记盘亏处理数

3．任务实训

[实训目的]掌握实物资产清查结果的账务处理。

[实训资料]江汉公司 2018 年年终进行财产清查，在清查中发现下列事项。

（1）C 材料盘盈 10 千克，每千克为 20 元。经查明，盘盈 C 材料属于日常收发计量差错。

（2）A 材料账面余额为 500 千克，价值为 20 000 元，盘点实际存量为 490 千克。经查明，其中 6 千克为定额损耗，4 千克为日常收发计量差错。经批准材料定额内损耗及 A 材料收发计量错误，均列入管理费用处理。

（3）B 材料账面余额为 200 千克，价值为 5 312 元，盘点实际存量为 198 千克，缺少数为保管员沈晨失职造成的损失。经批准由沈晨个人赔偿。

[实训要求]根据上述事项进行有关的账务处理。

任务四　清查和处理库存现金

企业库存现金的清查，应采用实地盘点法。除出纳人员做到日清月结、账款相符外，企业还应组织清查人员对库存现金进行定期或不定期清查，确定库存现金的实存数，并且与现金日记账的账面余额核对，以查明账实是否相符。明确库存现金清查的范围和种类，掌握库存现金清查的方法及其清查结果的账务处理。

知识准备

一、库存现金的清查

1．库存现金清查的范围

库存现金清查的范围包括以下内容。

（1）库存现金的实有数额与账面数额是否相符。

（2）库存现金是否按《现金管理暂行条例》的规定用途支出。

（3）库存现金余额是否超过银行规定的库存现金限额。

（4）有无白条抵库的情况。

（5）有无违反单位其他现金管理制度的情况。

2．库存现金清查的种类

企业库存现金的清查，一般包括日常自查和专门清查两种。

（1）日常自查指每日营业终了，出纳人员应根据当日的收付款凭证登记现金日记账，结出现金账户的账面余额，并将现金账户的期末余额与库存现金的实有数额相互核对，以确定账实是否相符。对于当日自查账实不符的，出纳人员应先自行核对账目，查找原因，并将长短款情况向会计机构负责人或会计主管人员报告。对于由于出纳人员自身原因造成的短款情况，一般应由出纳人员赔偿；对于其他原因造成的长短款情况，应报请企业董事会或厂长经理会议等类似机构批准后进行处理。

库存现金的日常自查是加强现金的内部控制和管理，保证现金安全的一种有效方法，但这种方法难以控制出纳人员监守自盗。因此，在坚持现金日常自查的前提下，还应该同其他财产物资一样，定期或不定期地由财产清查人员对库存现金进行专门清查。

（2）专门清查指由专门的财产清查人员和出纳人员一起对库存现金进行的清查。单位应建立定期和不定期的现金专门清查制度，防止出纳人员的舞弊行为。定期专门清查时间应视企业的不同情况而定，对于以现金收付为主的单位，每月应安排两次以上的专门清查；对于一般单位，至少应于月末结账前对库存现金进行一次专门清查。

3．库存现金清查的方法

库存现金清查应采用实地盘点法，即出纳人员在清查人员的监督下清点保险柜内的现金，以确定库存现金的实有数。然后将现金的实有数额与“现金日记账”的账面结存余额相核对，以查明账实是否相符以及有无违反《现金管理暂行条例》规定的各种情况。现金清查后，需填制“现金盘点报告表”，如表 8-4 所示。该表是对现金进行账项调整和对比分析的原始凭证，应由清查人员和出纳人员签名或盖章，并由会计机构负责人（会计主管人员）审核后签名或盖章。“现金盘点报告表”一般一式两联，一联为“报账联”，作为调整现金账的依据；另一联为“批复联”，作为处理现金盘盈盘亏的依据。

请注意

在清查过程中不能用白条抵库，也就是不能用不具有法律效力的借条、收据等单据抵充库存现金。

表 8-4 **现金盘点报告表**

单位名称： 年 月 日

账存金额	实存金额	账存与实存对比		备 注
		盘盈（长款）	盘亏（短款）	
（盘点实际结存）	（现金日记账余额）			

盘点人：签章 出纳员：签章

二、库存现金清查结果的处理

（1）如属于违反现金管理的有关规定，应及时予以纠正。例如，发现有挪用现金、白条顶库、超限额留存现金等情况，应及时纠正。

提示

库存现金限额是指为了保证企业日常零星开支的需要，允许单位留存现金的最高数额。这一限额由开户银行根据单位的实际需要核定，一般按照单位 3 ～ 5 天日常零星开支的需要确定。核定后的现金限额，开户单位必须严格遵守超过部分于当日终了前存入银行。

（2）如属于账实不符，应及时查明原因，并将短款或长款先记入“待处理财产损溢”账户。待查明原因后，应分别以下不同情况处理。

① 属于记账差错的应及时予以更正。

② 对于现金短缺，属于应由责任人或保险公司赔偿的部分，计入“其他应收款”账户；属于无法查明原因的，计入“管理费用”账户。

③ 对于现金溢余，属于应支付给有关人员或单位的，计入“其他应付款”账户；属于无法查明原因的长款，计入“营业外收入”账户。

典型任务举例

1. 资料

苏淮公司 2019 年 1 月对库存现金进行清查时，发现以下问题。

（1）6 日，发现库存现金溢余 50 元。经反复核查，该长款无法查明原因，经领导批准转作营业外收入。

（2）28 日，发现库存现金盘亏 200 元。经查，该现金短缺 100 元应由出纳人员赔偿，另外 100 元无法查明原因。

2. 要求

根据上述情况分别进行账务处理。

3. 工作过程

（1）步骤1：在批准前，根据“现金盘点报告表”中所确定的现金盘盈数，作如下账务处理。

借：库存现金　　50
　　贷：待处理财产损溢——待处理流动资产损溢　　50

步骤2：按管理权限报经批准后，冲减营业外收入，作如下账务处理。

借：待处理财产损溢——待处理流动资产损溢　　50
　　贷：营业外收入　　50

（2）步骤1：在批准前，根据“现金盘点报告表”中所确定的现金盘亏数，作如下账务处理。

借：待处理财产损溢——待处理流动资产损溢　　200
　　贷：库存现金　　200

步骤2：按管理权限报经批准后，作如下账务处理。

借：其他应收款——出纳员　　100
　　管理费用　　100
　　贷：待处理财产损溢——待处理流动资产损溢　　200

步骤3：收到上述出纳人员赔偿的现金后，作如下账务处理。

借：库存现金　　100
　　贷：其他应收款——出纳员　　100

职业能力训练

1. 判断题（正确的在括号内打“√”，错误的打“×”）

（1）企业库存现金的清查，应采用实地盘点法。（　　）

（2）对库存现金盘亏的账务处理，可能涉及“库存现金”“管理费用”“其他应收款”和“营业外支出”等账户。（　　）

（3）库存现金的清查包括出纳人员每日清点核对和清查小组的定期或不定期的清查。（　　）

（4）在清查小组盘点现金时，出纳人员必须在场。（　　）

（5）由于“现金盘点报告表”是调整账簿记录的重要依据，因此它只需要清查人员的签字盖章。（　　）

2. 选择题（下列答案中有一项或多项是正确的，将正确答案前英文字母填入括号内）

（1）下列各项中，关于库存现金清查的说法不正确的有（　　）。

A. 库存现金只需要定期专门清查
B. 库存现金清查时出纳人员应回避
C. 库存现金清查一般采用实地盘点法
D. 库存现金清查后如存在账实不符不得调整现金日记账

（2）下列事项中，会影响管理费用的有（　　）。

A. 库存现金盘亏　　B. 属于管理不善造成的存货盘亏
C. 固定资产盘亏　　D. 库存现金盘盈

（3）库存现金的清查应采用的方法是（　　）。

A. 检查现金日记账　　B. 实地盘点法　　C. 抽查现金　　D. 倒挤法

（4）无法查明原因的现金盘盈应记入“（　　）”账户。

A. 管理费用　　B. 营业外收入　　C. 销售费用　　D. 其他业务收入

（5）下列说法正确的有（　　）。

A. 库存现金应每日清点一次

B. 在对库存现金的清查过程中，可以用借条、收据冲抵库存现金

C. 根据库存现金盘点结果填写“现金盘点报告表”

D. “现金盘点报告表”不能作为调整账簿记录的原始凭证

3. 任务实训

[实训目的]掌握库存现金清查结果的账务处理方法。

[实训资料]宏远公司 2019 年 5 月对库存现金进行清查时，发现以下问题。

（1）9 日，发现库存现金溢余 86 元。经反复核查，该长款无法查明原因，经领导批准转作营业外收入。

（2）23 日，发现库存现金盘亏 192 元。经查，该现金短缺 160 元应由出纳人员赔偿，另外 32 元无法查明原因。

[实训要求]根据上述情况，分别进行账务处理。

任务五　清查和处理银行存款

任务描述

企业银行存款的清查，应采用对账单法，即将企业的银行存款日记账与开户银行送给企业的对账单逐笔核对，据以查明银行存款实有数的方法。理解未达账项形成的原因，掌握查找未达账项的方法以及银行存款余额调节表的编制。

知识准备

一、银行存款的清查

1. 核对“银行存款日记账”与“银行对账单”余额

银行存款清查时应由指定的清查人员与出纳人员共同进行，不得由出纳人员单独对账。在清查前，出纳人员应分别结出各账号的“银行存款日记账”余额，并与取得的各账号“银行对账单”进行核对，每月至少核对一次。核对时，首先应核对两者的余额，如果两者的余额相符，一般表明双方账簿记录正确；如两者余额不符，则存在两种可能：一种为企业或银行至少有一方存在记账错误，另一种为双方在记账过程中存在的未达账项。

未达账项（Account In Transit）是指企业与银行之间由于收、付款的结算凭证在传递、接收时间上的不一致而导致的一方已经入账，另一方因没有接到凭证尚未入账的事项。

未达账项是企业与银行、往来单位之间在款项结算过程中发生的正常现象，并不是错账。

企业与银行之间形成的未达账项，一般有以下四种情况。

（1）企业已收款记账，而银行尚未收款记账。如企业送存收到的转账支票已入账，而银行尚未记账。

（2）企业已付款记账，而银行尚未付款记账。如企业开出转账支票并已记账，而持票人尚未到银行办理转账业务。

（3）银行已收款记账，而企业尚未收款记账。如采用委托收款方式进行结算时，银行已代企业划收货款，但企业因尚未收到“收账通知”而没有入账。

（4）银行已付款记账，而企业尚未付款记账。如银行受企业委托代企业按期支付水电费等，企业因没有收到“付款通知”而没有入账。

银行存款日记账期末余额就是企业在银行账户中的实有存款数，这种说法正确吗？问什么？

2. 查找未达账项的方法

查找未达账项须逐笔核对“银行存款日记账”和“银行对账单”的各项记录，不仅要核对双方各项记录的金额，还要注意核对摘要、结算凭证种类与号数、往来单位名称等是否相符。由于未达账项一般是于月末形成的，因此可重点核对月初（上月末的未达账项）和月末记录。具体方法如下。

（1）查找“企业记增加银行未记增加、银行记增加企业未记增加”的未达账项。

由于“银行存款日记账”和“银行对账单”分别以“借方”和“贷方”登记银行存款增加，因此，查找“本方记增加对方未记增加的未达账项”应逐项核对“银行存款日记账”借方记录与“银行对账单”贷方记录，并将核对相符的各项记录用“√”进行标识。核对完毕后，找出“银行存款日记账”借方未标识“√”的记录，其为“企业记增加银行未记增加”的未达账项；找出“银行对账单”贷方未标识“√”的记录，其为“银行记增加企业未记增加”的未达账项。

（2）查找“企业记减少银行未记减少、银行记减少企业未记减少”的未达账项。

由于“银行存款日记账”和“银行对账单”分别以“贷方”和“借方”登记银行存款减少，因此，查找“本方记减少对方未记减少的未达账项”应逐项核对“银行存款日记账”贷方记录与“银行对账单”借方记录，并将核对相符的各项记录用“√”进行标识。核对完毕后，找出“银行存款日记账”贷方未标识“√”的记录，其为“企业记减少银行未记减少”的未达账项；找出“银行对账单”借方未标识“√”的记录，其为“银行记减少企业未记减少”的未达账项。

二、银行存款余额调节表的编制

未达账项的存在必然会导致“银行存款日记账”与“银行对账单”余额不符。银行存款日记账余额、银行对账单余额和未达账项之间的关系用公式表示为：

企业银行存款日记账余额＋银行已收企业未收款项－银行已付企业未付款项

＝银行对账单余额＋企业已收银行未收款项－企业已付银行未付款项

上述公式所揭示的未达账项与银行存款日记账余额、银行对账单余额之间的关系，在会计实务中是通过编制“银行存款余额调节表”（Bank Reconciliation Statement）来进行调整的。“银行存款余额调节表”的一般格式见表8-9。

如果调节后双方余额相等，则一般说明双方记账没有差错；若不相等，则表明企业方或银行方或双方记账有差错，应进一步核对，查明原因予以更正。

银行存款清查中发现有银行已入账而企业尚未入账的未达账项，企业应何时入账？银行存款余额调节表是原始凭证吗？

典型任务举例

1. 资料

苏淮公司 2019 年 1 月的基本存款账户（账号为 12036289）的“银行存款日记账”和本月底银行送来的“银行对账单”，如表 8-5 和表 8-6 所示。

表 8-5　银行存款日记账

账号：12036289

2019 年		凭证号数	摘　要	结算凭证		对方科目	借方	贷方	结余
月	日			种类	号数				
1	1		期初余额						800 000
	3	略	销售产品	支票	00642	主营业务收入	540 000		1 340 000
	5		收到货款	支票	00670	应收账款	150 000		1 490 000
	10		支付货款	支票	00227	原材料		420 000	1 070 000
	16		销售产品	支票	00683	主营业务收入	440 000		1 510 000
	20		提取现金	支票	00242	库存现金		30 000	1 480 000
	29		支付货款	支票	00276	应付账款		40 000	1 440 000
1	31		销售产品	支票	00698	主营业务收入	200 000		1 640 000

表 8-6　银行对账单

账号：12036289　　开户单位：苏淮公司

2019 年		摘　要	结算凭证		借方	贷方	结余
月	日		种类	号数			
1	1	结余					800 000
	3	存入	支票	00642		540 000	1 340 000
	11	支取	支票	00227	420 000		920 000
	17	存入	支票	00683		440 000	1 360 000
	26	支取	支票	00276	40 000		1 320 000
	27	存入	支票	00754		80 000	1 400 000
	30	支取	支票	00345	100 000		1 300 000

打印时间：2019 年 1 月 31 日

2. 要求

查找 2019 年 1 月的未达账项，编制苏淮公司 1 月 31 日“银行存款余额调节表”，并说明情况。

3. 工作过程

步骤 1：分析苏淮公司和开户银行双方经济业务性质，确定未达账项事项，在“银行存款日记账”和“银行对账单”上进行标识，如表 8-7 和表 8-8 所示。

表 8-7

银行存款日记账

账号：12036289

2019 年		凭证号数	摘　要	结算凭证		对方科目	借方	贷方	结余
月	日			种类	号数				
1	1		期初余额						800 000
	3	略	销售产品	支票	00642	主营业务收入	540 000 √		1 340 000
	5		收到货款	支票	00670	应收账款	150 000		1 490 000
	10		支付货款	支票	00227	原材料		420 000 √	1 070 000
	16		销售产品	支票	00683	主营业务收入	440 000 √		1 510 000
	20		提取现金	支票	00242	库存现金		30 000	1 480 000
	29		支付货款	支票	00276	应付账款		40 000 √	1 440 000
1	31		销售产品	支票	00698	主营业务收入	200 000		1 640 000

表 8-8

银行对账单

账号：12036289　　开户单位：苏淮公司

2019 年		摘　要	结算凭证		借方	贷方	结余
月	日		种类	号数			
1	1	结余					800 000
	3	存入	支票	00642		540 000 √	1 340 000
	11	支取	支票	00227	420 000 √		920 000
	17	存入	支票	00683		440 000 √	1 360 000
	26	支取	支票	00276	40 000 √		1 320 000
	27	存入	支票	00754		80 000	1 400 000
	30	支取	支票	00345	100 000		1 300 000

打印时间：2019 年 1 月 31 日

步骤 2：从表 8-6 和表 8-7 中查找出苏淮公司和银行双方有下列未达账项。

（1）公司已收、银行未收的款项为 350 000 元（150 000 元 +200 000 元）；

（2）公司已付、银行未付的款项为 30 000 元；

（3）银行已收、公司未收的款项为 80 000 元；

（4）银行已付、公司未付的款项为 100 000 元。

步骤 3：根据未达账项，编制苏淮公司 2019 年 1 月 31 日银行存款余额调节表，如表 8-9 所示。

表 8-9

银行存款余额调节表

2019 年 1 月 31 日　　单位：元

项　目	金额	项　目	金额
企业银行存款日记账余额	1 640 000	银行对账单余额	1 300 000
加：银行已收企业未收的款项	80 000	加：企业已收银行未收的款项	350 000
减：银行已付企业未付的款项	100 000	减：企业已付银行未付的款项	30 000
调节后的银行存款余额	1 620 000	调节后的银行存款余额	1 620 000

苏淮公司 2019 年 1 月 31 日调节后的银行存款日记账余额与银行对账单调节后的银行存款余额

相等，说明双方记账基本上没有差错。

苏淮公司 2019 年 1 月 31 日实际可以动用的银行存款数是多少？

职业能力训练

1．判断题（正确的在括号内打“√”，错误的打“×”）

（1）银行存款日记账的余额，应同开户银行寄送企业的银行对账单相核对，一般至少每月核对一次。（　　）

（2）如果银行和企业记账均无错误，则经过银行存款余额调节表调整后的存款余额就是企业可动用的银行存款实有数。（　　）

（3）每日终了，银行存款日记账必须结出余额，并与银行对账单核对相符。（　　）

（4）如果企业与银行双方记账均无错误，企业银行存款日记账与银行对账单余额肯定一致。（　　）

（5）“银行存款余额调节表”编制完成后，可以作为调整企业银行存款余额的原始凭证。（　　）

2．选择题（下列答案中有一项或多项是正确的，将正确答案前英文字母填入括号内）

（1）对银行存款进行清查，应采用的方法是（　　）。

A．定期盘点法　　B．与银行核对账目法

C．实地盘点法　　D．与往来单位核对账目法

（2）北辰公司 1 月 31 日银行存款日记账的余额为 100 万元，经逐笔核对，未达账项如下：银行已收企业未收为 2 万元；银行已付企业未付为 1.5 万元。调节后的企业银行存款余额为（　　）万元。

A．100　　B．100.5　　C．102　　D．103.5

（3）对于银行已收款记账而企业尚未记账的未达账项，其记账依据是（　　）。

A．银行对账单　　B．银行存款余额调节表

C．账存实存对比表　　D．收到的银行收账通知

（4）编制银行存款余额调节表时，银行对账单的余额应进行下列调整的有（　　）。

A．加：企业已收银行未收的款项　　B．减：企业已付银行未付的款项

C．加：银行已收企业未收的款项　　D．减：银行已付企业未付的款项

（5）关于银行存款清查，下列说法正确的有（　　）。

A．不需要根据“银行存款余额调节表”作任何账务处理

B．对于未达账项，等以后有关原始凭证到达后再作账务处理

C．如果调节之后双方的余额不相等，则说明银行或企业记账有误

D．对未达账项，需要根据“银行存款余额调节表”作账务处理

3．任务实训

[实训目的] 掌握“银行存款余额调节表”的编制方法。

[实训资料] 东方公司 2018 年 6 月 30 日银行存款日记账余额 133 750 元，开户银行提送的对账单余额为 127 000 元，经逐笔核对，发现未达账项如下。

（1）6 月 29 日，委托银行收款 9 100 元，银行已经入账，收款通知尚未送达企业。

（2）6 月 30 日，企业开出现金支票一张 400 元，企业已经减少存款，银行尚未入账。

（3）6 月 30 日，银行已经代付企业电费 250 元，银行已经入账，企业尚未收到付款通知。

（4）6月30日，企业收到外单位转账支票一张16 000元，企业已经收款入账，银行尚未入账。

［实训要求］根据上述资料，编制东方公司2018年6月30日“银行存款余额调节表”。

任务六 清查和处理往来款项

任务描述

往来款项清查的内容主要包括应收账款、应付账款、预收账款、预付账款及其他应收、应付款项等。往来款项的清查一般采用“函证核对法”与对方单位进行核对。了解往来款项清查的主要内容，掌握“往来款项对账单”和“往来款项清查结果报告表”的编制以及对往来款项清查结果的处理。

知识准备

一、往来款项的清查

1. 往来款项清查的意义

往来款项清查是指对有关应收账款、应付账款、预收账款、预付账款及其他应收、应付款项等进行的清查。通过往来款项的清查，企业可以掌握债权、债务的真实情况，及时催收债权，加快资金流动，提高企业资金利用率，如期偿还债务，维护企业信用。对往来款项的清查一般采用“函证核对法”。

请注意

企业若采用电函、传真、E-mail等方式查对往来款项时，应注意采用适当的方式收集、保存核对往来款项的合法原始凭证。

2. 结出往来明细账余额

在清查前，应由往来会计对企业账簿中所记录的债权债务事项逐项进行核对，自行检查账簿记录是否完整正确，并对发现的差错和未及时入账的事项，按规定更正并及时入账后结出各往来明细账户的余额，以备核对所用。

3. 编制往来款项对账单

为了逐一核对各项往来的实际金额，避免有关人员截留款项挪作他用或未及时入账等情况，应由清查人员根据往来会计所提供的各往来明细账户余额编制“往来款项对账单”，并送交对方单位进行核对。“往来款项对账单”的格式如表8-10所示，一般分为上下两联。上联为与往来单位进行核对的函，要注明需核对公司名称、结账日期、应收应付款金额等，并加盖单位印章后送达往来单位；下联为回单，为往来单位核对后的回复函，如与对方单位核对相符，应由往来单位在回单上注明“核对无误”字样，并盖章退回；如发现数额不符，往来单位应在回单上注明不符情况，或另抄将对账单一并退回，作为进一步核对的依据。

提示

核对往来款项时，若发现未达账项，企业和往来单位都应采用调节账面余额的方法，编制往来款项余额调节表，核对调整后的余额是否相符。往来款项余额调节表的编制方法与银行存款余额调节表基本相同，此处不再介绍。

表 8-10

往来款项对账单

江陵公司：

根据我单位账簿记录，贵公司与我单位的往来款项如下：

结账日期	欠贵公司	贵公司欠
2018 年 12 月 31 日止		800 000 元

请贵公司核对无误后签章证明，将此信寄回。如有不符，请将情况（包括时间、内容、金额、不符原因）告知。

单位（签章）
苏淮公司
2018 年 12 月 31
财务专用章

（注本函仅作对账用，如结账日期后已付清，仍请函复）

（回函）

××单位：

来函收悉，在来信所述的结账日期，本公司与贵单位的往来账目，经核对 相　符 / 不相符(附清单)。

单位(签章)

年　　月　　日

4．编制往来款项清查结果报告表

往来款项清查结束后，应根据清查中发现的问题，及时编制“往来款项清查结果报告表”，如表 8-11 所示，报告表中列明核对相符与不符的金额，并对本单位和对方单位有争议的款项，没有希望收回的款项以及无法支付的款项详细地予以说明，以便及时采取措施，避免相互之间的长期拖欠，减少坏账损失。

表 8-11

往来款项清查结果报告表

年　月　日

总分类账户		明细分类账户		清查结果		核对不符单位及原因				近日到期的票据		
名称	金额	名称	金额	核对相符金额	核对不符金额	核对不符单位	未达账项金额	争执款项金额	无法收回	无法支付	应收票据	应付票据

清查人员签章：　　　　往来会计签章：

二、往来款项清查结果的处理

往来款项清查的结果经研究后，应按规定和批准意见处理。该收回的款项应积极催收，该归还的款项及时主动归还；对有争议的账款要共同协商及时处理，不能协商解决的，可以通过法律途径进行调解或裁决；对于确实无法收回或无法支付的款项应进行核销，但应在备查簿中进行记录。

对于确实无法收回的应收款项，按管理权限报经批准后作为坏账转销时，借记"坏账准备"账户，贷记"应收账款""其他应收款"等账户。这部分内容会在"财务会计"课程中介绍，此处不再赘述。

企业对于因债权人撤销等原因而无法支付的应付账款，应按其账面余额计入营业外收入，借记"应付账款"账户，贷记"营业外收入"账户。

在财产清查中，如何有效地实施不相容职务（岗位）分离？针对财产清查的结果，一定要作相应的账务处理吗？

职业能力训练

1. 判断题（正确的在括号内打"√"，错误的打"×"）

（1）往来款项的清查，主要包括应收应付、预收预付以及其他应收应付款项，不包括银行长、短期借款。（　　）

（2）在对往来款项的清查中，也会存在未达账项，企业同样需要编制"往来款项余额调节表"。（　　）

（3）"往来款项对账单"应由其他单位相关人员进行编制。（　　）

（4）企业应根据"往来款项清查结果报告表"作相应的账务处理。（　　）

（5）对于确实无法收回或无法支付的款项应进行摊销，但应在备查簿中进行记录。（　　）

2. 选择题（下列答案中有一项或多项是正确的，将正确答案前英文字母填入括号内）

（1）往来款项清查的内容，主要包括（　　）。

A. 应收应付款项　　B. 预收预付款项　　C. 其他应收款　　D. 其他应付款

（2）对往来款项进行清查，应采用的方法是（　　）。

A. 技术推算法　　B. 与银行核对账目法

C. 实地盘点法　　D. 与往来单位核对账目法

（3）下列说法中不正确的有（　　）。

A. 银行存款应采用发函询证法进行核对

B. 往来款项的清查一般采用发函询证法进行核对

C. 库存现金清查时，出纳人员必须在场

D. "现金盘点报告表"不能作为调整账簿记录的原始凭证

（4）下列说法中正确的有（　　）。

A. 往来款项的清查要按每一个往来单位填制"往来款项对账单"

B. 采用发函询证法，对方单位经过核对相符后，在回单上加盖公章退回，表示已经核对

C. 往来款项清查一般采用实地盘点法

D. 往来款项清查结束后，应根据清查中发现的问题，及时编制"往来款项清查结果报告表"

（5）企业对于因债权人撤销等原因而无法支付的应付账款，应按其账面余额计入（　　）账户。

A. 资本公积　　B. 其他业务收入　　C. 营业外收入　　D. 冲减管理费用

项目小结

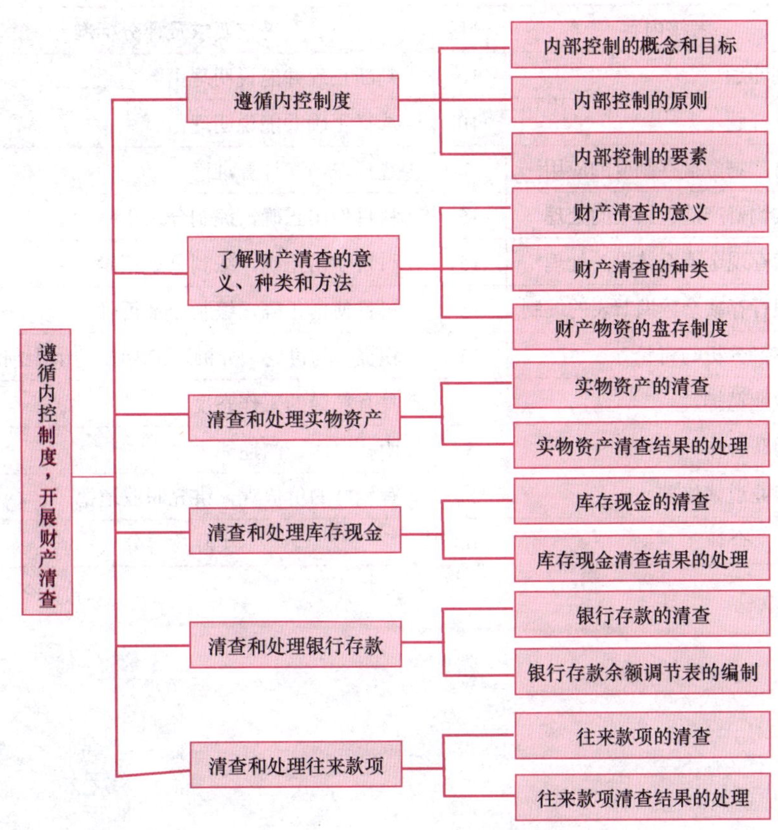

案例分析与讨论

通力公司出纳会计王芳在 2019 年 1 月 31 日将银行存款日记账与银行对账单进行核对，发现有一笔 26 万元的账项对不上。经过多方查找发现了一张银行到账的通知单被重复记账，她马上进行了更正。2 月末收到了银行对账单，王芳经过编制“银行存款余额调节表”后发现有 9 笔未达账项。为了保证账账相符，出纳会计王芳根据银行对账单又进行了记账更正。

要求：请分析通力公司出纳会计王芳的账务处理是否正确？为什么？

阅读篇目

[1] 国务院颁布的《现金管理暂行条例》

[2] 中国人民银行颁布的《现金管理条例实施细则》

[3] 财政部会同证监会、审计署、银监会、保监会颁布的《企业内部控制基本规范》

项目考核标准

考核项目	考核内容	分值	考核要求及评分标准	得分
职业能力训练	判断题	10	判断正确并能说明理由	
	选择题	10	选择正确并能说明理由	
项目实训	财产物资盘存制度的应用	5	选择得当、计算准确	
	实物资产清查结果的处理	15	科目使用正确，编制分录正确	
	库存现金清查结果的处理	15	科目使用正确，编制分录正确	
	银行存款余额调节表的编制	15	科目使用正确，编制分录正确	
案例	案例分析与讨论	15	积极参与讨论，分析思路清晰，所得结论正确	
职业素养	敬业精神	5	具有严谨的工作态度	
	团队合作	5	团队协作、沟通能力强	
	职业道德修养	5	有良好的价值观，讲究职业道德	
合计		100	实际总得分	

考核时间：　　　　　　　　　　　　　　　　　　　　教师签字：

项目九 编制和报送会计报表

学习目标

1. 根据项目、任务的需要查阅有关资料
2. 了解会计报表的意义、作用和分类
3. 明确会计报表的编制要求
4. 理解资产负债表和利润表的编制基础及其结构
5. 掌握资产负债表和利润表的编制方法
6. 了解会计报表报送的时间和应履行的手续
7. 具有敬业精神、团队合作精神和良好的职业道德修养

项目导航

在填制和审核会计凭证、登记账簿等日常会计核算的基础上，企业还需要定期采用有一定格式要求的文件，对企业发生的经济活动进行总括的反映，这种书面文件就是会计报表。会计报表是财务会计报告的主体和核心，是企业对外披露会计信息的主要手段。会计报表的使用者主要包括投资者、债权人、政府、商业银行、中介机构、企业管理层及内部职工等。编制会计报表是会计核算的专门方法之一，也是账务处理程序的最后一个环节。

本项目主要讲述会计报表的意义、作用、分类和编制要求，简要介绍资产负债表和利润表的编制基础、结构、主要项目内容、具体填制方法、报送时间、履行手续以及未按规定报送会计报表的法律责任。

学习时，要仔细领会企业发生的各项经济业务已按一定的会计程序在有关账簿中进行分类、连续、系统的记录和计算。为什么还要编制会计报表？会计报表的表内项目和具体内容主要包括哪些？编制会计报表应满足哪些会计信息质量要求？资产负债表和利润表二者间是否存在着一定的联系？在此基础上，全面掌握资产负债表和利润表表内主要项目的具体填制方法。

任务一 编制资产负债表

任务描述

会计报表是企业会计核算的最终成果。它是企业根据日常的会计核算资料收集、加工和汇总后形成的，是会计核算循环程序的最后一个步骤，又是连接下一个会计期间的起点。会计报表通常由资产负债表、利润表、现金流量表、所有者权益变动表和附注组成。不同的报表使用者对其所提供信息的要求有所不同。读者应在本任务中了解会计报表的意义、作用和分类，明确会计报表的编制要求，掌握资产负债表的结构、编制基础、主要项目内容和具体的填制方法，能从某一特定的日期上认知企业的财务状况。

知识准备

一、会计报表的意义、分类和编制要求

1．会计报表的意义

会计报表（Accounting Statement）是指以日常会计核算资料为主要依据，按照规定的格式、内容和填报要求定期编制、对外报送的，用来综合反映企业的财务状况、经营成果和现金流量等信息的一种书面报告文件。它通常由资产负债表、利润表、现金流量表、所有者权益变动表和附注组成。

动脑筋

企业对于日常发生的各种经济业务，已在有关会计账簿中进行记录和计算，通过账簿记录可以反映企业的资产、负债、所有者权益、收入、费用和利润等方面的信息，为什么还要编制会计报表？

2．会计报表的分类

会计报表可以按照不同的标准进行分类。

（1）按会计报表反映的内容不同，可分为静态报表和动态报表。静态报表是指综合反映企业某一特定日期资产、负债和所有者权益状况的报表，如资产负债表；动态报表是指综合反映企业一定期间经营成果或现金流量的报表，如利润表和现金流量表。

（2）按会计报表编报时间的不同，可分为月报、季报、半年报和年报。月报和季报是指月度和季度终了编制的会计报表；半年报是指在每个会计年度的前6个月结束后编制的会计报表；年报是指年度终了编制的会计报表。

提示

月报、季报和半年报统称为“中期会计报表”。

（3）按会计报表编报主体的不同，可分为个别会计报表和合并会计报表。个别会计报表是指由企业

编制的仅反映本企业自身财务状况、经营成果和现金流量的会计报表；合并会计报表是指由企业集团中对其他单位拥有控制权的母公司编制的综合反映企业集团整体财务状况、经营成果和现金流量的会计报表。

（4）按会计报表服务对象的不同，可分为外部报表和内部报表。外部报表是指企业必须定期编制，向投资者、债权人、政府部门、商业银行、中介机构报送或按照规定向社会公众公布的会计报表；内部报表是指企业根据内部经营管理的需要而编制的，供内部管理人员使用的会计报表。

外部报表的种类、格式和内容财政部做了统一规定。而内部报表一般不需由财政部规定统一的格式，也没有统一的编制要求，无须对外公开，如有关成本、费用方面的报表。

3．会计报表的编制要求

为了充分发挥会计报表的作用，保证会计报表信息的质量，企业编制会计报表时，应遵循以下几点要求。

（1）数字真实。企业编制会计报表应以实际发生的经济业务为依据，如实反映财务状况、经营成果和现金流量。编制会计报表不能用估计数或推测数，更不能弄虚作假、篡改数字、隐瞒谎报，以保证会计报表上的数据的真实性及其分析真实、客观、公正。

会计报表是一个信息系统，数字真实是编制会计报表的基本原则，是对会计工作的最基本要求。

（2）计算准确。由于账簿记录是编制会计报表的主要依据，因此，企业在编制会计报表之前，一定要按期结账，认真对账和进行财产清查，做到账证相符、账账相符和账实相符。如发现不符之处，要及时查明原因，加以更正。根据核对无误的账簿资料编报以后，还要根据各种报表之间的勾稽关系认真复核，确保会计报表上的数据准确无误，做到账表相符、表表相符。

（3）内容完整。对财政部规定的应在不同期间报送的各种会计报表，企业必须按规定的要求编报齐全。应当在会计报表内填列的指标项目，无论是表内项目，还是报表附注，不能任意取舍，都要全部填列。应当汇总编制的所属各单位的会计报表，必须全部汇总。所有会计报表不得漏编、漏报。对外报送的会计报表应依次编定页码，加具封面，装订成册，盖上公章。封面应注明企业名称、地址、开业年份，报表所属年度、月份、送出日期等，并由单位负责人和主管会计工作的负责人、会计机构负责人签名并盖章。设置总会计师的单位，还须由总会计师签名并盖章。对于报表中需要加以说明的项目，应在报表附注中用文字简要说明，以便于报表使用者理解和应用。

（4）编报及时。企业必须按规定的时间和程序及时编制和报送会计报表，以保证会计信息使用者进行决策的时效性。要保证会计报表编报及时，企业必须加强日常核算，做好记账、算账和结账工作，但不能为赶编会计报表而提前结账，更不能为了提前报送而影响会计报表的质量。

本书主要介绍资产负债表和利润表的编制，其他报表会在相关会计课程中介绍。

二、资产负债表的概念

资产负债表（Balance Sheet）是指反映企业在某一特定日期（如月末、季末、半年末、年末）财务状况的会计报表。它是根据“资产＝负债＋所有者权益”这一会计恒等式，依照一定的分类标准和顺序，将企业在特定日期的全部资产、负债和所有者权益项目进行适当分类、汇总、排列后编制而成的。

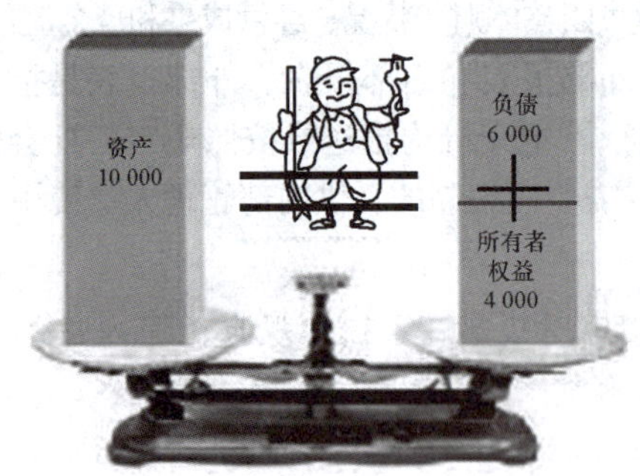

微课：编制资产负债表

提示　资产负债表主要反映企业所掌握的各种资产的分布和结构、企业所承担的各种负债，以及投资者在企业中所拥有的权益。其作用：一是有助于分析企业的偿债能力和财务风险；二是有助于了解企业现有投资者的投入在企业资产总额中所占的比重；三是有助于分析和预测企业财务状况的增减变动及发展趋势。

三、资产负债表的基本结构

资产负债表的结构有账户式和报告式两种。我国企业的资产负债表采用账户式结构。

账户式资产负债表（Account Form of Balance Sheet）一般由表首和正表两部分组成。表首列示报表的名称、编制单位、编制日期和货币计量单位等。正表是资产负债表的主体，分左右两方。资产项目列在左方，按资产的流动性从大到小排列，流动性大的资产排在前面，流动性小的资产排在后面，便于说明企业资产的分布状况。负债和所有者权益项目列在右方，一般按要求清偿时间的先后顺序排列，需要在一年以内或者长于一年的一个营业周期内偿还的流动负债等排在前面，需要在一年以上偿还的非流动负债排在中间，在企业清算之前不需要偿还的所有者权益项目排在后面，便于说明企业所有者拥有权益的情况。根据“资产 = 负债 + 所有者权益”会计恒等式，该表左右两方最后汇总平衡，即资产总计等于负债和所有者权益的总计。所以，资产负债表又称为“平衡式资产负债表”。

资产负债表的左右两方都设有“金额”栏，在“金额”栏内又分设“年初余额”和“期末余额”两栏，相当于两年期的比较资产负债表。通过“年初余额”与“期末余额”进行比较，能使不同的报表使用者正确分析、评价企业的财务状况，预测企业未来财务状况的变动趋势，从而做出相应的经济决策。

小贴士　报告式资产负债表（Repert Form of Balance Sheet）是将资产、负债和所有者权益项目采用垂直分列的形式，即在报表的最上端列示资产项目，加计资产总额；而后列示负债项目，加计负债总额；所有者权益项目则列在报表的最下端，加计所有者权益总额。报表为上下结构。其优点是便于编制比较资产负债表，即在一张报表上，除列示本期数字之外，还可以增设几个栏目，分别反映过去几期的数字，并便于采用旁注形式，注明某些项目的计价方法等。其缺点是资产和权益之间的平衡关系不够清晰。

四、资产负债表的内容

资产负债表的内容是指资产负债表中的项目内容（见表9-2）。

1．资产项目

（1）流动资产。主要包括：货币资金、以公允价值计量且其变动计入当期损益的金融资产、应收票据及应收账款、预付款项、其他应收利息、存货、一年内到期的非流动资产等。

（2）非流动资产。主要包括：可供出售金融资产、持有至到期投资、长期应收款、长期股权投资、投资性房地产、固定资产、在建工程、无形资产、开发支出、商誉、长期待摊费用等。

2．负债项目

（1）流动负债。主要包括：短期借款、应付票据及应付账款、预收款项、应付职工薪酬、应交税费、其他应付款、一年内到期的非流动负债等。

（2）非流动负债。主要包括：长期借款、应付债券、长期应付款等。

3．所有者权益项目

所有者权益项目主要包括：实收资本（或股本）、资本公积、其他综合收益、盈余公积和未分配利润等。

请注意 报表项目是否需要单独列报，取决于项目性质和金额大小的重要性。判断项目性质的重要性，应当考虑该项目的性质是否属于企业日常活动、是否对企业财务状况和经营成果具有较大的影响等因素。判断项目金额大小的重要性，应当通过单项金额占资产总额、负债总额、所有者权益总额、营业收入总额、净利润等直接相关项目金额的比重加以确定。性质类似的项目可以合并列报。

典型任务举例

1．资料

苏淮公司 2018 年 12 月 31 日各账户余额，如表 9-1 所示。其中有关债权债务明细账户的期末余额资料如下。

表 9-1　总分类账户期末余额表

2018 年 12 月 31 日　　金额单位：元

账户名称	借方金额	账户名称	贷方金额
库存现金	3 000	累计折旧	3 710 000
银行存款	2 700 000	短期借款	800 000
交易性金融资产	300 000	应付票据	40 000
应收票据	56 000	应付账款	960 000
应收账款	800 000	预收账款	120 000
预付账款	100 000	应付职工薪酬	97 000
其他应收款	3 000	应交税费	139 800
原材料	2 900 000	其他应付款	2 100
库存商品	580 000	长期借款	2 000 000
生产成本	95 600	利润分配	6 628
长期股权投资	180 000	实收资本	7 900 000
固定资产	7 990 000	资本公积	95 000
无形资产	150 000	盈余公积	25 072
长期待摊费用	48 000	应付股利	10 000
合　计	15 905 600	合　计	15 905 600

注：本例中，长期待摊费用中有 8 000 元将于一年内摊销完毕；长期借款中有 1 000 000 元将于一年内到期；同时，暂不考虑“坏账准备”“存货跌价准备”“材料成本差异”“长期股权投资减值准备”“固定资产减值准备”和“无形资产减值准备”等情况。

（1）应收账款：

申通公司　1 600 000（借方）

海南公司　800 000（贷方）

（2）应付账款：

南方公司　1 570 000（贷方）

北辰公司　610 000（借方）

（3）预付账款：

日立公司　300 000（借方）

富康公司　200 000（贷方）

（4）预收账款：

瑞安公司　190 000（贷方）

西南公司　70 000（借方）

2. 要求

根据上述资料编制苏淮公司2018年12月31日资产负债表（简表）。

3. 工作过程

步骤1：明确资产负债表编制的理论基础，熟悉账户式资产负债表的基本结构。

步骤2：仔细研读苏淮公司2018年12月31日各账户余额，包括有关债权债务明细账户的期末余额资料。

步骤3：掌握编制资产负债表的方法。

（1）资产负债表“年初余额”的填列。资产负债表“年初余额”栏内各项目数字，应根据上年末资产负债表的“期末余额”栏内所列数字填列。如果本年度资产负债表规定的各项目的名称和内容与上年不一致，则应对上年末资产负债表各项目的名称和数字按照本年度的规定进行调整，填入本年度资产负债表的“年初余额”栏内。

（2）资产负债表“期末余额”的填列。资产负债表“期末余额”是指月末、季末、半年末或年末的数字，它们是根据企业本期总分类账户和明细分类账户的期末余额直接填列或分析、计算填列。“期末余额”栏内的各项目数字主要有以下几种填列方法。

① 根据有关总分类账户的期末余额直接填列。如：“短期借款”“应付职工薪酬”“实收资本”“资本公积”和“盈余公积”等项目，应根据“短期借款”“应付职工薪酬”“实收资本”“资本公积”和“盈余公积”各项目按总账账户的期末余额直接填列。

② 根据有关总分类账户的期末余额分析、计算填列。如“货币资金”项目，应根据“库存现金”“银行存款”和“其他货币资金”三个总账账户的期末余额合计数填列。“存货”项目，应根据“原材料”“材料采购”（在途物资）“委托加工物资”“周转材料”“库存商品”“生产成本”和“材料成本差异”等总账账户的期末余额分析汇总数，再减去“存货跌价准备”账户余额后的净额填列。“固定资产”项目，应根据“固定资产”账户的期末余额减去“累计折旧”和“固定资产减值准备”账户的期末余额后的金额以及“固定资产清理”账户的期末余额填列。

年度终了，“未分配利润”项目应根据“利润分配”账户的期末余额填列。余额在贷方的，直接填列；余额在借方的，以“-”号填列。

③ 根据有关总分类账户所属的明细分类账户的余额分析、计算后填列。如“应收票据及应收账款”项目中的“应收账款”项目，应根据“应收账款”和“预收账款”两个总分类账户所属的相

关明细账户的期末借方余额合计数填列。“应付票据及应付账款”项目中的“应付账款”项目，应根据“应付票据”和“应付账款”两个总分类账户所属的相关明细账户的期末贷方余额合计数填列。“预付账款”项目，应根据“预付账款”和“应付账款”两个总分类账户所属的相关明细账的期末借方余额合计数填列。“预收账款”项目，应根据“预收账款”和“应收账款”两个总分类账户所属的相关明细账的期末贷方余额合计数填列。

在什么情况下，“应收账款”账户会存在贷方余额？“应付账款”账户会存在借方余额？

④ 根据有关总账账户和明细分类账户余额分析、计算后填列。如“长期借款”项目，应根据“长期借款”总账账户余额扣除“长期借款”账户所属的明细分类账户中将在一年内到期、且企业不能自主地将清偿义务展期的长期借款后的金额计算填列，将于一年内到期、且企业不能自主地清偿义务展期的长期借款数，应当填列在流动负债下“一年内到期的非流动负债”项目中。“长期待摊费用”项目，应根据“长期待摊费用”总账账户余额扣除将于一年内摊销的金额后的数字填列，将于一年内摊销完毕的数字，应当填列在流动资产下“一年内到期的非流动资产”项目中。

步骤 4：编制苏淮公司 2018 年 12 月 31 日资产负债表（简表），如表 9-2 所示。

表 9-2 资产负债表

会企 01 表

编制单位：苏淮公司 2018 年 12 月 31 日 单位：元

资　产	期末余额	年初余额	负债和所有者权益	期末余额	年初余额
流动资产：			流动负债：		
货币资金	2 703 000		短期借款	800 000	
以公允价值计量且其变动计入当期损益的金融资产	300 000		以公允价值计量且其变动计入当期损益的金融负债		
应收票据及应收账款	1 726 000		应付票据及应付账款	1 810 000	
预付款项	910 000		预收款项	490 000	
其他应收款	3 000		应付职工薪酬	97 000	
存货	3 575 600		应交税费	139 800	
			其他应付款	12 100	
持有待售资产			持有待售负债		
一年内到期的非流动资产	8 000		一年内到期的非流动负债	1 000 000	
其他流动资产			其他流动负债		
流动资产合计	9 225 600	（略）	流动负债合计	4 848 900	（略）
非流动资产：			非流动负债：		
可供出售金融资产			长期借款	1 000 000	
持有至到期投资			应付债券		
长期应收款			长期应付款		
长期股权投资	180 000		专项应付款		
投资性房地产			预计负债		
固定资产	4 280 000		递延收益		
在建工程			递延所得税负债		
			其他非流动负债		
生产性生物资产			非流动负债合计	1 000 000	
油气资产			负债合计	5 848 900	

续表

资　产	期末余额	年初余额	负债和所有者权益	期末余额	年初余额
无形资产	150 000	（略）	所有者权益（或股东权益）：		（略）
开发支出			实收资本（或股本）	7 900 000	
商誉			资本公积	95 000	
长期待摊费用	40 000		盈余公积	25 072	
其他非流动资产			未分配利润	6 628	
非流动资产合计	4 650 000		所有者权益合计	8 026 700	
资产总计	13 875 600		负债和所有者权益总计	13 875 600	

资产负债表中项目编排的依据是什么？它满足哪些会计信息质量要求？

职业能力训练

1．判断题（正确的在括号内打“√”，错误的打“×”）

（1）编制会计报表的主要目的就是为会计报表使用者决策提供有用信息。（　　）

（2）资产负债表是以“资产 = 负债 + 所有者权益”这一会计恒等式为依据编制的。（　　）

（3）资产负债表中，“货币资金”项目应根据“库存现金”“银行存款”“其他货币资金”和“备用金”账户余额的合计数填列。（　　）

（4）资产负债表中，“应收票据及应收账款”项目中的“应收票据”项目应根据“应收票据”和“应收账款”账户所属明细账户的借方余额合计数填列。（　　）

（5）资产负债表中，“长期借款”项目应根据“长期借款”账户的期末余额直接填列。（　　）

2．选择题（下列答案中有一项或多项是正确的，将正确答案前英文字母填入括号内）

（1）会计报表按其（　　）分类，可分为资产负债表、利润表、现金流量表和所有者权益变动表。

A. 反映内容　　B. 编报时间　　C. 编制单位　　D. 报送对象

（2）编制会计报表的要求是（　　）。

A. 计算准确　　B. 数字真实

C. 编报及时　　D. 内容完整并便于理解

（3）在编制资产负债表时，下列各项目中可根据有关总账科目的余额直接填列的有（　　）。

A.“应付票据及应付账款”　　B.“应付职工薪酬”

C.“短期借款”　　D.“资本公积”

（4）下列各项目中，不属于所有者权益的是（　　）。

A.“实收资本”　　B.“资本公积”　　C.“其他应收款”　　D.“未分配利润”

（5）会计信息的使用者包括（　　）。

A. 投资者或潜在投资者　　B. 政府管理部门

C. 债权人　　D. 内部职工和社会公众

3．任务实训

[实训目的] 掌握资产负债表的编制方法。

[实训资料] 亚立公司 2018 年 12 月 31 日有关总账账户和明细账户的期末余额如表 9-3 所示。

表 9-3　　总账账户和有关明细账户余额表

2018 年 12 月 31 日　　金额单位：元

资产账户	借或贷	余额	负债和所有者权益账户	借或贷	余额
库存现金	借	3 200	短期借款	贷	290 140
银行存款	借	1 948 520	应付票据	贷	20 000
交易性金融资产	借	102 000	应付账款	贷	73 000
应收票据	借	18 000	——丙企业	贷	76 500
应收账款	借	78 165	——丁企业	借	3 500
——甲企业	借	80 560	预收账款	贷	13 100
——乙企业	贷	2 395	——C 公司	贷	13 100
预付账款	借	34 940	其他应付款	贷	7 470
——A 公司	借	35 700	应付职工薪酬	贷	5 200
——B 公司	贷	760	应交税费	贷	28 375
其他应收款	借	3 500	应付利润	贷	22 600
材料采购	借	7 100	长期借款	贷	567 840
原材料	借	725 000	其中：一年内到期		300 000
生产成本	借	452 590	实收资本	贷	4 538 000
库存商品	借	83 670	资本公积	贷	161 030
长期股权投资	借	184 000	盈余公积	贷	89 300
固定资产	借	2 857 000	利润分配		
累计折旧	贷	983 920	——未分配利润	贷	3 270
在建工程	借	257 060			
无形资产	借	14 500			
长期待摊费用	借	34 000			
其中一年内摊销完毕	借	15 000			
合　　计		5 819 325	合　　计		5 819 325

[实训要求] 根据上述资料，编制亚立公司 2018 年 12 月 31 日资产负债表。

任务二　编制利润表

任务描述

利润表是通过资金运动过程中的所得与所费及其数量对比关系，确定企业的净利润。它是一张动态报表，表中所列数字是报告期间相关业务项目的累计数，而不是结余数。利润表的列报必须充分披露企业经营业绩的主要来源和构成，这将有助于报表使用者判断净利润的质量及其风险。读者在本任务中应认知利润表的基本结构，理解利润表的编制基础，掌握利润表主要项目内容和具体的编制方法，明确月度利润表与年度利润表的不同编制方法，以及利润表与资产负债表二者间的联系。

知识准备

1．利润表的概念

微课：编制利润表

利润表（Income Statement）是指反映企业在一定会计期间（如月度、季度、半年度、年度）经营成果的会计报表，也称“损益表”。它是根据“收入－费用＝利润”这一会计等式，按照一定的格式，把企业在一定会计期间内的各项收入、费用和利润项目予以适当排列编制而成的。

提示

利润表提供的主要会计信息：企业在一定会计期间的收入、成本、费用及净利润（或亏损）的实现及构成情况；企业的获利能力及利润的未来趋势；投资者投入资本的保值增值情况等。其作用：一是有助于使用者评价企业已有的经营成果、预测未来的获利能力；二是有助于评价、预测企业的长期偿债能力；三是有助于企业管理者进行经营决策和对他们进行业绩考核。

动脑筋

在会计上，“某一特定日期”和“一定会计期间”是一回事吗？从这个角度来分析，利润表和资产负债表的区别是什么？

2．利润表的基本结构

利润表的结构有单步式和多步式两种。我国企业的利润表采用多步式结构，如表9-4所示。

表9-4　　损益类账户发生额

2018年12月　　金额单位：元

账户名称	本月发生额	
	借　方	贷　方
主营业务收入		9 815 000
主营业务成本	6 289 300	
税金及附加	1 180 700	
其他业务收入		6 200
其他业务成本	5 100	
投资收益		36 000
销售费用	6 400	
管理费用	24 825	
财务费用	1 700	
营业外收入		2 300
营业外支出	1 800	
所得税费用	587 418.75	

多步式利润表（Multiple-step Profit Statement）的结构由表首和正表两部分组成。表首列示的内容与资产负债表相同。正表中的利润是采用多步骤分段计算损益的方法，将企业净利润的形成与其项目构成情况分层次、按项目和计算顺序进行列示反映的。具体计算步骤如下。

（1）以营业收入为基础，减去营业成本、税金及附加、管理费用、销售费用、财务费用、资产减值损失，加上公允价值变动收益（减去公允价值变动损失）和投资收益（减去投资损失），计算出营业利润。

提示

营业收入 = 主营业务收入 + 其他业务收入
营业成本 = 主营业务成本 + 其他业务成本

（2）以营业利润为基础，加上营业外收入，减去营业外支出，计算出利润总额。

（3）以利润总额为基础，减去所得税费用，计算出净利润（或净亏损）。

提示

利润表各项目均需填列“本期金额”和“上期金额”两栏。

小贴士

单步式利润表（Single-step Profit Statement）是将本期所有的收入与费用分别汇总，不再区分收入与费用的不同类型，然后两者相减，一次计算出本期净利润。其优点是表式简单易于理解，避免了项目分类上的困难，但缺点是没有揭示出收入与费用之间的配比关系，不便于报表使用者对企业进行盈利分析与预测，也不利于同行业报表间的比较。

典型任务举例

1．资料

苏淮公司 2018 年 12 月各损益类账户的有关资料如表 9-4 所示。

2．要求

根据上述资料编制苏淮公司 2018 年 12 月利润表（简表）。

3．工作过程

步骤 1：明确利润表编制的理论基础，熟悉多步式利润表的基本结构。

步骤 2：仔细研读苏淮公司 2018 年 12 月各损益类账户本期发生额相关资料。

步骤 3：掌握编制利润表的方法。

（1）利润表“上期金额”栏的填列。

“上期金额”栏内各项数字，应根据上一期利润表中“本期金额”栏内所列数字填列。如果上年度利润表的项目名称和内容与本年度利润表不相一致，应对上年度报表项目的名称和数字按本年度的规定进行调整，填入本年度利润表的“上期金额”栏。

（2）利润表“本期金额”栏的填列。

“本期金额”栏内各期数字，除“每股收益”项目外，应当根据相关损益类账户的本期发生额分析填列。如“营业收入”项目，反映企业经营主要业务和其他业务所确认的收入总额，本项目应根据“主营业务收入”和“其他业务收入”账户的发生额分析计算填列。“营业成本”项目，反映企业经营主要业务和其他业务所发生的成本总额，本项目应根据“主营业务成本”和“其他业务成本”账户的发生额分析计算填列；其他项目均按照各该账户的发生额分析计算填列。

请注意

由于年终结账时，全年的收入和支出已全部转入“本年利润”账户，并且通过收支对比结出本年净利润的数额，因此，应将年报中的“净利润”数字与“本年利润”账户结转到“利润分配——未分配利润”账户的数字相核对，检查报表编制和账簿记录的正确性。

动脑筋

资产负债表是一张静态报表，利润表是一张动态报表，它们之间有联系吗？

步骤 4：编制苏淮公司 2018 年 12 月利润表（简表），如表 9-5 所示。

企业利润的结算方法有表结法和账结法两种。表结法是指每月按各损益类账户本年累计余额填制“利润表”，通过利润表计算本月的本年累计利润，减去上月的本年累计利润，就是本月份的利润。账结法是指将损益类账户余额转入“本年利润”账户，再结出本月利润及本年累计损益。采用表结法，在 1—11 月间，各损益类账户的余额在账务处理上暂不结转至“本年利润”账户，到 12 月份年终结算时，再将各损益类账户的余额结转至“本年利润”账户，结转后各损益类账户的余额为零。通常情况下，企业利润的结算，平时采用表结法，年终采用账结法。

表 9-5　　利　润　表

会企 02 表

编制单位：苏淮公司　　2018 年 12 月　　单位：元

项　目	本期金额	上期金额
一、营业收入	9 821 200	
减：营业成本	6 294 400	
税金及附加	1 180 700	
销售费用	6 400	
管理费用	24 825	
财务费用	1 700	
资产减值损失		
加：其他收益		
投资收益	36 000	
公允价值变动收益		
资产处置收益		
二、营业利润	2 349 175	
加：营业外收入	2 300	
减：营业外支出	1 800	
三、利润总额	2 349 675	
减：所得税费用	587 418.75	
四、净利润	1 762 256.25	
五、其他综合收益的税后净额		
（一）以后不能重分类进损益的其他综合收益		
……		
（二）以后将重分类进损益的其他综合收益		
……		
六、综合收益总额		
七、每股收益		
（一）基本每股收益		
（二）稀释每股收益		

利润表中项目编排的依据是什么？它满足哪些会计信息质量要求？

月度利润表与年度利润表的编制方法不同。月度利润表的“本期金额”栏，反映各项目的本月实际发生数；“上期金额”栏的数字，可根据上月利润表的“本期金额”栏的数字，填入相应的项目内。在编报年度利润表时，“本期金额”栏，反映各项目自年初起至本月末止的累计发生数。“上期金额”填列上年全年累计实际发生数，从而与“本期金额”各项目进行比较。

职业能力训练

1．判断题（正确的在括号内打“√”，错误的打“×”）

（1）利润表是一张动态报表，它反映企业在一定会计期间经营成果的会计报表。（　　）

（2）利润表的结构有单步式和多步式两种，我国企业利润表采用多步式结构。（　　）

（3）由于资产负债表和利润表编制的理论基础不同，因此，它们二者之间没有联系。（　　）

（4）企业利润的结算方法有表结法和账结法两种。损益类账户表结法月末有余额，不产生凭证；账结法月末无余额，但产生凭证。（　　）

（5）利润表中，利润总额等于营业利润加上营业外收入再减去营业外支出。（　　）

2．选择题（下列答案中有一项或多项是正确的，将正确答案前英文字母填入括号内）

（1）编制利润表的主要依据是（　　）。

A. 资产、负债及所有者权益类账户的本期发生额

B. 资产、负债及所有者权益类账户的期末余额

C. 损益类账户的本期发生额　　D. 损益类账户的期末余额

（2）下列项目中，能计入利润表中“营业利润”项目的有（　　）。

A. 主营业务收入　　B. 主营业务成本　　C. 投资收益　　D. 所得税费用

（3）下列可能会以负数形式出现在“利润表”中的项目有（　　）。

A. “税金及附加”　　B. “投资收益”　　C. “营业利润”　　D. “净利润”

（4）影响企业利润总额的因素有（　　）。

A. 营业收入　　B. 营业外收入　　C. 投资收益　　D. 期间费用

（5）下列属于损益类账户的有（　　）。

A. 主营业务收入　　B. 销售费用　　C. 待处理财产损溢　　D. 所得税费用

3．任务实训

[实训目的]掌握利润表的编制方法。

[实训资料]亨达公司利润的结算平时采用表结法，年终采用账结法。2018 年 12 月末转入“本年利润”账户的各损益类账户全年累计发生额如表 9-6 所示。

表 9-6　　损益类账户全年累计发生额　　金额单位：元

科目名称	借 或 贷	全年累计发生额
主营业务收入	贷	9 680 000
主营业务成本	借	2 839 500
税金及附加	借	1 060 200
管理费用	借	720 000
财务费用	借	278 000
销售费用	借	2 580 000

续表

科目名称	借　或　贷	全年累计发生额
其他业务收入	贷	370 000
其他业务成本	借	290 000
投资收益	贷	40 000
营业外收入	贷	150 000
营业外支出	借	87 000
所得税费用	借	787 149

[实训要求] 根据上述资料，编制亨达公司 2018 年 12 月利润表。

任务三　报送会计报表

任务描述

企业的会计报表编制完成经复核无误后，应在规定的时间内及时对外报送。读者应在本任务中掌握会计报表对外报送的时间要求和应履行的手续，了解未按规定报送会计报表的法律责任，初步掌握汇总会计报表的一般编制方法。

知识准备

1. 会计报表报送的时间

企业的会计报表编制完成后，应当依照法律、行政法规和国家统一的会计制度有关会计报表提供期限的规定，及时对外报送。如我国《企业会计制度》规定：月度会计报表应于月度终了后 6 天内（遇节假日顺延，下同）对外报送；季度会计报表应于季度终了后 15 天内对外报送；半年度会计报表应于年度中期结束后 60 天（相当于两个连续的月度）内对外报送；年度会计报表应于年度终了后 4 个月内对外报送。

小贴士　《中华人民共和国企业所得税法》规定，企业所得税分月或分季预缴。企业应当自月度或季度终了之日起 15 日内，向税务机关报送预缴企业所得税纳税申报表，预缴税款。企业应当自年度终了之日起 5 个月内，向税务机关报送年度企业所得税纳税申报表，并汇算清缴，结清应缴应退税款；企业在报送企业所得税纳税申报表时，应当按照规定附送会计报表和其他有关资料。

2．会计报表报送的手续

企业对外报送的会计报表应当依次编定页数，加具封面，装订成册并加盖公章。设置总会计师的企业，总会计师应签名并盖章。股份有限公司等会计报表还必须经注册会计师鉴证，方可报出。

请注意

基层单位的会计报表经审核后，应当按照隶属关系由上级主管部门逐级加以汇总，编制汇总会计报表。在编制汇总会计报表时，必须注意汇编单位是否齐全，不得漏编、漏汇和漏报。汇总会计报表的编制方法与上述各种会计报表的编制方法基本相同，大部分项目可将报表中相同项目的金额加计总数填列。但有些项目，如上下往来款项，在汇总时则应当相互抵销，重新计算填列。

提示

会计报表需经注册会计师审计的，企业应当将注册会计师及其会计师事务所出具的审计报告随同会计报表一并对外报送。接受企业会计报表的组织或者个人，在企业会计报表正式对外披露前，应当对其内容保密。如果发现对外报送的会计报表有错误，应当及时办理更正手续。除更正本单位留存的会计报表外，并应同时通知接受会计报表的单位更正。错误较多的，应当重新编报。如为上市公司，应将会计报表的更正事项在指定的媒体上公告。

3．未按规定报送会计报表的法律责任

（1）根据我国《会计法》第四十条规定，因有提供虚假财务会计报告，做假账，隐匿或者故意销毁会计凭证、会计账簿、财务会计报告，贪污，挪用公款，职务侵占等与会计职务有关的违法行为被依法追究刑事责任的人员，不得再从事会计工作。第四十二条规定，向不同的会计资料使用者提供的财务会计报告编制依据不一致的，由县级以上人民政府财政部门责令限期改正，可以对单位并处三千元以上五万元以下的罚款；对其直接负责的主管人员和其他直接责任人员，可以处二千元以上二万元以下的罚款；属于国家工作人员的，还应当由其所在单位或者有关单位依法给予行政处分：构成犯罪的，依法追究刑事责任。对会计人员情节严重的，五年内不得从事会计工作。第四十三条规定，伪造、变造会计凭证、会计账簿，编制虚假财务会计报告，构成犯罪的，依法追究刑事责任。

（2）根据我国《会计基础工作规范》第八十二条规定，各单位必须依照法律和国家有关规定接受财政、审计、税务等机关的监督，如实提供会计凭证、会计账簿、会计报表和其他会计资料，不得拒绝、隐匿、谎报。第八十三条规定，按照法律规定应当委托注册会计师进行审计的单位，应当委托注册会计师进行审计，并配合注册会计师的工作，如实提供会计凭证、会计账簿、会计报表和其他会计资料，不得拒绝、隐匿、谎报，不得示意注册会计师出具不当的审计报告。

（3）根据我国《税收征收管理法》第六十二条有关规定，纳税人未按照规定的期限办理纳税申报和报送纳税资料的，或者扣缴义务人未按照规定的期限向税务机关报送代扣代缴、代收代缴税款报告表和有关资料的，由税务机关责令限期改正，可以处两千元以下的罚款；情节严重的，可以处两千元以上一万元以下的罚款。

纳税人按规定需要报送的会计报表，可以委托具有合法资质的中介机构报送。

典型任务举例

1．资料

苏淮公司2018年10月报送当年9月份资产负债表和利润表。

2．要求

准确说明苏淮公司会计报表应在何时报送，且应履行哪些手续。

3．工作过程

步骤1：明确企业会计报表对外报送的时间要求，确定苏淮公司2018年9月资产负债表和利润表应在当年10月6日内报出。

步骤2：明确企业会计报表对外报送应履行的手续（主要指相关人员签字），苏淮公司2018年10月6日报出的当年9月份会计报表的手续（签字顺序依次为李菁→王大伟→杨劲松），如图9-1所示。

江苏省淮安市

企业会计报告

二〇一八年九月

企业名称：苏淮公司	企业主管部门：淮安市经济和信息化委员会
税务登记号码：310981002800126	企业负责人：杨劲松
企业行业类型：电子通信	财务负责人：王大伟
地　　址：淮安市深圳路26号	编制人：李菁
开业年份：一九九八年	报出日期：二〇一八年十月六日

图9-1　企业会计报告

提示

苏淮公司2018年9月资产负债表和利润表依次附在上述会计报表封面的后面。

职业能力训练

1．判断题（正确的在括号内打“√”，错误的打“×”）

（1）企业会计报表编制完成后，经单位领导人签字后应及时对外报送。（　　）

（2）月度资产负债表和利润表应于当月最后一天报出。（　　）

（3）所有上市公司编制的会计报表，必须经注册会计师鉴证后方可报出。（　　）

（4）会计报表的报送期限由上级主管部门和单位共同商定后确定。（　　）

（5）基层单位的会计报表经审核后，应当按照隶属关系由主管部门逐级加以汇总，编制汇总会计报表。（　　）

2．选择题（下列答案中有一项或多项是正确的，将正确答案前英文字母填入括号内）

（1）股份有限公司编制的会计报表，必须经（　　）签字或盖章后，方可报出。

A．董事长　　B．会计主管人员　　C．财务总监　　D．注册会计师

（2）基层企业编制的会计报表，一般报送（　　）等。

A. 投资者　　B. 财税部门　　C. 上级主管部门　　D. 开户银行

（3）会计报表经复核无误后，应依次编定页码，加具封面，装订成册，并加盖公章。下列属于封面上注明的项目有（　　）。

A. 企业名称、地址　　B. 企业经营范围

C. 报送日期　　D. 会计机构岗位设置及人员分工

（4）年度会计报表对外报送的时间为次年的（　　）内。

A. 30 天　　B. 45 天　　C. 60 天　　D. 4 个月

（5）在编制汇总会计报表时，必须注意汇编的单位是否齐全，不得（　　）。

A. 漏编　　B. 漏填　　C. 漏汇　　D. 漏报

3. 任务实训

[实训目的] 掌握会计报表的报送规定。

[活动主题] 组织学生参观某一企业如何报送会计报表。

[实训要求] 将全班同学分成六个小组，每组推选一名同学担任组长。参观后，每个小组围绕活动主题展开研讨，并写出会计报表报送的时间和应履行的手续。最后，老师对各小组完成情况进行点评，并给予相应的学业成绩评定。

项目小结

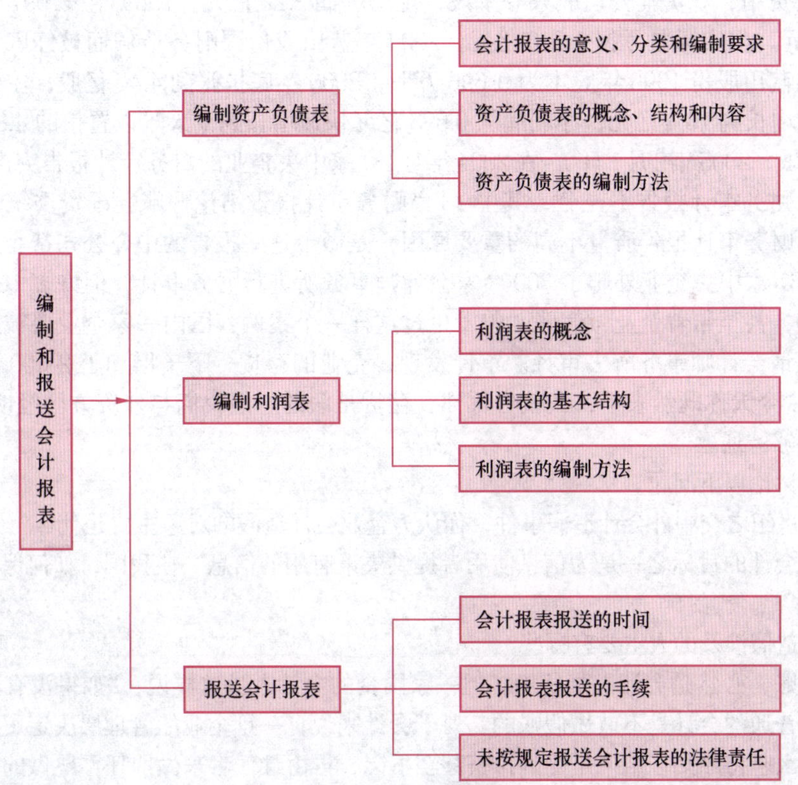

案例分析与讨论

会计报表造假“罪”在何方？

2001年10月6日，安然公司宣布第三季度亏损6.38亿美元；11月8日，安然公司又向美国证券交易委员会（SEC）承认1997年—2001年第一季度利润被高估、负债被隐瞒的事实；11月28日，安然公司股价重挫85%；12月2日，安然公司向纽约破产法院申请破产保护。殊不知，安然公司在2001年9月30日的资产负债表上显示的总资产还高达618亿美元。据《今日美国》报道，安然公司已负债至少160亿美元。安然公司的财务造假始发于1997年，采用各种手段对其财务报表进行粉饰，从而达到虚构营业规模、夸大利润、隐瞒负债等目的，其后果主要表现在：（1）安然股票市值从2001年8月的680亿美元的高峰时期跌入2001年12月2日不足2亿美元，600多亿美元的股票市值在短短的4个月中被“蒸发”；（2）美国有史以来规模最大的公司破产案；(3)引发了美国资本市场关于财务丑闻的“多米诺骨牌效应”，继安然之后，包括世界通信、施乐、美国在线时代华纳等一批国际知名大公司相继曝出财务丑闻；（4）直接导致安达信会计师事务所解体；（5）促使美国重新检讨自我感觉良好的会计准则，包括会计监管制度。

我国证券市场上也出现诸多上市公司财务造假事件，如琼民源、东方锅炉、郑百文等。深圳原野是中国第一家被证监会认定造假账而停牌的上市公司，公司在1989年—1991年通过虚增销售收入、隐匿费用、炒卖本公司股票等手段，虚增利润2.22亿元，1989年—1991年报表累计盈利7 742.5万元，但实际是亏损1.446亿元。2002年蓝田股份因财务造假而被停牌（现已退市）。有资料显示，蓝田股份1996年股本为9 696万股，2000年底扩张到4.46亿股；主营业务收入从4.68亿元大幅增长到18.4亿元，净利润从0.593亿元快速增长到令人难以置信的4.32亿元。据国资委披露（张敏，2005年2月1日），在2004年对181家中央企业的财务审计报告突击检查后发现，有120家企业财务审计报告不充分，其中13家财务审计报告结论假账。国资委统计评价局局长孟健民分析，财务审计报告质量不高的重要原因，是做出这些报告的中介公司帮企业做假账。他说，我国有181家中央企业外聘了300余家会计师事务所进行财务审计，但许多中介公司在审计工作中走过场，甚至帮着企业做假账。曾发生过这样一个案例：国内一家企业要被外资收购，这家国企负责人请会计师事务所去审计。审计发现，企业的存货一下子增加了2 000万元。这家企业的老总说：“今天你既然来了，我就告诉你，存货是假的。但我们与外资方已经谈妥了。”言外之意是希望能够“通融”。

请分析与讨论以下问题。

（1）基于世纪之交中外会计造假事件，你认为企业会计造假的对象主要是什么？其根源何在？

（2）现代会计的目标之一是为信息使用者提供决策有用的信息。在我国，如何保证会计信息的质量？

（3）会计造假涉及的人主要有哪些？

（4）做假账，必然是会计人员所为。但一家国企的会计人员这样说：“如果没有企业领导的特别许可，一个普通的会计是不敢做假账的。对于会计来说，一旦企业的管理层决定了，会计就只有两种选择：要么坚持原则，结果是受到排挤甚至下岗，再由继任者来做前任不愿做的假账；要么违反职业道德，按领导意图做假账。”你对此持何态度？

（5）注册会计师最终服务对象是公司的债权人和股东以及投资于公司的大众。但今天的注册会计师似乎逐渐变成客户的俘虏，尽管有许许多多的虚假账目，注册会计师还是会不断地做出客户想要的审计结果。你如何认识这个问题?

阅读篇目

[1] 国务院颁布的《企业财务会计报告条例》

[2] 财政部发布的《企业会计准则第 30 号——财务报表列报》

项目考核标准

考核项目	考核内容	分值	考核要求及评分标准	得分
职业能力训练	判断题	10	判断正确并能说明理由	
	选择题	10	选择正确并能说明理由	
项目实训	资产负债表的编制	20	编制正确，符合要求	
	利润表的编制	20	编制正确，符合要求	
	会计报表的报送	10	报送及时，手续齐备	
案例	案例分析与讨论	15	积极参与讨论，分析思路清晰，所得结论正确	
职业素养	敬业精神	5	具有严谨的工作态度	
	团队合作	5	团队协作、沟通能力强	
	职业道德修养	5	有良好的价值观，讲究职业道德	
合计		100	实际总得分	

考核时间： 教师签字：

项目十 组织和应用账务处理程序

学习目标

1. **根据项目、任务的需要查阅有关资料**
2. **了解会计循环的概念和基本步骤**
3. **理解账务处理程序的概念及种类**
4. **掌握记账凭证账务处理程序和科目汇总表账务处理程序**
5. **了解汇总记账凭证账务处理程序**
6. **能区别不同账务处理程序的异同、优缺点和适用范围**
7. **具有敬业精神、团队合作精神和良好的职业道德修养**

项目导航

在一个会计期间内，企业会计工作必须经过填制与审核会计凭证、登记账簿、试算平衡、账项调整、结账和编制会计报表等一系列会计处理程序，并且该程序循环往复，周而复始，称为“会计循环”。一个完整的会计循环过程主要由会计确认、会计计量、会计记录和会计报告四个环节组成。企业通过凭证、账簿、报表组织体系，按一定的步骤，与记账程序有机结合，形成了不同种类的账务处理程序，最终产生并提供有用的会计信息。

本项目主要讲述会计循环的基本步骤、账务处理程序的概念及种类，系统介绍了记账凭证账务处理程序、科目汇总表账务处理程序和汇总记账凭证账务处理程序的概念、特点、凭证与账簿组织、核算步骤、优缺点及适用范围。

学习时，要理解记账凭证账务处理程序是最基本的账务处理程序；汇总记账凭证不同于科目汇总表；不同的账务处理程序具有不同的优缺点和适用范围。

任务一　组织和应用记账凭证账务处理程序

任务描述

账簿组织、记账程序和记账方法及其不同的结合方式，形成了不同种类的账务处理程序。企业根据其规模大小、经济业务量多少，对其发生的经济业务的处理、登记总分类账户有着不同的做法。记账凭证账务处理程序是最基本的账务处理程序，其他各种账务处理程序都是在此基础上发展演变而形成的。读者应通过本任务了解会计循环的概念和基本步骤，掌握记账凭证账务处理程序的概念、特点、凭证与账簿组织、核算步骤、优缺点及适用范围。

知识准备

微课：记账凭证

一、会计循环的概念及基本步骤

1. 会计循环的概念

会计循环（Accounting Cycle）是指会计主体在一定的会计期间内，从经济业务发生、取得或填制会计凭证起，到登记账簿、编制会计报表上的一系列会计处理程序。一般来说，由于企业要按月结账、编制会计报表，所以一个会计循环通常要历时一个月。

请注意

不同的会计主体，即使其会计核算的内容不同，但其不同期间的会计循环并无本质上的区别。

2. 会计循环的基本步骤

一个完整的会计循环过程主要由会计确认、计量、记录和报告四个环节组成，具体分为以下几个基本步骤。

（1）取得或填制原始凭证并分析经济业务，这是每个会计循环的起点。

（2）根据审核无误的原始凭证编制会计分录，填制记账凭证。

（3）根据填制的记账凭证及其所附的原始凭证登记日记账、总分类账和明细分类账。

（4）根据总分类账和明细分类账编制结账（调整）前试算平衡表，进行试算平衡，以检查账簿记录的正确性。

提示

试算平衡可以在每个会计循环过程中多次进行。

（5）根据权责发生制的要求，期末要对部分账项进行调整，编制调整分录并过账。如期末折旧费、借款利息等的计提，长期待摊费用的摊销等。

（6）结账，即结清损益类账户和利润账户，结出资产、负债和所有者权益类账户余额并转入下期。

期末账项调整和结账，一般都不会取得外来的或由本企业其他部门转来的原始凭证，通常需要由会计人员自行编制各种计算表据以入账。

（7）根据全部账户数据资料，编制结账后试算平衡表。

为什么结账后还要编制试算平衡表？

（8）编制会计报表，包括资产负债表、利润表等。它是会计循环的最后一个步骤。

以上八个步骤，前四个步骤属于会计主体日常的会计核算工作内容，后四个步骤属于会计主体在会计期末的会计核算工作内容，它们共同构成了一个完整的会计循环。持续经营的企业，会计循环是通过各种记账凭证的填制、各种账簿的登记和各种会计报表的编制，在每一个会计期间循环往复不断进行的。

二、账务处理程序的概念、内容和种类

1．账务处理程序的概念

账务处理程序（Bookkeeping Procedures），也称“会计核算形式”或“会计核算组织程序”，是指在会计循环中，会计主体所采用的会计凭证、会计账簿、会计报表的种类和格式与一定的记账程序有机结合的方法和步骤。不同的账簿组织、记账程序和记账方法及其不同的结合方式，形成了不同种类的账务处理程序。

账务处理程序的基本模式可概括为：原始凭证→记账凭证→账簿→会计报表。

2．账务处理程序的内容

账务处理程序一般包括以下两部分内容。

（1）凭证、账簿和报表组织体系。凭证组织是指会计凭证的种类、格式及各种凭证之间的关系。账簿组织是指账簿的种类、格式及各种账簿之间的关系。报表组织是指报表的种类、格式及各种报表之间的关系。这三种组织构成了一个完整的体系，其核心是账簿组织。

（2）记账程序。也称“记账步骤”，是指从会计凭证的取得、填制到账簿的登记，再到会计报表的编制这一整个过程的具体步骤。

为了保证账簿记录的正确性和完整性，通常还需要在编制会计报表之前增加一些如账项调整、试算平衡等环节。

3．账务处理程序的种类

在我国，常用的账务处理程序主要有记账凭证账务处理程序、科目汇总表账务处理程序和汇总记账凭证账务处理程序等。

不同账务处理程序的区别主要表现在登记总账的依据和方法不同，它们有着不同的特点和优缺点，因而适用于不同的单位。

确定账务处理程序的要求

（1）要与本单位的经济性质、经营特点、规模大小及业务的繁简程度相适应，有利于岗位责任制的建立和分工协作。

（2）为满足会计信息质量要求，设计和选择账务处理程序时应确保能够准确、及时和完整地提供会计信息资料，满足各会计信息使用者对会计信息的质量需求。

（3）要在保证核算资料准确、及时、完整的前提下，力求简化程序，提高会计工作效率，降低会计核算成本。

三、记账凭证账务处理程序的概念

记账凭证账务处理程序（Bookkeeping Procedure Using Vouchers）是指对发生的经济业务事项，根据原始凭证或汇总原始凭证编制记账凭证，然后据以逐笔登记总分类账，并定期编制会计报表的一种账务处理程序。其特点是直接根据记账凭证逐笔登记总分类账。

记账凭证账务处理程序是最基本的账务处理程序，其他各种账务处理程序都是在此基础上发展而形成的。

四、记账凭证账务处理程序下凭证与账簿的设置

1. 记账凭证账务处理程序下凭证的设置

在记账凭证账务处理程序下，记账凭证一般使用收款凭证、付款凭证和转账凭证等专用记账凭证，也可采用通用记账凭证。

2. 记账凭证账务处理程序下账簿的设置

在记账凭证账务处理程序下，应当设置现金日记账、银行存款日记账、明细分类账和总分类账。日记账和总账可采用三栏式，明细分类账可根据需要采用三栏式、数量金额式和多栏式等。

记账凭证与会计账簿的种类如图 10-1 所示。

五、记账凭证账务处理程序的核算步骤、优缺点及适用范围

1. 记账凭证账务处理程序的核算步骤

① 根据原始凭证，编制汇总原始凭证。

② 根据原始凭证或汇总原始凭证，填制记账凭证。

③ 根据收款凭证和付款凭证及所附原始凭证，逐笔登记现金日记账和银行存款日记账。

④ 根据原始凭证、汇总原始凭证和记账凭证，登记各种明细分类账。

⑤ 根据记账凭证逐笔登记总分类账。

⑥ 期末，现金日记账、银行存款日记账以及各种明细分类账的余额同有关总分类账的余额核对相符。

⑦ 期末，根据核对无误的总分类账和明细分类账的相关资料，编制会计报表。

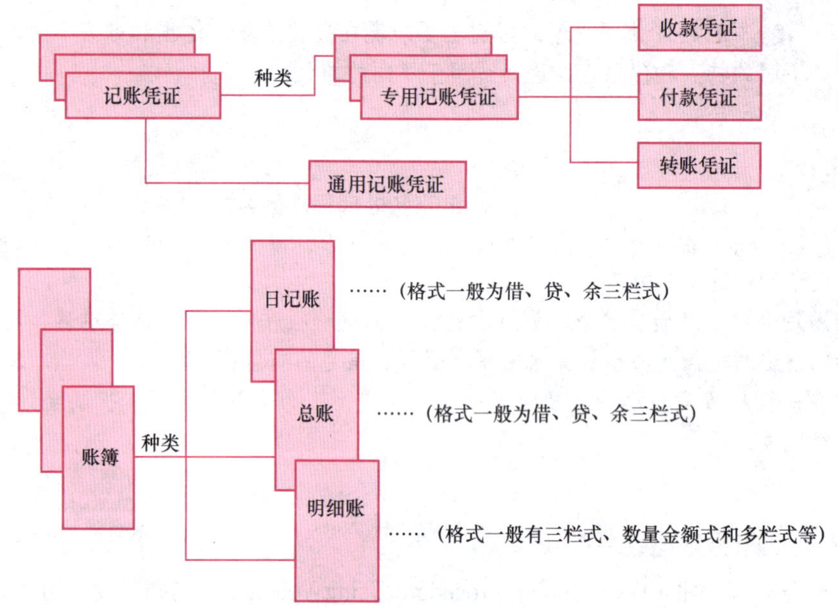

图10-1　记账凭证与会计账簿的种类

记账凭证账务处理程序如图10-2所示。

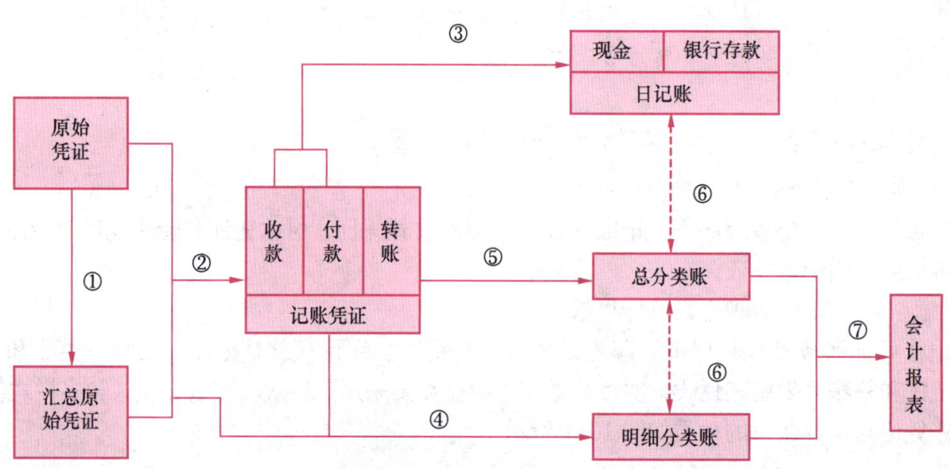

图10-2　记账凭证账务处理程序

2．记账凭证账务处理程序的优缺点

（1）优点。

① 账务处理程序简单明了，易于理解和运用。

② 由于总分类账是直接根据各种记账凭证逐笔登记的，因此总分类账能比较详细和具体地反映各项经济业务，便于查账。

（2）缺点。由于要根据记账凭证逐笔登记总分类账，所以登记总分类账的工作量比较大。

提示

在记账凭证账务处理程序下，对经济业务发生较少的科目，总账可以代替明细账。

3．记账凭证账务处理程序的适用范围

记账凭证账务处理程序一般适用于规模较小、经济业务量较少以及记账凭证不多的单位。

典型任务举例

1．资料

苏淮公司主要生产 A 种型号的电子产品，简称“A 产品”。该公司被主管税务机关核准为一般纳税人，增值税税率为 16%，城建税税率为 7%，教育费附加为 3%，公司企业所得税税率为 25%。公司设有一个基本生产车间，会计核算采用记账凭证账务处理程序，存货以实际成本核算。

苏淮公司 2018 年 12 月相关账户的期初余额如表 10-1 所示。

表 10-1　　苏淮公司 2018 年 12 月相关账户的期初余额

资　产	期末借方余额	负债和所有者权益	期末贷方余额
库存现金	1 600	短期借款	1 000 000
银行存款	1 974 000	应付票据	80 000
交易性金融资产	632 300	预收账款	900 000
应收账款	948 354	应付账款	1 737 400
坏账准备	28 454（贷）	应付职工薪酬	609 700
应收票据	100 000	应付利息	170 000
预付账款	50 400	应交税费	374 000
其他应收款	3 000	其他应付款	70 000
原材料	2 230 000	长期借款	2 000 000
生产成本	817 000	实收资本	6 200 000
周转材料	30 000	资本公积	836 200
库存商品	2 952 000	盈余公积	761 600
固定资产	9 960 000	利润分配——未分配利润	2 743 200
累计折旧	2 500 000（贷）	本年利润	921 600
无形资产	1 493 500		
累计摊销	260 000（贷）		
合计	18 403 700	合计	18 403 700

有关明细分类账户的月初余额如下。

（1）应收账款——本市宏达公司　　448 354
　　　　　　——新科电子销售公司　　500 000

（2）预付账款——本市凯明公司　　50 000
　　　　　　——18 年报刊杂志费　　400

（3）其他应收款——采购员王强　　3 000

（4）原材料月初余额明细如表 10-2 所示。

表 10-2　原材料月初余额明细

名　称	计量单位	数　量	单　价	金　额
甲材料	吨	250	2 400	600 000
乙材料	千克	2 000	550	1 100 000
丙材料	件	2 500	212	530 000
合计				2 230 000

（5）周转材料月初余额明细如表 10-3 所示。

表 10-3　周转材料月初余额明细

名　称	计量单位	数　量	单　价	金　额
丁材料	千克	2 000	15	30 000
合计				30 000

（6）库存商品月初余额明细如表 10-4 所示。

表 10-4　库存商品月初余额明细

名　称	计量单位	数　量	单　价	金　额
A 产品	台	600	4 920	2 952 000
合计				2 952 000

（7）生产成本——A 产品（直接材料）　817 000
（8）应付账款——本市新兴工厂　936 000
　　　　　　——太原远大钢材厂　801 400
（9）预收账款——无锡鸿高电子销售公司　900 000

2018 年 12 月发生经济业务如下。

（1）2 日，以银行存款支付上月税费 374 000 元。

（2）3 日，采购员王强归来，报销差旅费 2 750 元，余款 250 元退回。

（3）3 日，收到上月预付本市凯明公司货款采购的甲材料 200 吨，单价为 2 400 元，货款为 480 000 元，增值税额为 76 800 元，甲材料已验收入库，同日开出转账支票 506 800 元补齐不足款。

（4）4 日，采用电汇的方式归还前欠太原远大钢材厂货款 801 400 元。

（5）4 日，为生产 A 产品领用甲材料 30 吨，价款为 72 000 元；领用乙材料 200 千克，价款为 110 000 元；车间一般耗用领用丙材料 120 件，价款为 25 440 元。

（6）5 日，从太原远大钢材厂采购丙材料 1 000 千克，价款为 212 000 元，增值税额为 33 920 元，材料未到达企业，款暂欠。

（7）6 日，销售 A 产品 80 台，单价为 9 000 元，销项税额为 115 200 元，价税款收讫，存入银行。

（8）7 日，购买丁材料 500 千克，单价为 15 元，增值税额为 1 200 元，款项以银行存款付讫，材料已验收入库。

（9）8 日，5 日购买的丙材料已运达企业，验收入库。

（10）8 日，收回新科电子销售公司前欠货款 500 000 元，存入银行。

（11）8 日，基本生产车间填制领料单，一般耗用丁材料 800 千克，价款为 12 000 元；行政部门领用丁材料 100 千克，价款为 1 500 元。丁材料的领用采用一次摊销法。

（12）8 日，以银行存款支付产品广告费 140 000 元。

（13）9 日，开出现金支票一张向银行提取现金 2 000 元备用。

（14）10 日，以银行存款发放本月职工工资 480 000 元。

（15）10 日，行政管理部门购办公用品支出 460 元，以现金支付，购入后随即被领用。

（16）11 日，支付本季度短期借款利息 7 651.50 元，已预提 5 100 元。

（17）11 日，采用预收账款的方式销售 A 产品 150 件给无锡鸿高电子销售公司，价款为 1 350 000 元，增值税额为 216 000 元。当日，产品已全部发出，余款 666 000 元收讫存入银行。

（18）12 日，销售 A 产品 50 台给新科电子销售公司，价款为 450 000 元，增值税额为 72 000 元，产品当日运出并向银行办妥了托收承付手续。

（19）13 日，收到本市宏达公司归还前欠货款为 448 354 元，存入银行。

（20）14 日，3 个月前开出的商业承兑汇票 80 000 元到期，以银行存款承付。

（21）16 日，公司出售了 K 上市公司股票，取得价款为 340 000 元，转存银行。该股票的成本为 300 000 元。

（22）17 日，接受通用公司捐赠机床一台，评估价款为 200 000 元，投入使用。

（23）20 日，出售一批不需用的丙材料 100 件，价款为 30000 元，增值税额为 4800 元，款项存入银行。

（24）20 日，结转已售丙材料的成本 21 200 元。

（25）30 日，开户银行代缴电费 69 450 元，其中基本生产车间耗用 56 450 元，行政部门耗用 13 000 元。

（26）30 日，计提本月固定资产折旧费 7 850 元，其中车间生产设备为 5 350 元，其余为行政部门固定资产。

（27）30 日，摊销 12 年报刊杂志费 400 元。

（28）31 日，分配本月份职工工资 480 000 元，其中：

生产 A 产品工人工资	210 000 元
车间管理人员工资	145 000 元
厂部管理人员工资	105 000 元
专设销售机构人员工资	20 000 元
合　计	480 000 元

（29）31 日，按照工资总额的 25% 提取各项社会保险费。

（30）31 日，摊销本月无形资产费用 6 500 元。

（31）31 日，结转本月发生的制造费用。

（32）31 日，本月共生产 A 产品 200 件，月末在产品成本为 38 990 元，均为直接材料成本。结转本月完工产品的生产成本。

（33）31 日，结转本月已销 A 产品的销售成本，按加权平均法计算产品单位成本。

（34）31 日，按照本月应交增值税额的 7% 计算城市维护建设税，按 3% 提取教育费附加。

（35）31 日，结转本月损益类账户。

（36）31 日，按 25% 的税率计算并结转本月所得税（假定本月利润总额即为应纳税所得额）。

（37）31 日，将全年实现的净利润转入“利润分配——未分配利润”明细账户。

（38）31 日，按全年净利润的 10% 计提法定盈余公积金。

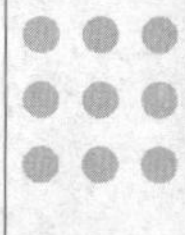

（39）31日，按规定计算出应向投资者分配现金股利200 000元。

（40）31日，将“利润分配”账户其他明细账户转入“利润分配——未分配利润”明细账。

2．要求

（1）根据上述业务编制12月份相关记账凭证，记账凭证采用收、付、转三种，按三类顺序编号。

（2）登记“现金”和“银行存款”日记账。

（3）登记“应收账款”“预付账款”“其他应收款”“原材料”“生产成本”“库存商品”“管理费用”和“应付账款”明细账。月末要求只做月结，年结省略。

（4）登记总分类账，并编制总分类账户本期发生额及余额表。

（5）编制12月份“资产负债表”和“利润表”。

3．工作过程

步骤1：编制12月份相关记账凭证，根据经济业务（1）和业务（2）编制记账凭证如表10-5至表10-7所示。

表10-5

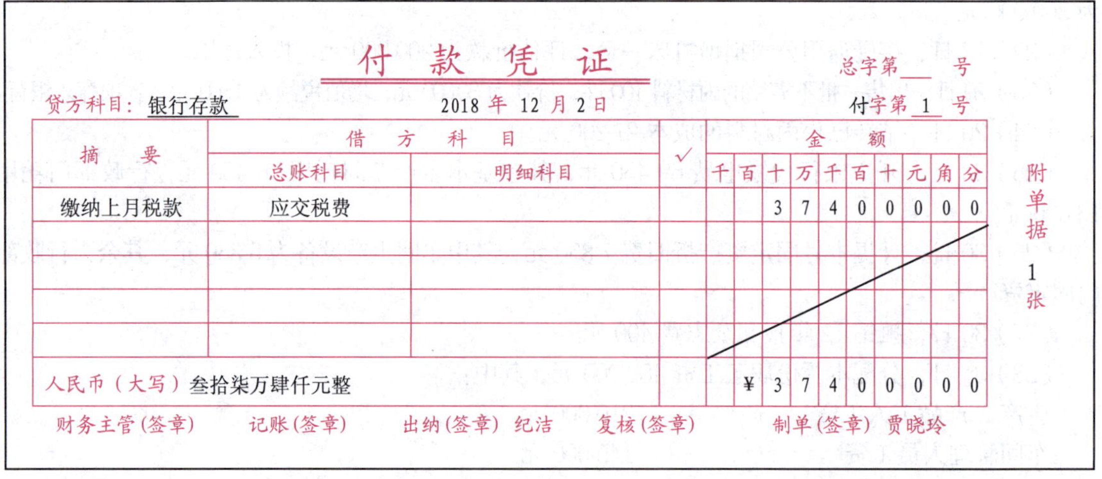

付 款 凭 证

总字第____号

贷方科目：银行存款　　2018年12月2日　　付字第1号

摘要	借方科目		✓	金额										附单据1张
	总账科目	明细科目		千	百	十	万	千	百	十	元	角	分	
缴纳上月税款	应交税费					3	7	4	0	0	0	0	0	
人民币（大写）叁拾柒万肆仟元整					¥	3	7	4	0	0	0	0	0	

财务主管（签章）　记账（签章）　出纳（签章）纪洁　复核（签章）　制单（签章）贾晓玲

表10-6

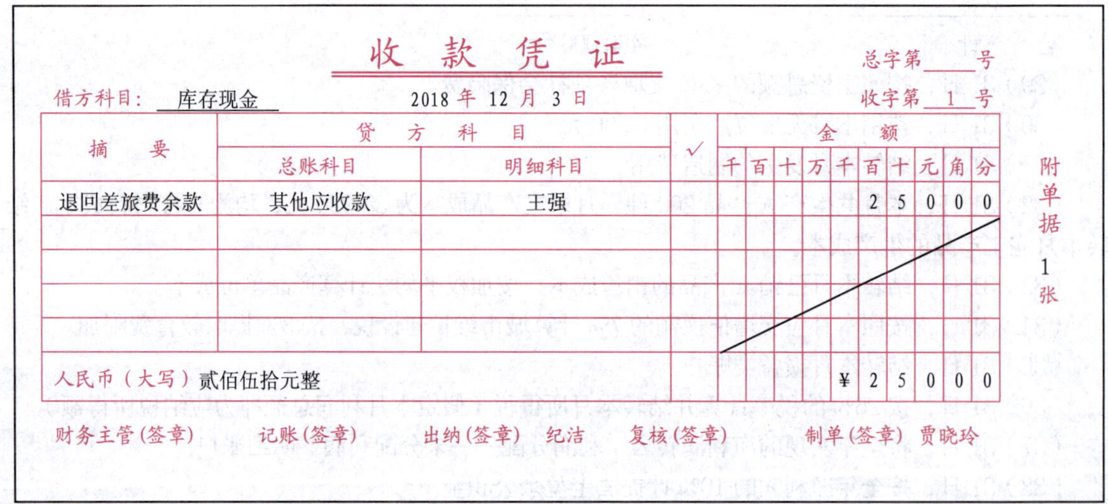

收 款 凭 证

总字第____号

借方科目：库存现金　　2018年12月3日　　收字第1号

摘要	贷方科目		✓	金额										附单据1张
	总账科目	明细科目		千	百	十	万	千	百	十	元	角	分	
退回差旅费余款	其他应收款	王强							2	5	0	0	0	
人民币（大写）贰佰伍拾元整									¥	2	5	0	0	

财务主管（签章）　记账（签章）　出纳（签章）纪洁　复核（签章）　制单（签章）贾晓玲

表 10-7

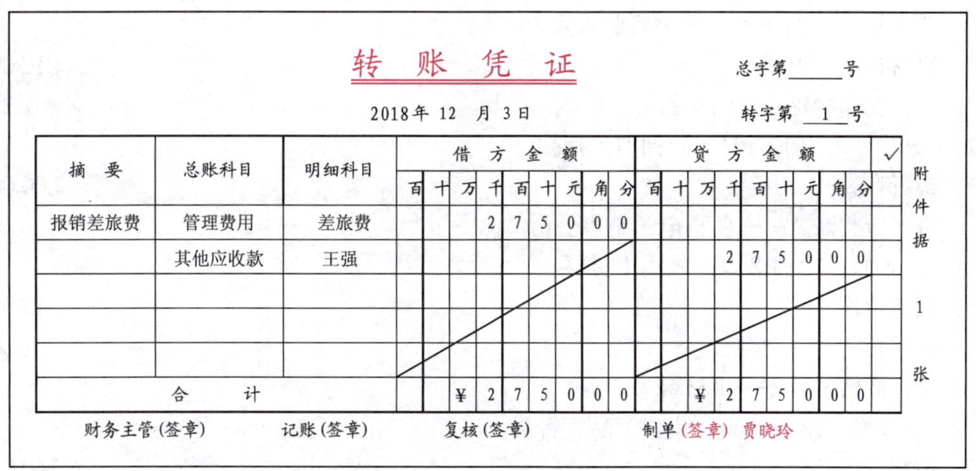

转 账 凭 证

总字第____号

2018年 12 月 3日　　　　转字第 1 号

摘 要	总账科目	明细科目	借方金额									贷方金额									✓
			百	十	万	千	百	十	元	角	分	百	十	万	千	百	十	元	角	分	
报销差旅费	管理费用	差旅费				2	7	5	0	0	0										
	其他应收款	王强													2	7	5	0	0	0	
合 计					¥	2	7	5	0	0	0			¥	2	7	5	0	0	0	

附件据 1 张

财务主管(签章)　　记账(签章)　　复核(签章)　　制单(签章) 贾晓玲

限于篇幅，以下用会计分录代替记账凭证，反映苏淮公司 12 月份的全部经济业务。

(3) 转 2 号，12 月 3 日，采购甲材料。

借：原材料——甲材料　　480 000
　　应交税费——应交增值税（进项税额）　　76 800
　　贷：预付账款——本市凯明公司　　556 800

付 2 号，12 月 3 日，补付本市凯明公司购货余款

借：预付账款——本市凯明公司　　506 800
　　贷：银行存款　　506 800

(4) 付 3 号，12 月 4 日，归还前欠货款。

借：应付账款——太原远大钢材厂　　801 400
　　贷：银行存款　　801 400

(5) 转 3 号，12 月 4 日，生产领料。

借：生产成本——A 产品　　182 000
　　制造费用　　25 440
　　贷：原材料——甲材料　　72 000
　　　　　　——乙材料　　110 000
　　　　　　——丙材料　　25 440

(6) 转 4 号，12 月 5 日，采购材料。

借：在途物资——丙材料　　212 000
　　应交税费——应交增值税（进项税额）　　33 920
　　贷：应付账款——太原远大钢材厂　　245 920

(7) 收 2 号，12 月 6 日，销售 A 产品。

借：银行存款　　835 200
　　贷：主营业务收入　　720 000
　　　　应交税费——应交增值税（销项税额）　　115 200

(8) 付 4 号，12 月 7 日，购买丁材料。

借：周转材料——丁材料　　7 500
　　应交税费——应交增值税（进项税额）　　1 200

贷：银行存款　8 700

（9）转5号，12月8日，丙材料验收入库。

借：原材料——丙材料　212 000

贷：在途物资——丙材料　212 000

（10）收3号，12月8日，收回前欠货款。

借：银行存款　500 000

贷：应收账款——新科电子销售公司　500 000

（11）转6号，12月8日，领用丁材料。

借：制造费用　12 000

管理费用　1 500

贷：周转材料——丁材料　13 500

（12）付5号，12月8日，支付产品广告费。

借：销售费用　140 000

贷：银行存款　140 000

（13）付6号，12月9日，提取备用金。

借：库存现金　2 000

贷：银行存款　2 000

动脑筋　本笔业务为什么不编制收款凭证？

（14）付7号，12月10日，发放工资。

借：应付职工薪酬——工资　480 000

贷：银行存款　480 000

（15）付8号，12月10日，支付办公用品费。

借：管理费用　460

贷：库存现金　460

（16）付9号，12月11日，支付本季度短期贷款利息。

借：应付利息　5 100

财务费用　2 551.50

贷：银行存款　7 651.50

（17）转7号，12月11日，销售A产品。

借：预收账款——无锡鸿高电子销售公司　1 566 000

贷：主营业务收入　1 350 000

应交税费——应交增值税（销项税额）　216 000

收4号，12月11日，收回预收不足货款

借：银行存款　666 000

贷：预收账款——无锡鸿高电子销售公司　666 000

（18）转8号，12月12日，销售A产品。

借：应收账款——新科电子销售公司　522 000

贷：主营业务收入　450 000

应交税费——应交增值税（销项税额） 72 000

（19）收5号，12月13日，收回前欠货款。

借：银行存款 448 354

贷：应收账款——本市宏达公司 448 354

（20）付10号，12月14日，承付到期的商业汇票。

借：应付票据 80 000

贷：银行存款 80 000

（21）收6号，12月16日，出售股票。

借：银行存款 340 000

贷：交易性金融资产 300 000

投资收益 40 000

提示

"交易性金融资产"账户属于资产类账户，用来核算企业为交易目的持有的债券投资、股票投资、基金投资、权证投资等交易性金融资产的公允价值。其借方登记交易性金融资产取得成本和资产负债表日其公允价值高于账面余额的差额；贷方登记资产负债表日其公允价值低于账面余额的差额、企业出售交易性金融资产时结转的成本。期末借方余额，反映企业交易性金融资产的公允价值。该账户应按照交易性金融资产的类别和品种，分别设置"成本""公允价值变动"等明细账户进行核算。

（22）转9号，12月17日，接受捐赠机床。

借：固定资产 200 000

贷：营业外收入 200 000

（23）收7号，12月20日，出售材料。

借：银行存款 34 800

贷：其他业务收入 30 000

应交税费——应交增值税（销项税额） 4 800

（24）转10号，12月20日，结转已售丙材料的成本。

借：其他业务成本 21 200

贷：原材料——丙材料 21 200

（25）付11号，12月30日，支付电费。

借：制造费用 56 450

管理费用 13 000

贷：银行存款 69 450

（26）转11号，12月30日，计提折旧。

借：制造费用 5 350

管理费用 2 500

贷：累计折旧 7 850

（27）转12号，12月30日，摊销报刊杂志费。

借：管理费用 400

贷：预付账款——18年报刊杂志费 400

（28）转13号，12月31日，分配本月职工工资。

借：生产成本　　210 000
　　制造费用　　145 000
　　管理费用　　105 000
　　销售费用　　20 000
　　贷：应付职工薪酬——工资　　480 000

（29）转14号，12月31日，提取社会保险费。

借：生产成本　　52 500
　　制造费用　　36 250
　　管理费用　　26 250
　　销售费用　　5 000
　　贷：应付职工薪酬——社会保险费　　120 000

（30）转15号，12月31日，摊销本月无形资产。

借：管理费用　　6 500
　　贷：累计摊销　　6 500

（31）转16号，12月31日，结转制造费用。

借：生产成本　　280 490
　　贷：制造费用　　280 490

（32）转17号，12月31日，结转本月完工产品的生产成本。

借：库存商品——A产品　　1 503 000
　　贷：生产成本　　1 503 000

提示

生产成本 =817 000+182 000+210 000+52 500+280 490−38 990=1 503 000（元）

（33）转18号，12月31日，结转销售成本。

借：主营业务成本　　1 559 250
　　贷：库存商品——A产品　　1 559 250

加权平均单价 =（2 952 000+1 503 000）÷（600+200）=5 568.75（元）
销售成本 =280 × 5 568.75=1 559 250（元）

（34）转19号，12月31日，计算城建税，教育费附加。

借：税金及附加　　29 608
　　贷：应交税费——应交城建税　　20 725.60
　　　　　　　——应交教育费附加　　8 882.40

本期销项税额 = 115 200+216 000+72 000+4 800=408 000（元）
本期进项税额 = 76 800+33 920+1 200=111 920（元）
本期应交增值税额 =408 000-111 920=296 080（元）
应交城建税 =296 080 × 7%=20 725.60（元）
应交教育费附加 =296 080 × 3%=8 882.40（元）

（35）转20号，12月31日，结转本月费用类账户。

借：本年利润　193 5969.50
　　贷：主营业务成本　1 559 250
　　　　税金及附加　29608
　　　　其他业务成本　21 200
　　　　管理费用　158 360
　　　　销售费用　165 000
　　　　财务费用　2 551.50

转21号，结转本月收入类账户

借：主营业务收入　2 520 000
　　其他业务收入　30 000
　　营业外收入　200 000
　　投资收益　40 000
　　贷：本年利润　2 790 000

（36）转22号，12月31日，计提所得税。

借：所得税费用　213 507.63
　　贷：应交税费——应交所得税　213 507.63

利润总额 = 2 790 000－ 1 935 969.50=854 030.50（元）
所得税费用 = 854 030.50 × 25%=213 507.63（元）

转23号，12月31日，结转本月所得税

借：本年利润　213 507.63
　　贷：所得税费用　213 507.63

（37）转24号，12月31日，结转全年实现净利润。

借：本年利润　1 562 122.87
　　贷：利润分配——未分配利润　1 562 122.87

全年净利润 = 921 600+（854 030.50－ 213 507.63）=1 562 122.87（元）

（38）转25号，12月31日，提取法定盈余公积金。

借：利润分配——提取法定盈余公积金　156 212.29
　　贷：盈余公积　156 212.29

提取盈余公积 =1 562 122.87 × 10%=156 212.29（元）

（39）转26号，12月31日，分配现金股利。

借：利润分配——应付现金股利　200 000
　　贷：应付股利　200 000

（40）转27号，12月31日，结转利润分配各明细账户。

借：利润分配——未分配利润　356 212.29
　　贷：利润分配——提取法定盈余公积金　156 212.29
　　　　　　　　——应付现金股利　200 000

步骤2：根据本月发生的收付款业务，逐笔登记“现金”和“银行存款”日记账，如表10-8和表10-9所示。

表10-8

现　金　日　记　账　　88

2018年 月	日	凭证编号 类	号	摘　要	对应科目	余额（百十万千百十元角分）	✓	余额（百十万千百十元角分）	✓	余额（百十万千百十元角分）
12	1			期初余额						160000
	3	收	1	收差旅费余款	其他应收款	25000				185000
	9	付	6	提取备用金	银行存款	200000				385000
	10	付	8	支付办公用品费	管理费用			46000		339000
12	31			本月合计		225000		46000		339000

表10-9

银　行　存　款　日　记　账　　98

开户行名称：工行清江支行　　　　银行账号：111001082818

2018年 月	日	凭证编号 类	号	摘　要	结算凭证 类	结算凭证 号	借方（百十万百十元千角）	✓	贷方（百十万百十元千角分）	✓	余额（百十万百十元千角分）
12	1			期初余额							197400000
	2	付	1	支付上月税款					37400000		160000000
	4	付	2	补付购货余款					50680000		109320000
	4	付	3	归还前欠货款					80140000		29180000
	6	收	2	销售A产品			83520000				112700000
	6	付	4	购买丁材料					870000		111830000
	8	收	3	收回前欠货款			50000000				161830000
	8	付	5	支付产品广告费					14000000		147830000
	9	付	6	提取备用金					200000		147630000
	10	付	7	支付工资					48000000		99630000
	11	付	9	支付贷款利息					765150		98864850
	11	收	4	收回不足货款			66600000				165464850
	13	收	5	收回前欠货款			44835400				210300250
	14	付	10	承付到期商业汇票					8000000		202300250
	16	收	6	出售股票			34000000				236300250
	20	收	7	出售材料			3480000				239780250
	30	付	11	支付电费					6945000		232835250
12	31			本月合计			282435400		247000150		232835250

步骤3：根据本月发生的业务和期初有关明细账资料，登记“应收账款”“预付账款”“其他应收款”“原材料”“生产成本”“库存商品”“管理费用”和“应付账款”明细账，如表10-10至表10-22所示。

表 10-10

应收账款明细账

二 级科目编号及名称 本市宏达公司

2018 年		凭证		摘要	借方金额	贷方金额	借或贷	余额
月	日	种类	号数					
12	1			期初余额			借	448 354
	13	收	5	收回前欠货款		448 354	平	0
12	31			本月合计		448 354	平	0

表 10-11

应收账款明细账

二 级科目编号及名称 新科电子销售公司

2018 年		凭证		摘要	借方金额	贷方金额	借或贷	余额
月	日	种类	号数					
12	1			期初余额			借	500 000
	8	收	3	收回前欠货款		500 000	平	0
	12	转	8	销售 A 产品	522 000		借	522 000
12	31			本月合计	522 000	500 000	借	522 000

表 10-12

预付账款明细账

二 级科目编号及名称 本市凯明公司

2018 年		凭证		摘要	借方金额	贷方金额	借或贷	余额
月	日	种类	号数					
12	1			期初余额			借	50 000
	3	转	2	采购甲材料		556 800	贷	506 800
	4	付	2	补付货款	506 800		平	0
12	31			本月合计	506 800	506 800	平	0

表 10-13

预付账款明细账

二 级科目编号及名称 18 年报刊杂志费

2018 年		凭证		摘要	借方金额	贷方金额	借或贷	余额
月	日	种类	号数					
12	1			期初余额			借	400
	30	转	12	摊销报刊杂志费		400	平	0
12	31			本月合计		400	平	0

表 10-14

其他应收款明细账

二 级科目编号及名称 王强

2018年		凭证		摘要	借方金额	贷方金额	借或贷	余额
月	日	种类	号数					
12	1			期初余额			借	3 000
	3	转	1	报销差旅费		2 750	借	250
		收	1	退回差旅费余款		250	平	0
12	31			本月合计		3 000	平	0

表 10-15

原材料明细账

材料编号：（略） 计量单位：吨
品名及规格：甲材料 储备定额：（略）

2018年		凭证号数	摘要	收入（借方）			发出（贷方）			结存		
月	日			数量	单价	金额	数量	单价	金额	数量	单价	金额
12	1		期初余额							250	2 400	600 000
	3	转2	采购	200	2 400	480 000				450	2 400	1 080 000
	4	转3	领料				30	2 400	72 000	420	2 400	1 008 000
12	31		本月合计	200	2 400	480 000	30	2 400	72 000	420	2 400	1 008 000

表 10-16

原材料明细账

材料编号：（略） 计量单位：千克
品名及规格：乙材料 储备定额：（略）

2018年		凭证号数	摘要	收入（借方）			发出（贷方）			结存		
月	日			数量	单价	金额	数量	单价	金额	数量	单价	金额
12	1		期初余额							2 000	550	1 100 000
	4	转3	领料				200	550	110 000	1 800	550	990 000
	31		本月合计				200	550	110 000	1 800	550	990 000

表 10-17

原材料明细账

材料编号：（略）　　　　　　　　　　　　　　　　　　计量单位：件

品名及规格：丙材料　　　　　　　　　　　　　　　　　储备定额：（略）

2018 年		凭证号数	摘　要	收入（借方）			发出（贷方）			结　存		
月	日			数量	单价	金额	数量	单价	金额	数量	单价	金额
12	1		期初余额							2 500	212	530 000
	4	转 3	领料				120	212	25 440	2 380	212	504 560
	8	转 5	入库	1000	212	212 000				3 380	212	716 560
	20	转 11	销售				100	212	21 200	3 280	212	695 360
	31		本月合计	1000	212	212 000	220	212	46 640	3 280	212	695 360

动脑筋

周转材料明细账该如何登记？

表 10-18

生产成本明细账

产品品种：A 产品

2018 年		凭证号数	摘　要	借方发生额	成本项目		
月	日				直接材料	直接人工	制造费用
12	1		期初余额	817 000	817 000		
	4	转 3	领材料	182 000	182 000		
	31	转 13	分配职工薪酬	210 000		210 000	
	31	转 14	提取社会保险费	52 500		52 500	
	31	转 16	结转制造费用	280 490			280 490
	31		本月合计	1 541 990	999 000	262 500	280 490
12	31	转 17	结转完工产品成本	1 503 000	960 010	262 500	280 490
12	31		月末在产品成本	38 990	38 990		

表 10-19

库存商品明细账

材料编号：（略）　　　　　　　　　　　　　　　　　　计量单位：吨

品名及规格：A 产品　　　　　　　　　　　　　　　　　储备定额：（略）

2018 年		凭证号数	摘　要	收入（借方）			发出（贷方）			结　存		
月	日			数量	单价	金额	数量	单价	金额	数量	单价	金额
12	1		期初余额							600	4 920	2 952 000
	31	转 17	完工	200	7 515	1 503 000				800		4 455 000
	31	转 18	销售成本				280	5 568.75	1 559 250	520		2 895 750
	31		本月合计	200	7 515	1 503 000	280	5 568.75	1 559 250	520	5 568.75	2 895 750

表 10-20

管理费用明细账

2018年		凭证号数	摘 要	发生额	差旅费	材料费	办公费	水电费	折旧费	职工薪酬	摊销费
月	日										
12	3	转1	报销差旅费	2 750	2 750						
	8	转6	领用丁材料	1 500		1 500					
	10	付8	付办公用品费	460			460				
	30	付11	支付电费	13 000				13 000			
	30	转11	计提折旧	2 500					2 500		
	30	转12	摊销报刊费	400			400				
	31	转13	分配工资	105 000						105 000	
	31	转14	提取社会保险费	26 250						26 250	
	31	转15	摊销无形资产	6 500							6 500
12	31		本月合计	158 360	2 750	1 500	860	13 000	2 500	131 250	6 500
12	31	转20	结转	158 360	2 750	1 500	860	13 000	200	131 250	6 500

制造费用明细账该如何登记？

表 10-21

应付账款明细账

二级科目编号及名称 本市新兴工厂

2018年		凭证		摘 要	借方金额	贷方金额	借或贷	余 额
月	日	种类	号数					
12	1			期初余额			贷	936 000
12	31			本月合计			贷	936 000

表 10-22

应付账款明细账

二级科目编号及名称 太原远大钢材厂

2018年		凭证		摘 要	借方金额	贷方金额	借或贷	余 额
月	日	种类	号数					
12	1			期初余额			贷	801 400
	4	付	3	归还前欠货款	801 400		平	0
	5	转	4	采购丙材料		245 920	贷	245 920
12	31			本月合计	801 400	245 920	贷	245 920

预收账款明细账该如何登记？

步骤 4：根据记账凭证登记总分类账，并编制总分类账户本期发生额及余额试算平衡表，如表 10-23 至表 10-67。

表 10-23

库存现金 总 账

2018 年		凭证号数	摘　　要	借方金额	贷方金额	借或贷	余　　额
月	日						
12	1		期初余额			借	1 600
	3	收 1	退回差旅费余款	250		借	1 850
	9	付 6	提取备用金	2 000		借	3 850
	10	付 8	支付办公用品费		460	借	3 390
12	31		本月合计	2 250	460	借	3 390

表 10-24

银行存款 总 账

2018 年		凭证号数	摘　　要	借方金额	贷方金额	借或贷	余　　额
月	日						
12	1		期初余额			借	1 974 000
	2	付 1	缴纳上月税款		374 000	借	1 600 000
	3	付 2	补付本市凯明公司购货余款		506 800	借	1 093 200
	4	付 3	归还前欠货款		801 400	借	291 800
	6	收 2	销售 A 产品	835 200		借	1 127 000
	7	付 4	购买丁材料		8 700	借	1 118 300
	8	收 3	收回前欠货款	500 000		借	1 618 300
	8	付 5	支付产品广告费		140 000	借	1 478 300
	9	付 6	提取备用金		2 000	借	1 476 300
	10	付 7	发工资		480 000	借	996 300
	11	付 9	支付本季度短期贷款利息		7 651.50	借	988 648.50
	12	收 4	收回预收不足货款	666 000		借	1 654 648.50
	13	收 5	收回前欠货款	448 354		借	2 103 002.50
	14	付 10	承付到期的商业汇票		80 000	借	2 023 002.50
	16	收 6	出售股票	340 000		借	2 363 002.50
	20	收 7	出售材料	34 800		借	2 397 802.50
	30	付 11	支付电费		69 450	借	2 328 352.50
12	31		本月合计	2 824 354	2 470 001.50	借	2 328 352.50

表 10-25

交易性金融资产 总 账

2018年		凭证号数	摘 要	借方金额	贷方金额	借或贷	余 额
月	日						
12	1		期初余额			借	632 300
	16	收 6	出售股票		300 000	借	332 300
12	31		本月合计		300 000	借	332 300

表 10-26

应收账款 总 账

2018年		凭证号数	摘 要	借方金额	贷方金额	借或贷	余 额
月	日						
12	1		期初余额			借	948 354
	8	收 3	收回前欠货款		500 000	借	448 354
	12	转 8	销售 A 产品	522 000		借	970 354
	13	收 5	收回前欠货款		448 354	借	522 000
12	31		本月合计	522 000	948 354	借	522 000

表 10-27

坏账准备 总 账

2018年		凭证号数	摘 要	借方金额	贷方金额	借或贷	余 额
月	日						
12	1		期初余额			贷	28 454
12	31		本月合计			贷	28 454

表 10-28

应收票据 总 账

2018年		凭证号数	摘 要	借方金额	贷方金额	借或贷	余 额
月	日						
12	1		期初余额			借	100 000
12	31		本月合计			借	100 000

表 10-29

预付账款 总 账

2018年		凭证号数	摘　　要	借方金额	贷方金额	借或贷	余　　额
月	日						
12	1		期初余额			借	50 400
	3	转 6	采购甲材料		556 800	贷	506 400
	3	付 2	补付本市凯明公司购货余款	506 800		借	400
	30	转 12	摊销 12 年报刊杂志费		400	平	0
12	31		本月合计	506 800	557 200	平	0

表 10-30

其他应收款 总 账

2018年		凭证号数	摘　　要	借方金额	贷方金额	借或贷	余　　额
月	日						
12	1		期初余额			借	3 000
	3	转 1	报销差旅费		2 750	借	250
	3	收 1	退回差旅费余款		250	平	0
12	31		本月合计		3 000	平	0

表 10-31

在途物资 总 账

2018年		凭证号数	摘　　要	借方金额	贷方金额	借或贷	余　　额
月	日						
12	5	转 4	采购材料	212 000		借	212 000
	8	转 5	丙材料验收入库		212 000	平	0
12	31		本月合计	212 000	212 000	平	0

表 10-32

原材料 总 账

2018年		凭证号数	摘　　要	借方金额	贷方金额	借或贷	余　　额
月	日						
12	1		期初余额			借	2 230 000
	3	转 2	采购甲材料	480 000		借	2 710 000
	4	转 3	生产领料		207 440	借	2 502 560
	8	转 5	丙材料验收入库	212 000		借	2 714 560
	20	转 10	结转已售丙材料的成本		21 200	借	2 693 360
12	31		本月合计	692 000	228 640	借	2 693 360

表 10-33

生产成本 总 账

2018年 月	日	凭证号数	摘　要	借方金额	贷方金额	借或贷	余　额
12	1		期初余额			借	817 000
	4	转 3	生产领料	182 000		借	999 000
	31	转 13	分配本月职工工资	210 000		借	1 209 000
	31	转 14	提取各项社会保险费	52 500		借	1 261 500
	31	转 16	结转制造费用	280 490		借	1 541 990
	31	转 17	结转完工产品生产成本		1 503 000	借	38 990
12	31		本月合计	724 990	1 503 000	借	38 990

表 10-34

制造费用 总 账

2018年 月	日	凭证号数	摘　要	借方金额	贷方金额	借或贷	余　额
12	4	转 3	生产领料	25 440		借	25 440
	8	转 6	领用丁材料	12 000		借	37 440
	30	付 11	支付电费	56 450		借	93 890
	30	转 11	计提折旧	5 350		借	99 240
	31	转 13	分配本月职工工资	145 000		借	244 240
	31	转 14	提取各项社会保险费	36 250		借	280 490
	31	转 16	结转制造费用		280 490	平	0
12	31		本月合计	280 490	280 490	平	0

表 10-35

周转材料 总 账

2018年 月	日	凭证号数	摘　要	借方金额	贷方金额	借或贷	余　额
12	1		期初余额			借	30 000
	7	付 4	购买丁材料	7 500		借	37 500
	8	转 6	领用丁材料		13 500	借	24 000
12	31		本月合计	7 500	13 500	借	24 000

表 10-36

库存商品 总 账

2018 年		凭证号数	摘　　要	借方金额	贷方金额	借或贷	余　　额
月	日						
12	1		期初余额			借	2 952 000
	31	转 17	结转完工产品生产成本	1 503 000		借	4 455 000
	31	转 18	结转销售成本		1 559 250	借	2 895 750
12	31		本月合计	1 503 000	1 559 250	借	2 895 750

表 10-37

固定资产 总 账

2018 年		凭证号数	摘　　要	借方金额	贷方金额	借或贷	余　　额
月	日						
12	1		期初余额			借	9 960 000
	17	转 9	接受捐赠机床	200 000		借	10 160 000
12	31		本月合计	200 000		借	10 160 000

表 10-38

累计折旧 总 账

2018 年		凭证号数	摘　　要	借方金额	贷方金额	借或贷	余　　额
月	日						
12	1		期初余额			贷	2 500 000
	30	转 11	计提折旧		7 850	贷	2 507 850
12	31		本月合计		7 850	贷	2 507 850

表 10-39

无形资产 总 账

2018 年		凭证号数	摘　　要	借方金额	贷方金额	借或贷	余　　额
月	日						
12	1		期初余额			借	1 493 500
12	31		本月合计			借	1 493 500

表 10-40

累计摊销 总 账

2018 年		凭证号数	摘　　要	借方金额	贷方金额	借或贷	余　　额
月	日						
12	1		期初余额			贷	260 000
	31	转 15	摊销本月无形资产		6 500	贷	266 500
12	31		本月合计		6 500	贷	266 500

表 10-41

短期借款 总 账

2018年		凭证号数	摘　要	借方金额	贷方金额	借或贷	余　额
月	日						
12	1		期初余额			贷	1 000 000
12	31		本月合计			贷	1 000 000

表 10-42

应付票据 总 账

2018年		凭证号数	摘　要	借方金额	贷方金额	借或贷	余　额
月	日						
12	1		期初余额			贷	80 000
	14	付 10	承付到期的商业汇票	80 000		平	0
12	31		本月合计	80 000		平	0

表 10-43

预收账款 总 账

2018年		凭证号数	摘　要	借方金额	贷方金额	借或贷	余　额
月	日						
12	1		期初余额			贷	900 000
	11	转 7	销售 A 产品	1 566 000		借	666 000
	11	收 4	收回预收不足货款		666 000	平	0
12	31		本月合计	1 566 000	666 000	平	0

表 10-44

应付账款 总 账

2018年		凭证号数	摘　要	借方金额	贷方金额	借或贷	余　额
月	日						
12	1		期初余额			贷	1 737 400
	4	付 3	归还前欠货款	801 400		贷	936 000
	5	转 4	采购材料		245 920	贷	1 181 920
12	31		本月合计	801 400	245 920	贷	1 181 920

表 10-45

应付职工薪酬 总 账

2018 年 月	日	凭证号数	摘　　要	借方金额	贷方金额	借或贷	余　　额
12	1		期初余额			贷	609 700
	10	付 7	发工资	480 000		贷	129 700
	31	转 13	分配本月职工工资		480 000	贷	609 700
	31	转 14	提取各项社会保险费		120 000	贷	729 700
12	31		本月合计	480 000	600 000	贷	729 700

表 10-46

应付利息 总 账

2018 年 月	日	凭证号数	摘　　要	借方金额	贷方金额	借或贷	余　　额
12	1		期初余额			贷	170 000
	11	付 9	支付本季度短期借款利息	5 100		贷	164 900
12	31		本月合计	5 100		贷	164 900

表 10-47

应交税费 总 账

2018 年 月	日	凭证号数	摘　　要	借方金额	贷方金额	借或贷	余　　额
12	1		期初余额			贷	374 000
	2	付 1	缴上月税费	374 000		平	0
	3	转 2	采购甲材料	76 800		借	76 800
	5	转 4	采购材料	33 920		借	110 720
	6	收 2	销售 A 产品		115 200	贷	4 480
	7	付 4	购买丁材料	1 200		贷	3 280
	11	转 7	销售 A 产品		216 000	贷	219 280
	12	转 8	销售 A 产品		72 000	贷	291 280
	20	收 7	出售材料		4 800	贷	296 080
	31	转 19	计算城建税、教育费附加		29 608	贷	325 688
	31	转 22	计提所得税		213 507.63	贷	539 195.63
12	31		本月合计	485 920	651 115.63	贷	539 195.63

表 10-48

其他应付款 总 账

2018年		凭证号数	摘　　要	借方金额	贷方金额	借或贷	余　　额
月	日						
12	1		期初余额			贷	70 000
12	31		本月合计			贷	70 000

表 10-49

应付股利 总 账

2018年		凭证号数	摘　　要	借方金额	贷方金额	借或贷	余　　额
月	日						
12	31	转26	分配现金股利		200 000	贷	200 000
12	31		本月合计		200 000	贷	200 000

表 10-50

长期借款 总 账

2018年		凭证号数	摘　　要	借方金额	贷方金额	借或贷	余　　额
月	日						
12	1		期初余额			贷	2 000 000
12	31		本月合计			贷	2 000 000

表 10-51

实收资本 总 账

2018年		凭证号数	摘　　要	借方金额	贷方金额	借或贷	余　　额
月	日						
12	1		期初余额			贷	6 200 000
12	31		本月合计			贷	6 200 000

表 10-52

资本公积 总 账

2018年		凭证号数	摘　　要	借方金额	贷方金额	借或贷	余　　额
月	日						
12	1		期初余额			贷	836 200
12	31		本月合计			贷	836 200

表 10-53

盈余公积 总 账

2018年 月	日	凭证号数	摘要	借方金额	贷方金额	借或贷	余额
12	1		期初余额			贷	761 600
	31	转 25	提取法定盈余公积		156 212.29	贷	917 812.29
12	31		本月合计		156 212.29	贷	917 812.29

表 10-54

本年利润 总 账

2018年 月	日	凭证号数	摘要	借方金额	贷方金额	借或贷	余额
12	1		期初余额			贷	921 600
	31	转 20	结转费用类科目	1 935 969.50		借	1 014 369.50
	31	转 21	结转收入类科目		2 790 000	贷	1 775 630.50
	31	转 23	结转所得税费用	213 507.63		贷	1 562 122.87
	31	转 24	结转期末余额	1 562 122.87		平	0
12	31		本月合计	3 711 600	2 790 000	平	0

表 10-55

利润分配 总 账

2018年 月	日	凭证号数	摘要	借方金额	贷方金额	借或贷	余额
12	1		期初余额			贷	2 743 200
	31	转 24	结转本年净利润		1 562 122.87	贷	4 305 322.87
	31	转 25	计提法定盈余公积	156 212.29		贷	4 149 100.58
	31	转 26	分配现金股利	200 000		贷	3 949 100.58
	31	转 27	结转各明细	356 212.29	356 212.29	贷	3 949 100.58
12	31		本月合计	712 424.58	1 918 335.16	贷	3 949 100.58

表 10-56

主营业务收入 总 账

2018年 月	日	凭证号数	摘要	借方金额	贷方金额	借或贷	余额
12	6	收 2	销售 A 产品		720 000	贷	720 000
	11	转 7	销售 A 产品		1 350 000	贷	2 070 000
	12	转 8	销售产品		450 000	贷	2 520 000
	31	转 21	结转本月发生额	2 520 000		平	0
12	31		本月合计	2 520 000	2 520 000	平	0

表 10-57

主营业务成本 总 账

2018年		凭证号数	摘　　要	借方金额	贷方金额	借或贷	余　　额
月	日						
12	31	转 18	结转销售成本	1 559 250		借	1 559 250
	31	转 20	结转本月发生额		1 559 250	平	0
12	31		本月合计	1 559 250	1 559 250	平	0

表 10-58

税金及附加 总 账

2018年		凭证号数	摘　　要	借方金额	贷方金额	借或贷	余　　额
月	日						
12	31	转 19	计提城建税及教育费附加	29 608		借	29 608
	31	转 20	结转本月发生额		29 608	平	0
12	31		本月合计	29 608	29 608	平	0

表 10-59

其他业务收入 总 账

2018年		凭证号数	摘　　要	借方金额	贷方金额	借或贷	余　　额
月	日						
12	20	收 7	出售材料		30 000	贷	30 000
	31	转 21	结转本月发生额	30 000		平	0
12	31		本月合计	30 000	30 000	平	0

表 10-60

其他业务成本 总 账

2018年		凭证号数	摘　　要	借方金额	贷方金额	借或贷	余　　额
月	日						
12	20	转 10	结转销售成本	21 200		借	21 200
	31	转 20	结转本月发生额		21 200	平	0
12	31		本月合计	21 200	21 200	平	0

表 10-61

管理费用 总 账

2018 年		凭证号数	摘　要	借方金额	贷方金额	借或贷	余　额
月	日						
12	3	转 1	报销差旅费	2 750		借	2 750
	8	转 6	领用丁材料	1 500		借	4 250
	10	付 8	付办公用品费	460		借	4 710
	30	付 11	支付电费	13 000		借	17 710
	30	转 11	计提折旧	2 500		借	20 210
	30	转 12	摊销报刊费	400		借	20 610
	31	转 13	分配工资	105 000		借	125 610
	31	转 14	提取社会保险费	26 250		借	151 860
	31	转 15	摊销无形资产	6 500		借	158 360
12	31		本月合计	158 360	158 360	平	0

表 10-62

销售费用 总 账

2018 年		凭证号数	摘　要	借方金额	贷方金额	借或贷	余　额
月	日						
12	8	付 5	支付广告费	140 000		借	140 000
	31	转 13	分配本月职工工资	20 000		借	160 000
	31	转 14	提取各项社会保险费	5 000		借	165 000
	31	转 20	结转本月发生额		165 000	平	0
12	31		本月发生额及余额	165 000	165 000	平	0

表 10-63

财务费用 总 账

2018 年		凭证号数	摘　要	借方金额	贷方金额	借或贷	余　额
月	日						
12	11	付 9	支付本季度短期贷款利息	2 551.50		贷	2 551.50
	31	转 20	结转本月发生额		2 551.50	平	0
12	31		本月合计	2 551.50	2 551.50	平	0

表 10-64

投资收益 总 账

2018年		凭证号数	摘 要	借方金额	贷方金额	借或贷	余 额
月	日						
12	16	收6	出售股票		40 000	贷	40 000
	31	转21	结转本月发生额	40 000		平	0
12	31		本月合计	40 000	40 000	平	0

表 10-65

营业外收入 总 账

2018年		凭证号数	摘 要	借方金额	贷方金额	借或贷	余 额
月	日						
12	17	转9	接受捐赠机床		200 000	贷	200 000
	31	转21	结转本月发生额	200 000		平	0
12	31		本月合计	200 000	200 000	平	0

表 10-66

所得税费用 总 账

2018年		凭证号数	摘 要	借方金额	贷方金额	借或贷	余 额
月	日						
12	31	转22	计提所得税	213 507.63		借	213 507.63
	31	转23	结转本月发生额		213 507.63	平	0
12	31		本月合计	213 507.63	213 507.63	平	0

表 10-67

总分类账户本期发生额及余额试算平衡表

账户名称	期初余额		本期发生额		期末余额	
	借方	贷方	借方	贷方	借方	贷方
库存现金	1 600		2 250	460	3 390	
银行存款	1 974 000		2 824 354	2 470 001.50	2 328 352.50	
交易性金融资产	632 300			300 000	332 300	
应收账款	948 354		522 000	948 354	522 000	
坏账准备		28 454				28 454
应收票据	100 000				100 000	
预付账款	50 400		506 800	557 200	0	
其他应收款	3 000			3 000	0	
在途物资			212 000	212 000	0	

续表

账户名称	期初余额		本期发生额		期末余额	
	借方	贷方	借方	贷方	借方	贷方
原材料	2 230 000		692 000	228 640	2 693 360	
库存商品	2 952 000		1 503 000	1 559 250	2 895 750	
周转材料	30 000		7 500	13 500	24 000	
生产成本	817 000		724 990	1 503 000	38 990	
制造费用			280 490	280 490	0	
固定资产	9 960 000		200 000		10 160 000	
累计折旧		2 500 000		7 850		2 507 850
无形资产	1 493 500				1 493 500	
累计摊销		260 000		6 500		266 500
短期借款		1 000 000				1 000 000
应付票据		80 000	80 000			0
应付账款		1 737 400	801 400	245 920		1 181 920
预收账款		900 000	1 566 000	666 000		0
应付职工薪酬		609 700	480 000	600 000		729 700
应交税费		374 000	485 920	651 115.63		539 195.63
其他应付款		70 000				70 000
应付利息		170 000	5 100			164 900
应付股利				200 000		200 000
长期借款		2 000 000				2 000 000
实收资本		6 200 000				6 200 000
资本公积		836 200				836 200
盈余公积		761 600		156 212.29		917 812.29
本年利润		921 600	3 711 600	2 790 000		0
利润分配		2 743 200	712 424.58	1 918 335.16		3 949 110.58
主营业务收入			2 520 000	2 520 000		
主营业务成本			1 559 250	1 559 250		
税金及附加			29 608	29 608		
其他业务收入			30 000	30 000		
其他业务成本			21 200	21 200		
销售费用			165 000	165 000		
管理费用			158 360	158 360		
财务费用			2 551.50	2 551.50		
营业外收入			200 000	200 000		
投资收益			40 000	40 000		
所得税费用			213 507.63	213 507.63		
合　计	21 192 154	21 192 154	20 257 305.71	20 257 305.71	20 591 642.50	20 591 642.50

步骤5：编制12月份的“资产负债表”和“利润表”，如表10-68和表10-69所示。

表10-68　　资产负债表（简表）

编制单位：苏淮公司　　2018年12月31日　　单位：元

资　产	期末余额	年初余额	负债及所有者权益	期末余额	年初余额
流动资产：		略	流动负债：		略
货币资金	2 331 742.50		短期借款	1 000 000	
以公允价值计量且其变动计入当期损益的金融资产	332 300		以公允价值计量且其变动计入当期损益的金融负债		
应收票据及应收账款	593 546		应付票据及应付账款	1 181 920	
其他应收款			应付职工薪酬	729 700	
存货	5 652 100		应交税费	539 195.63	
流动资产合计	8 909 688.50		其他应付款	434 900	
非流动资产：			流动负债合计	3 885 715.63	
持有至到期投资			非流动负债：		
长期股权投资			长期借款	2 000 000	
在建工程			非流动负债合计	2 000 000	
工程物资			负债合计	5 885 715.63	
固定资产	7 652 150		所有者权益：		
			实收资本	6 200 000	
无形资产	1 227 000		资本公积	836 200	
长期待摊费用			盈余公积	917 812.29	
非流动资产合计	8 879 150		未分配利润	3 949 110.58	
			所有者权益合计	11 903 122.87	
资产总计	17 788 838.50		负债和所有者权益总计	17 788 838.50	

表10-69　　利　润　表

编制单位：苏淮公司　　2018年12　月　　单位：元

项　目	本期金额	上期金额
一、营业收入	2 550 000	略
减：营业成本	1 580 450	
税金及附加	29 608	
销售费用	165 000	
管理费用	158 360	
财务费用	2 551.50	
资产减值损失		
加：公允价值变动收益（损失以“−”号填列）		
投资收益（损失以“−”号填列）	40 000	
其中：对联营企业和合营企业的投资收益		

续表

项　　目	本期金额	上期金额
二、营业利润（亏损以“-”号填列）	654 030.50	略
加：营业外收入	200 000	
减：营业外支出		
三、利润总额（亏损总额以“-”号填列）	854 030.5	
减：所得税费用	213 507.63	
四、净利润（净亏损以“-”号填列）	640 522.87	
五、其他综合收益的税后净额		
（一）不能重分类进损益的其他综合收益		
……		
（二）将重分类进损益的其他综合收益		
……		
六、综合收益总额		
七、每股收益		
（一）基本每股收益		
（二）稀释每股收益		

职业能力训练

1．判断题（正确的在括号内打“√”，错误的打“×”）

（1）试算平衡在每个会计循环过程中只能进行一次。（　　）

（2）记账凭证账务处理程序是最基本的一种账务处理程序。（　　）

（3）企业不论采用哪种账务处理程序，都必须设置日记账、总分类账和明细分类账。（　　）

（4）记账凭证账务处理程序的主要特点就是直接根据各种记账凭证登记总账。（　　）

（5）各种账务处理程序的主要区别在于登记总账的依据不同。（　　）

2．选择题（下列答案中有一项或多项是正确的，将正确答案前英文字母填入括号内）

（1）账务处理程序的核心是（　　）。

A．凭证组织　　B．账簿组织　　C．记账程序　　D．报表组织

（2）下列凭证中，不能作为登记总分类账依据的是（　　）。

A．记账凭证　　B．科目汇总表　　C．汇总记账凭证　　D．原始凭证

（3）下列各项中，属于在最基本的账务处理程序的基础上发展而成的是（　　）。

A．记账凭证账务处理程序　　B．汇总记账凭证账务处理程序

C．科目汇总表账务处理程序　　D．日记总账账务处理程序

（4）直接根据记账凭证逐笔登记总分类账的账务处理程序是（　　）账务处理程序。

A．原始凭证　　B．记账凭证　　C．科目汇总表　　D．汇总记账凭证

（5）在各种账务处理程序中，相同的会计账务处理工作有（　　）。

A．编制汇总记账凭证　　B．登记现金、银行存款日记账

C．登记总分类账和各种明细账　　D．编制会计报表

3．任务实训

[实训目的]掌握记账凭证账务处理程序的应用。

[实训资料]华夏公司2019年1月初总分类账户余额如表10-70所示。

表10-70

账　户	金　额	账　户	金　额
一、资产类		二、负债类	
库存现金	400	短期借款	680 000
银行存款	2 504 500	应付账款	447 000
应收账款	250 000	应付职工薪酬	25 620
其他应收款	3 000	应交税费	167 200
原材料	1 166 800	应付股利	62 800
库存商品	1 352 780	三、所有者权益	
固定资产	3 356 040	实收资本	5 170 000
累计折旧（贷）	52 680	资本公积	215 100
无形资产	501 000	盈余公积	616 620
		本年利润	1 344 020
		利润分配	353 480
合计	9 081 840	合计	9 081 840

华源公司2019年1月发生下列经济业务。

（1）从银行提取现金3 000元备用。

（2）从山东购进材料一批，已验收入库，货款为100 000元，增值税进项税额为16 000元，款项尚未支付。

（3）销售给莱阳厂A产品一批，货款为200 000元，增值税销项税为32 000元，款项尚未收到。

（4）厂部的王海出差，预借差旅费2 000元，以现金付讫。

（5）车间领用甲材料一批，其中用于A产品生产30 000元，用于车间一般消耗5 000元。

（6）销售给远东公司A产品一批，货款为100 000元，增值税销项税额为16 000元，款项尚未收到。

（7）从江南公司购进乙材料一批，货款为80 000元，增值税进项税额为12 800元，材料已验收入库，款项尚未支付。

（8）厂部李华出差，借支差旅费1 000元，用现金付讫。

（9）以银行存款为116 000元，偿还前欠山东的购料款。

（10）从银行提取现金2 000元备用。

（11）接银行通知，莱阳厂汇来前欠货款23 200元，已收妥入账。

（12）车间领用乙材料一批，其中用于A产品50 000元，用于车间一般消耗10 000元。

（13）以银行存款928 000元偿还前欠江南公司购料款。

（14）接银行通知，远东公司汇来前欠货款116 000元，已收妥入账。

（15）根据月末编制的“工资结算汇总表”，本月应付生产工人薪酬为114 000元，应付车间管理人员薪酬为17 200元，应付行政管理人员薪酬为22 800元。

（16）本月计提固定资产折旧5 000元，其中，生产车间固定资产折旧为4 000元，行政管理部门固定资产折旧为1 000元。

（17）本月以银行存款支付其他制造费用4 400元。

（18）月末，结转制造费用。

（19）月末，本月生产的A产品全部完工并验收入库，且无月初在产品，计算并结转完工产品成本。

（20）月末，结转本月销售产品的成本183 400元。

（21）月末，计算本月应交城市维护建设税为2 800元。

（22）月末，将收入、费用账户余额转入“本年利润”账户。

（23）月末，按本月利润总额的25%计算应交所得税，并将所得税费用转入“本年利润”账户（无纳税调整项目）。

［实训要求］

（1）根据本月发生的经济业务，编制收、付、转记账凭证。

（2）根据本月发生的收付款业务，逐笔登记“现金”和“银行存款”日记账。

（3）根据本月发生的经济业务，登记总分类账，并编制总分类账户本期发生额及余额表。

（4）根据有关总账和明细账，编制该公司本月资产负债表和利润表。

任务二 组织和应用科目汇总表账务处理程序

任务描述

科目汇总表是根据一定时期内的全部记账凭证，按相同的会计科目归类，汇总每一总账科目本期借方发生额和贷方发生额所编制的汇总表，并且根据该表登记总分类账。科目汇总表账务处理程序在实际工作中应用非常广泛。读者应在本任务中理解科目汇总表的概念、特点，掌握科目汇总表的编制方法以及凭证与账簿组织、核算步骤、优缺点及适用范围。

知识准备

一、科目汇总表账务处理程序的概念

科目汇总表账务处理程序（Bookkeeping Procedure Using Categorized Accounts Summary）又称“记账凭证汇总表账务处理程序”。它是根据各种记账凭证，先按会计科目定期编制科目汇总表，再根据科目汇总表登记总分类账，并定期编制会计报表的一种账务处理程序。科目汇总表账务处理程序是在记账凭证账务处理程序的基础上发展和演变而来的。其特点是定期将所有的记账凭证编制成科目汇总表（记账凭证汇总表），然后再根据科目汇总表登记总分类账。

二、科目汇总表账务处理程序下凭证与账簿的设置

1．科目汇总表账务处理程序下凭证的设置

在科目汇总表账务处理程序下，记账凭证可以采用通用凭证，也可采用收款、付款和转账专用凭证，同时应设置科目汇总表。

2．科目汇总表账务处理程序下账簿的设置

在科目汇总表账务处理程序下，应当设置现金日记账、银行存款日记账、明细分类账和总分类账。日记账和总账可采用三栏式，明细分类账可根据需要采用三栏式、数量金额式和多栏式等。

科目汇总表账务处理程序下的账簿组织与记账凭证账务处理程序基本相同。

记账凭证与会计账簿的种类如图10-3所示。

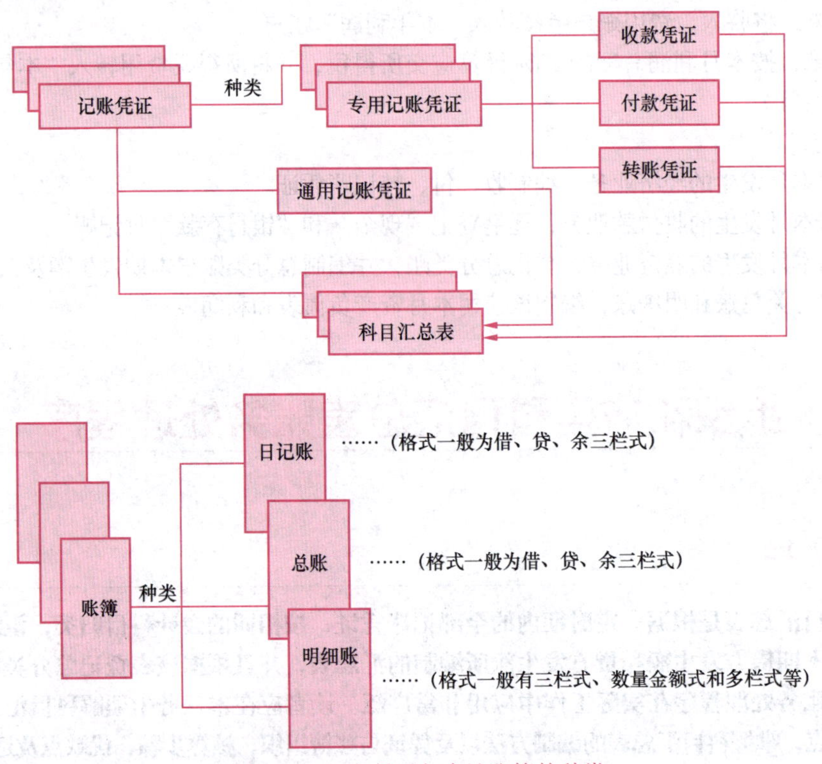

图10-3　记账凭证与会计账簿的种类

三、科目汇总表的概念及编制方法

1. 科目汇总表的概念

科目汇总表（Categorized Accounts Summary）是指根据一定时期内的全部记账凭证，按相同的会计科目归类，汇总每一总账科目本期借方发生额和贷方发生额所编制的汇总表。其格式如表10-71所示。

表10-71

科目汇总表

年　月　日至　日　　　　科汇字第　号

会计科目	本期发生额		总账页数	记账凭证起讫号数
	借方金额	贷方金额		
合　计				

提示

科目汇总表的编制时间，应根据单位业务量的大小而定，灵活掌握。业务量较多的可以每旬汇总，业务量较少的可以半个月或一个月汇总一次。每次汇总都应注明汇总记账凭证的起讫字号，以便检查。

2．科目汇总表的编制方法

科目汇总表的编制方法是：将一定时期内的全部记账凭证按照相同的科目归类，汇总计算出每一总账科目的本期借方发生额和贷方发生额合计数，填入表内，全部科目的借方发生额合计数应与贷方发生额合计数相等。根据科目汇总表登记总分类账时，只需将该表中汇总起来的各科目的本期借、贷方发生额的合计数，分次或月末一次记入相应总分类账的借方或贷方即可。

请注意

为了便于编制科目汇总表，使得在分别汇总计算其借方和贷方金额时不易发生差错，平时填制转账凭证时，应尽可能使账户的对应关系保持“一借一贷”，避免“一借多贷”“一贷多借”和“多借多贷”。编制科目汇总表时，只对各个会计科目的发生额进行汇总，不包括余额。

四、科目汇总表账务处理程序的核算步骤、优缺点及适用范围

1．科目汇总表账务处理程序的核算步骤

① 根据原始凭证编制汇总原始凭证。

② 根据原始凭证或汇总原始凭证，填制记账凭证。

③ 根据收款凭证和付款凭证及所附原始凭证，逐笔登记现金日记账和银行存款日记账。

④ 根据原始凭证、汇总原始凭证和记账凭证，登记各种明细分类账。

⑤ 根据各种记账凭证编制科目汇总表。

⑥ 根据科目汇总表登记总分类账。

⑦ 月末，现金日记账、银行存款日记账和各明细分类账的余额与有关总分类账的余额相核对。

⑧ 月末，根据总分类账和明细分类账的有关资料，编制会计报表。

科目汇总表账务处理程序如图 10-4 所示。

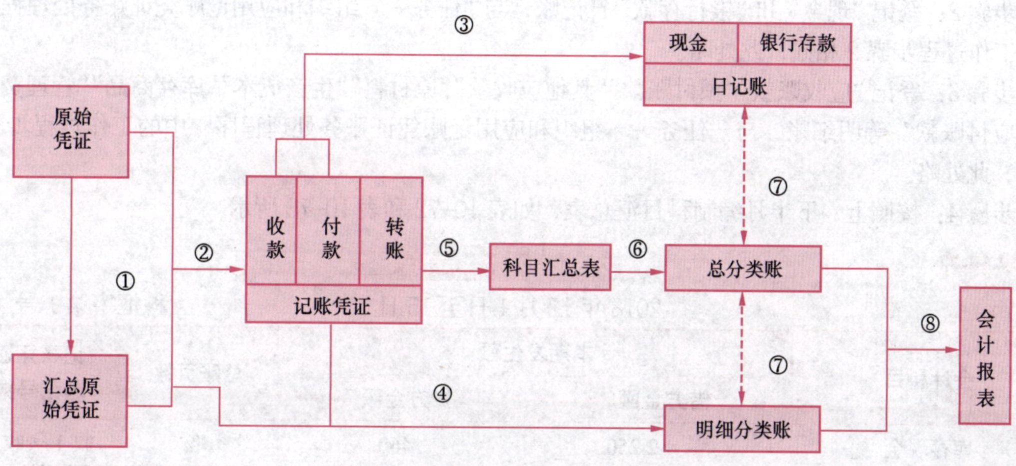

图 10-4　科目汇总表账务处理程序

2．科目汇总表账务处理程序的优缺点

科目汇总表账务处理程序的优点是：①由于采用了汇总登记总分类账的方式，因而简化了登记总分类账的工作；②在登记总分类账之前，通过编制科目汇总表，起到了试算平衡的作用，有利于保证总分类账记录的正确性；③科目汇总表的编制比较容易、简便，适用性比较强，任何规模的会计主体都可以采用。

其缺点是：在科目汇总表和总分类账中，不能清晰地反映出账户之间的对应关系，因而不便于查对账目和分析经济业务的来龙去脉。

3．科目汇总表账务处理程序的适用范围

科目汇总表账务处理程序一般适用于规模较大、经济业务量较多的单位。

典型任务举例

1．资料

苏淮公司主要生产A种型号的电子产品，简称“A产品”。该公司被主管税务机关核准为一般纳税人，增值税税率为16%，城建税率为7%，教育费附加为3%，公司企业所得税税率为25%。公司设有一个基本生产车间，会计核算采用科目汇总表账务处理程序，分上、下半月编制科目汇总表。

具体资料与“任务一　组织和应用记账凭证账务处理程序”中的“典型任务举例”资料相同。

2．要求

（1）根据上述业务编制12月份相关记账凭证，记账凭证采用收、付、转三种，按三类编号法顺序编号。

（2）登记“现金”和“银行存款”日记账。

（3）登记“应收账款”“预付账款”“其他应收款”“原材料”“生产成本”“库存商品”“管理费用”和“应付账款”明细账。月末要求只做月结，年结省略。

（4）按照上、下半月编制科目汇总表。

（5）根据科目汇总表登记总分类账，并编制总分类账户本期发生额及余额试算平衡表。

（6）编制12月份的“资产负债表”和“利润表”。

3．工作过程

步骤1：根据12月份发生的业务编制相关记账凭证，与“任务一　组织和应用记账凭证账务处理程序”中的工作过程步骤1相同，此处略。

步骤2：登记“现金”和“银行存款”日记账，与“任务一　组织和应用记账凭证账务处理程序”中的工作过程步骤2相同，此处略。

步骤3：登记“应收账款”“预付账款”“其他应收款”“原材料”“生产成本”“库存商品”“管理费用”和“应付账款”等明细账，与“任务一　组织和应用记账凭证账务处理程序”中的工作过程步骤3相同，此处略。

步骤4：按照上、下半月编制科目汇总表，如表10-72和表10-73所示。

表10-72

科目汇总表

2018年12月1日至15日　　　　科汇字第1号

会计科目	本期发生额		总账页数	记账凭证起讫号数
	借方金额	贷方金额		
库存现金	2 250	460	略	收1～收5
银行存款	2 449 554	2 400 551.50		付1～付10

续表

会计科目	本期发生额		总账页数	记账凭证起讫号数
	借方金额	贷方金额		
交易性金融资产				转 1 ～转 8
应收账款	522 000	948 354		
预付账款	506 800	556 800		
其他应收款		3 000		
在途物资	212 000	212 000		
原材料	692 000	207 440		
周转材料	7 500	13 500		
生产成本	182 000			
制造费用	37 440			
应付票据	80 000			
应付账款	801 400	245 920		
预收账款	1 566 000	666 000		
应付职工薪酬	480 000			
应交税费	485 920	403 200		
应付利息	5 100			
实收资本				
盈余公积				
本年利润				
利润分配				
主营业务收入		2 520 000		
主营业务成本				
税金及附加				
销售费用	140 000			
管理费用	4 710			
财务费用	2 551.50			
营业外收入				
营业外支出				
投资收益				
所得税费用				
合　　计	8 177 225.50	8 177 225.50		

表 10-73

科目汇总表

2018年12月16日至31日　　　科汇字第2号

会计科目	本期发生额		总账页数	记账凭证起讫号数
	借方金额	贷方金额		
库存现金			略	收6～收7
银行存款	374 800	69 450		付11
交易性金融资产		300 000		转9～转27
应收账款				
预付账款		400		
其他应收款				
原材料		21 200		
生产成本	542 990	1 503 000		
制造费用	243 050	280 490		
库存商品	1 503 000	1 559 250		
固定资产	200 000			
累计折旧		7850		
累计摊销		6 500		
应付账款				
应交税费		247 915.63		
应付职工薪酬		600 000		
应付股利		200 000		
实收资本				
盈余公积		156 212.29		
本年利润	3 711 600	2 790 000		
利润分配	712 424.58	1 918 335.16		
主营业务收入	2 520 000			
主营业务成本	1 559 250	1 559 250		
税金及附加	29 608	29 608		
其他业务收入	30 000	30 000		
其他业务成本	21 200	21 200		
销售费用	25 000	165 000		
管理费用	153 650	158 360		
财务费用		2 551.50		
营业外收入	200 000	200 000		
投资收益	40 000	40 000		
所得税费用	213 507.63	213 507.63		
合　　计	12 080 080.21	12 080 080.21		

步骤5：根据科目汇总表登记总分类账，并编制总分类账户本期发生额及余额试算平衡表。总账如表10-74至表10-117所示。

表10-74

库存现金 总 账

2018年 月	日	凭证号数	摘　　要	借方金额	贷方金额	借或贷	余　　额
12	1		期初余额			借	1 600
	15	科汇1	1—15日发生额	2 250	460	借	3 390
12	31		本月合计	2 250	460	借	3 390

表10-75

银行存款 总 账

2018年 月	日	凭证号数	摘　　要	借方金额	贷方金额	借或贷	余　　额
12	1		期初余额			借	1 974 000
	15	科汇1	1—15日发生额	2 449 554	2 400 551.50	借	2 023 002.50
	31	科汇2	16—31日发生额	374 800	69 450	借	2 328 352.50
12	31		本月合计	2 824 354	2 470 001.50	借	2 328 352.50

表10-76

交易性金融资产 总 账

2018年 月	日	凭证号数	摘　　要	借方金额	贷方金额	借或贷	余　　额
12	1		期初余额			借	632 300
	31	科汇2	16—31日发生额		300 000	借	332 300
12	31		本月合计		300 000	借	332 300

表10-77

应收账款 总 账

2018年 月	日	凭证号数	摘　　要	借方金额	贷方金额	借或贷	余　　额
12	1		期初余额			借	948 354
	15	科汇1	1—15日发生额	522 000	948 354	借	522 000
12	31		本月合计	522 000	948 354	借	522 000

表 10-78

坏账准备 总 账

2018年		凭证号数	摘　　要	借方金额	贷方金额	借或贷	余　　额
月	日						
12	1		期初余额			贷	28 454
12	31		本月合计			贷	28 454

表 10-79

应收票据 总 账

2018年		凭证号数	摘　　要	借方金额	贷方金额	借或贷	余　　额
月	日						
12	1		期初余额			借	100 000
12	31		本月合计			借	100 000

表 10-80

预付账款 总 账

2018年		凭证号数	摘　　要	借方金额	贷方金额	借或贷	余　　额
月	日						
12	1		期初余额			借	50 400
	15	科汇1	1—15日发生额	506 800	556 800	借	400
	31	科汇2	16—31日发生额		400	平	0
12	31		本月合计	506 800	557 200	平	0

表 10-81

其他应收款 总 账

2018年		凭证号数	摘　　要	借方金额	贷方金额	借或贷	余　　额
月	日						
12	1		期初余额			借	3 000
	15	科汇1	1—15日发生额		3 000	平	0
12	31		本月合计		3 000	平	0

表 10-82

在途物资 总 账

2018年		凭证号数	摘　　要	借方金额	贷方金额	借或贷	余　　额
月	日						
12	15	科汇1	1—15日发生额	212 000	212 000	平	0
12	31		本月合计	212 000	212 000	平	0

表 10-83

原材料 总 账

2018 年		凭证号数	摘　　要	借方金额	贷方金额	借或贷	余　　额
月	日						
12	1		期初余额			借	2 230 000
	15	科汇 1	1—15 日发生额	692 000	207 440	借	2 714 560
	31	科汇 2	16—31 日发生额		21 200	借	2 693 360
12	31		本月合计	692 000	228 640	借	2 693 360

表 10-84

生产成本 总 账

2018 年		凭证号数	摘　　要	借方金额	贷方金额	借或贷	余　　额
月	日						
12	1		期初余额			借	817 000
	15	科汇 1	1—15 日发生额	182 000		借	999 000
	31	科汇 2	16—31 日发生额	542 990	1 503 000	借	38 990
12	31		本月合计	724 990	1 503 000	借	38 990

表 10-85

制造费用 总 账

2018 年		凭证号数	摘　　要	借方金额	贷方金额	借或贷	余　　额
月	日						
12	15	科汇 1	1—15 日发生额	37 440		借	37 440
	31	科汇 2	16—31 日发生额	243 050	280 490	平	0
12	31		本月合计	280 490	280 490	平	0

表 10-86

周转材料 总 账

2018 年		凭证号数	摘　　要	借方金额	贷方金额	借或贷	余　　额
月	日						
12	1		期初余额			借	30 000
	15	科汇 1	1—15 日发生额	7 500	13 500	借	24 000
12	31		本月合计	7 500	13 500	借	24 000

表 10-87

库存商品 总 账

2018年		凭证号数	摘 要	借方金额	贷方金额	借或贷	余 额
月	日						
12	1		期初余额			借	2 952 000
	31	科汇2	16—31日发生额	1 503 000	1 559 250	借	2 895 750
12	31		本月合计	1 503 000	1 559 250	借	2 895 750

表 10-88

固定资产 总 账

2018年		凭证号数	摘 要	借方金额	贷方金额	借或贷	余 额
月	日						
12	1		期初余额			借	9 960 000
	31	科汇2	16—31日发生额	200 000		借	10 160 000
12	31		本月合计	200 000		借	10 160 000

表 10-89

累计折旧 总 账

2018年		凭证号数	摘 要	借方金额	贷方金额	借或贷	余 额
月	日						
12	1		期初余额			贷	2 500 000
	31	科汇2	16—31日发生额		7 850	贷	2 507 850
12	31		本月合计		7 850	贷	2 507 850

表 10-90

无形资产 总 账

2018年		凭证号数	摘 要	借方金额	贷方金额	借或贷	余 额
月	日						
12	1		期初余额			借	1 493 500
12	31		本月合计			借	1 493 500

表 10-91

累计摊销 总 账

2018年		凭证号数	摘 要	借方金额	贷方金额	借或贷	余 额
月	日						
12	1		期初余额			贷	260 000
	31	科汇2	16—31日发生额		6 500	贷	266 500
12	31		本月合计		6 500	贷	266 500

表 10-92

短期借款 总 账

2018年		凭证号数	摘　　要	借方金额	贷方金额	借或贷	余　　额
月	日						
12	1		期初余额			贷	1 000 000
12	31		本月合计			贷	1 000 000

表 10-93

应付票据 总 账

2018年		凭证号数	摘　　要	借方金额	贷方金额	借或贷	余　　额
月	日						
12	1		期初余额			贷	80 000
	15	科汇 1	1—15 日发生额	80 000		平	0
12	31		本月合计	80 000		平	0

表 10-94

预收账款 总 账

2018年		凭证号数	摘　　要	借方金额	贷方金额	借或贷	余　　额
月	日						
12	1		期初余额			贷	900 000
	15	科汇 1	1—15 日发生额	1 566 000	666 000	平	0
12	31		本月合计	1 566 000	666 000	平	0

表 10-95

应付账款 总 账

2018年		凭证号数	摘　　要	借方金额	贷方金额	借或贷	余　　额
月	日						
12	1		期初余额			贷	1 737 400
	15	科汇 1	1—15 日发生额	801 400	245 920	贷	1 181 920
12	31		本月合计	801 400	245 920	贷	1 181 920

表 10-96

应付职工薪酬 总 账

2018年		凭证号数	摘　　要	借方金额	贷方金额	借或贷	余　　额
月	日						
12	1		期初余额			贷	609 700
	15	科汇1	1—15日发生额	480 000		贷	129 700
	31	科汇2	16—31日发生额		600 000	贷	729 700
12	31		本月合计	480 000	600 000	贷	729 700

表 10-97

应付利息 总 账

2018年		凭证号数	摘　　要	借方金额	贷方金额	借或贷	余　　额
月	日						
12	1		期初余额			贷	170 000
	15	科汇1	1—15日发生额	5 100		贷	164 900
12	31		本月合计	5 100		贷	164 900

表 10-98

应交税费 总 账

2018年		凭证号数	摘　　要	借方金额	贷方金额	借或贷	余　　额
月	日						
12	1		期初余额			贷	374 000
	15	科汇1	1—15日发生额	485 920	403 200	贷	291 280
	31	科汇2	16—31日发生额		247 915.63	贷	539 195.63
12	31		本月合计	485 920	651 115.63	贷	539 195.63

表 10-99

其他应付款 总 账

2018年		凭证号数	摘　　要	借方金额	贷方金额	借或贷	余　　额
月	日						
12	1		期初余额			贷	70 000
12	31		本月合计			贷	70 000

表 10-100

应付股利 总 账

2018 年		凭证号数	摘　　要	借方金额	贷方金额	借或贷	余　　额
月	日						
12	31	科汇 2	16—31 日发生额		200 000	贷	200 000
12	31		本月合计		200 000	贷	200 000

表 10-101

长期借款 总 账

2018 年		凭证号数	摘　　要	借方金额	贷方金额	借或贷	余　　额
月	日						
12	1		期初余额			贷	2 000 000
12	31		本月合计			贷	2 000 000

表 10-102

实收资本 总 账

2018 年		凭证号数	摘　　要	借方金额	贷方金额	借或贷	余　　额
月	日						
12	1		期初余额			贷	6 200 000
12	31		本月合计			贷	6 200 000

表 10-103

资本公积 总 账

2018 年		凭证号数	摘　　要	借方金额	贷方金额	借或贷	余　　额
月	日						
12	1		期初余额			贷	836 200
12	31		本月合计			贷	836 200

表 10-104

盈余公积 总 账

2018 年		凭证号数	摘　　要	借方金额	贷方金额	借或贷	余　　额
月	日						
12	1		期初余额			贷	761 600
	31	科汇 2	16—31 日发生额		156 212.29	贷	917 812.29
12	31		本月合计		156 212.29	贷	917 812.29

表 10-105

本年利润 总 账

2018年 月	日	凭证号数	摘要	借方金额	贷方金额	借或贷	余额
12	1		期初余额			贷	921 600
	31	科汇 2	16—31 日发生额	3 711 600	2 790 000	平	0
12	31		本月合计	3 711 600	2 790 000	平	0

表 10-106

利润分配 总 账

2018年 月	日	凭证号数	摘要	借方金额	贷方金额	借或贷	余额
12	1		期初余额			贷	2 743 200
	31	科汇 2	16—31 日发生额	712 424.58	1 918 335.16	贷	3 949 110.58
12	31		本月合计	712 424.58	1 918 335.16	贷	3 949 110.58

表 10-107

主营业务收入 总 账

2018年 月	日	凭证号数	摘要	借方金额	贷方金额	借或贷	余额
12	15	科汇 1	1—15 日发生额		2 520 000	贷	2 520 000
	31	科汇 2	16—31 日发生额	2 520 000		平	0
12	31		本月合计	2 520 000	2 520 000	平	0

表 10-108

主营业务成本 总 账

2018年 月	日	凭证号数	摘要	借方金额	贷方金额	借或贷	余额
12	31	科汇 2	16—31 日发生额	1 559 250	1 559 250	平	0
12	31		本月合计	1 559 250	1 559 250	平	0

表 10-109

税金及附加 总 账

2018年 月	日	凭证号数	摘要	借方金额	贷方金额	借或贷	余额
12	31	科汇 2	16—31 日发生额	29 608	29 608	平	0
12	31		本月合计	29 608	29 608	平	0

表 10-110

其他业务收入 总 账

2018 年		凭证号数	摘 要	借方金额	贷方金额	借或贷	余 额
月	日						
12	31	科汇 2	16—31 日发生额	30 000	30 000	平	0
12	31		本月合计	30 000	30 000	平	0

表 10-111

其他业务成本 总 账

2018 年		凭证号数	摘 要	借方金额	贷方金额	借或贷	余 额
月	日						
12	31	科汇 2	16—31 日发生额	21 200	21 200	平	0
12	31		本月合计	21 200	21 200	平	0

表 10-112

管理费用 总 账

2018 年		凭证号数	摘 要	借方金额	贷方金额	借或贷	余 额
月	日						
12	15	科汇 1	1—15 日发生额	4 710		借	4 710
	31	科汇 2	16—31 日发生额	153 650	158 360	平	0
12	31		本月合计	158 360	158 360	平	0

表 10-113

销售费用 总 账

2018 年		凭证号数	摘 要	借方金额	贷方金额	借或贷	余 额
月	日						
12	15	科汇 1	1—15 日发生额	140 000		借	140 000
	31	科汇 2	16—31 日发生额	25 000	165 000	平	0
12	31		本月发生额及余额	165 000	165 000	平	0

表 10-114

财务费用 总 账

2018 年		凭证号数	摘 要	借方金额	贷方金额	借或贷	余 额
月	日						
12	15	科汇 1	1—15 日发生额	2 551.50		贷	2 551.50
	31	科汇 2	16—31 日发生额		2 551.50	平	0
12	31		本月合计	2 551.50	2 551.50	平	0

表 10-115

投资收益 总 账

2018年		凭证号数	摘　要	借方金额	贷方金额	借或贷	余　额
月	日						
12	31	科汇 2	16—31 日发生额	40 000	40 000	平	0
12	31		本月合计	40 000	40 000	平	0

表 10-116

营业外收入 总 账

2018年		凭证号数	摘　要	借方金额	贷方金额	借或贷	余　额
月	日						
12	31	科汇 2	16—31 日发生额	200 000	200 000	平	0
12	31		本月合计	200 000	200 000	平	0

表 10-117

所得税费用 总 账

2018年		凭证号数	摘　要	借方金额	贷方金额	借或贷	余　额
月	日						
12	31	科汇 2	16—31 日发生额	213 507.63	213 507.63	平	0
12	31		本月合计	213 507.63	213 507.63	平	0

总分类账户本期发生额及余额试算平衡表，与“任务一　组织和应用记账凭证账务处理程序”中工作过程步骤 4 的“总分类账户本期发生额及余额试算平衡表”相同，此处略。

步骤 6：编制 12 月份的“资产负债表”和“利润表”，与“任务一　组织和应用记账凭证账务处理程序”中的工作过程步骤 5 相同，此处略。

相同的会计资料，采用两种不同的账务处理程序，核算的最终结果一样吗？通过比较工作步骤，请分析记账凭证账务处理程序和科目汇总表账务处理程序的异同。

职业能力训练

1. 判断题（正确的在括号内打“√”，错误的打“×”）

（1）科目汇总表账务处理程序能科学地反映账户的对应关系，且便于账目核对。（　　）

（2）科目汇总表账务处理程序的主要特点是根据记账凭证编制科目汇总表，并根据科目汇总表编制会计报表。（　　）

（3）采用科目汇总表账务处理程序，总账、明细账和日记账都应该根据科目汇总表登记。（　　）

（4）科目汇总表账务处理程序下的账簿组织与记账凭证账务处理程序基本相同。（　　）

（5）编制科目汇总表时，不仅对各个会计科目的发生额进行汇总，而且包括余额。（　　）

2. 选择题（下列答案中有一项或多项是正确的，将正确答案前英文字母填入括号内）

（1）关于科目汇总表账务处理程序，下列说法中正确的是（　　）。

A. 登记总账的直接依据是记账凭证

B. 登记总账的直接依据是科目汇总表

C. 编制会计报表的直接依据是科目汇总表

D. 与记账凭证账务处理程序相比较，增加了一道编制汇总记账凭证的程序

（2）根据科目汇总表登记总账，在简化登记总账工作的同时也起到了（　　）的作用。

A. 简化报表编制　　B. 反映账户对应关系

C. 简化明细账工作　　D. 发生额试算平衡

（3）科目汇总表账务处理程序的主要特点是（　　）。

A. 直接根据记账凭证记总账　　B. 直接根据记账凭证登记明细账

C. 定期编制科目汇总表　　D. 直接根据科目汇总表登记总账

（4）为便于科目汇总表的编制，平时填制记账凭证时，应尽可能使账户之间的对应关系保持（　　）。

A. 一借一贷　　B. 一借多贷　　C. 一贷多借　　D. 多借多贷

（5）在科目汇总表账务处理程序下，不能作为登记总账直接依据的是（　　）。

A. 原始凭证　　B. 汇总记账凭证　　C. 科目汇总表　　D. 记账凭证

3. 任务实训

（一）

[实训目的] 掌握科目汇总表的编制。

[实训资料] 广大公司 2019 年 1 月 1—10 日发生下列部分经济业务。

（1）1 日，从银行提取现金 1 000 元备用。

（2）2 日，从华丰厂购进材料一批，已验收入库，货款为 5 000 元，增值税进项税额为 800 元，款项尚未支付。

（3）2 日，销售给向阳厂 A 产品一批，货款为 10 000 元，增值税销项税为 1 600 元，款项尚未收到。

（4）3 日，厂部的王凌出差，借支差旅费 500 元，以现金付讫。

（5）4 日，车间领用甲材料一批，其中用于 A 产品生产为 3 000 元，用于车间一般消耗为 500 元。

（6）5 日，销售给华远公司 A 产品一批，货款为 20 000 元，增值税销项税额为 3 200 元，款项尚未收到。

（7）5 日，从江南公司购进乙材料一批，货款为 8 000 元，增值税进项税额为 1 280 元，材料未到，款项尚未支付。

（8）6 日，厂部李青出差，借支差旅费 400 元，用现金付讫。

（9）7 日，以银行存款 5 800 元，偿还前欠华丰厂的购料款。

（10）8 日，从银行提取现金 1 000 元备用。

（11）8 日，接银行通知，向阳厂汇来前欠货款 11 600 元，已收妥入账。

（12）8 日，车间领用乙材料一批，其中用于 A 产品为 5 000 元，用于车间一般消耗为 1 000 元。

（13）9 日，以银行存款 9 280 元偿还前欠江南公司购料款。

（14）10 日，接银行通知，华远公司汇来前欠货款 23 200 元，已收妥入账。

[实训要求]

（1）根据以上经济业务填制记账凭证。

（2）根据填制的记账凭证，编制2019年1月1—10日的科目汇总表，如表10-118所示。

表10-118

科目汇总表

2019年1月1—10日

会计科目	借方金额	贷方金额
合　计		

（二）

[实训目的]掌握科目汇总表账务处理程序的应用。

[实训资料]与“任务一　组织和应用记账凭证账务处理程序”职业能力训练中的项目实训资料相同。会计核算采用科目汇总表账务处理程序，其中科目汇总表分上、下半月编制。

[实训要求]

（1）根据本月发生的经济业务，编制收、付、转记账凭证。

（2）根据本月发生的收付款业务，逐笔登记“现金”和“银行存款”日记账。

（3）登记“应收账款”“预付账款”“其他应收款”“原材料”“生产成本”“库存商品”“管理费用”和“应付账款”明细账。月末要求只做月结，年结省略。

（4）按照上、下半月编制科目汇总表。

（5）根据科目汇总表登记总分类账，并编制总分类账户本期发生额及余额试算平衡表。

（6）编制12月份的“资产负债表”和“利润表”。

任务三　组织和应用汇总记账凭证账务处理程序

任务描述

汇总记账凭证是对日常会计核算过程中所填制的专用记账凭证，按照凭证的种类，采用一定的方法定期进行汇总而重新填制的一种记账凭证。在采用汇总记账凭证账务处理程序时，根据汇总记账凭证上的汇总数字登记有关的总分类账，而不必根据各种专用记账凭证逐笔登记总分类账。理解汇总记账凭证的概念、特点；掌握汇总记账凭证的编制方法以及凭证与账簿组织、核算步骤、优缺点和适用范围。

知识准备

一、汇总记账凭证账务处理程序的概念

汇总记账凭证账务处理程序（Bookkeeping Procedure Using Summary Vouchers）是指对发生的经济业务事项，先根据原始凭证或汇总原始凭证编制记账凭证，再定期根据记账凭证分类编制汇总记账凭证（汇总收款凭证、汇总付款凭证和汇总转账凭证），然后根据汇总记账凭证登记总分类账的一种账务处理程序。汇总记账凭证账务处理程序是在记账凭证账务处理程序的基础上发展演变而来的。其特点是按照会计账户的对应关系，定期根据记账凭证分类编制汇总收款凭证、汇总付款凭证和汇总转账凭证，再根据汇总记账凭证登记总分类账。

二、汇总记账凭证账务处理程序下凭证与账簿的设置

1. 汇总记账凭证账务处理程序下凭证的设置

在汇总记账凭证账务处理程序下，记账凭证一般采用收款凭证、付款凭证和转账凭证，也可采用通用记账凭证，同时应设置汇总记账凭证。如果记账凭证是收、付、转三种专用格式，则应分别设置汇总收款凭证、汇总付款凭证和汇总转账凭证。如果记账凭证是采用通用的统一格式，设置的汇总记账凭证也应采用通用的统一格式。

提示

对于转账业务不多的单位，也可以只设置汇总收款凭证和汇总付款凭证，而转账凭证则不需要汇总。至于汇总记账凭证的编制时间，可根据单位业务量的多少来确定，如 5 天、10 天或半个月。

2. 汇总记账凭证账务处理程序下账簿的设置

在汇总记账凭证账务处理程序下，应当设置现金日记账、银行存款日记账、明细分类账和总分类账。日记账和总账可采用三栏式，明细分类账可根据需要采用三栏式、数量金额式和多栏式等。

提示

汇总记账凭证账务处理程序下的账簿组织与记账凭证账务处理程序下的账簿组织基本相同。但总分类账的账页格式必须设“对应账户”栏。

记账凭证与会计账簿的种类示意图如图 10-5 所示。

三、汇总记账凭证的种类及其编制方法

汇总记账凭证分为汇总收款凭证、汇总付款凭证和汇总转账凭证三种，各自的编制方法也有所不同。

1. 汇总收款凭证的编制方法

（1）汇总收款凭证（Summarized Receipt Voucher）是指根据现金、银行存款收款凭证按“库存现金”和“银行存款”科目的借方分别进行设置，并按对应的贷方科目归类，月末结计其合计数，分别记入“库存现金”和“银行存款”总账的借方及各对应账户的贷方的一种汇总记账凭证。其格式如表 10-119 所示。

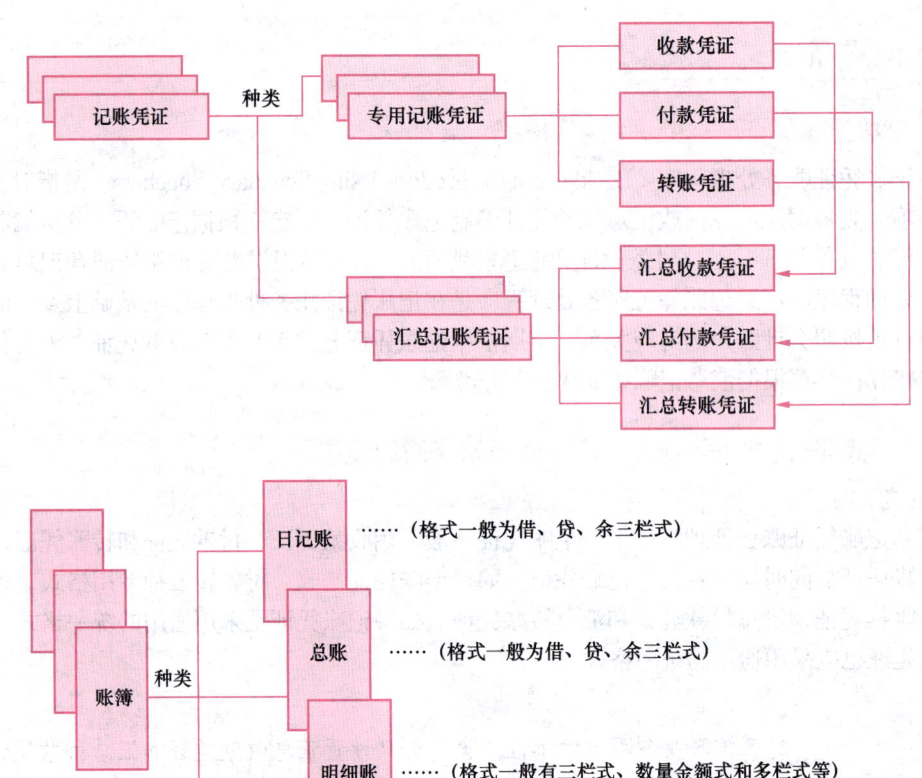

图 10-5　记账凭证与会计账簿的种类

表 10-119

汇总收款凭证

借方科目：　　　　　　　　　　　　　　　　年　月　　　　　　　　　　　　第　号

贷方科目	金　额				总账页数	
	日至　日 收款凭证 号至　号	日至　日 收款凭证 号至　号	日至　日 收款凭证 号至　号	合　计	借　方	贷　方
本月合计						

（2）编制方法：按日常核算工作中所填制的专用收款凭证中“库存现金”或“银行存款”的借方科目设置汇总收款凭证，按分录中相应的贷方科目定期进行汇总，填入汇总收款凭证中。一般可5天、10天或15天汇总一次，月末计算出合计数，据以登记总分类账。

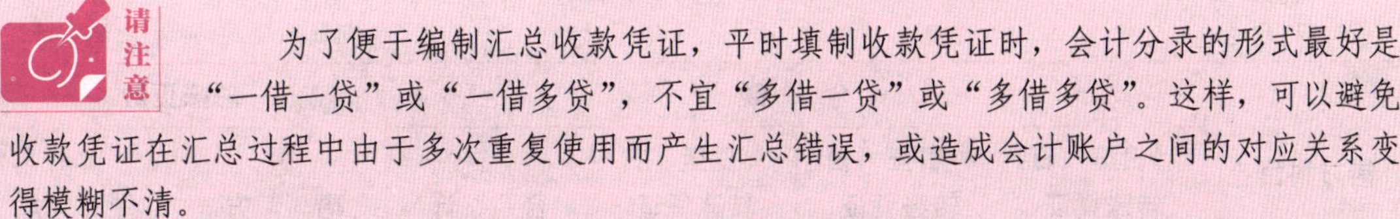

请注意　为了便于编制汇总收款凭证，平时填制收款凭证时，会计分录的形式最好是“一借一贷”或“一借多贷”，不宜“多借一贷”或“多借多贷”。这样，可以避免收款凭证在汇总过程中由于多次重复使用而产生汇总错误，或造成会计账户之间的对应关系变得模糊不清。

2. 汇总付款凭证的编制方法

（1）汇总付款凭证（Summarized Payment Voucher）是指按“库存现金”和“银行存款”科目的贷方分别进行设置，并按对应的借方科目归类，月末结计其合计数，分别记入“库存现金”和“银行存款”总账的贷方及各对应总账的借方的一种汇总记账凭证。其格式如表 10-120 所示。

表 10-120

汇总付款凭证

贷方科目：　　　　　　　　年　月　　　　　　　　第　号

借方科目	金　额				总账页数	
	日至　日 付款凭证 号至　号	日至　日 付款凭证 号至　号	日至　日 付款凭证 号至　号	合　计	借　方	贷　方
本月合计						

（2）编制方法：按日常核算工作中所填制的专用付款凭证中“库存现金”或“银行存款”的贷方科目设置汇总付款凭证，按分录中相应的借方科目定期进行汇总，填入汇总付款凭证中。一般可 5 天、10 天或 15 天汇总一次，月末计算出合计数，据以登记总分类账。

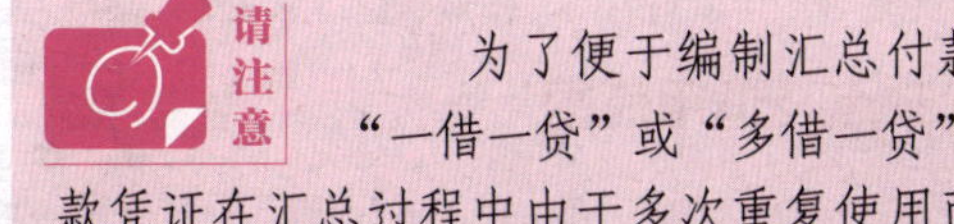

请注意　为了便于编制汇总付款凭证，平时填制付款凭证时，会计分录的形式最好是“一借一贷”或“多借一贷”，不宜“一借多贷”或“多借多贷”。这样，可以避免付款凭证在汇总过程中由于多次重复使用而产生汇总错误，或造成会计账户之间的对应关系变得模糊不清。

动脑筋　涉及“库存现金”和“银行存款”之间划转业务的凭证，应汇总在哪种汇总记账凭证中？

3. 汇总转账凭证的编制方法

（1）汇总转账凭证（Summarized Transfer Voucher）是指按每一贷方科目分别设置，并按借方科目归类，月末结计其合计数，分别根据汇总转账凭证中应贷账户的贷方及借方记入总账的一种汇总记账凭证。其格式如表 10-121 所示。

表 10-121

汇总转账凭证

贷方科目：　　　　　　　　　　　　年　月　　　　　　　　　　　　第　号

借方科目	金　额				总账页数	
	日至　日 转账凭证 号至　号	日至　日 转账凭证 号至　号	日至　日 转账凭证 号至　号	合　计	借　方	贷　方
本月合计						

（2）编制方法：按日常核算工作中所填制的专用转账凭证中的贷方科目（如原材料、库存商品等）设置汇总转账凭证，按分录中相应的借方科目定期进行汇总，填入汇总转账凭证中。一般可5天、10天或15天汇总一次，月末计算出合计数，据以登记总分类账。

请注意

为了便于编制汇总转账凭证，平时填制转账凭证时，会计分录的形式最好是“一借一贷”或“多借一贷”，不宜“一借多贷”或“多借多贷”。这样，可以避免转账凭证在汇总过程中造成会计账户之间的对应关系变得模糊不清及编制汇总不便。

提示

由于汇总记账凭证种类及汇总张数较多，在对汇总记账凭证进行编号时，一般应在汇总记账凭证种类前加“汇”字，如“汇收字第×号”“汇付字第×号”“汇转字第×号”等。

动脑筋

在汇总转账凭证中，贷方发生额的合计数一定是该科目的全部贷方发生额吗？为什么？

四、汇总记账凭证账务处理程序的核算步骤、优缺点及适用范围

1．汇总记账凭证账务处理程序的核算步骤

① 根据原始凭证编制汇总原始凭证。

② 根据原始凭证或汇总原始凭证，编制记账凭证。

③ 根据收款凭证和付款凭证及所附原始凭证，逐笔登记现金日记账和银行存款日记账。

④ 根据原始凭证、汇总原始凭证和记账凭证，登记各种明细分类账。

⑤ 根据各种记账凭证编制有关汇总记账凭证。

⑥ 根据各种汇总记账凭证登记总分类账。

⑦ 月末，现金日记账、银行存款日记账和各明细分类账的余额与有关总分类账的余额相核对。

⑧ 月末，根据总分类账和明细分类账的有关资料，编制会计报表。

汇总记账凭证账务处理程序如图10-6所示。

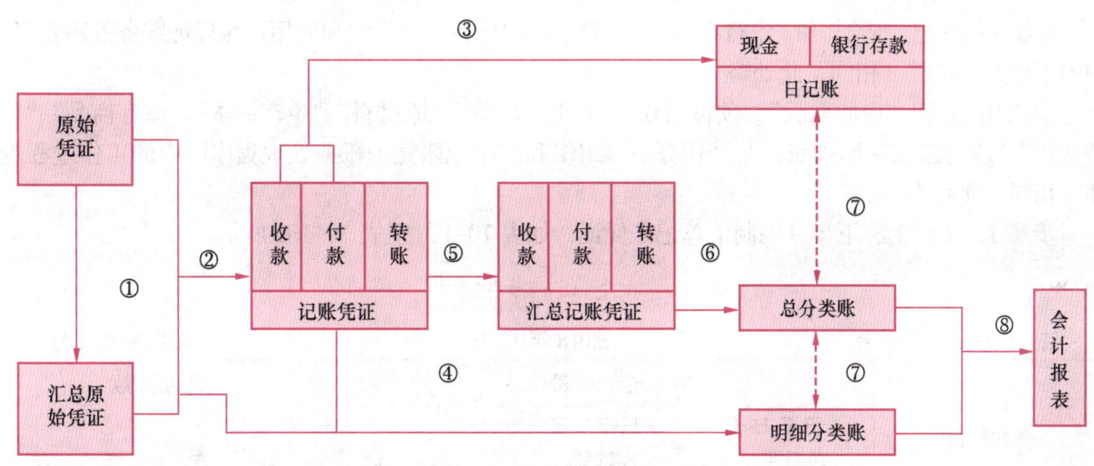

图 10-6　汇总记账凭证账务处理程序

2. 汇总记账凭证账务处理程序的优缺点

汇总记账凭证账务处理程序的优点是:（1）可以将日常发生的大量记账凭证分散在平时整理，通过汇总归类，月末一次登入总分类账，减轻了登记总分类账的工作量;（2）汇总记账凭证是按照科目对应关系归类、汇总编制的，能够清晰地反映账户之间的对应关系，便于经常分析检查经济业务的发生情况。其缺点是:（1）当转账凭证较多时编制汇总转账凭证的工作量较大;（2）对汇总过程中可能出现的错误难以发现;（3）不考虑经济业务的性质，仅按每一贷方科目编制汇总转账凭证，不利于会计核算工作的日常分工。

3. 汇总记账凭证账务处理程序的适用范围

汇总记账凭证账务处理程序适用于规模较大、经济业务量较多的单位。

典型任务举例

1. 资料

苏淮公司主要生产 A 种型号的电子产品，简称 A 产品。该公司被主管税务机关核准为一般纳税人，增值税税率为 16%，城建税税率为 7%，教育费附加为 3%，公司企业所得税税率为 25%。公司设有一个基本生产车间，会计核算采用汇总记账凭证账务处理程序，分上、下半月编制汇总记账凭证。

具体资料与“任务一　组织和应用记账凭证账务处理程序”中的“典型任务举例”任务资料相同。

2. 要求

（1）根据上述业务编制 12 月份相关记账凭证，记账凭证采用收、付、转三种，按三类编号法顺序编号。

（2）登记“现金”“银行存款”日记账。

（3）登记“应收账款”“预付账款”“其他应收款”“原材料”“周转材料”“生产成本”“库存商品”“管理费用”“应付账款”和“预收账款”明细账。月末要求只做月结，年结省略。

（4）按照上、下半月编制汇总记账凭证。

（5）根据汇总记账凭证登记总分类账，并编制总分类账户本期发生额及余额试算平衡表。

（6）编制 12 月份的“资产负债表”和“利润表”。

3. 工作过程

步骤 1：根据 12 月份发生的经济业务编制相关记账凭证，与“任务一　组织和应用记账凭证账务处理程序”中的工作过程步骤 1 相同，此处略。

步骤2：登记“现金”和“银行存款”日记账，与“任务一　组织和应用记账凭证账务处理程序”中的工作过程步骤2相同，此处略。

步骤3：登记“应收账款”“预付账款”“其他应收款”“原材料”“生产成本”“库存商品”“管理费用”“应付账款”明细账，与“任务一　组织和应用记账凭证账务处理程序”中的工作过程步骤3相同，此处略。

步骤4：按照上、下半月编制汇总记账凭证，如表10-122至表10-151所示。

表10-122

汇总收款凭证

借方科目：库存现金　　2018年12月　　汇收字 第1号

贷方科目	金额			总账页数	
	1日至15日 收款凭证 1号至5号	日至　日 收款凭证 号至　号	合　计	借　方	贷　方
其他应收款	250		250	略	略
合　计	250		250		

表10-123

汇总收款凭证

借方科目：银行存款　　2018年12月　　汇收字 第2号

贷方科目	金额			总账页数	
	1日至15日 收款凭证 1号至5号	16日至31日 收款凭证 6号至7号	合　计	借　方	贷　方
主营业务收入	720 000		720 000	略	略
应交税费	115 200	4 800	120 000		
应收账款	948 354		948 354		
预收账款	666 000		666 000		
交易性金融资产		300 000	300 000		
投资收益		40 000	40 000		
其他业务收入		30 000	30 000		
合　计	2 449 554	374 800	2 824 354		

表10-124

汇总付款凭证

贷方科目：库存现金　　2018年12月　　汇付字 第1号

借方科目	金额			总账页数	
	1日至15日 付款凭证 1号至10号	日至　日 付款凭证 号至　号	合　计	借　方	贷　方
管理费用	460		460	略	略
合　计	460		460		

表 10-125

汇总付款凭证

贷方科目：银行存款　　　　2018 年 12 月　　　　汇付字 第 2 号

借方科目	金　额			总账页数	
	1 日至 15 日 付款凭证 1 号至 10 号	16 日至 31 日 付款凭证 11 号至 11 号	合　计	借　方	贷　方
应交税费	375 200		375 200	略	略
预付账款	506 800		506 800		
应付账款	801 400		801 400		
周转材料	7 500		7 500		
销售费用	140 000		140 000		
库存现金	2 000		2 000		
应付职工薪酬	480 000		480 000		
应付利息	5 100		5 100		
财务费用	2 551.50		2 551.50		
应付票据	80 000		80 000		
制造费用		56 450	56 450		
管理费用		13 000	13 000		
合　计	2 400 551.50	69 450	2 470 001.50		

表 10-126

汇总转账凭证

贷方科目：其他应收款　　　　2018 年 12 月　　　　汇转字 第 1 号

借方科目	金　额			总账页数	
	1 日至 15 日 转账凭证 1 号至 8 号	16 日至 31 日 转账凭证 9 号至 27 号	合　计	借　方	贷　方
管理费用	2 750		2 750	略	略
合　计	2 750		2 750		

表 10-127

汇总转账凭证

贷方科目：预付账款　　　　2018 年 12 月　　　　汇转字 第 2 号

借方科目	金　额			总账页数	
	1 日至 15 日 转账凭证 1 号至 8 号	16 日至 31 日 转账凭证 9 号至 27 号	合　计	借　方	贷　方
原材料	480 000		480 000	略	略
应交税费	76 800		76 800		
管理费用		400	400		
合　计	556 800	400	557 200		

表 10-128

汇总转账凭证

贷方科目：原材料　　2018年12月　　汇转字 第3号

借方科目	金额			总账页数	
	1日至15日转账凭证1号至8号	16日至31日转账凭证9号至27号	合计	借方	贷方
生产成本	182 000		182 000	略	略
制造费用	25 440		25 440		
其他业务成本		21 200	21 200		
合计	207 440	21 200	228 640		

表 10-129

汇总转账凭证

贷方科目：应付账款　　2018年12月　　汇转字 第4号

借方科目	金额			总账页数	
	1日至15日转账凭证1号至8号	16日至31日转账凭证9号至27号	合计	借方	贷方
在途物资	212 000		212 000	略	略
应交税费	33 920		33 920		
合计	245 920		245 920		

表 10-130

汇总转账凭证

贷方科目：在途物资　　2018年12月　　汇转字 第5号

借方科目	金额			总账页数	
	1日至15日转账凭证1号至8号	16日至31日转账凭证9号至27号	合计	借方	贷方
原材料	212 000		212 000	略	略
合计	212 000		212 000		

表 10-131

汇总转账凭证

贷方科目：周转材料　　2018年12月　　汇转字 第6号

借方科目	金额			总账页数	
	1日至15日转账凭证1号至8号	16日至31日转账凭证9号至27号	合计	借方	贷方
制造费用	12 000		12 000	略	略
管理费用	1 500		1 500		
合计	13 500		13 500		

表 10-132

汇总转账凭证

贷方科目：主营业务收入　　2018 年 12 月　　汇转字 第 7 号

借方科目	金额			总账页数	
	1 日至 15 日转账凭证 1 号至 8 号	16 日至 31 日转账凭证 9 号至 27 号	合计	借方	贷方
预收账款	1 350 000		1 350 000	略	略
应收账款	450 000		450 000		
合计	1 800 000		1 800 000		

表 10-133

汇总转账凭证

贷方科目：应交税费　　2018 年 12 月　　汇转字 第 8 号

借方科目	金额			总账页数	
	1 日至 15 日转账凭证 1 号至 8 号	16 日至 31 日转账凭证 9 号至 27 号	合计	借方	贷方
预收账款	216 000		216 000	略	略
应收账款	72 000		72 000		
税金及附加		29 608	29 608		
所得税费用		213 507.63	213 507.63		
合计	288 000	243 115.63	531 115.63		

表 10-134

汇总转账凭证

贷方科目：营业外收入　　2018 年 12 月　　汇转字 第 9 号

借方科目	金额			总账页数	
	1 日至 15 日转账凭证 1 号至 8 号	16 日至 31 日转账凭证 9 号至 27 号	合计	借方	贷方
固定资产		200 000	200 000	略	略
合计		200 000	200 000		

表 10-135

汇总转账凭证

贷方科目：累计折旧　　2018 年 12 月　　汇转字 第 10 号

借方科目	金额			总账页数	
	1 日至 15 日转账凭证 1 号至 8 号	16 日至 31 日转账凭证 9 号至 27 号	合计	借方	贷方
制造费用		5 350	5 350	略	略
管理费用		2 500	2 500		
合计		7 850	7 850		

表 10-136

汇总转账凭证

贷方科目：应付职工薪酬　　2018年12月　　汇转字 第11号

借方科目	金额			总账页数	
	1日至15日转账凭证1号至8号	16日至31日转账凭证9号至27号	合　计	借　方	贷　方
生产成本		262 500	262 500	略	略
制造费用		181 250	181 250		
管理费用		131 250	131 250		
销售费用		25 000	25 000		
合　计		600 000	600 000		

表 10-137

汇总转账凭证

贷方科目：累计摊销　　2018年12月　　汇转字 第12号

借方科目	金额			总账页数	
	1日至15日转账凭证1号至8号	16日至31日转账凭证9号至27号	合　计	借　方	贷　方
管理费用		6 500	6 500	略	略
合　计		6 500	6 500		

表 10-138

汇总转账凭证

贷方科目：制造费用　　2018年12月　　汇转字 第13号

借方科目	金额			总账页数	
	1日至15日转账凭证1号至8号	16日至31日转账凭证9号至27号	合　计	借　方	贷　方
生产成本		280 490	280 490	略	略
合　计		280 490	280 490		

表 10-139

汇总转账凭证

贷方科目：生产成本　　2018年12月　　汇转字 第14号

借方科目	金额			总账页数	
	1日至15日转账凭证1号至8号	16日至31日转账凭证9号至27号	合　计	借　方	贷　方
库存商品		1 503 000	1 503 000	略	略
合　计		1 503 000	1 503 000		

表 10-140

汇总转账凭证

贷方科目：库存商品　　2018 年 12 月　　汇转字 第 15 号

借方科目	金　额			总账页数	
	1 日至 15 日 转账凭证 1 号至 8 号	16 日至 31 日 转账凭证 9 号至 27 号	合　计	借　方	贷　方
主营业务成本		1 559 250	1 559 250	略	略
合　计		1 559 250	1 559 250		

表 10-141

汇总转账凭证

贷方科目：主营业务成本　　2018 年 12 月　　汇转字 第 16 号

借方科目	金　额			总账页数	
	1 日至 15 日 转账凭证 1 号至 8 号	16 日至 31 日 转账凭证 9 号至 27 号	合　计	借　方	贷　方
本年利润		1 559 250	1 559 250	略	略
合　计		1 559 250	1 559 250		

表 10-142

汇总转账凭证

贷方科目：税金及附加　　2018 年 12 月　　汇转字 第 17 号

借方科目	金　额			总账页数	
	1 日至 15 日 转账凭证 1 号至 8 号	16 日至 31 日 转账凭证 9 号至 27 号	合　计	借　方	贷　方
本年利润		29 608	29 608	略	略
合　计		29 608	29 608		

表 10-143

汇总转账凭证

贷方科目：其他业务成本　　2018 年 12 月　　汇转字 第 18 号

借方科目	金　额			总账页数	
	1 日至 15 日 转账凭证 1 号至 8 号	16 日至 31 日 转账凭证 9 号至 27 号	合　计	借　方	贷　方
本年利润		21 200	21 200	略	略
合　计		21 200	21 200		

表 10-144

汇总转账凭证

贷方科目：管理费用　　2018 年 12 月　　汇转字 第 19 号

借方科目	金额			总账页数	
	1日至15日 转账凭证 1号至8号	16日至31日 转账凭证 9号至27号	合　计	借　方	贷　方
本年利润		158 360	158 360	略	略
合　计		158 360	158 360		

表 10-145

汇总转账凭证

贷方科目：销售费用　　2018 年 12 月　　汇转字 第 20 号

借方科目	金额			总账页数	
	1日至15日 转账凭证 1号至8号	16日至31日 转账凭证 9号至27号	合　计	借　方	贷　方
本年利润		165 000	165 000	略	略
合　计		165 000	165 000		

表 10-146

汇总转账凭证

贷方科目：财务费用　　2018 年 12 月　　汇转字 第 21 号

借方科目	金额			总账页数	
	1日至15日 转账凭证 1号至8号	16日至31日 转账凭证 9号至27号	合　计	借　方	贷　方
本年利润		2 551.50	2 551.50	略	略
合　计		2 551.50	2 551.50		

表 10-147

汇总转账凭证

贷方科目：本年利润　　2018 年 12 月　　汇转字 第 22 号

借方科目	金额			总账页数	
	1日至15日 转账凭证 1号至8号	16日至31日 转账凭证 9号至27号	合　计	借　方	贷　方
主营业务收入		2 520 000	2 520 000	略	略
其他业务收入		30 000	30 000		
营业外收入		200 000	200 000		
投资收益		40 000	40 000		
合　计		2 790 000	2 790 000		

表 10-148

汇总转账凭证

贷方科目：所得税费用　　2018 年 12 月　　汇转字 第 23 号

借方科目	金额			总账页数	
	1 日至 15 日 转账凭证 1 号至 8 号	16 日至 31 日 转账凭证 9 号至 27 号	合　计	借　方	贷　方
本年利润		213 507.63	213 507.63	略	略
合　计		213 507.63	213 507.63		

表 10-149

汇总转账凭证

贷方科目：利润分配　　2018 年 12 月　　汇转字 第 24 号

借方科目	金额			总账页数	
	1 日至 15 日 转账凭证 1 号至 8 号	16 日至 31 日 转账凭证 9 号至 27 号	合　计	借　方	贷　方
本年利润		1 562 122.87	1 562 122.87	略	略
利润分配		356 212.29	356 212.29		
合　计		1 918 335.16	1 918 335.16		

表 10-150

汇总转账凭证

贷方科目：盈余公积　　2018 年 12 月　　汇转字 第 25 号

借方科目	金额			总账页数	
	1 日至 15 日 转账凭证 1 号至 8 号	16 日至 31 日 转账凭证 9 号至 27 号	合　计	借　方	贷　方
利润分配		156 212.29	156 212.29	略	略
合　计		156 212.29	156 212.29		

表 10-151

汇总转账凭证

贷方科目：应付股利　　2018 年 12 月　　汇转字 第 26 号

借方科目	金额			总账页数	
	1 日至 15 日 转账凭证 1 号至 8 号	16 日至 31 日 转账凭证 9 号至 27 号	合　计	借　方	贷　方
利润分配		200 000	200 000	略	略
合　计		200 000	200 000		

步骤 5：根据汇总记账凭证登记总分类账，并编制总分类账户本期发生额及余额试算平衡表。总账如表 10-152 至表 10-195 所示。

表 10-152

库存现金 总 账

2018年		凭证号数	摘 要	借方金额	贷方金额	借或贷	余 额
月	日						
12	1		期初余额			借	1 600
	31	汇收1	1—31日发生额	250		借	1 850
	31	汇付1	1—31日发生额		460	借	1 390
	31	汇付2	1—31日发生额	2 000		借	3 390
12	31		本月合计	2 250	460	借	3 390

表 10-153

银行存款 总 账

2018年		凭证号数	摘 要	借方金额	贷方金额	借或贷	余 额
月	日						
12	1		期初余额			借	1 974 000
	31	汇收2	1—31日发生额	2 824 354		借	4 798 354
	31	汇付2	1—31日发生额		2 470 001.50	借	2 328 352.50
12	31		本月合计	2 824 354	2 470 001.50	借	2 328 352.50

表 10-154

交易性金融资产 总 账

2018年		凭证号数	摘 要	借方金额	贷方金额	借或贷	余 额
月	日						
12	1		期初余额			借	632 300
	31	汇收2	1—31日发生额		300 000	借	332 300
12	31		本月合计		300 000	借	332 300

表 10-155

应收账款 总 账

2018年		凭证号数	摘 要	借方金额	贷方金额	借或贷	余 额
月	日						
12	1		期初余额			借	948 354
	31	汇收2	1—31日发生额		948 354	平	0
		汇转7	1—31日发生额	450 000		借	450 000
		汇转8	1—31日发生额	72 000		借	522 000
12	31		本月合计	522 000	948 354	借	522 000

表 10-156

坏账准备 总 账

2018 年		凭证号数	摘　　要	借方金额	贷方金额	借或贷	余　　额
月	日						
12	1		期初余额			贷	28 454
12	31		本月合计			贷	28 454

表 10-157

应收票据 总 账

2018 年		凭证号数	摘　　要	借方金额	贷方金额	借或贷	余　　额
月	日						
12	1		期初余额			借	100 000
12	31		本月合计			借	100 000

表 10-158

预付账款 总 账

2018 年		凭证号数	摘　　要	借方金额	贷方金额	借或贷	余　　额
月	日						
12	1		期初余额			借	50 400
	31	汇付 2	1—31 日发生额	506 800		借	557 200
	31	汇转 2	1—31 日发生额		557 200	平	0
12	31		本月合计	506 800	557 200	平	0

表 10-159

其他应收款 总 账

2018 年		凭证号数	摘　　要	借方金额	贷方金额	借或贷	余　　额
月	日						
12	1		期初余额			借	3 000
	31	汇收 1	1—31 日发生额		250	借	2 750
	31	汇转 1	1—31 日发生额		2 750	平	0
12	31		本月合计		3 000	平	0

表 10-160

在途物资 总 账

2018年 月	日	凭证号数	摘　要	借方金额	贷方金额	借或贷	余　额
12	31	汇转4	1—31日发生额	212 000		借	212 000
	31	汇转5	1—31日发生额		212 000	平	0
12	31		本月合计	212 000	212 000	平	0

表 10-161

原材料 总 账

2018年 月	日	凭证号数	摘　要	借方金额	贷方金额	借或贷	余　额
12	1		期初余额			借	2 230 000
	31	汇转2	1—31日发生额	480 000		借	2 710 000
	31	汇转3	1—31日发生额		228 640	借	2 481 360
	31	汇转5	1—31日发生额	212 000		借	2 693 360
12	31		本月合计	692 000	228 640	借	2 693 360

表 10-162

生产成本 总 账

2018年 月	日	凭证号数	摘　要	借方金额	贷方金额	借或贷	余　额
12	1		期初余额			借	817 000
	31	汇转3	1—31日发生额	182 000		借	999 000
	31	汇转11	1—31日发生额	262 500		借	1 261 500
		汇转13	1—31日发生额	280 490		借	1 541 990
		汇转14	1—31日发生额		1 503 000	借	38 990
12	31		本月合计	724 990	1 503 000	借	38 990

表 10-163

制造费用 总 账

2018 年		凭证号数	摘　　要	借方金额	贷方金额	借或贷	余　　额
月	日						
12	31	汇付 2	1—31 日发生额	56 450		借	56 450
	31	汇转 3	1—31 日发生额	25 440		借	81 890
		汇转 6	1—31 日发生额	12 000		借	93 890
		汇转 10	1—31 日发生额	5 350		借	99 240
		汇转 11	1—31 日发生额	181 250		借	280 490
		汇转 13	1—31 日发生额		280 490	平	0
12	31		本月合计	280 490	280 490	平	0

表 10-164

周转材料 总 账

2018 年		凭证号数	摘　　要	借方金额	贷方金额	借或贷	余　　额
月	日						
12	1		期初余额			借	30 000
	31	汇付 2	1—31 日发生额	7 500		借	37 500
	31	汇转 6	1—31 日发生额		13 500	借	24 000
12	31		本月合计	7 500	13 500	借	24 000

表 10-165

库存商品 总 账

2018 年		凭证号数	摘　　要	借方金额	贷方金额	借或贷	余　　额
月	日						
12	1		期初余额			借	2 952 000
	31	汇转 14	1—31 日发生额	1 503 000		借	4 455 000
	31	汇转 15	1—31 日发生额		1 559 250	借	2 895 750
12	31		本月合计	1 503 000	1 559 250	借	2 895 750

表 10-166

固定资产 总 账

2018年		凭证号数	摘　　要	借方金额	贷方金额	借或贷	余　　额
月	日						
12	1		期初余额			借	9 960 000
	31	汇转9	1—31日发生额	200 000		借	10 160 000
12	31		本月合计	200 000		借	10 160 000

表 10-167

累计折旧 总 账

2018年		凭证号数	摘　　要	借方金额	贷方金额	借或贷	余　　额
月	日						
12	1		期初余额			贷	2 500 000
	31	汇转10	1—31日发生额		7 850	贷	2 507 850
12	31		本月合计		7 850	贷	2 507 850

表 10-168

无形资产 总 账

2018年		凭证号数	摘　　要	借方金额	贷方金额	借或贷	余　　额
月	日						
12	1		期初余额			借	1 493 500
12	31		本月合计			借	1 493 500

表 10-169

累计摊销 总 账

2018年		凭证号数	摘　　要	借方金额	贷方金额	借或贷	余　　额
月	日						
12	1		期初余额			贷	260 000
	31	汇转12	1—31日发生额		6 500	贷	266 500
12	31		本月合计		6 500	贷	266 500

表 10-170

短期借款 总 账

2018 年		凭证号数	摘 要	借方金额	贷方金额	借或贷	余 额
月	日						
12	1		期初余额			贷	1 000 000
12	31		本月合计			贷	1 000 000

表 10-171

应付票据 总 账

2018 年		凭证号数	摘 要	借方金额	贷方金额	借或贷	余 额
月	日						
12	1		期初余额			贷	80 000
	31	汇付 2	1—31 日发生额	80 000		平	0
12	31		本月合计	80 000		平	0

表 10-172

预收账款 总 账

2018 年		凭证号数	摘 要	借方金额	贷方金额	借或贷	余 额
月	日						
12	1		期初余额			贷	900 000
	31	汇收 2	1—31 日发生额		666 000	贷	1 566 000
		汇转 7	1—31 日发生额	1 350 000		贷	216 000
		汇转 8	1—31 日发生额	216 000		平	0
12	31		本月合计	1 566 000	666 000	平	0

表 10-173

应付账款 总 账

2018 年		凭证号数	摘 要	借方金额	贷方金额	借或贷	余 额
月	日						
12	1		期初余额			贷	1 737 400
	31	汇付 2	1—31 日发生额	801 400		贷	936 000
	31	汇转 4	1—31 日发生额		245 920	贷	1 181 920
12	31		本月合计	801 400	245 920	贷	1 181 920

表 10-174

应付职工薪酬 总 账

2018 年		凭证号数	摘　要	借方金额	贷方金额	借或贷	余　额
月	日						
12	1		期初余额			贷	609 700
	31	汇付 2	1—31 日发生额	480 000		贷	129 700
	31	汇转 11	1—31 日发生额		600 000	贷	729 700
12	31		本月合计	480 000	600 000	贷	729 700

表 10-175

应付利息 总 账

2018 年		凭证号数	摘　要	借方金额	贷方金额	借或贷	余　额
月	日						
12	1		期初余额			贷	170 000
	31	汇付 2	1—31 日发生额	5 100		贷	164 900
12	31		本月合计	5 100		贷	164 900

表 10-176

应交税费 总 账

2018 年		凭证号数	摘　要	借方金额	贷方金额	借或贷	余　额
月	日						
12	1		期初余额			贷	374 000
	31	汇收 2	1—31 日发生额		120 000	贷	494 000
	31	汇付 2	1—31 日发生额	375 200		贷	118 800
	31	汇转 2	1—31 日发生额	76 800		贷	42 000
	31	汇转 4	1—31 日发生额	33 920		贷	8 080
		汇转 8	1—31 日发生额		531 115.63	贷	539 195.63
12	31		本月合计	485 920	651 115.63	贷	539 195.63

表 10-177

其他应付款 总 账

2018 年		凭证号数	摘　　要	借方金额	贷方金额	借或贷	余　　额
月	日						
12	1		期初余额			贷	70 000
12	31		本月合计			贷	70 000

表 10-178

应付股利 总 账

2018 年		凭证号数	摘　　要	借方金额	贷方金额	借或贷	余　　额
月	日						
12	31	汇转 26	1—31 日发生额		200 000	贷	200 000
12	31		本月合计		200 000	贷	200 000

表 10-179

长期借款 总 账

2018 年		凭证号数	摘　　要	借方金额	贷方金额	借或贷	余　　额
月	日						
12	1		期初余额			贷	2 000 000
12	31		本月合计			贷	2 000 000

表 10-180

实收资本 总 账

2018 年		凭证号数	摘　　要	借方金额	贷方金额	借或贷	余　　额
月	日						
12	1		期初余额			贷	6 200 000
12	31		本月合计			贷	6 200 000

表 10-181

资本公积 总 账

2018 年		凭证号数	摘　　要	借方金额	贷方金额	借或贷	余　　额
月	日						
12	1		期初余额			贷	836 200
12	31		本月合计			贷	836 200

表 10-182

盈余公积 总账

2018年		凭证号数	摘　要	借方金额	贷方金额	借或贷	余　额
月	日						
12	1		期初余额			贷	761 600
	31	汇转 25	1—31 日发生额		156 212.29	贷	917 812.29
12	31		本月合计		156 212.29	贷	917 812.29

表 10-183

本年利润 总账

2018年		凭证号数	摘　要	借方金额	贷方金额	借或贷	余　额
月	日						
12	1		期初余额			贷	921 600
	31	汇转 16	1—31 日发生额	1 559 250		借	637 650
	31	汇转 17	1—31 日发生额	29 608		借	667 258
	31	汇转 18	1—31 日发生额	21 200		借	688 458
	31	汇转 19	1—31 日发生额	158 360		借	848 818
	31	汇转 20	1—31 日发生额	165 000		借	1 011 818
	31	汇转 21	1—31 日发生额	2 551.50		借	1 014 369.50
	31	汇转 22	1—31 日发生额		2 790 000	贷	1 775 630.50
	31	汇转 23	1—31 日发生额	213 507.63		贷	1 562 122.87
	31	汇转 24	1—31 日发生额	1 562 122.87		平	0
12	31		本月合计	3 711 600	2 790 000	平	0

表 10-184

利润分配 总账

2018年		凭证号数	摘　要	借方金额	贷方金额	借或贷	余　额
月	日						
12	1		期初余额			贷	2 743 200
	31	汇转 24	1—31 日发生额	356 212.29	1 918 335.16	贷	4 305 322.87
	31	汇转 25	1—31 日发生额	156 212.29		贷	4 149 110.58
	31	汇转 26	1—31 日发生额	200 000		贷	3 949 110.58
12	31		本月合计	712 424.58	1 918 335.16	贷	3 949 110.58

表 10-185

主营业务收入 总 账

2018 年		凭证号数	摘　　要	借方金额	贷方金额	借或贷	余　　额
月	日						
12	31	汇收 2	1—31 日发生额		720 000	贷	720 000
	31	汇转 7	1—31 日发生额		1 800 000	贷	2 520 000
	31	汇转 22	1—31 日发生额	2 520 000		平	0
12	31		本月合计	2 520 000	2 520 000	平	0

表 10-186

主营业务成本 总 账

2018 年		凭证号数	摘　　要	借方金额	贷方金额	借或贷	余　　额
月	日						
12	31	汇转 15	1—31 日发生额	1 559 250		借	1 559 250
	31	汇转 16	1—31 日发生额		1 559 250	平	0
12	31		本月合计	1 559 250	1 559 250	平	0

表 10-187

税金及附加 总 账

2018 年		凭证号数	摘　　要	借方金额	贷方金额	借或贷	余　　额
月	日						
12	31	汇转 8	1—31 日发生额	29 608		借	29 608
	31	汇转 17	1—31 日发生额		29 608	平	0
12	31		本月合计	29 608	29 608	平	0

表 10-188

其他业务收入 总 账

2018 年		凭证号数	摘　　要	借方金额	贷方金额	借或贷	余　　额
月	日						
12	31	汇收 2	1—31 日发生额		30 000	贷	30 000
	31	汇转 22	1—31 日发生额	30 000		平	0
12	31		本月合计	30 000	30 000	平	0

表 10-189

其他业务成本 总 账

2018年 月	日	凭证号数	摘　　要	借方金额	贷方金额	借或贷	余　　额
12	31	汇转3	1—31日发生额	21 200		借	21 200
	31	汇转18	1—31日发生额		21 200	平	0
12	31		本月合计	21 200	21 200	平	0

表 10-190

管理费用 总 账

2018年 月	日	凭证号数	摘　　要	借方金额	贷方金额	借或贷	余　　额
12	31	汇付1	1—31日发生额	460		借	460
	31	汇付2	1—31日发生额	13 000		借	13 460
		汇转1	1—31日发生额	2 750		借	16 210
		汇转2	1—31日发生额	400		借	16 610
		汇转6	1—31日发生额	1 500		借	18 110
		汇转10	1—31日发生额	2 500		借	20 610
		汇转11	1—31日发生额	131 250		借	151 860
		汇转12	1—31日发生额	6 500		借	158 360
		汇转19	1—31日发生额		158 360	平	0
12	31		本月合计	158 360	158 360	平	0

表 10-191

销售费用 总 账

2018年 月	日	凭证号数	摘　　要	借方金额	贷方金额	借或贷	余　　额
12	31	汇付2	1—31日发生额	140 000		借	140 000
	31	汇转11	1—31日发生额	25 000		借	165 000
		汇转20	1—31日发生额		165 000	平	0
12	31		本月发生额及余额	165 000	165 000	平	0

表 10-192

财务费用 总 账

2018年 月	日	凭证号数	摘　　要	借方金额	贷方金额	借或贷	余　　额
12	31	汇付2	1—31日发生额	2 551.50		贷	2 551.50
	31	汇转21	1—31日发生额		2 551.50	平	0
12	31		本月合计	2 551.50	2 551.50	平	0

表 10-193

投资收益 总 账

2016 年		凭证号数	摘　　要	借方金额	贷方金额	借或贷	余　　额
月	日						
12	31	汇收 2	1—31 日发生额		40 000	贷	40 000
	31	汇转 22	1—31 日发生额	40 000		平	0
12	31		本月合计	40 000	40 000	平	0

表 10-194

营业外收入 总 账

2018 年		凭证号数	摘　　要	借方金额	贷方金额	借或贷	余　　额
月	日						
12	31	汇转 9	1—31 日发生额		200 000	贷	200 000
	31	汇转 22	1—31 日发生额	200 000		平	0
12	31		本月合计	200 000	200 000	平	0

表 10-195

所得税费用 总 账

2018 年		凭证号数	摘　　要	借方金额	贷方金额	借或贷	余　　额
月	日						
12	31	汇转 8	1—31 日发生额	213 507.63		借	213 507.63
	31	汇转 23	1—31 日发生额		213 507.63	平	0
12	31		本月合计	213 507.63	213 507.63	平	0

总分类账户本期发生额及余额试算平衡表，与“任务一　组织和应用记账凭证账务处理程序”中工作过程步骤 4 中的“总分类账户本期发生额及余额试算平衡表”相同，此处略。

步骤 6：编制 12 月份的“资产负债表”和“利润表”，与“任务一　组织和应用记账凭证账务处理程序”中的工作过程步骤 5 相同，此处略。

动脑筋

相同的会计资料，采用三种不同的账务处理程序，核算的最终结果一样吗？通过比较工作步骤，请分析记账凭证账务处理程序、科目汇总表账务处理程序、记账凭证账务处理程序的异同。

职业能力训练

1. 判断题（正确的在括号内打“√”，错误的打“×”）

（1）由于各个企业的业务性质、组织规模、管理上的要求不同，所以企业应根据自身的特点，制订出恰当的会计账务处理程序。（　　）

（2）汇总记账凭证账务处理程序就是将各种原始凭证汇总后填制记账凭证，据以登记总账的一种账务处理程序。（　　）

（3）汇总转账凭证一律按每一账户的贷方设置，并按其对应的借方账户进行归类汇总。（　　）

（4）对于转账业务不多的企业，也可以只设置汇总收款凭证和汇总付款凭证，而转账凭证则不需要设置。（　　）

（5）由于汇总记账凭证种类及汇总张数较多，在对汇总记账凭证进行编号时，一般应在汇总记账凭证种类前加“汇”字，如“汇收字第 × 号”“汇付字第 × 号”和“汇转字第 × 号”等。（　　）

2．选择题（下列答案中有一项或多项是正确的，将正确答案前英文字母填入括号内）

（1）关于汇总记账凭证账务处理程序，下列说法中错误的是（　　）。

A．根据记账凭证定期编制汇总记账凭证

B．根据原始凭证或汇总原始凭证登记总账

C．根据汇总记账凭证登记总账

D．汇总转账凭证应当按照每一账户的贷方分别设置，并按其对应的借方账户归类汇总

（2）记账凭证账务处理程序和汇总记账凭证账务处理程序的主要区别是（　　）。

A．凭证及账簿组织不同　　B．记账方法不同

C．记账程序不同　　D．登记总账的依据和方法不同

（3）在各种账务处理程序下，明细分类账可以根据（　　）登记。

A．原始凭证　　B．记账凭证　　C．原始凭证汇总表　　D．记账凭证汇总表

（4）平时在填制转账凭证时，应尽量使账户的对应关系保持“一借一贷”或“多借一贷”，这是（　　）的要求。

A．记账凭证账务处理程序　　B．科目汇总表账务处理程序

C．汇总记账凭证账务处理程序　　D．多栏式日记账账务处理程序

（5）汇总付款凭证应根据“库存现金”“银行存款”账户的贷方设置，按借方账户归类汇总，所以，平时付款凭证应保持（　　）。

A．一借一贷　　B．一借多贷　　C．多借一贷　　D．多借多贷

3．任务实训

（一）

［实训目的］掌握汇总记账凭证的编制方法。

［实训资料］广发公司设有一个基本生产车间，规模较大，经济业务量较多，同时银行存款业务较多，为了反映账户的对应关系，公司采用汇总记账凭证账务处理程序。2019年1月1日至10日发生下列部分经济业务，该公司采用收、付、转记账凭证，在记账凭证上编制的会计分录如下。

（1）银收52#　收回前欠货款

借：银行存款　　46 800

　　贷：应收账款——淮安市华光工厂　　46 800

（3）银付83#　归还前欠货款

借：应付账款——市华兴工厂　　40 000

　　贷：银行存款　　40 000

（4）银付84#　归还前欠货款

借：应付账款——南京祥瑞工厂　　30 000

　　贷：银行存款　　30 000

（5）银付85#　交上月税款

借：应交税费——未交增值税　　32 500

　　贷：银行存款　　32 500

（6）银付 86#　提取备用金

借：库存现金　1 000

　　贷：银行存款　1 000

（7）银付 87#　支付广告费

借：销售费用　3 500

　　贷：银行存款　3 500

（8）银付 88#　采购甲材料

借：原材料——甲材料　112 000

　　应交税费——应交增值税（进项税额）　17 920

　　贷：银行存款　129 920

（9）银收 53#　销售产品

借：银行存款　116 000

　　贷：主营业务收入　100 000

　　　　应交税费——应交增值税（销项税额）　16 000

（10）银付 89#　采购乙材料

借：原材料——乙材料　72 000

　　应交税费——应交增值税（进项税额）　11 520

　　贷：银行存款　83 520

（11）转 27#　分配职工薪酬

借：生产成本——B 电机　80 000

　　制造费用　15 000

　　管理费用　10 000

　　贷：应付职工薪酬——工资　105 000

（12）转 28#　计提福利费

借：生产成本——B 电机　11 200

　　制造费用　2 100

　　管理费用　1 400

　　贷：应付职工薪酬——福利费　14 700

[实训要求]

（1）编制汇总收款凭证。

（2）编制汇总付款凭证。

（3）编制汇总转账凭证。

（二）

[实训目的] 掌握汇总记账凭证账务处理程序的应用。

[实训资料] 与“任务一　组织和应用记账凭证账务处理程序”职业能力训练中的项目实训资料相同。会计核算采用汇总记账凭证账务处理程序，其中汇总记账凭证分上、下半月编制。

[实训要求]

（1）根据本月发生的经济业务，编制收、付、转记账凭证。

（2）根据本月发生的收付款业务，逐笔登记“现金”“银行存款”日记账。

（3）登记“应收账款”“预付账款”“其他应收款”“原材料”“生产成本”“库存商品”“管理费用”“应付账款”明细账。月末要求只做月结，年结省略。

（4）按照上、下半月编制汇总记账凭证。

（5）根据汇总记账凭证登记总分类账，并编制总分类账户本期发生额及余额试算平衡表。

（6）编制12月份的“资产负债表”和“利润表”。

项目小结

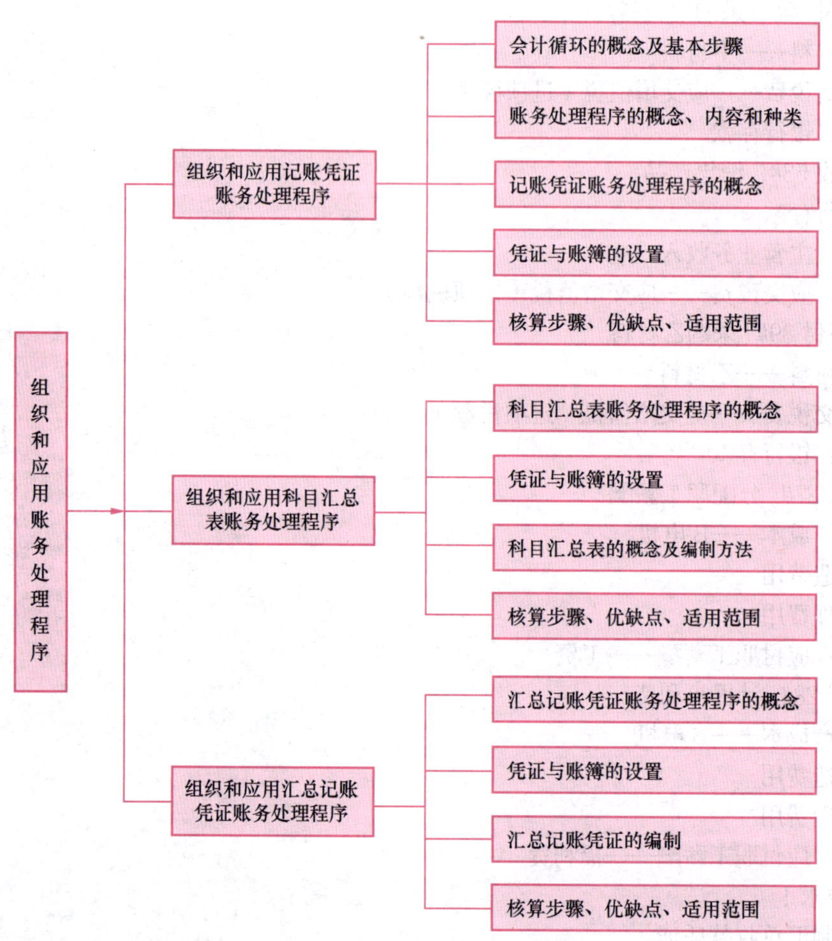

案例分析与讨论

李华于2019年1月以每月3 000元租用一间店面，投资创办了“大华书店”，主要经营各种图书的批发兼零售。1月1日，李华以大华书店的名义在银行开立银行账户，存入150 000元作为资本，用于经营。由于李华不懂会计，他除了将所有的发票等单据都收集保存起来以外，没有作任何记录。到月底，李华发现书店的存款反而减少，只剩下70 996元外加945元现金。另外，尽管客户赊欠的25 300元尚未收回，但公司也有27 500元货款尚未支付，除此以外，实地盘点库存图书价值45 800元。李华开始怀疑自己的经营方法，前来向你请教。通过对李华保存的所有单据进行检查分析，汇总一个月情况显示如下。

（1）投资银行存款150 000元。

（2）内部装修及必要的设施花费为 15 000 元，均已用银行存款支付。

（3）购入图书两批，每批价值为 45 000 元，其中第二批赊购为全部款的 50%，其余全部用存款支付。

（4）1—31 日零售图书收入共计 59 780 元，全部现收，存入银行。

（5）1—31 日批发图书收入共计 25 870 元，其中赊销 15 300 元，其余货款收入均存入银行。

（6）支票支付店面租金 3 000 元。

（7）本月份从存款户提取现金四次，共计 9 000 元，其中 4 000 元支付雇员工资，3 000 元作为个人生活费，其余备日常零星开支。

（8）本月水电费为 454 元，支票支付。

（9）电话费为 260 元，用现金支付。

（10）其他各种杂费为 937 元，用现金支付。

试根据你所掌握的会计知识，结合大华书店的具体业务。

（1）替李华设计一套合理的账务处理程序，并帮他记账。

（2）向李华报告公司的财务状况，解答其疑虑，评价其经营业绩。

阅读篇目

[1] 国务院颁布的《中华人民共和国会计法》

[2] 财政部发布的《会计基础工作规范》

项目考核标准

考核项目	考核内容	分值	考核要求及评分标准	得分
职业能力训练	判断题	10	判断正确并能说明理由	
	选择题	10	选择正确并能说明理由	
项目实训	记账凭证账务处理程序的应用	15	账务处理程序正确，符合要求	
	科目汇总表的编制	5	编制正确，符合要求	
	科目汇总表账务处理程序的应用	15	账务处理程序正确，科目汇总表编制熟练，符合要求	
	汇总记账凭证的编制	5	编制正确，符合要求	
	汇总记账凭证账务处理程序的应用	10	账务处理程序正确，汇总记账凭证编制熟练，符合要求	
案例	案例分析与讨论	15	积极参与讨论，分析思路清晰，所得结论正确	
职业素养	敬业精神	5	具有严谨的工作态度	
	团队合作	5	团队协作、沟通能力强	
	职业道德修养	5	有良好的价值观，讲究职业道德	
合计		100	实际总得分	

考核时间：　　　　　　　　　　　　　　　　　　教师签字：

参考文献

[1] 程淮中．会计职业基础 [M]．北京：高等教育出版社，2011.
[2] 程淮中．会计职业基础——单元项目化理论与实训 [M]．上海：立信会计出版社，2010.
[3] 戚素文．基础会计实务 [M]．北京：清华大学出版社，2009.
[4] 赵红英．会计基础与实务 [M]．北京：经济科学出版社，2010.
[5] 江苏省会计从业资格考试辅导教材编写组．会计基础 [M]．北京：中国财政经济出版社，2012.
[6] 朱红，周雪艳．基础会计——原理、实务、案例、实训 [M]．大连：东北财经大学出版社，2010.
[7] 葛军．会计学原理 [M]．北京：高等教育出版社，2010.
[8] 郑在柏．基础会计 [M]．苏州：苏州大学出版社，2009.
[9] 朱小平，徐泓．初级会计学 [M]．北京：中国人民大学出版社，2009.
[10] 柯于珍．会计基础与操作 [M]．北京：经济科学出版社，2010.